M. BASILEA SCHLINK: WIE ICH GOTT ERLEBTE ...

Als 1974 Mutter Basilea zögerte, ihre Biographie noch bei Lebzeiten herauszugeben, sagte ein alter Freund unseres Hauses: »Wie wollen Sie das einmal verantworten, was Sie damit den vielen, die bis dahin gestorben sein werden, vorenthalten haben?« So liegt dieser Veröffentlichung das Opfer der Preisgabe zugrunde. Was Mutter Basilea uns damit verlieh, fand Ausdruck im amerikanischen Titel dieses Buches: »Ich fand den Schlüssel zum Herzen Gottes«.

ILEA SCHLINK

WIE ICH GOTT ERLEBTE ...

SEIN WEG MIT MIR
DURCH SIEBEN JAHRZEHNTE

Evangelische Marienschwesternschaft
Darmstadt - Eberstadt

ISBN 3 87209 289 8

1. Auflage des Gesamtbandes 1975
4. Auflage 1993
22. bis 24. Tausend

I. Teil: ER ZEIGT DER WEGE SINN
als Teilband bereits 1969 erschienen

II. Teil: ... UND FÜHRT ZUM ZIEL
Manuskript abgesschlossen im Herbst 1973

Übersetzt in 18 Sprachen

Herstellung: Druckhaus West GmbH, Stuttgart

Foto des Umschlags mit freundlicher Erlaubnis des Arizona Highway Magazine,
Foto aus dem zerstörten Darmstadt im Bildteil durch Bildstelle der Stadt Darmstadt

Dies Buch sei in großem Dank Mutter Martyria gewidmet, meiner getreuen Weggenossin, ohne die ich nie meinen Auftrag in der Marienschwesternschaft hätte ausführen können. Nur ihre restlose Hingabe, Glaubenswege mit mir zu gehen, insbesondere im Blick auf unser Land Kanaan, und ihre ständig neue Opferbereitschaft, die Lasten nicht nur zu teilen, sondern mich auch immer neu für alle anderen Aufträge, die Gott mir gab, freizugeben, ermöglichte mir dies. Möge der Herr es ihr reich vergelten.

Ich preis den Namen, der Ja und Amen,
ich preis die Wege, die ich mußt gehen
in dunkle Nacht, die mir gebracht
Frucht, Segen ohne Ende.
Ich preis den Namen, der Ja und Amen,
der führt zum Ziel, weil ist Sein Will
einzig nur Liebe, Güte.

Ich preis Sein Raten, preis Seine Taten,
die wundersam, voll Weisheit sind.
Ich preis Sein Führen, preis Sein Erküren
des „Morija"-Wegs in Nacht ohn End,
den Er in Herrlichkeit gewendt.

Ich preis den Namen, der Ja und Amen
und wunderbar führt alls zuend.
In Frucht und Segen enden die Wege,
die Gott, der Herr, mich hat geführt.
Mein Seel muß preisen in vielen Weisen:
Wer ist wie Gott, mein Vater hehr!

I. TEIL

ER ZEIGT DER WEGE SINN

„ICH FREU MICH FAST IMMER SEHR"

KINDHEITSJAHRE UND ERSTE JUGEND IN BRAUNSCHWEIG 1904 - 1920

In einer stillen Straße mit einem traulichen Rondell von Kastanienbäumen lagen einzelne, meist schlichte, kleine Villen in Gärten. Doch oft war diese Straße recht belebt. Viele Kinder mußten in den Häusern und angrenzenden Straßen wohnen; denn es war eine ganze Schar zwischen acht und zwölf Jahren, die unter Führung – nicht eines Jungen – sondern eines Mädels zu kleinen Streifzügen in die Gärten auszog. Gaußstraße 31 – welche Kindheitserinnerungen an jene Jahre, in denen ich hier mit meinen Eltern und meinem älteren Bruder wohnte! Was schloß dies eine Wort Gaußstraße in sich!

Obwohl ich in Darmstadt am 21. 10. 1904 geboren, war meine eigentliche Heimat Braunschweig geworden, wohin mein Vater einen Ruf als Professor der Mechanik an die Hochschule bekommen hatte, als ich erst eineinhalb Jahre alt war. Hier nun in der Gaußstraße stand das geliebte kleine Haus mit seinem Garten, der außer der

Laube sogar einen Springbrunnen mit Goldfischen hatte; hier hatte ich mein eigenes Zimmer – dies alles umschloß das Reich meiner Kindheit.

An Abwechslung reich war das Erleben in dem geistig regen Elternhaus, in dem man teilhatte am Leben der Technischen Hochschule, die nur sieben Minuten entfernt lag. Dort war der von allen Studenten verehrte und nicht zuletzt von seiner kleinen Tochter bewunderte Vater jahrelang Rektor. Sehr stark nahmen meine Eltern – durch das Geschehen der Kriegsjahre 1914-1918 noch betont – Anteil am Geschick unseres Volkes. Als Vierzehnjährige erlebte ich darum den Zusammenbruch des Kaiserlichen Deutschland intensiv mit. Er brachte eine Flucht unserer Familie aus Braunschweig, da mein Vater von umstürzlerischen Elementen als Geisel gefangengenommen werden sollte.

Diese Erlebnisse hatten auf mein inneres Leben keinen entscheidenden Einfluß, dafür aber um so stärker die ausgesprochen ethische Haltung meines Elternhauses. So schrieb ich – dreizehnjährig – in mein Tagebuch:

> „L. und B. (zwei Schulfreundinnen)* machen sich nichts aus dem Lügen, aber das tue ich." (25.1.1918)

Obwohl ich geistig sehr gepflegt wurde und

* Klammerbemerkungen sind zum Verständnis hinzugesetzt

in einem gottesfürchtigen Elternhaus aufwuchs, meine Eltern mit mir als kleines Kind beteten – wuchs ich in geistlicher Beziehung doch letztlich ohne Betreuung auf; denn meine Eltern hielten sich damals noch kaum zur Kirche und hatten noch keinen Zugang zu gläubigen Kreisen gefunden. Sie kannten Jesus als ihren persönlichen Heiland noch nicht. So konnte ich bei all den Freuden meiner Kinderzeit das Entscheidende doch nicht sagen: „Weil ich Jesu Schäflein bin ...". Ich war neben allem fröhlichen Wesen andererseits auch scheu, verschlossen und ängstlich. Wohl hatte ich im Religionsunterricht durch die biblischen Geschichten von Jesus gehört, doch nicht so, daß es mein Herz erreicht hätte. So kam mir von daher kein Trost in meinem Kummer bei einem großen Leid, das meine Eltern trugen und um deswillen ich oftmals mit verweinten Augen morgens in die Schule kam.
Doch war ich – wie gesagt – von Natur fröhlich und gern ein wenig übermütig. Darum wußte ich in jenen Kinderjahren trotz mancher Kümmernisse oft nicht wohin mit meiner Freude und Lebenslust. So heißt es in meinem Tagebuch:

„Ich freu mich fast immer sehr, die Welt ist auch zu sehr himmlisch." (25. 1. 1918)

Bei diesem zuweilen ungebändigten Temperament war es eine große Gnade, daß meine Mutter im Blick auf meine Erziehung sehr weislich war und mir begreiflich machte, daß ich mich unbedingt ändern müsse. Das ging mir auch sehr zu Herzen, und ich hielt mich darum für das schlechteste Kind, ja ich zählte alle meine schlechten Eigenschaften wie „toll, ungefällig, launisch, zornig" immer wieder auf – doch was sollte mir diese Erkenntnis helfen? Ebenfalls mit dreizehn Jahren schrieb ich:

> „Ach, ich möchte auch so gut sein, doch oft ist's furchtbar schwer. Ich will mir immer alle Mühe jetzt geben und den lieben Gott recht bitten, daß Er mir hilft und zeigt, wie ich's machen soll. Ich kann ja gar nichts und bin so schlecht." (22.6.1918)

Natürlich ersehnte sich meine Mutter – wie wohl Mütter zumeist – eine Tochter, die bei ihr säße, Handarbeiten machte und häuslich wäre. Doch gerade „Sitzfleisch" hatte ich nicht, nur in der Küche machte ich mir gern immer wieder einmal zu schaffen und probierte neue Rezepte. Zumeist aber strebte ich nach draußen, wo die Kinder schon auf ihre kleine Anführerin warteten, um unsere Streifzüge zu beginnen.

So im Mittelpunkt der Kinderschar zu stehen, das ließ natürlich meinen Übermut wachsen, so daß mein Vater mich schelmisch „Jungfer Üppig" nannte. Meine Mutter hatte also statt einer sittsamen Tochter einen kleinen Strolch, und ihre durchschauenden Augen, die hier das Übermütige und zu stark Vorwärtsstrebende in mütterlicher Sorge sahen, erkannte, was in mir beschnitten werden mußte. In ihrer Liebe setzte sie darum alles daran, daß dies geschah. Damit wurde dem Wachstum dieser Veranlagung ein Riegel vorgeschoben. Gott sei Dank für die Gnade, daß Er mir solche Mutter gab, soviel Tränen auch dabei geflossen sind. Denn gerade hierin wurde Seine gnadenreiche Hand sichtbar, die dies so übermütig emporschießende Pflänzlein in seinen Trieben beschnitt und dann doch lehrte, schon als Kind nach der Hilfe Gottes auszuschauen.

Ein ähnliches Beschnittenwerden durch Gott erlebte ich später in der Zeit der Tanzstunde, in die ich fünfzehnjährig kam. Da ich Tanz und Musik über alles liebte, war ich hier wieder in meinem Element. Ich war eine der beliebtesten und gesuchtesten Tänzerinnen und immer fröhlich im Kreise der anderen, wenn wir in den verschiedenen Häusern zusammenkamen. Doch auf einen Schüler kam es mir besonders an. Ich liebte ihn mit der ganzen Liebe meines Herzens, so daß alle meine Gedanken und Empfindungen eineinhalb Jahre lang nur um ihn kreisten und um die Frage, ob er mich wohl auch liebe. Aber dieses Echo versagte mir der Herr. Wieder war Gottes gnadenreiche Hand über mir, die mich von Ewigkeit her erwählt hatte, daß ich Sein Eigen sei, und züchtigte mich. Es war dieses Nein Gottes, das meine „Bäume nicht in den Himmel wachsen" ließ, sondern sie tüchtig beschnitt. Die

Tanzereien und alle Vergnügen waren mir bald vergällt, weil ich jedesmal spürte: Der, auf den es mir ankommt, gibt nichts auf mich. Und wieder trieb mich diese Not hin zu Gott. Ich schrieb während dieser Zeit in mein Tagebuch:

> „Warum lebt man eigentlich? Trost über alles dieses findet man wirklich nur bei Gott, sonst könnte ich mit den Schmerzen nicht leben." (11.7.1920)

So war ich durch die Nöte meiner Kindheit und frühen Jugend, die ich, meinem Alter entsprechend, als wirkliches Leid empfand, zu Gott hingetrieben worden. Ich hatte angefangen, sagen zu lernen: „Was Gott tut, das ist wohlgetan und das Beste für dich." Ich hatte etwas von der Grenze, die dies Leben setzt, wenn wir es in vollen Zügen genießen wollen, erfaßt. Es hatte mich gelehrt, daß hier auf Erden alles unvollkommen ist – und am meisten wir Menschen selber – ich selbst.

„Bis jetzt habe ich – glaube ich – noch meinen Kinderglauben", so lautet um jene Zeit ein Tagebuchvermerk. Es war der Glaube an den lieben Gott, ein Glaube an Christus, doch ohne daß ich ihn als einen persönlichen Heiland erfaßt hatte. Im Laufe meines sechzehnten Lebensjahres aber begann dieser Glaube immer mehr zu zerbrechen. So schrieb ich dann in jener Zeit weiter:

> „Natürlich glaube ich nicht so alles aus dem

Alten Testament, z. B. die Schöpfungsgeschichte usw. Wie kann da ein Mensch das wissen, wie Gott die Erde erschuf und noch so mancherlei. Das kann ich aber nicht begreifen, wie Menschen Atheisten werden können. Ein Atheist und ein Materialist könnte ich nie sein." (1.7.1920)

Die letzte Aussage rührte von dem positiven Einfluß des Elternhauses her, das gegen alles Materialistische und Atheistische eingestellt war. Der idealistischen Gesinnung, die dort herrschte, war alles Satte und Selbstgenügsame fern. Dieses ethische Streben lag auch in mir. Ich schrieb damals weiter:

„Wenn jemand an keinen Gott glaubt, so fehlt ihm die Liebe hier auf Erden. Er gibt sich keine Mühe, vollkommen zu werden, arbeitet nicht an sich, tut alles nur für sich, und wenn er tot ist, ist alles aus. Darum sucht er es sich auf Erden so schön wie möglich zu machen, auf welche Weise, ist ihm gleich, ob er andere dadurch unglücklich macht. Ach, was bin ich noch so schlecht: der Neid, Eifersucht, Trotz vor allen Dingen und meine Laune, pfui. Wie muß ich mich noch bessern! Ich will mich jeden Tag prüfen in Kleinigkeiten und will erreichen, mich zu bezwingen, alles Schlechte zu bekämpfen, anderen Sonne zu geben." (1.7.1920)

Nach dieser Tanzstundenzeit kam nun ein neuer Lebensabschnitt: die Zeit meiner Konfirmandenstunden, in der ich in die religiöse Auseinandersetzung hineingestellt wurde. Ich war sechzehn Jahre alt, und es erwachte das Erbe meiner Väter: Betonung des Verstandes, des Kritik- und Urteilsvermögens. Damals ahnte ich noch nicht, wieviel Not mir mein Verstand noch machen würde und welche sündige Gebundenheit das starke Kritisieren ist. Wir hatten einen Pastor, der uns gute und wichtige Gedanken nahebrachte. Doch da er trotz seines Gottvertrauens nicht an Jesus als seinen Erlöser glaubte, brachte er uns im Unterricht viel Idealismus bei. Es war ein rein menschliches Anfeuern, in den ethischen Kampf gegen das Böse einzutreten. Ich schrieb damals in mein Tagebuch:

> „Pastor X sagte, daß wir Menschen hier auf Erden auch schon der Ewigkeit angehören können und nicht erst nach dem Tod, wie einige glauben. Ja, gehöre ich der Zeit oder der Ewigkeit an? Ich will und möchte der Ewigkeit angehören und will an mir arbeiten, daß ich all meine Achillesferse überwinde und ein guter, tiefer Mensch werde mit Gottes Hilfe." (30.10.1920)

> „Pastor X fragte: Was würdest du tun, wenn du in vierundzwanzig Stunden sterben müßtest? Dann würde man wohl mit aller Kraft gegen Schwächen ankämpfen und

Gutes tun, denn bald stehst du vor dem Richterstuhl. So sollen wir immer denken, wer weiß denn, ob wir nicht bald schon abgerufen werden. Ja, der Wille zur Besserung ist stark, doch das Fleisch ist schwach. Wenn ich doch nicht so furchtbar launisch wäre!" (27.11.1920)

Ich zog aus allem die Folgerung:

„Ich finde, das Leben geht jetzt mit mir nicht mehr so weiter. Ich mache es wie jener Amerikaner Franklin, prüfe mich jeden Tag und lege mir dann eine Tabelle an, um die Besserung genau verfolgen zu können. Erst muß ich mir einen Plan über meine Schwächen machen. Das ist zu Hause: Ungefälligkeit, Unordnung, unfreundliches, stacheliges Auffahren, zuletzt: wie viele Male ich im großen selbstsüchtig gehandelt habe." (27.11.1920)

So war mein ethisches Streben wohl durch die Konfirmandenstunden noch verstärkt worden. Doch wurde mir durch diese Stunden auch die neue Erkenntnis zuteil: noch ganz weit von Christus entfernt zu sein, ja, keine wahre Verbindung mit Gott zu haben.

„Ich glaube fast, ich habe mir in X (der Tanzstundenliebe) einen Götzen geschaffen, an dem all meine Liebe und mein Denken hängt, so daß ich Gott vergesse. Ich weiß nicht, ich stehe mit Gott eigentlich gar nicht so nah, daß ich beim Beten das Gefühl hätte, Christus ist bei mir. Ich gehe zu sehr in dieser Welt auf, so daß mir irgendeine nähere Verbindung mit Gott etwas Fremdes wäre. Ich kann das nicht so ausdrücken. Ich weiß nur, ich habe noch nicht den richtigen Weg gefunden. Wenn es heißt: Christus muß eben in uns einziehen, wir fühlen direkt, wie Er uns begleitet, wir sind immer mit Ihm verbunden, so kommt mir dies vor wie eine fremde Sprache. Ich möchte auch so ein Leben, doch wie anfangen, daß so ein Zustand eintritt? Ich beschäftige mich noch zu viel mit all den irdischen Dingen, mit Liebe, Schule, Vergnügen. Ich verstehe einfach nicht, wie bedeutende Männer Gottes Nähe fühlen und Seine Stimme hören. Ich meine, daß sie unbewußt fühlen, jetzt tritt dies oder jenes ein, jetzt muß ich dies oder jenes machen. Ach, ich suche auch halb unbewußt in all solchen Büchern nach etwas, ich kann selbst nicht sagen, nach was, was mir in vielem ähnlich ist, und finde nirgends etwas." (30.12.1920)

Diese Erkenntnis, daß mir etwas in meinem religiösen Leben fehlte, war ein Geschenk Gottes, denn die Wahrheit macht frei. Und somit brachte mich die Konfirmandenzeit, obwohl ich seitdem mehr in Zweifel kam, dem Herzen Jesu näher.

Für meinen Konfirmator war ich allerdings ein hoffnungsloser Fall. Seine Frau erzählte meinen Eltern, wie Pastor X mehrere Male entsetzt von der Konfirmandenstunde heimgekommen sei und gesagt habe: „Hätte ich noch mehr solche wie das Klärchen Schlink, könnte ich einpacken." Ich stellte so viele Zweifelsfragen, sicherlich in selbstbewußter und übermütiger Art, was für den Unterricht störend sein mußte. Schließlich rief er mir das Wort zu: „Das Wort vom Kreuz ist eine Torheit denen, die verloren werden!" Das solle ich mir merken, daß ich mit meiner verstandesmäßigen Einstellung verloren gehen müsse! Und dann gab er mir dieses Wort als Konfirmationsspruch. Doch hat es noch eine zweite Hälfte, und ich bekam den ganzen Vers, der endet: „Uns aber, die wir selig werden, ist es eine Gotteskraft" (1. Kor. 1,18).
Einige Jahre später durfte ich meinen Konfirmator als Schwester einer Bibelschule besuchen, als eine, die im Dienst Jesu stand und die Kraft des Wortes vom Kreuz bezeugen konnte. Darauf sagte er: „Es geschehen noch Wunder."
In meiner Kindheit und Tanzstundenzeit sowie in der darauffolgenden Konfirmandenzeit war es immer dasselbe. Gott stemmte Sein Kreuz in die sündige Veranlagung, die sich ausleben wollte, und dann mußte etwas in mir sterben. Und siehe, jedesmal ließ Gott etwas Neues auferstehen.

In der Kindheit wurde das Gebet zum lieben Gott erweckt, mir doch in allem zu helfen im Angesicht meiner Fehler, die mir unter der weisen Erziehung meiner Mutter schmerzlich bewußt wurden. Während der Tanzstundenzeit wurde mir zum Schluß durch die große Enttäuschung die Erkenntnis gegeben, mir einen Götzen geschaffen zu haben, an dem all mein Leben und Denken hing, so daß ich Gott vergaß.

In der Konfirmandenzeit wurde mir meine verstandesmäßige Einstellung wie mein Kritikgeist zur Last, da ich damit meinen Konfirmator so sehr betrübte und er mir immer wieder von der drohenden Gefahr sagen mußte, zu den Verlorenen zu gehören. Das schmerzte mich tief, doch war es letztlich Gott, der sich mir darin um meines betonten Verstandes und meines Zweifelgeistes willen in den Weg stellte, um so dessen Weiterwachsen zu hindern, ja mich in meiner starken willens- und verstandesmäßigen Veranlagung soweit zu treffen, daß ich einen Erlöser nötig hatte. Doch das brauchte noch ein bis zwei Jahre, in denen ich an meinem starken Willen und meiner Verstandesbetonung immer mehr zu leiden hatte und davor zu kapitulieren begann.

So wurde das Sehnen, Gott nahezukommen, aus diesen verborgenen Kindheits- und Jugendzeitkümmernissen geboren, die, wenn es auch nur vorschattend geschah, doch darauf hinweisen, daß alle Trübsal Herrlichkeit mit sich bringt, ja auch das geringste Kreuz, das wir zu tragen haben, selbst das Kreuz unserer Sünden, uns näher zu Jesus bringt.

GESCHEITERTE ETHIK - IHM BEGEGNET

DARMSTADT OSTERN 1921 - 1923

Als ich sechzehneinhalb Jahre alt war, zogen meine Eltern nach Darmstadt, da mein Vater den Ruf der Hochschule seiner Heimatstadt angenommen hatte. Weil meine Schule früher begann, siedelte ich vier Wochen eher nach Darmstadt zu meiner Tante über. War ich als Kind übermütig, sprudelnd, voller Ideen und Einfälle, so war ich nun erst recht voll überschäumender Kraft und Lebensfreude, daß ich oft nicht wußte, wie und wo ich sie auslassen sollte. Mein neues Betätigungsfeld war nun meine neue Klasse. Ich stellte sie völlig auf den Kopf und brachte zum Beispiel meinen Mitschülerinnen während der Turnstunde die neuesten Tänze bei. Die Lehrer wurden auch in anderen Stunden schlecht mit mir fertig, weil ich auf alles nur eine übermütige Antwort hatte. Ich bekam, obwohl Klassenführerin, eine Eintragung nach der andern und wurde – da es mein letztes Schuljahr war – mit der Note 3 in Betragen aus der Schule entlassen. Meine Eltern wurden, als sie nach Darmstadt kamen, von allen Seiten mit Berichten über die Streiche ihrer Tochter empfangen.

Und doch war mein Herz voll ungelöster Fragen, voll Sehnens nach Gott. Das zeigte ich natürlich niemandem, sondern trat unserem Religionslehrer, der, wie ich deutlich spürte, selber nicht an Jesus glaubte, in allem entgegen. Aus meinem Tagebuch geht hervor, daß ich trotz meiner nach außen hin sehr selbstbewußten, sicheren Art im Grunde sehr unsicher und suchend war.

„Ach, wäre ich noch ein Kind, daß ich alles auf gut Glauben so hinnehmen könnte und glücklich wäre. Doch was kann ich machen, wenn sich mein Verstand widersetzt und ich es nicht einsehen kann? Kein Mensch kann mir Antwort geben, in den Büchern suche ich auch umsonst." (22.5. 1921)

„Wie oft frage ich mich: Haben wir Menschen überhaupt einen freien Willen? Ich sage nein, denn Gott schafft den Menschen mit guten, bösen, starken und schwachen Charakteren. Was kann ein Mensch dafür, wenn er schlechte Leidenschaften hat und einen schwachen Willen, sie zu bekämpfen? Dagegen andere kämpfen mit Leichtigkeit gegen ihre Schwächen an. Ich begreife diese Einrichtung nicht...

Christus soll für uns gestorben sein, daß wir die Sünde überwinden können. Hat sie aber ein Mensch je ganz überwunden? Auf alle diese Fragen dürste ich nach Antwort, ohne sie zu finden. Was helfen mir alle schönen Predigten, wenn ich am Grundstock zweifle? Ich las von Schopenhauer über Religion, doch da war manches stark nach der atheistischen Seite übertrieben, aber interessant sind alle diese Philosophen doch." (23.5.1921)

So sah es in meinem Herzen aus. Ich sehnte mich nach einem Führer zu Gott hin und fand keinen. Stark angeregt durch meinen Bruder Edmund, der dann auch Philosophie studierte, las ich – nach Wahrheit suchend – in vielen philosophischen Werken wie Schopenhauer und anderen, was nicht dazu beitrug, mich Jesus näherzubringen. Ich sehe mich noch in jener Zeit mit meinem Bruder Streifzüge durch die Buchhandlungen Darmstadts machen, um alle Bücher, die irgendwelche weltanschauliche Fragen beantworteten, herauszufinden. Doch daneben griff ich mit gleichem Interesse nach aller schöngeistigen Literatur. So hatte ich mir mit fünfzehn Jahren eine kleine Kunstkartensammlung angelegt und mich viel mit Kunst- und Musikgeschichte beschäftigt, mich aber weniger den eigentlichen Schulfächern gewidmet. Mein Geist hungerte nach Nahrung, und er suchte sie überall, bis er schließlich die Fülle der Erkenntnis in Jesus fand.

Doch noch hatte ich Ihn nicht gefunden. So schrieb ich siebzehnjährig in mein Tagebuch:

„Warum kann ich nicht wie andere das Leben genießen in Tanz und Oberflächlichkeit und Glücklichsein?" (7. 11. 1921)

„Die Weihnachtszeit ist wirklich herrlich, und trotzdem fehlt die innere Einheit, ich bin eben ein Suchender. Ich handle nicht mehr aus Überzeugung, handle noch aus Grundsätzen, die mir früher eingesagt wurden, die ich auch nicht ganz abschütteln will, und eben weil ich dem Herzen nach das Gute dem Menschen nicht absprechen kann, wenn auch mein Verstand mit dagegen redet. Es ist eben der Glaube an die Würde der Menschheit. Doch dieser Zustand ist der Schlimmste, denn ob man sei Atheist oder Gläubiger, so hat man doch eine Überzeugung. Doch bei mir? Ach, wenn mir doch eine Erleuchtung käme, ich einen Menschen fände, der mich überzeugen könnte. Doch dies Unklare ist schrecklich." (17. 12. 1921)

„Warum ist man eigentlich auf der Welt? Da soll der Mensch einen freien Willen haben, da ihn doch Stimmungen packen und er nichts dagegen tun kann? Doch wenn wir ein freundliches Gesicht zeigen und innerlich ist es anders, ist es eine Selbsttäuschung, es bleibt eine Maske. Und nur eine höhere Macht kann uns durch die Zeit heilen." (18. 1. 1922)

Unbegreifliche Gnade ist es, wie Gott mich durch

diese quälenden Fragen und inneren Auseinandersetzungen hindurchführte. Er ließ mein willentliches Streben und totes Erkennen völlig zunichte werden, indem er mich wieder – wie schon in meinen Kinder – und Jugendjahren – in Nöte führte und mir so das Weitergehen auf diesem Weg versperrte.

Das begann so: Getreu meiner „Religion", sich „immer strebend zu bemühen", an sich zu arbeiten, nahm ich es mir fest vor, ein Überwinder meiner Schwächen zu werden. Doch je mehr ich kämpfte, desto mehr stellte ich fest, daß ich nicht voran kam.

> „Alles geht vorwärts, nur ich, mein eigenes Selbst, bleibt auf dem alten Punkt stehen. Täglich kämpft man mit sich selbst, doch täglich auch unterliegt man. Nachher sehe ich alles so klar an und auch viel großzügiger und schäme mich, wenn ich mich über Kleinigkeiten ereifert habe." (2.6.1922)

Gott brachte dann mein Scheitern durch eine bestimmte Führung auf den Höhepunkt: Mit der Schule war ich nach zehnjähriger Lyzeumsausbildung fertig. Ich lernte erst einmal bei meiner Mutter den Haushalt, und eine meiner nächsten Freundinnen aus Braunschweig war zum gemeinsamen Erlernen gekommen – mir eine ganz große Freude. Doch nun geschah etwas, was mich in höchste Not brachte: Diese Freundin wurde mir im Zusammenleben in ihrem ganzen

Wesen auf einmal unerträglich unsympathisch. Was sollte ich tun? Zeigte ich ihr meine Abneigung, würde ich sie sehr verletzen. Das wußte ich und wollte es ihr ersparen. Doch andererseits war ich zu offen, um meine Antipathie verbergen zu können. Hier half kein Sichbeherrschen oder Sichbemühen, um zu einer Lösung zu kommen. Ich erlebte vielmehr mein armseliges Unvermögen und schrieb damals in mein Tagebuch:

„So kann und darf es nicht bleiben, aber wie? Nenne ich R. die beste Freundin, und beim geringsten Anstoß im täglichen Leben hört das Verstehen auf und man kann sich nicht mehr finden, o du armseliges Menschenkind! Wenn man nicht die Hoffnung auf eine weitere Entwicklung in der anderen Welt hätte, könnte man vor Verachtung vor der Armseligkeit des menschlichen Lebens den Tod suchen. Wie unvollkommen beschränkt ist doch der Wille und die Gefühle. Doch soweit ich Willen habe und mein Verantwortungsgefühl es fordert, will ich versuchen, die Freundschaft wieder einzulenken nach meinem Grundsatz, daß die Liebe nicht aufhören darf." (10. 6. 1922)

„Es nützt in diesem Fall die Selbstbeherrschung wenig. Ich, mein Wille, kann nichts schaffen, meine Kraft geht hier zu Ende, und ich bin an dem Punkt angelangt, wo ich kleiner Mensch, dessen Wille ein Nichts ist, sich beugen muß vor Gott und dessen Gnade dankend annehmen." (10. 7. 1922)

Und doch fand ich noch nicht zu Jesus hin – wie sollten wir Ihn auch erkennen können, Er selbst muß uns die Augen öffnen! So ist es nicht verwunderlich, daß ich selbst in diesen Nöten – wenn auch vielleicht schon unsicher – schrieb:

„Ich glaube und traue Gott und Christus, – doch bin ich so in den Kämpfen und Nöten und Zweifeln, aus denen mir noch keiner heraushelfen konnte. Nächstens will ich mein Glaubensbekenntnis aufschreiben, nur um mir erst klar und bewußt zu werden, wieweit ich glauben kann. Ich stehe auf dem Standpunkt des Edelmenschentums. Schon von der Zeit an, wo ich kaum erwacht war, erklärte mir mein innerstes, unbewußtes Gefühl und Gewissen diese Auffassung als die gerechteste. Und die Worte Christi: Keiner kommt zum Vater denn durch mich, kann ich nicht glauben." (10. 7. 1922)

Doch dann kam im August 1922 die große Stunde, da ich bekennen konnte: „Ich habe nun den Grund gefunden", nämlich Jesus als meinen Heiland. Wie war es gekommen? Ich war in meinem ethischen Bemühen im Zusammenleben mit meiner Freundin zuschanden geworden und zu gleicher Zeit in allem Suchen nach Wahrheit in den Büchern restlos ans Ende gekommen. Da fing ich an, Gott anzuflehen, Er möge – wenn Jesus wirklich Sein Sohn und Erlöser sei, der am Kreuz für uns gestorben und der nun der Weg zum Vater sei – dies mir irgendwie offenbaren. Und Gott antwortete. Ich war krank und mußte einige Tage liegen. Da geschah es in einer Nacht, daß ich Jesus als den Gekreuzigten innerlich schauen durfte. Beim Erwachen konnte ich jubeln: „Ich weiß, daß mein Erlöser lebt" – Jesus, der Gekreuzigte, ist der Weg zum Vater, und ich darf Seine Erlöste sein und Ihm folgen. Das war unaussprechliche Gnade. Keinem sagte ich von meinem Geheimnis. Ich wußte auch nicht, was ich jetzt, nachdem ich Jesus gefunden hatte, tun sollte. Gläubige Menschen kannte ich nicht. Doch sorgte Gott selbst für mich. Meine Eltern, die für alles Geistige und Religiöse interessiert waren und Lebensbilder und Werke der verschiedenen Religionen in ihrem Bücherschrank hatten, besaßen auch, ohne daß ich dies wußte, die Lebensgeschichte von Jung-Stilling. Während jener Krankheitszeit brachte mir meine Mutter dieses Buch, und zwar an dem Tag nach jener Nacht, in der ich Jesus gefunden hatte. Ich stürzte mich darauf und verschlang es beinahe. Nun konnte es wirklich im Tagebuch heißen:

> „O, ich bin so glücklich und dankbar, daß ich meinen Heiland gefunden habe im Herzen, und nun besiegt mein Herz alle

Verstandesqualen. Ich weiß, daß mein Heiland in mir wohnt. Dann wird Seine Liebe in mir wachsen und wachsen. Ach, daß ich später doch auch nur Liebe wäre. Die Liebe möchte ich besingen und andichten, denn gibt es wohl etwas Größeres als christliche Liebe?" (2. 9. 1922)

„Ich verstehe jetzt, daß alles auf die Gnade ankommt, mit der ich nie etwas anfangen konnte. Wie war ich vor der Konfirmation auf dem falschen Weg, wo ich noch ein Buch hatte, in dem ich täglich eintrug, wie weit ich mich gebessert, und wie wenig vermochte ich mit meinem kleinen Willen. Hätte ich etwas geahnt von der Bedeutung: Christus für uns, ich hätte mich nicht so abgequält, sondern wäre abends glücklich gewesen, daß mir um Christi willen vergeben war, und hätte um neue Kraft und Liebe gebeten. Denn wo Liebe ist, schleifen sich unwillkürlich die Schwächen ab. Natürlich müssen wir auch an uns arbeiten, Gebet und Gottes Wort lesen. Dann wird Segen auf diesem Versuch praktischer Heiligung liegen, wenn wir auch natürlich nicht gleich anders sein können. Ohne Gebetsleben gibt es kein Christentum. Das kannte ich vorher nicht; wie arm war ich, arm und allein. Ich muß jetzt noch viel lesen, auf daß alles lebendig bleibt." (8. 10. 1922)

Doch sonst fehlte mir jede geistliche Führung. Ich fühlte, ich müsse nun ins Gebet, in die Liebe hineinwachsen. Wer sollte mir helfen, den rechten Weg zu gehen, wußte ich doch nichts vom Glauben an die lösende Kraft des Blutes Jesu, nichts vom wirklichen Gebet.

Der Herr aber hatte schon längst den Weg bereitet: Monate vorher hatte ich bereits nach dem rechten Beruf für mich gesucht, und ich war zu dem Entschluß gekommen, Kindergärtnerin zu werden, weil man dabei mit lebendigen Menschen zu tun hat. Da fand ich in einer Zeitschrift die Anzeige eines evangelischen Fröbelseminars. Sie lachte mich wie ein Gruß des Himmels an, hieß es doch „evangelisches", das heißt „christliches" Seminar. Ich wußte damals noch nicht, daß das, was sich „christlich" nennt, nicht immer an Jesus als den Erlöser glaubt, und mußte darum noch durch viele Enttäuschungen gehen. Doch Gott hatte mein Herz für dies „evangelische" Fröbelseminar entzündet, denn hier sollte ich Erika Madauss, die spätere Mitbegründerin der Evangelischen Marienschwesternschaft, kennenlernen. Sie war es, die mich dann dort in die Mädchenbibelkreise einführte, wodurch ich tiefer in das Wort Gottes hineinwuchs. An Ostern 1923 sollte der Kurs beginnen.

In dem halben Jahr, das ich nun noch bis dahin in Darmstadt – an unseren Herrn Jesus gläubig geworden – verlebte, machte ich meine „ersten

Gehversuche" als „neugebornes Kindlein in Christo", obwohl mir die rechte Führung fehlte. Ich war jedoch in Wahrheit nicht ohne Führer: Jesus führte mich selbst.

Wie immer ging ich den Winter über zu den Einladungen der studentischen Korporationen und Kreise, war mir doch das Tanzen höchste Freude. Nun aber konnte ich mich nicht mehr ganz unbekümmert daran freuen, denn ich spürte, daß mich dies von Jesus forttrieb, daß es den Heiligen Geist betrübte. So schrieb ich damals in mein Tagebuch:

> „Ich komme so oft nicht über die Äußerlichkeiten zu Gott." (11.11.1922)
>
> „Ich weiß jetzt ganz genau, daß ich nach Kassel muß, denn entweder Christus oder die Welt. Und wenn ich so weitertanze, lebe ich mit meiner Gedankenwelt nur mit dem Satan. Denn Kleider, Wunsch nach Schönheit, Beliebtheit kreisen ständig in meinem Kopf, und beten kann ich nicht, wenn ich morgens um 1/2 5 Uhr nach Hause komme, wie benommen von Musik, Tanz, der einzigartig berauschenden Atmosphäre, obwohl mein Vergnügen harmlos ist. Doch nachher komme ich von all den Eindrücken nicht mehr los, und Gottes Wort verliert die Kraft, da meine Seele von anderen Gedanken erfüllt ist und keinen Raum mehr für göttliche, geistliche Gedan-

ken hat. Darum bin ich froh, wenn es nach Kassel geht." (18.12.1922)

Nachdem ich dies in mein Tagebuch geschrieben hatte, machte ich einen Schlußstrich und ging von da an nicht mehr zu den Tanzereien. Wie leicht machte der Herr es mir mit dieser Absage, da ich ja dann bald darauf von Darmstadt wegkam.

AUF DER SUCHE NACH DEM WEG

**FRÖBELSEMINAR KASSEL,
OSTERN 1923 - HERBST 1924**

Evangelisches Fröbelseminar Kassel – ein großes Haus am Stadtrand mit einem Hof und Garten, groß genug, daß an Sommerabenden die Schar der 120 „Heimchen" dort in reiner, jugendlicher Freude ihre Volkstänze tanzte, zu denen sie die alten Volks- und Liebeslieder aus dem „Zupfgeigenhansel" sang und mit der Laute begleitete. Es war die Zeit der abklingenden Jugendbewegung, die hier nochmals ihr Bestes wirkte, da unter der Jugend ein ausgesprochen guter Geist der Natürlichkeit, Kameradschaftlichkeit, Zucht und zugleich des Frohsinns herrschte. So war ich glücklich, in diesen Kreis aufgenommen zu sein, denn wem würde es nicht Freude machen, mit achtzehn Jahren mit soviel Gleichaltrigen in einem Heim zu lernen, zu singen und zu spielen in einem wirklich kameradschaftlichen Geist?

Auf solchen guten Geist legte die Leitung besonderen Wert. Sie sah es als ihre Aufgabe an, die ihr anvertraute Jugend, die sie wiederum zu Erzieherinnen deutscher Jugend heranbilden sollte, innerlich zu liebeoffenen, verantwortungsvollen, einsatzbereiten Menschen zu erziehen. Wir sollten darum auch nicht in unserem abgeschlossenen Internatsleben aufgehen, sondern vielmehr an den innerpolitischen Krisen damaliger Zeit intensiv teilnehmen. Unvergeßlich ist mir die Stunde, als wir miteinander am 9. November 1923 vom „Hitler-Putsch" hörten und große Erschütterungen für unser Volk herannahen spürten. Und als wir unter die Schatten der Inflation kamen, eiferten wir, das entwertete Taschengeld, für das wir unter anderem unsere täglichen Brotrationen einzukaufen hatten, miteinander zu teilen. Denn solche idealistischen Werte hatten uns unsere Lehrkräfte immer wieder als Höchstes verkündet.
So war man unermüdlich bemüht, uns zu treuer Pflichterfüllung, Rücksichtnahme und Umsicht zu erziehen. Doch wollte die Leitung ihre Schülerinnen wirklich zu Jesus als unserem Heiland führen, wie ich es selbstverständlich angenommen hatte, als ich die Anzeige des „evangelischen Fröbelseminars" las? Jesus war der feinen, ethisch hochstehenden Oberin und auch dem Pfarrer, der die Religionsstunden gab, eine Idealgestalt, doch nicht der Gekreuzigte, der Retter

und Erlöser. So fand ich die innere Nahrung, die ich mir so heiß ersehnte, in diesem Hause trotz des großen, unschätzbaren Dienstes, der hier im Blick auf meine ethische Erziehung getan wurde, nicht. Jahrelang ließ mich Gott noch warten, bis ich in das Bibelhaus kam, in dem ich fand, was mein Herz sich damals ersehnte: in einer Gemeinschaft von gläubigen Menschen sein zu dürfen, von Jesus zu hören und auf den Weg Seiner Nachfolge geführt zu werden.

Und doch gab Gott damals alles, dessen ich zur Weiterführung meines inneren Weges bedurfte. Er schenkte mir durch die gute Erziehung, die uns zuteil wurde, zugleich mehr und mehr den Blick in mein eigenes Herz und überführte mich Stück um Stück meiner Sünde. Gott hatte ein klares Ziel im Auge und wollte mich nicht nur „eine kleine Zeit fröhlich sein lassen in Seinem Licht", fröhlich in Lehrstunden und geselligem Zusammensein, fröhlich beim gemeinsamen Feiern und Austauschen. Er führte mich so, daß ich in der „Heimchen-Familie", in die ich hineinkam, nicht gleich den Zugang zu den anderen „Heimchen" fand, wie ich es sonst gewohnt war. Zum Zweck der Erziehung waren nämlich die 120 „Heimchen" – so hießen die Internatsschülerinnen – in Familien aufgeteilt, die jedesmal eine der Lehrerinnen als Familienmutter hatten und auf einem Stockwerk für sich wohnten. Nach einer Reihe von Wochen wurde dann davon gesprochen, wer von den „Heimchen" im neuen Semester als Stubenälteste zur Wahl aufgestellt würde. Meine Familienmutter und meine Stubenälteste riefen mich zu sich und teilten mir mit: Obwohl ich dafür die Gabe hätte, müßten sie wegen der starken Wertung und Ausprägung des Intellekts und weil ich zu selbstbewußt sei, davon absehen, mich zur Wahl aufzustellen; mir tue solch ein Amt nicht gut. Diese Eröffnung war für mich solch ein Schlag, weil ich an dem Amt der Stubenältesten große Freude gehabt hätte. Denn als solche durfte man an der Gestaltung des Lebens im Fröbelseminar verantwortlich mitarbeiten und besonders für seine „Stubenkinder" eintreten und sorgen. Doch dieser Schlag traf mich noch aus einem anderen Grunde: Das Urteil „selbstbewußt" war mir völlig neu. Nach dieser Eröffnung schrieb ich in mein Tagebuch:

> „Die Stubenältesten wurden mitgeteilt, und ich sollte es nicht sein. Für mich sank im Augenblick alles zusammen. Dann erfuhr ich warum, wegen meines großen Selbstbewußtseins und zu starker Wertung und Ausprägung meines Intellekts ... Ich weiß jetzt, daß es mir am Höchsten mangelt: an der Demut. Täglich werde ich jetzt um Demut bitten und große Liebe. Ich danke Gott, daß es so gekommen ist. Er kann mir helfen. Ich muß Gott dankbar sein für den großen Gewinn, daß ich mich so weit er-

kannt habe. Und Gott, wenn Er es mir schickt, gibt Er mir auch die Kraft, darüber wegzukommen." (13. 8. 1923)

In Seiner großen Liebe deckte mir der Herr meine Schwäche auf und ließ mich zum erstenmal ahnen, daß Ihm nichts so sehr im Wege steht wie „selbstbewußtes, hohes Wesen" und daß Ihm das Kostbarste die Demut ist. Bisher hatte ich meine Beliebtheit und die Erfahrung, so oft bei Menschen im Mittelpunkt zu stehen, als etwas Selbstverständliches, zu meinem Leben Gehöriges in Anspruch genommen. Doch in diesen Wochen erkannte ich zum ersten Mal, daß dies letztlich einen bösen, sündigen Grund hatte: Hochmut und Geltungstrieb. Und zwar erkannte ich es dadurch, daß Gott mir in Seiner Güte diesmal nicht gab, was mir sonst zugefallen war: Beliebtheit und Ehre.

„Ich frage mich, was hat Gott mit mir vor, daß ich so leiden muß, so recht zum Erkennen meiner größten Schwäche komme? Mehr und mehr fühle und durchlebe ich es, wie mein Ehrgeiz, mein Stolz nicht befriedigt ist. Ich brauche diese bestimmte Anerkennung anderer so nötig. Das habe ich in diesen Tagen schon einmal voll und schrecklich erkannt ..."

Ja, solange es sich um Neid einem einzelnen gegenüber handelt, da kann man mit einer Waffe, der Liebe, dagegen einsetzen, doch was macht man so im allgemeinen wie bei Geltungsdrang? Ja, auch jetzt viel Liebe zu geben und vor allem Jesus stets zu bitten um Hilfe gegen diesen Teufel und mich in den Gedanken zu versetzen, daß ich, um wirklich Gottes Kind zu sein, mich erst einmal recht zu demütigen habe – darum geht es, und darum bin ich wohl in diesen ganzen Betrieb hineingestellt. Ach Herr, hilf Du mir!" (27.8.1923)

Welche Gnade Gottes bedeutete dies Zurechtgewiesen- und Gedemütigtwerden in Wahrheit! Nicht mit Gold aufzuwiegen ist das, was uns Nöte und Durchquerungen unserer Wünsche bringen: einen Reichtum des Segens, der unaussprechlich ist. So nahm mir hier Gott Liebe und Anerkennung durch Menschen, um mir Kostbareres zu geben: in Wahrheit meine Sünde zu erkennen und dadurch zu Jesus hingetrieben zu werden und Ihn finden zu dürfen wie nie zuvor. Ja, Er ließ mich in meinem hohen „Ich-Wesen" nicht zugrunde gehen, sondern versetzte ihm einen kräftigen Stoß. Ich gab Gott ein Ja zu dieser Züchtigung und wollte mich demütigen, wie ich immer erneut in meinen Tagebuchaufzeichnungen zum Ausdruck brachte. Dennoch war ich ohne jegliche Anleitung und Führung auf dem Weg der Nachfolge. Welche Gnade, daß Gott sich meiner Seele selbst annahm! Er zeigte mir, daß es nun das Wichtigste sei, mir die Wahrheit sagen zu lassen und mich nicht in mich selbst zurückzuziehen, sondern gleich den nächsten Schritt zu tun, den ich versäumt hatte. Und das war: mich unter diese Zurechtweisung zu beugen und den anderen in Liebe zu dienen, wo ich in der Praxis dazu Gelegenheit hatte. Das tat ich fortan, so gut ich konnte. Nach einer Reihe von Wochen sagten mir dann die Familienmutter und auch die Stubenälteste, sie wollten mich nun doch auf die Wahlliste für die Stubenälteste setzen, weil ich mich in Unterordnung den andern gewidmet hätte und nicht gekränkt gewesen sei.

Nach dieser Vorgeschichte wurde ich in einem späteren Semester von allen Heimchen zur Seminarältesten und damit zur Vertretung der gesamten Heimchenschar gewählt. Dies Amt offenbarte neue Schwächen meines Wesens. Es zeigte sich die große Gefahr, daß solches Führen, Gestalten und Wirken mich ganz in Beschlag nehmen wollte – wie zuvor das Tanzen –, und ich spürte bald: Hier muß in meinem Leben etwas anders werden. So heißt es in meinem Tagebuch:

> „Hier im Fröbelseminar als Seminarälteste lebe ich in all den Sorgen um Dinge und Menschenwege bis ins Innerste wie kein Gotteskind – und ich sollte doch nicht so abhängig, sondern ruhig in Gott sein und mit Seiner Kraft die Dinge besorgen. So

gehe ich oft darin auf, rechne und überlege mit meinem kleinen Verstand, und all dies nimmt mich derart in Anspruch, daß ich den Weg zu Gott nicht mehr finde. Ach, ich bitte Gott, hier soll es jetzt anders werden. Ich will ganz in Gott leben, so daß von meinem Wesen auch ein Segen ausstrahlt, und dies vermisse ich so bei meinen temperamentvollen, oft ungezügelten Äußerungen über Menschen und Dinge voll Witz und Spott." (Pfingsten 1924)

Der Herr half, daß das Verlangen, aus diesem Aufgehen im Wirken herauszukommen, immer stärker wurde. Und durch meine Freundschaft mit Erika Madauss führte Er mich zu geistlichen Quellen. Sie nahm mich mit auf die große Pfingsttagung der Mädchenbibelkreise (M.B.K.) 1924 in Höxter. Das war für mich ein besonderes Erleben. Aus allen Teilen Deutschlands waren hier Hunderte von gläubigen Oberschülerinnen zusammengekommen, die einer Botschaft lauschten, nach der ich mich all die Zeit über so sehr gesehnt hatte: der Botschaft des lebendigen Christus, der Jugend in Seine persönliche Nachfolge ruft. Gottes heiliger Geist wehte auf dieser Tagung und entzündete mein Herz, in die Abhängigkeit und Nachfolge Jesu zu kommen und unabhängig von Menschen und Dingen dieser Erde zu werden.

In kurzen Ferientagen im August durfte ich mit

meiner Mutter – nachdem meine Eltern im Jahr zuvor durch eine Evangelisation zum Glauben gekommen waren – in ein christliches Bibel- und Erholungsheim fahren. Hier redete der Herr gnadenvoll mit mir. Ich sah mein Amt als Seminarälteste mehr und mehr in Seinem Licht. So schrieb ich damals in mein Tagebuch:

> „Ich habe mich nun ganz klar entschlossen, mein ganzes Leben nur in Christi Dienst zu leben und so zu wirken und mich Ihm in jeder Weise ganz zu geben. Darum dürste ich, heraus aus dem Fröbelseminar zu kommen, wo wohl Gott gilt, doch Christus nur als Ethik angesehen wird."
> (31.8.1924)

Mein Herz sehnte sich danach, ganz in Gott zu leben, wie ich es in der Lebensgeschichte von Sadhu Sundar Singh las, die ich mir auf der Reise nach Höxter gekauft hatte. Doch welche Mächte standen dem noch in meinem Wesen entgegen! Der Herr ließ mich Stück für Stück erkennen:

> „Gib Du mir Liebe von Deiner unendlichen Liebe, die ich so oft eine Herzenskälte und Schroffheit habe, so daß kein Funken menschlichen Mitleids in mir aufsteigt und ich so kalt, so lieblos den Menschen gegenüberstehe. Ich weiß ja, wie schrecklich klein und schlecht ich bin, doch baue ich auf Seine Gnade. Täglich richte ich von neuem in meinem Selbtbewußtsein an-

dere, wo ich doch weiß, sie haben ein anderes anvertrautes Pfund und daran vielleicht schon mehr gearbeitet als ich an dem meinen, das nach außen hin als ethisch hochstehend aussieht. O vergib mir diese innere Schärfe des Richtens. Und ehrgeizig, selbstgefällig bin ich noch so sehr, ich lebe und trachte nach der Welt, halte das Urteil der Menschen hoch und bin so abhängig von ihnen statt von Dir.

O mein Heiland, gib, daß ich ganz Dein werde, zeige alle meine Sünden bis ins Kleinste, durchleuchte mich mit Deiner Wahrheit und hilf, daß ich an Deine Gnade und Kraft glaube, auf daß ich Dir ähnlicher werde. Gib, daß endlich mein böses Selbst zurücktritt und Deine Liebe aus mir strahlt, so daß man Deine Jüngerin erkennt."
(25. 9. 1924)

Was tatsächlich alles auf meinem Seelengrunde ruhte, ahnte ich damals in meinem 19. und 20. Lebensjahr erst in kleinem Maße; doch zeigte es mir der Herr wieder ein Stück mehr in der folgenden Zeit, als ich das Fröbelseminar im Herbst 1924 beendet hatte und nun im Oktober mit großen Erwartungen auf die „Soziale Frauenschule der Inneren Mission" nach Berlin ging. Von dieser Schule hatte mir Erika Madauss erzählt, die damals vorhatte, in einen christlichsozialen Dienst zu treten. Man wurde dort in einem zweijährigen Kursus als Fürsorgerin und Katechetin ausgebildet. Diese Ausbildung baute sich auf der des Fröbelseminars auf. Nicht weil ich nach einer weiteren Ausbildung verlangte oder gar um Wohlfahrtspflegerin zu werden, wollte ich diese soziale Frauenschule besuchen. Nein, wie heute weiß ich die Stunde – Erika Madauss und ich putzten gerade miteinander Schuhe –, als sie mir von ihrem Plan erzählte, im Anschluß ans Fröbelseminar auf diese Schule in Berlin zu gehen. Es sei eine Ausbildungsstätte, wo man für Jesu Dienst bereitet würde und dann in eine christliche Arbeit käme. Das schlug bei mir ein.

Mit dieser Hoffnung war ich schon in das „evangelische Fröbelseminar" nach Kassel gegangen, doch hatte ich hier nicht das Ersehnte gefunden. Nun sollte es – nach dem Erzählen von Erika Madauss – in der Berliner Frauenschule mit katechetischem Zweig wirklich zu finden sein. Ich war wie elektrisiert und sagte gleich: „Da muß ich auch hin!" Von meinen Eltern bekam ich dann auch die Erlaubnis dazu. Mein damaliger innerer Stand ist aus den Tagebuchaufzeichnungen in den Ferien vor dem Berliner Schulbeginn zu ersehen:

> „O Gott, ich danke Dir, daß ich Dich jetzt so lieben kann. Behalte mir das innere Leben, doch nimm meine Selbstgefälligkeit. Ich

weiß ja, daß alles, was ich habe, nur Dein Werk ist, alles Gute in mir bist Du, Herr Jesus. Ich danke Dir für Deine so große Liebe, und ich flehe Dich jetzt an, komme auch zu den anderen, die Dich noch nicht kennen und für die ich's so erflehe, jetzt, wo ich Deine Herrlichkeit erkannt. Hilf, daß ich Dir jetzt nicht mehr untreu bin, sondern stets stark kämpfe gegen Lauheit, so daß ich dich nie loslasse. Dies ist ja die Hauptsache, in Dir bleiben. Dann hat man Kraft, dann kommt man vorwärts. Hilf meinem Unglauben, meinen Verstandeszweifeln, meiner Liebe zur Welt, zum Heiraten, laß mich ungeteilt Dein sein, daß Dein Wesen aus meinem herausleuchtet, daß ich andere für Dein Reich gewinne, daß Du meine Arbeit segnest. Herr, ich danke Dir für alle Deine unendliche Liebe, laß mich in Dir wachsen und Frucht bringen. Amen."

„Das Buch von der Gräfin Waldersee hat mir viel gegeben. Ich weiß jetzt, wie untreu, wie wenig recht und tief ich Christus und Seine Sache genommen habe. Jetzt habe ich mich ernstlich geprüft, alle Fehlerquellen mir klar gemacht, und ich will jetzt nicht aufhören zu kämpfen, denn Gott stellt an Gotteskinder große Anforderungen, die Sein Reich – entsprechend der Bergpredigt – ererben wollen. Und ich bin mir klar, daß ich verloren bin, wenn ich bei aller Erkenntnis Jesus noch so wenig ähnlich bin. Darum will ich jetzt ringen, doch nur mit Jesus zu leben, und Ihn nicht lassen. Täglich, das habe ich mir für mein Leben versprochen, gebe ich vor dem Aufstehen eine halbe Stunde Gott, um dann mit Ihm in den Tag zu gehen." (September 1924)

DIE FLÜGEL WERDEN BESCHNITTEN

SOZIALE FRAUENSCHULE DER INNEREN MISSION, 1924 - 1925

Im Oktober 1924, als ich meinen zwanzigsten Geburtstag feierte, kam ich in die Großstadt Berlin. Wie wirkte diese Weltstadt auf mich? Sie holte alles, was an Weltlust und Weltliebe in mir verborgen war, heraus. In den ersten Tagen schrieb ich in mein Tagebuch:

> „Jetzt bin ich also hier glücklich in der Weltstadt. Und zuerst ergriff mich solch ein Verlangen nach der Welt, Leben, Vergnügen. Am liebsten hätte ich mich nur so ins volle Leben hineingestürzt."

Nicht schnell genug konnte ich mit Erika Madauss in den doppelstöckigen Omnibussen, die oben offen waren, durch Berlin fahren – voller Begierde, alle neuen Eindrücke des Berliner Straßenbildes, etwa „Unter den Linden", den Dom und das alte Museum mit seinen Kunstschätzen, in uns aufzunehmen. Jeden Tag lockte uns eine andere Erkundigungsfahrt durch die Stadt. Dies war so ganz im Sinne der Schule, in deren Heim im Westen wir wohnten: Die Schule pflegte im besonderen Sinn einen weltoffenen Geist. Mit allen sozialen, geistigen und kulturellen Strömungen der Zeit sollte man sich auseinandersetzen, Vorträge, Theater und Konzerte besuchen, dabei in der Bibel, in Christus gegründet sein. Ich stürzte mich mit vollen Segeln nicht nur in den Lehrstoff, der uns in den Stunden geboten wurde, sondern in alles geistige und kulturelle Erleben.

Wenn der Herr mir nicht aus Gnaden in diesem Jahr in jeder Hinsicht eine Grenze gesetzt und die Flügel gebrochen hätte, wer weiß, ob ich nicht in all dem, so auch in einer mich sehr erfüllenden Freundschaft, alles Genüge gefunden hätte. Wie bisher in jedem Abschnitt meines Lebens war das Nein Gottes, das Kreuz, das Er in mein Leben legte, meine Rettung. Es war die Brücke, die mich jedesmal in ein neues, mir vorher unbekanntes Land Seiner Liebe und der Offenbarung Seiner Nähe und Herrlichkeit führte. Darum kann ich rückblickend nichts so sehr in meinem Leben preisen wie jedes Kreuz, das der Herr mir mit jedem neuen Lebensabschnitt anders und neu schickte. Gott versagte mir das, wonach mein Herz verlangte, oder Er nahm mir, was mir in dieser Zeit gerade das Liebste und Begehrenswerteste war und dessen Verlust mir fast das Herz brechen ließ. Doch aus jeder solchen Not brach neues Leben auf,

eine nie geahnte Glückseligkeit in Jesus. Er gab, wo Er nahm, nach Seinem Wort: „Wer sein Leben verliert, der wird's erhalten."
So zog ich in Berlin ein und wollte – ohne daß ich mir das bewußt machte – in den ersten Wochen „mein Leben erhalten". Ich wollte auf seelischem und geistigem Gebiet genießen, ohne es zu merken, daß hier etwas nicht recht war. Doch bald brachte mir das, was mir nach meiner Erwartung zur Freude hätte gereichen und mich hätte bereichern sollen, die Weltaufgeschlossenheit und – liebe sowie das starke geistige Interesse, viel Not. So wurde einmal der an sich natürliche Trieb, heiraten zu wollen, zu einer mich allzu stark beherrschenden Macht, andrerseits kam ich durch die Betonung des Intellektuellen in den Unterrichtsstunden, vor allem durch die Textkritik, in Glaubenszweifel, die mich sehr bedrängten. Ich schrieb nach den ersten Wochen in mein Tagebuch:

> „Ganz schrecklich habe ich gegen Verstandeszweifel neben weltlichen Wünschen zu kämpfen. O Jesus Christus, hilf mir und meinem Unglauben! Doch sag ich mir dann immer, das ist der Stachel, der mir ins Fleisch gegeben ist und den Du jedem Menschen für seine Individualität geben mußt, um weiter ums Reich Gottes zu kämpfen, nie selbstzufrieden zu werden, da dies geistlicher Tod ist . . .

... und dann wurden weiter so viele Stellen aus der Bibel angeführt, die nun wieder nicht echt sein sollen – ach, das trifft bis in die innerste Seele, da mein Glaube mir alles ist. Ich laß mir Jesus wohl nicht nehmen, doch ist die Glaubenskraft sicher nicht so stark, wenn diese Verstandeszweifel daran nagen. Drum flehe ich Dich an, Christus, bei dem wir ja doch nur wahre Erlösung und Frieden finden können, gib Du mir Bücher in die Hand, darin Dein Geist weht. Hilf meinen Zweifeln, denn Du bist ja größer als aller kleinliche Menschenverstand." (9.11.1924)

Daß der Unterricht solche Kämpfe auslöste, bedeutete eine große Enttäuschung für mich, denn ich hatte nun auch in der sozialen Frauenschule der Inneren Mission nicht das gefunden, wonach ich so sehnlichst ausgeschaut hatte. Ich war mit einer falschen Voraussetzung nach Berlin gekommen, hatte eine Art Bibelschule erwartet, um tiefer in Gottes Wort und den Weg Jesu hineingeführt zu werden als eine Ausrüstung für Seinen Dienst. Doch es handelte sich um eine Wohlfahrtsschule mit nur fakultativem Nebenzweig einer katechetischen Ausbildung. So erhielt ich viele Anregungen zu Erkenntnissen auf sozialen und geisteswissenschaftlichen wie auch theologischen Gebieten, die mir den Blick für die Weite gaben, besonders durch Frau Elisabeth Nietzsche, die spätere Leiterin der Schule. Dafür bin ich in der Folgezeit noch sehr dankbar geworden. Damals aber erkannte ich nur, daß ich nicht an dem Platz war, den ich für die Entwicklung meines inneren Lebens brauchte. Ich kam nicht wie die meisten der Schülerinnen aus christlichen Kreisen und suchte darum mehr als sie mit dem ersten Durst nach lebendigem geistlichem Leben, nach dem Wirken des Heiligen Geistes im Unterricht. Um das andere, was uns geboten wurde, recht zu verstehen, fehlte mir noch die innere Reife, und darum konnten die Zweifel eine solche Macht werden.

So war ich bald sehr unglücklich. Nun sahen mich auf einmal die Mauern der Großstadt nicht mehr so verlockend an. Es machte mir Not, so viel über meinen Büchern zu sitzen und mich mit diesen zermalmenden Verstandeszweifeln zu plagen, die mir meinen Glauben und damit letztlich Jesus nehmen wollten. Mein kleines Zimmer, über das ich anfangs so beglückt war und das ich wie ein kleiner König einnahm, dünkte mich ein Gefängnis. Man sah nirgends einen Garten, einen Strauch, einen Baum. Das Heim war so anders als das Fröbelseminar, wo schon aus erzieherischen Gründen die Gemeinschaft stark gepflegt wurde in Form eines Familiensystems, in dem man mit- und füreinander zu leben hatte. Hier in Berlin lebte man wohl in einem christlichen und schönen Geist zusammen unter der verehrten Leiterin der Schule, Gräfin von der Schulenburg, doch mehr wie Studentinnen, jede frei für sich, nur eine Mietsetage miteinander teilend.

Dabei fühlte ich mich einsam. Ich hatte ja auch sonst kein Betätigungsfeld mehr wie in Kassel als Seminarälteste, wo ich an Menschen wirken und gestalten konnte, von ihnen geliebt und geehrt. Hier in der sozialen Frauenschule, wo ich eine der Jüngsten war, dadurch wenig beachtet, stand ich allein. Darum konzentrierte sich all meine Liebe und alles Leben in dieser Zeit um so mehr auf eine Freundschaft. Sie war die Insel, auf die ich mich rettete. Dies Verstehen und diese Freundesliebe waren meine Freude.

Aber Gott sprach auch hier in weiser Absicht ein Nein. Zuerst hatte Er mir durch viel Verstandeszweifel das Genießen des geistigen Lebens durchkreuzt, weil es für mich um meiner verstandesmäßigen Einstellung willen eine Gefahr bedeutete. Nun nahm mir Gott das Sichverlieren in eine seelische Liebe, indem Er mich hier eine große Enttäuschung erleben ließ, die noch tiefgreifender war als die Enttäuschung über den verstandesmäßigen Unterricht. Außerdem demütigte sie mich sehr und ließ Eifersucht in mir aufsteigen. Denn meine Freundin, die bis dahin ganz nur für mich da war, wurde plötzlich von der Freundschaft mit einem anderen Menschen erfaßt. Da zerbrach etwas in mir, wie ich es kaum

beschreiben kann, und es wurde Nacht in meiner Seele.
So saß ich nun mit all meinem Kummer in meiner kleinen Stube und vergoß viele Tränen. Es war mir längst vergangen, viele Ausflüge durch Berlin zu machen. Nun waren mir die Flügel beschnitten – ich ließ sie hängen. Dazu hatte ich keinen Menschen, dem ich von meinen inneren Nöten hätte sagen können. Der Himmel schien mir völlig verschlossen, ja, Jesus wie tot zu sein, und ich wußte nicht, wie mein Weg weitergehen sollte, weil ich nun mit der Ausbildung in dieser Schule auf einem Weg war, den ich nie gewollt hatte. All das klagte ich Gott in meinem Tagebuch, und Gott antwortete mir in Seiner großen Barmherzigkeit, Er antwortete mir so weise, wie nur ein liebender Vater Seinem Kind antworten kann, das Er kennt und in großer Liebe zurechtbringen will. Er zeigte mir die Lösung des Knotens in diesem Wirrwar von Leid und Tränen – eine Lösung, die mein ganzes Leben hindurch und dann später für die Marienschwesternschaft in jeder Not eine wahre Lösung sein konnte: Er zeigte mir als die Wurzel meiner großen Not meine Sünde. Weil meine Liebe zu Jesus noch so klein war, darum ließ mir der Verlust der menschlichen Freundesliebe alles zusammenbrechen, machte mich unglücklich und brachte mich in solche Nacht. Und außerdem war es mein Stolz und meine Eifersucht, die mir so viel

Kummer brachten, als jetzt jemand anderes mir vorgezogen wurde. Dies erkannte ich plötzlich.

> „Vergib mir, daß ich so klein bin, neidisch, stolz und so etwas mich traurig macht. Laß mich nur geschickt werden für Dein Reich, daß ich um etwas anderes weine ... Ich weiß, ich kann noch nicht nur im Geist lieben, ich kann's nicht, bin abhängig, ob sie mich liebt – reinige Du mich, gib mir Deine Jesusliebe ins Herz." (25.1.1925)

Einige Wochen später:

> „Ganz anderes macht mich jetzt traurig ... Ich bin ganz erschüttert über mich. Ich sehe jetzt, wie sehr, sehr klein und menschlich ich war – wie sehr mein Herz an den Menschen hing und wie sehr ich Gottes Wirken dadurch hindere." (28. 3. 1925)

Diese gnadenreiche Erkenntnis meiner Sünde brachte mich zur Buße, in der ja immer das neue Leben verborgen liegt. Es ist mir heute unbegreiflich und wunderbar, daß Gottes Geist mich dies erkennen ließ. Anders hätte sich ein Knoten in meinem Herzen bilden können – ein Stück Verbitterung oder Verkrampfung. Doch die Erkenntnis der eigenen Sünde, die uns durch jede Not geschenkt werden soll, und die Buße machen frei und froh. Dann hat man weder Gott anzuklagen, daß Er einem Lasten auflegt oder „jede Freude nimmt" und uns so viel zerschlägt, noch hat man Menschen anzuklagen, die einen enttäuschen. Dann hat man nur noch sich selbst anzuklagen und Gott zu danken, daß Er durch solche Nöte von Gebundenheiten lösen und in Seine Gemeinschaft ziehen will.

Nach diesen „Wüstenmonaten" war ich mit meinen Eltern in den Osterferien verreist. Da durfte ich erleben, wie mir eine ganz neue Liebe zu Christus geschenkt wurde und ich auch dem geistigen Verlangen, das sich zu sehr in all das kulturelle Leben hineinstürzte, absagen konnte.

> „So vieles hat sich geändert, indem mir Gott über manches Klarheit gegeben hat, indem in mir solch heiße Liebe zu Christus entbrannt ist, so daß ich weiter nichts als Ihn nur ehren und Ihm dienen möchte. Und so sehr deutlich sehe ich jetzt, wie so sehr klein und menschlich ich war und wie nötig und gut mir die Enttäuschung war. Jetzt, wo die Zeit vorbei, ist mir Christus besonders nah und so stark. Klar erkenne ich jetzt, wie sehr mein Herz an Menschen, Dingen und Ehren hing und wie sehr ich darum Gottes Wirken in mir hinderte. Ich weiß jetzt, daß es der Teufel ist, der einem immer einflüstert, Bildung und alles Sichabgeben mit Verstandesfragen müsse sein. Nein, wenn man sieht, wie sehr dieses dem Geist Gottes wehrt, so weiß man, daß es nicht Gottes Wille ist. Wie viele Seelen

warten auf Ihn, und da sollte man doch nur dies eine bringen. Die Hauptsache ist nicht, daß wir auf der Leute Interesse eingehen können, sondern daß der Geist Gottes so stark aus uns leuchtet, daß alle Menschen anfangen zu sehen, hier ist etwas Besonderes, Göttliches. Und ich habe nur den einen Wunsch: Christus zu dienen, noch ganz durch Ihn und für Ihn zu leben, und bitte Ihn, daß Er mich doch ganz in Seinen Dienst einfangen möchte, mich durch Leiden läutere und mich Ihm näherbringe. Ob ich darum Diakonisse oder irgend so etwas Abgeschlossenes werden muß, weiß ich noch nicht." (8.4. 1925)

„O Herr Jesus, von neuem bin ich jetzt ganz entschlossen, nur Dir zu leben, für Deine Ehre, und nun bewußt allem Irdischen zu entsagen. Ach Herr Jesu, gib Kraft, daß ich nicht mehr an Kleidern, Wohnung, Speise hänge, sondern hiervon nur das Äußerste gebrauche, und vor allem hilf Du mir, daß ich jetzt frei werde von meiner Ehre, ach, daß all das, was Geltungstrieb, Eigenliebe betreiben, daß ich dagegen unempfindlich werde und nur um Deine Ehre besorgt bin. Ach, gib Du mir auch Kraft für die Berliner Zeit . . Ich will jetzt gern leiden wie vor Ostern in Berlin, wenn ich dadurch nur

Dir näherkomme, gereinigt werde. Vergib mir mein Murren gegen das Leiden. Herr Jesus Christus, ich habe Dich lieber als alles in der Welt. Mach mich ganz frei, ganz demütig und geschickt, für Deine Ehre zu leben und zu wirken." (16.4.1925)

„Lieber Herr Jesus Christus, Du kennst meine Seele und weißt, daß ich nicht weiß, wohin mit all der glühenden Liebe zu Dir. Du bist so unendlich groß und gut, nie könnte man Dich zu Ende loben. Herr Jesus Christus, könnte ich doch meine übergroße Dankbarkeit Dir bezeugen! O laß mich leiden, verachtet werden, wenn es gut für Dich ist, ich so rein werde und Dich mehr verherrlichen kann. Herr Jesus Christus, gebrauche mich zu Deinem Werkzeug und Lob, laß mich Deine allmächtige Liebe und Kraft verkünden, Dir Seelen bringen und sie glücklich machen . . .

Ich weiß ja nicht, ob ich es schon ertragen kann, doch möchte ich leiden um Deinetwillen. Laß doch Deine Liebe mir so tief im Herzen verwahrt sein, daß sie durch Leiden standhält. Ach, wenn ich Dich nur habe, muß ich ja alles gern ertragen." (1.5.1925)

So hatte mir das Kreuz, das mich schier ertöten wollte in diesen Wintermonaten, eine unaussprechliche Herrlichkeit und Glückseligkeit in

der Liebe zu Jesus – ein Herz voll Anbetung und neuer Hingabe gebracht. Ich hatte es erleben dürfen, daß wir inniger mit Jesus vereint werden, daß sich gleichsam ein Strom des Segens über uns ergießt, wenn wir unser Kreuz aus den Händen des himmlischen Vaters nehmen im Wissen darum, daß Seine Liebe uns das Kreuz zur Läuterung schickt. Und der Vater erwies mir auch darin Seine Liebe: Er zeigte mir den Weg in eine Ausbildungsstätte, auf eine Bibelschule, wo nun endlich alles Sehnen dieser Jahre erfüllt werden sollte: Dort wurde Jesus in der Kraft des Heiligen Geistes als der verkündigt, der heute noch lebt, wirkt und Wunder tut.
Es war im Mai 1925, als mir eines Tages eine Mitschülerin im Vorbeigehen eine Ansichtskarte zeigte und dabei sagte: „Das ist ein Bibelhaus hier in der Nähe, in dem meine Freundin ist, die ich besuchen will." Als ich dies Wort „Bibelhaus" hörte, zündete etwas in meinem Herzen, und mein großes Sehnen erwachte von neuem. Ich dachte: Vielleicht ist dies das Haus, das du dir schon lange wünschst, um dort für den Dienst Jesu ausgebildet zu werden. So machte ich mich eines Tages auf, mir dies Bibelhaus selbst anzusehen und zu hören, was da gelehrt und verkündigt wurde. Ich fand bei Bad Freienwalde in der Mark einige Häuser, die sich an den Wald anschmiegten, in einer Talmulde liegend und auf der andern Seite der Straße nach Falkenberg nur

von Wiesen umgeben. Die Häuser lagen ganz allein in der Stille der Natur. Das kam mir nach der Großstadt Berlin wie ein Paradies vor.
Als ich den Weg zum Haupthaus hinaufging, hörte ich aus den Häusern Harmoniumspiel und Singen, ich spürte etwas von der Gegenwart Gottes über diesem Tal. Ja wirklich, dort wohnten Menschen, die sich ganz in Jesu Dienst gerufen wußten – viele auch in die Äußere Mission. Die Freundin meiner Berliner Mitschülerin führte mich durchs Haus und brachte mich dann in den großen, hellen Lehrsaal, in dem die geistliche Schöpferin des Werkes, Jeanne Wasserzug, eine Lehrstunde hielt. Ich war mitgerissen: Das war Geist und Leben. Das war nicht der Christus der Vergangenheit, sondern der, der heute lebt, liebt, richtet und Wunder tut, der, der heute Herzen entzündet und in Seinen Dienst ruft. Vor Seiner Realität mußten alle Verstandeszweifel weichen, denn Er war da: Jesus Christus heute! Nach dieser Stunde war mein Herz überströmend voll Glück – ich hatte gefunden, was ich so lange gesucht. Ich ging ein paar Schritte in den Wald hinauf, legte mich ins Gras, und mein Herz sprang schier vor Freude über solch einen Herrn, dem ich – wenn es möglich gewesen wäre – aus Liebe tausend Leben geschenkt hätte. In dieser Stunde gab ich Jesus endgültig mein Leben hin, mich Ihm ganz weihend, in Seinen Dienst zu treten.

In großer Freude kehrte ich nach Berlin zurück – mein Entschluß war gefaßt: Im Herbst gehe ich ins Bibelhaus Malche – die Ausbildung in Berlin breche ich ab.

Als ich diesen Plan an Pfingsten meinen Eltern mitteilte, wollte er meinem Vater verständlicherweise nicht einleuchten. Er meinte, ich müsse meine Ausbildung in Berlin zum Abschluß bringen und mein Wohlfahrtspflegerinnen- und Pfarrgehilfinnenexamen ablegen. Doch meine Mutter, die spürte, welch inneres Anliegen mir dieser Weg war, trat für mich ein. So kam der Tag, an dem mein Vater, der bis dahin ein eisernes Nein hatte, als wir miteinander auf der Terrasse saßen, plötzlich hinter seiner Zeitung fragte: „Was kostet eigentlich die Ausbildung dort?" Ich wußte: Jetzt war das Eis gebrochen. Und tatsächlich, durch Gott bewegt, gab er sein Ja. Das war ein Heimkommen in mein Berliner Zimmerchen! Nun war es kein Gefängnis mehr, denn die Türen hatten sich aufgetan, und bald würde ich ins Land meiner Sehnsucht hinausfliegen dürfen: ins Bibelhaus. Mein ganzes Verlangen war ja, daß das Jahr dort mir helfen sollte, nicht so viel erkenntnismäßig zu wissen, sondern Jesus in Seinem Wesen zu erfassen und dann wirklich auszuleben. Wie sehr es darum ging, hatte ich bei meiner Arbeit in einer Berliner Gemeindejugendgruppe erfahren und schrieb darüber in mein Tagebuch:

„Jetzt bei der Leitung meiner Jugendgruppe merke ich so stark, daß, wenn man zu fernstehenden Mädchen kommt, um ihnen Christus zu bringen, man nicht mit Bibelstunden (gemeint war mit Theorie) kommen kann. Man kann an ihnen nur etwas ausrichten, wenn man mit seinem ganzen Wesen schon von Jesus durchglüht ist und Seine Liebe ausstrahlt und nicht solch schlechter Mensch ist, wie ich es bin. Und darum: erst muß man selbst einmal allem langsam absagen, sich ganz auf Christus stellen, in Einsamkeit ganz bei Ihm sein durch Gebet und Verleugnung. So an Ihn gebunden, Seine Liebe in sich habend, müßte man sein, daß man innerlich ganz gefestigt ist, Christus in den Geschäften des Alltags nicht mehr zu verlieren, Seine Liebe auszustrahlen. Hilf mir doch, daß ich ganz einfältig werde, klein und demütig, denn dann kann ich nur in Deiner heiligen Arbeit stehen. Vergib Du mir dann alle meine Schuld." (16. 5. 1925)

Im Juli / August 1925 mußte ich noch von der Frauenschule aus mein Praktikum machen, das ich am Wohlfahrtsamt in Darmstadt absolvierte. In dieser Zeit las ich auf den Rückreisen bei den mancherlei Kindertransporten, die mir aufgetragen wurden, Lebensgeschichten von Mathilda Wrede, Georg Müller, Finney und andere. Dadurch wurde die Glut in mir stärker, Jesus völlig hingegeben zu sein – alles für Ihn dranzugeben. Ich war manchmal von der Größe und Herrlichkeit Jesu ganz hingenommen:

„Herr Jesus, Du bist ja so herrlich und groß, man kann den Dank gar nicht aussprechen. Ach, Herr Jesus Christus, daß Du so oft bei mir warst, mich ganz mit Deiner Herrlichkeit besuchtest, diese größte heilige Freude schenktest, ganz in Dir zu sein! Ich kann's oft nicht fassen, so groß bist Du. Es ist beinah zuviel Herrlichkeit, als daß wir sündigen Menschen sie ertragen können. Ach, ich bin so schlecht. Herr Jesus, bereite Du mich in dieser Zeit, wie Du mich haben willst in Ewigkeit. Doch so viel Millionen von Menschen kennen Dich nicht, leben so geistlich im Dunkeln. Du weißt, warum Du es hier auf Erden so eingerichtet hast, daß nur so wenige Menschen Dich erkennen. Doch ist dies so unsagbar traurig. Hilf darum, Herr Jesus, erwecke Du doch Menschen wie Finney, Georg Müller, daß doch unser Volk den Weg zu Dir finde, Dein Reich groß werde. Erwecke Du Menschen, die für Dein Reich arbeiten."

„Mein Herr Jesus, ich muß Dir noch einmal so recht von Herzen danken für Deine übergroße Gnade, daß ich wirklich Dein Kind sein darf. Meine Freude über diese überschwengliche Gnade und Herrlichkeit, meine Liebe zu Dir ist manchmal so groß, daß ich denke, ich muß zerspringen und immerzu loben. Und dabei bin ich oft lange so kalt gewesen gegen Dich; doch vergib mir, Herr. So laß mein Leben nun nur Liebendürfen für Dich sein. Führe Du mich, wenn ich nicht so ganz in Dir lebe, auf Demutswegen, bis ich ganz frei von allem Weltlichen, Menschlichen Dir ganz zugehöre. Gib mir die Gnade, daß ich Deinen Namen verherrlichen möge, wo Du mich eben hinstellst. Ach, daß Dein Angesicht aus mir einmal leuchten möchte, so daß auch die Ungläubigen erkennen: Hier konntest nur Du wirken, Herr Jesus. Für Dich möchte ich leben, nimm Du mich hin. Brauche mich für Dich, ich übergeb mich Dir mit allem. Segne meinen Eingang in das Bibelhaus. Gib, daß ich in Deiner Liebe und Demut dort eintrete..." (25.7.1925)

Am 23. September 1925, bald einundzwanzigjährig, zog ich dann in das Bibelhaus Malche ein.

ENDLICH AN DER QUELLE

BIBELHAUS MALCHE,
HERBST 1925 - SOMMER 1926

Was ich im Fröbelseminar in menschlichem Sinn gefunden hatte: fröhliche Gemeinschaft, das fand ich nun hier im Bibelhaus Malche im geistlichen Sinne. Wieder wohnte ich mit einigen Mitschwestern – man redete sich untereinander mit „Schwester" an – zusammen; man hatte uns „Jugend" zusammengetan. Denn in meinem Kurs von sechzig Schwestern waren nicht – wie im Fröbelseminar – lauter junge Menschen zusammen. Hier war der Durchschnitt dreißig bis vierzig Jahre alt, und so war ich eine der Jüngsten. Statt wie in Berlin durch die lauten Straßen zu fahren und da das Leben zu suchen, ging man hier nun in den stillen Wald, denn man trug nach den Lehrstunden so viel geistliche Anregung in sich, daß ich meist nicht mehr auf meinem Stuhl sitzen bleiben konnte, wenn die Stunde von Fräulein Wasserzug beendet war. Es drängte mich in den Wald hinaus, um meinem Herzen dort über all dem Luft zu machen, was ich von der Größe und Herrlichkeit Jesu und Seiner Heilspläne für die ganze Welt gehört hatte, mit Singen, Laufen oder Springen. Oder aber ich hielt Austausch mit meinen Freundinnen, die mir Gott in Seiner Liebe in diesem Jahr schenkte und mich durch das Einssein in Christo – das Verstehen in Ihm – so sehr erfreute. Ja, glückselig war ich in diesem Jahr. Es hatte mir wirklich gebracht, was ich mir ersehnt hatte: daß Jesus mir größer, wirklicher, liebenswerter wurde.

„Die Größe Gottes läßt mir gar keine Ruhe mehr, so überwältigt, durchglüht bin ich von der gewaltigen Größe und Liebe meines Heilands, in die ich täglich mehr hineinschauen darf. Seine Nähe darf ich täglich mehr erleben und Blicke in Seine Herrlichkeit tun – und daß dieser Herr mein Heiland und Gott ist! Ich könnte nur immer jubeln und von neuem mein ganzes Leben hinlegen. Laß mich dem einen Ziel ohne Umwege nacheilen: in Dir erfunden zu werden zur Ausauferstehung der Toten.

O mein Herr und Gott, diese Größe Deiner Herrlichkeit meine ich kaum mehr ertragen zu können, nachdem mir Römer 6,8 so offenbart ist. O Gott, wie groß bist Du! Ich kann nur anbetend vor Dir stehen und jubeln, daß ich Dein bin, mein alter Mensch mit Dir gekreuzigt, begraben ist und jetzt nicht mehr mein Ich in der falschen Stellung zu Dir lebt. Nein, Du in mir! Lehre mich stets damit rechnen, daß ich Dich habe, ja es mit Deinen Kräften, die Himmel, Erde, Meer geschaffen und besiegen, zu tun habe. O Herr Jesus, daß ich solch einen Herrn habe, laß mich dafür dankbar sein, alle meine Kräfte Dir geben, nur nach dem vorgesteckten Ziel jagen, nur das eine vor Augen haben, daß ich eine Säule für Dich werden kann." (April 1926)

Doch konnte Jesus mir auf dem Weg des Hörens Seines Wortes nur so weit groß werden, wie ich mich von Seinem Wort auch treffen ließ. Denn Jesus kann uns nur so weit aufleuchten, wie wir uns durch das Wort Gottes zunichte machen lassen und als Sünder Ihm zu Füßen liegen. Das war meine Erfahrung in Berlin und schon in Kassel gewesen: Da, wo Erkenntnis der Sünde, wo Reue und Buße sind, bricht neues Leben auf, dürfen wir tiefer in die Erkenntnis Gottes eindringen, die Er denen gewährt, die unter Seiner Vergebung zu Liebenden geworden sind. Und je ernster ich den Kampf des Glaubens gegen die Sünde in der ganzen Hingabe an Jesus aufnahm, desto mehr erkannte ich mich in meiner Sünde. Doch ich erkannte Jesus auch dementsprechend in Seiner Erlösungsmacht, die neue Menschen schafft und von einer Klarheit zur anderen verklärt. Das durfte ich in diesem Jahr durch die Kraft des Gotteswortes, die ich hier erstmalig erfuhr, wie nie zuvor erleben. Jetzt lernte ich es anders denn vorher: Jesus lebt, Jesus erhört Gebet, Jesus macht frei. Wer sich im Glauben auf Seine Verheißung stellt, der empfängt! Ich hatte am Einzugstag ins Bibelhaus Malche eine Bitte, gewissermaßen eine Abmachung mit dem Herrn aufgeschrieben:

„Herr Jesus, dies schreibe ich, um an dem Tag, da Du es vollbracht haben wirst, Dein Wunder verkündigen zu können, damit ich Dich ganz besonders ehre und Dir danke und ich und andere glauben lernen: Gott ist kein Ding unmöglich.

Heute bin ich noch so: voll Ehrgeiz, Selbstgefälligkeit, in meiner Natur verwachsen. Bin dann glücklich, wenn andere mich viel fragen, brauchen, man von mir weiß, daß ich klug, begabt bin und auch beliebt. Ich bin froh, wenn ich mit Menschen gut stehe, Austausch habe, wenn ich glänzen kann. Herr Jesus, und Du hast nur gedient. Ich gebe Dir heute mein ganzes Wollen und meine Freude an diesem Großsein hin. Ich will jedesmal, wenn ich den unteren Weg geführt werde, unerkannt, unbeliebt bin, nicht traurig sein, mir nie mehr Pläne machen, wie ich es ändern könnte, auf daß die Menschen merken, was hinter mir steckt (ich meinte Begabung, Klugheit).

Herr Jesus, ich will jedesmal zu Dir kommen, bitten, daß ich diesen Demutsweg annehme von Dir und ihn dann auch mit Freuden gehen kann, da Dich-haben und

Von - Dir - gekannt - sein unsere einzige Freude werden muß. Gib Du mir dann die Kraft dazu, wenn es mir oft zu sehr wehe ist, gib, daß ich mich durchringe bis zu Dir, und dann gib mir Freudigkeit zu den Demütigungen. Jesus, ich will von heute an praktisch diesen Weg gehen, wo mich die Menschen nicht kennen hier, mich vielleicht nur für kindlich halten, ich vielleicht keine Rolle spielen werde. Hilf Du mir dazu! – Heute fange ich damit an, auf daß ich, wenn ich dann das Bibelhaus verlasse, hier drunter schreiben kann, daß Du trotz dieser so tief in mir steckenden Veranlagung und Sünde mich frei machen konntest, Du allen Menschen, die sich Dir hinlegen, hilfst. Mach mich in diesem Jahr klein und demütig." (23.9.1925)

Gott hat mir in Seiner Gnade die Bitte erhört. Wenn Er auch auf meinem weiteren Lebenswege auf diesem Punkt weiter und tiefer reinigen mußte, so war hier in dem Jahr doch Grundlegendes geschehen. Ich schrieb im Juni 1926 in mein Tagebuch:

„Mein Herr und mein Gott, ich möchte Dir ja so von Herzen danken. Herr, wie groß bist Du, wie ganz wunderbar ist es, daß ich heute hier niederschreiben kann, daß Du das, um was ich Dich in den ersten Tagen des Kurses bat, daß Du es bis zum Schluß doch in mir wirken möchtest, wirklich getan hast. Damals schrieb ich im Glauben: Zum Schluß werde ich zu Deiner Ehre hinschreiben, daß Du es vollbracht hast. Und heute, ein paar Wochen vor dem Schluß, kann ich dies bezeugen: Du hast einen Anfang gemacht, Du hältst alles, was Du versprichst. Du hast mir in diesen Tagen die Freude am Glänzen innerlich genommen, da Du mir bei Lob und Anerkennung von anderen durch das Wirken Deines Geistes stets einen bitteren Stachel gegeben hast. Es ist mir keine reine Freude mehr, ja, mehr Trauer und Angst dabei. Und Du wirst es mir durch viele schwere Führungen noch mehr abgewöhnen, das weiß ich. Und weil es Dir keine Freude macht, dies innere Wohlbehagen bei Anerkennung, so macht es mir auch keine Freude mehr. O Herr, daß Du dies in mir geschafft hast, ist größer als jedes andere wirkliche Wunder. So gib, daß alles, was Dir nicht Freude ist, mir auch nie Freude macht. Lehre mich das immer mehr."

Eine besondere Gnade war, daß uns Fräulein Wasserzug in ihren Lehrstunden die erlösende Kraft des Blutes Jesu für unsere Sünden verkündete und ich sie nun für meinen Sündenkampf zur Erlangung des Sieges in Anspruch nehmen durfte. Vorher hatte ich wenig davon gewußt.

So gingen die neun Monate schnell dahin. Sie waren eigentlich ein ständiges An-der-Quelle-trinken von einer, die lange Zeit am Verdursten gewesen ist und sich nun nicht satt trinken kann, nicht genug bekommt. Darum sah ich damals auch alles im Bibelhaus mit verklärten Augen an, weil es mir nach den vorherigen Enttäuschungen in Kassel und Berlin unfaßbar war, nun „die kostbare Perle" gefunden zu haben.
Doch eine Not und Frage beunruhigte mich während des Bibelkurses im Bibelhaus Malche. Sie wurde mir auch in diesem Jahr – so viel es mir sonst gab – nicht gelöst, ja, sie harrte noch viele Jahre lang der Lösung, die mir dann die Tür zu einer besonderen Schatzkammer öffnen sollte. Es war die Frage: „Weltverneinung oder Weltbejahung" – die auch ein Teil der Frage „Gesetz und Freiheit" ist. Wie weit darf und soll man als gläubiger Christ im kulturellen Leben stehen, sich damit beschäftigen? Mir war dabei immer dies die Frage: Will ich ganz für Jesus und Sein Reich dasein, dann gleiche ich einem Soldaten, der in den Kampf zieht und der nun keine Zeit mehr hat, sich wie in „Friedenszeiten" den verschiedensten Dingen zuzuwenden, die an und für sich erlaubt sind. Er muß sich nun einseitig dem Kampf hingeben, denn dabei geht es ja um Tod und Leben seines Volkes. Doch im Kampf zwischen dem Reich der Finsternis und des Lichtes, durch den Seelen der Hölle entrissen werden

sollen, geht es noch weit mehr um einen Kampf auf Leben und Tod. Müßte man da nicht erst recht alles andere lassen und zurückstellen und einseitig nur dem Reiche Gottes leben? Wenn ich damals so überlegte, merkte ich jedoch dabei, daß die Rechnung nicht aufging. Und zwar insofern, als mir die Frage: Warum hat dann Gott die Natur, die Kunst und vieles andere mit solcher Liebe geschaffen und geschenkt? nicht beantwortet wurde. Wenden wir uns von alle dem asketisch ab, so ist irgend etwas in unserem Leben unnatürlich, ungöttlich, denn wir verneinen und meiden das, was Gottes Liebe schuf. Ich fand keine Verbindung zwischen diesen beiden sich mir ausschließenden Wegen.

Da ging ich in meiner Not zu einer verehrten Lehrerin, die eine großzügige Persönlichkeit war und frei und weit in ihrem Urteil. Ich trug ihr mein Anliegen vor und sagte ihr von den Gestalten, die Tersteegen in seinem Buch „Leben heiliger Seelen" schildert. Ich fragte sie, ob diese Menschen mit ihrer mich asketisch dünkenden Haltung nicht doch den rechten Weg gegangen seien, weil sie so ganz in Gott gelebt, Jesu Bild ausgestrahlt und große Vollmacht gehabt hätten. Da wehrte sie – vielleicht nur im Blick auf eine Gefahr, die sie für mich persönlich sah – sehr ab und warnte mich vor solchem Weg als vor einem mystischen, der gefährlich sei. Sie sagte mir, ich solle in voller kindlicher Freiheit in allem, wohin der Herr mich führe, stehen und doch in ganzer Hingabe zu Jesus bleiben. Doch ich wußte ja gerade nicht, wie ich dies im praktischen Falle machen sollte, davon sagte sie mir nichts. Zum Beispiel: Was soll ich tun, jetzt beten oder die Zeit zu einem Gang in die Kunstgalerie nehmen, mich bestimmten geistigen Interessen zuwenden, Austausch und Geselligkeit mit Menschen pflegen?

In der Folgezeit brachte es mir viel inneren Verlust, daß ich auf diese Warnung, von dem Weg der „heiligen Seelen" Tersteegens abzurücken, einging. So schrieb ich damals bezüglich meiner Fragen in mein Tagebuch:

> „O Jesus, ich übergebe Dir heute noch einmal so ganz die letzten zehn Wochen hier. Hilf, daß ich keine einzige Stunde in etwas verweile, was nicht Dein Wille ist. Ich möchte ja nur das eine ganz: in Abhängigkeit von Dir zu leben, um nur für Dich dazusein. Ach, ich bin doch als Dein Kind von Dir hier mitten in das Leben dieser Welt hineingestellt, und Du weißt, wie mein Geist und meine Sinne offen sind für all Dein Geschaffenes, für Menschen, Kunst, Psychologie und Fragen des Lebens, und Du weißt, wir müssen auch so ganz hier auf Erden tüchtig sein. So zeige Du weiter in jeder Stunde, ja, bis in jede Minute meines Lebens, ob ich hineingehen soll in diese

Dinge, wenn ich etwa durch Menschen hineingeführt werde, wann ich von dem einen fortgehen soll, um mich bewußt mit Dir, dem Wort, für Deine Sache zu beschäftigen. Gesetzlicherweise ist diese Aufgabe nie zu lösen, doch Du bist selber Geist, Leben: Gib mir von Deinem Heiligen Geist, daß ich von Fall zu Fall entscheiden kann, was ich tun soll. Herr, gib, daß ich nur Deinen Führungen folge, keine Umwege mache zu dem einen Ziel: daß Du mir alles wirst, ich in Dein Bild verklärt werde und ganz für Dich dasein kann. Hilf, daß ich mich nicht mit der Welt beschäftige, ob es seelisch oder geistig ist. Und gib, daß ich in dieser Welt stets Deine Wahrheit sehe, nie auch gesetzlich werde." (22.4.1926)

Ich wußte damals noch nicht, daß die Liebe zu Jesus allein die Lösung sein würde, weil in mir diese Liebe noch so wenig lebte.

So zog ich später – nach Beendigung des Bibelkurses – mit dieser Not in meine neue Arbeit hinein. Diese ungelöste Frage brachte mir noch viele schwere Stunden. Doch erst einmal war die Vorfreude überwiegend: Ich durfte nun tatsächlich in die Arbeit des Reiches Gottes gehen! Mir brannte das Wort Fräulein Wasserzugs im Herzen: „Es gibt keine größere Ehre, als wenn Gott einen Menschen in Seinen Dienst ruft." Schon in den ersten Ferien während meiner Bibelhauszeit – Weihnachten 1925 – geschah es, daß der Prediger der Stadtmission einen Besuch bei meinen Eltern machte und dabei hörte, daß ich gerade zur Ausbildung im Bibelhaus Malche sei. Da kam ihm plötzlich die Frage, ob ich nicht nach Abschluß meines Kurses die Jugendarbeit in der Darmstädter Stadtmission aufbauen wolle. Meinen Eltern und mir schien das von Gott so geführt, und der Vorstand des Bibelhauses willigte ein, mich nach Beendigung des Kurses als Schwester dieses Hauses in die Arbeit, die im August 1926 beginnen sollte, zu senden. Ich war damals 21 Jahre alt.

Doch ehe ich die Arbeit anfing, kam ich noch in schwere Konflikte, die mich schon im Bibelhaus sehr beunruhigt hatten durch alles, was in Berlin an mich herangetragen worden war, und die nun neu auflebten. Ich war nämlich vor Beginn meines Dienstes noch einige Wochen in einem Bibelheim. Dort wurde eine Lehre vertreten, bei der es um die „Gemeine" ging, die alle Erwählten umfaßt, die wahrhaft wiedergeboren sind und für deren Leben es gilt, die absolute „Sterbenslinie" zu gehen. Man betonte in den an sich vollmächtigen, reich gesegneten Bibelstunden immer wieder, daß alles in der Welt nur Bruch, nur Leid sei und daß wir darum alles in der Welt nur leidentlich durchlaufen können.

Innerlich hörte ich dabei immer die Worte meiner Lehrerin, Fräulein Wasserzug, die im Gegensatz zu dieser so ernsten Botschaft in ihrer freien, fröhlichen Art von der Liebe Gottes sagte, der Seinen Kindern Freude machen und Gutes schenken will. Das war, natürlich abgesehen von den Züchtigungswegen, die nötig sind, so gemeint, daß Gott als ein gütiger Vater für uns sorgt. Doch hier verkündete man ständig das eine, daß Gott uns nur Sterbenswege führt. Von Gläubigen, die anders dachten, meinte man, daß sie noch in den Kinderschuhen steckengeblieben seien. Wohl seien sie bekehrt, aber nicht wiedergeboren. Und im übrigen vertrat man den Grundsatz, daß Frauen das Wort Gottes nicht verkündigen dürften, auch nicht vor Frauen und Jugend; es läge dann ein Unsegen auf ihren Diensten. Ein Anhänger dieses Kreises, ein Studienrat, nahm mich ganz besonders vor und redete mir ins Gewissen, meine Arbeit doch aus diesem Grunde nicht anzutreten. Ich kam dadurch in größte Gewissenskonflikte und schrieb damals:

„Mein Herr und Gott, Du siehst meinen ganzen Schmerz, siehst, daß ich nicht aus noch ein weiß bei all den verschiedenen Wegen, die Deine Kinder alle gehen und jeder den seinen für den einzig richtigen hält. Herr, ich will ja alles drangeben, wenn Du mir nur klar zeigst, daß dies wirklich Dein Weg ist. So gib mir ein Zeichen, irgendeine Antwort, ich weiß nicht, was ich tun soll. Ach, mache mir lieber alles, alles kaputt, ehe ich auf einen Weg gehe, der nicht Dein Weg ist, ich Dir nicht gehorsam bin. Herr, höre mein Flehen und Weinen über das, was Studienrat X immer wieder sagt. Du siehst meinen ganzen Schmerz, zeig Du mir hier das Richtige, rede Du selbst zu mir. O gib, daß ich mich in nichts einschachtele und wieder gesetzlich werde, aber daß ich auch nicht zu weit werde und dadurch das eine, was mir allein not ist, zurücktreten lasse. Hilf mir zur Klarheit über solche Aussagen wie: „Die Wiedergeborenen sind Erwählte. Den anderen, die nicht erwählt sind, hilft alles Suchen und Ringen nichts." Man sagt hier weiter, daß einer Frau, die in der Gemeinde redet, große Gnade der Herrlichkeit verlorengehe, denn sie handele damit gegen Gottes Willen, und ein Wesenszug wahrer Gotteskinder fehle. Ist es dann so, wenn Fräulein Wasserzug dies nicht restlos anerkennt, daß sie nicht zur Gemeinde gehört?

O Herr, es sind dies doch alles Deine Kinder, und wir haben doch nicht zu urteilen, wer wiedergeboren, wer es noch nicht ist. Es kann sich doch nicht danach entscheiden, ob einer zu den Auserwählten gehört, wie weit er die Gemeinde - Linie als den Rat Gottes erkennt, sondern das eine kann doch nur entscheidend sein: die Fülle des Geistes und der Grad der Hingabe, der Liebe zu Christus, denn daraus entwickelt sich alles andere organisch: Frucht bringen, Stellung zur Welt und allen Dingen. Die Hauptsache ist doch stets, wie brennend, wie groß mir das eine ist, wie weit es mich, mein ganzes Leben, mein Tun und Denken beherrscht. Darum finde ich es leicht gesetzlich, so genau einzuschachteln: der wiedergeboren, der bekehrt, der erweckt ..." (16. 7. 1926)

Gleichsam ahnend hatte ich in diesem Wirrwar der verschiedenen Wege etwas von der Not geschmeckt, der mit zu wehren einst ein Teil meines Lebensauftrags werden sollte: die Not der Uneinigkeit der Kinder Gottes durch Gegeneinanderstehen und Sichstreiten, indem jeder den eigenen Weg für den einzig richtigen ansieht. Gott hatte mir in der Stunde der Anfechtung schon die Lösung aufleuchten lassen, daß die Liebe zu Christus von selbst die rechte Stellung zur Welt und allen Dingen, die rechte Frucht bringt und allein so die Einheit werden kann. Es bedurfte aber noch vieler Zubereitungs- und Züchtigungswege für mich, um in der Praxis die Lösung der Spannungen und Zertrennung im Leibe Jesu Christi allein in der Liebe zu Ihm zu erfassen. Ehe ich meine erste Arbeit begann, hatte ich mich zu der Erkenntnis durchgerungen:

„Ich danke Dir, daß Du mir doch die Gewißheit gegeben hast: Bei völliger Hingabe braucht nie etwas Gesetzliches zu sein, sondern wenn man die Linien der Schrift einhält, steht man in völliger Geistesfreiheit, gerade auch eine Frau." (25. 7. 1926)

IM KAMPF UM WELTVERNEINUNG ODER WELTBEJAHUNG

JUGENDARBEIT IN DARMSTADT, SOMMER 1926 - SOMMER 1928

Im August wurde ich in einer öffentlichen Feierstunde als die neue Jugendschwester der Stadtmission eingeführt. Der Prediger sagte mir gleich am Anfang, er ließe mir völlige Freiheit im Gestalten der Arbeit, und gewährte mir diese dann auch großzügig, solange ich dort war. Die Hauptsache war ihm, daß ich Jugend zusammenrief und einen neuen Kreis aufbaute. Wir hatten darum ein schönes, harmonisches Zusammenarbeiten, soweit man von Zusammenarbeiten reden kann, da ich innerlich und auch im äußeren Gestalten der Arbeit sowie der Seelsorge völlig auf mich allein gestellt war, dazu noch reichlich jung und unerfahren.

Kurz vorher war die Zeltmission in Darmstadt gewesen. Einige Mädchen, Kinder von Eltern, die zur Stadtmission gehörten, waren zum Glauben gekommen. Bei meinen Besuchen konnte ich mit ihnen beten und versuchen, ihnen in vielen Fragen zu helfen. Mit diesen fing ich nun einen neuen Kreis an, zu dem sich bald etwa vierzig Mädchen zusammenfanden, von denen die Hälfte allerdings älter als ich war. Doch trotz dieses guten Anfangs war ich sehr unglücklich. Ich hatte mir ein zu hohes Ziel gesteckt und hatte mit meinen zweiundzwanzig Jahren die falsche Vorstellung, daß durch den Glauben an Jesus gebundene Seelen sehr schnell und auch in großem Maße frei und verwandelt werden müßten. Ich war der Überzeugung, daß die Erlösung Jesu im praktischen Alltagsleben sehr bald in Sieg, Freude und Hingabe sichtbar werden müßte, und sah nun bei meiner Seelsorge nichts davon. Ich erlebte das für mich Erschütternde, daß die Gemeinde Jesu vielfach ein umgekehrtes Bild von dem darstellt, was sie eigentlich sein sollte, daß sie nämlich unerlöst ist und also Nietzsches Kritik verständlich: „Erlöster müßten mir die Christen aussehen, wenn ich an ihren Erlöser glauben sollte."

Wenn ich mit meinen Mädchen wegen ihrer Nöte und Bindungen längere Zeit in seelsorgerlichen Gesprächen gerungen hatte, erfuhr ich dennoch, daß sie in diese oder jene Sünde wieder zurückfielen und auch hier und da Jesus einfach nicht folgen wollten, obwohl sie doch „gläubig" waren. Es war ein verzweifelter Kampf mit den Mädchen, der mich schier erdrücken wollte. Ich liebte sie sehr, und ihre Nöte und Anfechtungen waren die meinen geworden. Ich konnte es einfach nicht fassen, warum sie nicht frei wurden. So wurde mir die Arbeit zur unerträglichen Last.

Meine Eltern spürten diesen zu intensiven Einsatz

und suchten mich davon abzubringen, um mich für ein leichteres Leben zurückzugewinnen. Ich stand darum in einem doppelten Kampf und hatte niemand, der mir innerlich half. So kam ich immer wieder zu dem Schluß: Ich bin zu jung für diese Arbeit, zu unfähig. Die Macht Satans und all das Leid hier auf dieser Erde sind zu groß. Es wurde dunkel in meiner Seele, und die Freude, die mich im Bibelhaus erfaßt hatte, war unter all der realen Not gewichen. Ich schrieb dann immer wieder in mein Tagebuch:

„L. ist am Rande der Verzweiflung, H. war nicht da, ist ja auch ganz mut- und hoffnungslos, Du hilfst ihr einfach nicht. O zeig ihr, warum, was sie falsch macht. K. ist wieder ganz am Rande ihres Glaubens. Bei den Mädchen gestern konnte ich wieder nicht sprechen, wie ich wollte, solch ein Gegengeist war da. Frau B., bald hysterisch vor Kummer und Kampf, kann nicht Frieden finden, es nicht glauben, daß Du ihr aus Liebe den Mann genommen... O Herr, Herr, wo bist Du? Erbarme Dich über die Menschen. Du hast sie doch lieb. Herr, hilf, denn Du bist die Barmherzigkeit. Hilf um Deines Namens Ehre willen, der Du so groß bist... Schenk mir Glauben für die Menschen. Du mußt mir in der Jugendarbeit morgen helfen. Ich bin so unter Druck innerlich, in ganzer Finsternis, Dir so fern, ich kann nicht noch predigen. Aber in Dir haben wir doch alles. Herr Jesus, ich will nicht klagen, verzweifeln, Du bist meine Kraft, mein Glück, und Du führst alles herrlich zum Ziel. Ich vertraue Dir! O Herr, wenn Du mich so demütigst, machst Du mich groß. Ich danke Dir. Ach, laß die andern keinen Schaden haben. Hilf mir nur, daß sie dadurch doch noch gesegnet werden. Amen." (1.11.1926)

„Herr, warum hast Du mich so verlassen? Ich kann nicht mehr so weiterleben. Herr, ich bin zu jung, – o daß ich doch nicht predigen, Seelsorge treiben müßte, wo ich selbst so arm bin. Oft denke ich: lieber den einfachsten Handlangerdienst Dir noch zur Ehre tun zu dürfen. Ach, Herr, und doch ist's nur Gnade, daß ich in Deinem Dienst stehen darf. So will ich's auch mit Freuden." (28.11.1926)

Warum wurde es so dunkel in meiner Seele? Ganz abgesehen von meiner oben angeführten jugendlichen Unkenntnis und Unerfahrenheit, hatte es auch noch eine persönliche – meine Sünde betreffende – Ursache. Wohl hing ich in keiner Weise seelisch an einem der Mädchen, die ich führte, aber ich liebte ihre Seelen in der Weise, daß ich sie um jeden Preis aus ihren Nöten und Bindungen herausholen wollte. Darum setzte ich mich bis zum Letzten ein. Kein Weg war mir dafür zuviel, nichts, was sie mir zu tragen auferlegten, zu schwer. Ich hatte in Darmstadt ein Zimmer für mich, das vor der Tür einer Etagenwohnung lag. So konnte ich meinen Mädchen selbst aufmachen, wenn sie zu jeder Zeit und mit jeder Not kamen. Mein Zimmer war ihnen Heimat, da hatten wir die vielen seelsorgerlichen Aussprachen und Gebetskämpfe. Ich liebte meine Mädchen mit all ihren Schwächen, und sie liebten mich. Ja, mein ganzes Herz lebte so sehr für die mir anvertraute Schar, daß eine Tante, als sie uns in jener Zeit besuchte, den Eindruck hatte: Zuerst sei ich still und unlebendig gewesen; als sie mich aber nach meiner Arbeit frug, sei ich plötzlich ein anderer Mensch gewesen, so feurig habe ich von meinen Mädchen erzählt. Doch war die Liebe zu ihnen ungereinigt, ich liebte ihre Seelen zu menschlich. Dazu klingen die Notschreie in meinem Tagebuch von damals zum Teil wie Anklagen gegen Gott, daß Er Seinen Menschen nicht hilft:

„Warum können die Menschen immer nicht glauben, warum ist das Leben so furchtbar – jetzt auch noch L.'s Zweifel, Auflehnung gegen Dich. O ich kann das alles bald nicht mehr ertragen. Es ist so entsetzlich schwer. Herr, mein Gott, ich kann einfach nicht mehr. Schenke Du mir doch Glauben, neue Kraft, daß ich über das Warum des Verzweifelns hinwegkomme bei den so

kämpfenden, Dich suchenden Menschen...
Du hilfst ihnen einfach nicht, offenbarst Dich nicht... (5.4.1927)

Ich meine, mir müsse das Herz zerspringen, wenn ich so die Qual der Menschen mitansehen muß: J., Fr. H., L., und die vielen, vielen anderen. Sie wollen glauben, siegen und können's doch nicht. Warum dies Hin und Her in ihrem Leben, Veranlagung, Vererbung? Ach Herr, ich will nicht fragen: Warum? – Dir vertrauen, da Du ja einfach gerecht und heilig bist. Doch muß hier eine Lösung sein, die wir sicher erst in der Ewigkeit verstehen." (26.5.1927)

Ja, eine Lösung war da – doch anders, als ich sie suchte. Ich meinte, ich müsse mich mehr zum Glauben durchringen. Sicher, das war nötig und gut, und dies zu müssen war mir eine rechte Vorschule, um einst ein ganzes Werk – die Marienschwesternschaft – auf dem Weg des Glaubens aufzubauen und führen zu können. Es war Gottes große Weisheit, daß Er mich in diesen meinen Kämpfen um die Seelen, die so aussichtslos schienen, das Glauben schon damals lehrte. Immer wieder rang ich mich im Angesicht meiner Untauglichkeit für den Dienst und im Anblick der Macht des Feindes, der die Seelen gebunden hielt, zum Glauben durch. Darüber schrieb ich:

„So sieht man die Wirklichkeit – und dann soll man predigen, predigen von Deinem

Sieg, wo das andere doch siegt? Doch wenn es bei allen Menschen in die Brüche geht, ich nur unter Qualen dahinlebe, meine Arbeit in Trümmer gehen sollte, ich glaube an Dich und den Sieg Jesu Christi, an Dich, Du Lebendiger, der Du stärker bist als Sünde; an den, der in mir ist, und wenn ich das Leben, Deine Wege bei den andern gar nicht mehr verstehen sollte." (5.4.1927)

Doch die Lösung lag woanders als in dieser Art Glauben, weil der Schaden tiefer lag, nämlich in meiner eigenen Veranlagung, meiner Sünde. Die Weichen waren falsch gestellt, und darum kam ich in solch innere Nacht. Das Leiden der Seelen ging mir mehr zu Herzen als das Leiden Jesu um die Seelen. Ich lebte also mehr mit den Seelen als mit Jesus. Die Mädchen bedauerte ich, daß sie nicht zum Sieg, zur Lösung kamen, statt daß mein Herz davon erfaßt gewesen wäre, welche Not wir Jesus mit unserem Nicht-Wollen, unserem Widerstehen und Ihn-Verlassen machen. Ich kannte Jesu Herz, das nur Liebe ist, noch wenig, war darum von Seinem Leiden noch nicht erfaßt und begriff nicht, daß gerade an diesem Punkt mein geistliches Leben nicht in Ordnung war. Ich merkte nicht, daß ich darum aus dem Frieden und der Freude in Christo Jesu, aus Seinem Sieg herausgenommen wurde, weil ich mich in die Tiefen und Schwankungen der Menschenseele hineinnehmen ließ, weil mir die Seelen der

Mädchen im Mittelpunkt standen – wie früher einzelne Menschen.
So war es in der Berliner Zeit gewesen, daß ich darum in Dunkelheit kam, weil eine Freundschaft mehr im Mittelpunkt meines Lebens gestanden hatte als Jesus selbst. Damals hatte ich die Wurzel meiner Traurigkeit sehr bald erkannt. Doch viel schwieriger war für mich, die Wurzel meiner Dunkelheit in der Zeit meines Dienstes an der Jugend zu erkennen. Erst viele Jahre später ging mir auf, daß wir auch im eifrigen Dienst für unseren Herrn Christus und im Ringen, Ihm Seelen zu retten, stehen können, ohne Ihn im Mittelpunkt zu haben, sondern die Menschen, denen wir zu dienen suchen. Gottes große Güte wollte mir sicher damals schon die Augen öffnen, doch ich ging noch nicht darauf ein. Erst später, als der Herr mich in noch größere Not des Glaubens und Gebetes um bestimmte Seelen hineinstellte und ich an der Not, daß diese Seelen sich nicht retten ließen, beinah zusammenbrach, zeigte Er mir, daß hier eine böse Wurzel in meinem Herzen war: daß ich Seiner Liebe nicht restlos glaubte, weil ein Geist des Murrens gegen Ihn in mir war. Nur wo Jesus im Mittelpunkt steht, Sein Leiden um die Seelen, Seine Liebe und Sein Ringen für sie uns bewegt, können wir im Frieden, in wahrer Freude und im sieghaften Glauben bleiben, weil unser Schwergewicht nicht im Menschen, sondern in Ihm liegt.

Im Laufe der zweijährigen Arbeit ließ Gott dann alles lichter werden. Er ließ mich in Seiner großen Gnade eine kleine Erweckung unter den Mädchen erleben und schenkte mir eine lebendige Jugendarbeit mit verschiedenen Kreisen. Meine ganze Freude war ein kleiner Stamm verantwortlicher und mittragender Mädchen, mit denen ich viel zu Gebetsstunden zusammenkam. Es war eine richtige Liebesgemeinschaft, eine Beter- und Streiterschar für Sein Reich geworden. Mein kleines Zimmer glich fast einem Heerlager, wenn die Mädchen den ganzen Fußboden als Sitzgelegenheit einnahmen und nun voll innerem Feuer die Gebete wie Geschosse auf viele Herzen gerichtet wurden. Ja, die ganze Stadt – so hatten wir uns innerlich vorgenommen – sollte für Jesus entzündet werden. Dies alles ließ die ungelösten inneren Kämpfe in den Hintergrund treten, und ich schrieb in diesem zweiten Jahr dann:

> „Mein Herr Jesus, ich muß Dir danken, daß Du mir so die Köstlichkeit des Dienstes aufgeschlossen hast, daß ich immer nur jubeln muß, daß ich ‚darf', und der Dienst selbst mir das Köstlichste im Leben scheint." (3.4. 1928)

> „Wo ist ein solcher Gott wie Du? Herr, Du hast mich so reich gemacht in Dir – so selig, daß ich manchmal meine, es nicht mehr fassen zu können. Ach, ‚unbeschreiblich sind die Triebe Deiner wunderbaren Liebe'. Ich

jauchze Dir zu: ‚Aus Gnaden bin ich, was ich bin: verlobte Braut und Königin – ich schäme mich mit Freuden!'" (30.6.1928)

Rückblickend erkenne ich die große Güte Gottes, die mich nie über Vermögen versuchen ließ, sondern, weil ich noch so jung im Glauben war – und reichlich jung für meinen Dienst –, mir Seine Liebe durch viel Gnade in der Arbeit erzeigte und mich damit wieder sehr im Glauben stärkte. Doch andrerseits gab der Herr mir auch keine Ruhe. Er packte immer wieder die wunden und kranken Stellen des Verzweifelns und Aufbegehrens über das Versagen der Menschen, für die ich im Gebet eintrat, an und gab mir Klarheit darüber, daß hier etwas bei mir nicht stimme. Erst in der Marienschwesternschaft erfuhr ich in tiefstem Maß, worin die Lösung liegt, von der ich mit zweiundzwanzig Jahren schrieb: „Es muß doch hier eine Lösung geben", nämlich im Erfassen des Leidens Jesu und der Anliegen Seines Herzens.

Auch die zweite große Frage in jener Zeit: Weltoffenheit oder Weltverneinung, mit der Angst, die volle Hingabe an Jesus zu verlieren oder aber gesetzlich zu werden, ließ mich damals nicht los. Ich schaute nach einem Führer und Berater aus und fand ihn nicht. In meinem Dienst stand ich sehr allein. Eine Zeitlang hatte ich mit der Diakonisse, die die Frauenarbeit in der Stadtmission leitete, eine gesegnete Gebetsgemeinschaft.

Wir verstanden uns gut in den Anliegen für Gottes Reich – aber meine Probleme waren ihr keine Probleme, da sie nicht wie ich in das kulturelle und geistige Leben hineingestellt war. So mühte ich mich immer wieder allein mit diesen Fragen ab.

Doch nicht nur bei meinem Dienst hier in Darmstadt war ich so allein und hatte niemanden, der innerlich mit mir ging, sondern noch in anderer Beziehung erlebte ich damals solche Not: Erika Madauss, die mich im Fröbelseminar näher zu Christus geführt hatte und der ich trotz zeitweiser verschiedener Wegführung verbunden blieb, entfernte sich in dieser Zeit innerlich von mir. Sie war damals so sehr von der Kunst und allem kulturellen Leben erfüllt, daß ihr Leben nicht mehr in erster Linie um Jesus kreiste. Das war mir sehr schmerzlich.

Dabei konnte ich aber nicht übersehen, daß sie ein unbestechliches, klares, natürliches Empfinden hatte für das, was echt oder unecht auch an mir war. Darum stellte sie bei unserem Zusammensein oder in Briefen mein „treibhausartiges" Frommsein in Frage. Das blieb bei mir nicht ohne Wirkung – doch wennschon ich ihr in vielem recht geben mußte und mich in Liebe bemühte, sie zu verstehen, schien mir ihr Weg auch nicht der rechte zu sein. Aber wo sollte ich den finden? In meinem Tagebuch klingt die Not dieser Zeit auf:

„Ich weiß nicht ein noch aus, ich bin so unsagbar unglücklich. Herr, was ist der Weg! Ich finde nicht durch. Ist's was anderes, was Erika in ihrem Glauben lebt, oder ist es eine andere Form? Manchmal bin ich so ganz einig mit ihr, verstehe sie so ganz, das Christsein in der Vielgestaltigkeit des Lebens. Dann ist's mir wieder so fremd, so anders, und ich meine, wir könnten nicht zusammengehen, und doch will ich nicht urteilen. Ach, ich wage es kaum, diese Freiheit zu gebrauchen, und für Erika mag's doch der Weg sein..." (21.12.1926)

In dieser inneren Auseinandersetzung machte ich eine entscheidende Erfahrung: Bis dahin hatte ich den Eindruck, daß die Art bewußter Frömmigkeit, wie ich sie zumeist erlebt hatte, die ganz pietistisch und mehr auf Einseitigkeit eingestellt war, das Idealbild sei. In meinem Dienst erfuhr ich aber dann, daß bei gleicher frommer Ausdrucksweise sogenannter Gläubiger in bekümmernder Weise oft Predigt und Gebet ganz tot sein können. Nie werde ich da ein kleines und mir doch Richtung gebendes Erlebnis vergessen.

Ich besuchte eine Dame, deren christliche Haltung – wie ich auf den ersten Blick erkannte – recht frei war. Diese Schwerkranke brachte mir Jesus näher als die Predigten und Gebete, die ich in letzter Zeit gehört hatte. Es war nur durch eine Äußerung, die mir ihre völlige Willenshingabe an Gott und damit ihre Demut zeigte. Hier begegnete ich dem lebendigen Jesus Christus, dem zu leben und den zu bezeugen mein großes Anliegen war. Diese Dame gab mir Dürers Passion mit, und wiederum geschah das Seltsame, daß durch diese Bilder, eben durch die Kunst, Jesus zu mir redete, wie ich es in den Predigten und Gebeten in der Gemeinschaft so sehr vermißt hatte. Ich schrieb in diesen Tagen in mein Tagebuch:

„Nach Pfarrer X muß alles hier auf Erden, als unter dem Fluch stehend, gemieden werden, nur leidentlich getragen und erlebt werden. Es gibt nur diese große Einseitigkeit im Erleben Gottes – Christus ist nur im Wort und als ‚Christus in uns' zu finden. Das bedeutet dann aber, daß man dem ganzen Leben verneinend gegenüber stehen muß, und das drückt so.

Man überspringt das Leben, und so ist man unwahr. Erlebt man aber andererseits Gott in der Vielgestaltigkeit des Lebens und steht als Christ ganz im Leben drin, so ist mir bange, daß mein Christsein etwas Halbes wird. Denn all die wirklich fruchtbaren Gottesmenschen wurden es durch heilige Einseitigkeit, ein Paulus und all die heiligen Seelen, von denen Tersteegen so viel schreibt. Oder gab es auch andere?

Herr Jesus, laß mich doch Dein Evangelium verstehen – ich kann es nicht verstehen, es scheint mir so widersprechend, einmal ganze Hingabe bis zur gesetzlichen Selbstverleugnung – einmal die große Freiheit . . . Schenk mir die rechte Form, mach mich frei vom Gesetz. Du weißt, daß ich so gesetzlich bin, beinahe ein schlechtes Gewissen habe, wenn ich nicht etwas Direktes für Dich tue, sondern einmal etwas Literarisches, Künstlerisches lese, daß ich dann Angst habe, ich nütze die kurze Zeit des Lebens nicht genügend für Dich, Deine Sache aus. O, wo ist der Weg?" (4. 1. 1927)

Diese Frage war mir ein richtiges „Kreuz", wie ich damals in mein Tagebuch schrieb:

„Diese Frage ist wohl das Kreuz meines Lebens." (20. 1. 1927)

Hatte ich mich durchgerungen, Gott in der Vielgestaltigkeit des Lebens zu erfassen, und gejubelt: „Herr, ich danke Dir, daß Du Dich mir so offenbarst in Menschen, Natur, Kunst, ich mich mit so reinem Gewissen freuen und Dir leben kann, da es ja nur alles die Liebe zu Dir größer macht . . . ich danke Dir, daß Du mich frei gemacht hast vom Gesetz" (6. 1. 1927),

so schien mir nach einigen Wochen der Weg doch nicht richtig, den ich eingeschlagen hatte, und ich schrieb:

„Es kommt mir immer so vor, als setzte ich nicht meine ganze Kraft ein, leistete ich nicht genug, es ist alles so leer und nichtig. Ach, Herr, ich möchte doch um jeden Preis ganz für Dich und Deine Sache mein Leben einsetzen, durchglüht von Deiner Liebe. O laß doch dies eine nie geschehen, daß aus mir so eine ‚halbe' Reichsgottesarbeiterin wird, geistlich halb tot, von der nicht das quellende Leben ausgeht." (26. 1. 1927)

So wurde ich hin und her geworfen, quälte mich und fand keine Lösung. Gott wollte sie mir nicht erkenntnismäßig geben. Sie sollte durchlebt und durchlitten sein. Jetzt sehe ich, warum: Ich sollte einst eine ordensmäßige Schwesternschaft gründen und führen. Um die jungen Mädchen, die hier als Schwestern eintraten, weder in ein gesetzliches, weltverneinendes Christentum zu führen, das Seelen zu Krüppeln oder selbstgerechten Pharisäern macht – noch sie in einem Christsein der Lauheit und Weltförmigkeit zu lassen, wo Salz und Kraft ihrer völligen Hingabe fehlen, bedurfte es, daß ich in meinem Leben alle diese Wege durchlaufen mußte. Nur so konnte ich meinen geistlichen Töchtern dann den rechten Weg zeigen: sich als Kind des himmlischen Vaters in Natürlichkeit und Freude beschenken zu lassen, in Dankbarkeit Seine guten Gaben zu genießen, wenn Er sie uns zu bestimmten Stunden schenkt, und doch zugleich als „Braut Jesu" aus Liebe zu

Ihm die Wege Seines Kreuzes mit Ihm zu gehen, die Wege des Verlierens und Entäußerns unter der Führung des Heiligen Geistes.
Ich sollte weiter später in mancherlei Schrifttum Menschen auf den Weg wahrer Nachfolge rufen, die keine gesetzliche Askese ist. Und diese Botschaft, die ich später in meinen Schriften zu bringen hatte, war der Schlüssel zur Lösung der mich damals so sehr quälenden Frage: die Liebe. Nicht irgendeine allgemeine Liebe, sondern die Liebe zu Jesus, die Liebe zum Vater, die Liebe zu dem Dreieinigen Gott. Doch damals – während meiner ersten Arbeit in Darmstadt – ahnte ich noch nichts von dieser Lösung.
Dieser Weg in der Nachfolge Jesu aus Liebe zu Ihm allein ohne tote, gesetzliche Enge wurde mir nicht durch eine bestimmte Frömmigkeitsprägung – sei es die der Gemeinschaftsbewegung oder die des landeskirchlichen Christentums – von Anfang an gegeben. Der Herr hat mich vielmehr, vor allem in den folgenden Jahren, durch meine Dienste mit den verschiedensten christlichen Kreisen in Berührung gebracht. Ich hatte später im Laufe der Zeit in mancherlei Kreisen und Häusern mitzuarbeiten und mußte mich dadurch innerlich mit den verschiedenen christlichen Richtungen auseinandersetzen, wobei Er mich langsam das, was Er uns in Seinem Wort vom Gesetz und Evangelium sagt, recht verstehen ließ.

Damals in meiner Jugendarbeit setzte ich mich mit dem, was in Gemeinschaftskreisen oft Not sein kann, unter viel innerem Kampf auseinander. Ich sehe noch heute die erste Weihnachtsfeier, die ich dort als Schwester miterlebte, vor mir: In einem großen, nüchternen, etwas dunklen Saal saßen an langen Tischen die wohl rund 400 Mitglieder der Stadtmission mit ihren Familien bei Kaffee und Kuchen zusammen. Es wurden Gedichte aufgesagt, Chöre sangen, und dabei empfand ich alles als so laut, menschlich, allzumenschlich, und Kaffee und Kuchen schienen so wichtig. Mir krampfte sich das Herz zusammen. Wo war hier die Gegenwart Jesu? Ich schrieb daraufhin in mein Tagebuch:

> „O Herr, ich meine, ich kann einfach nicht mehr hier arbeiten – in diese Form passe ich nicht ... Es ist alles so leer und doch so aufdringlich in Gebeten und im Vortragen ..." (28.12.1926)

Mit so glühender Liebe ich im Bibelhaus Malche gewesen war, einem von der Gemeinschaftsbewegung geprägten Haus, so enttäuscht war ich nun hier. Mir schien, daß das, was die Väter der Erweckung gewollt hatten, hier kaum noch zu finden war. Gewiß ist es in vielen Gemeinschaftskreisen nicht so; doch Gott ließ mich dies alles wohl hier so erleben, damit ich daran lernte, geistliche Prägungen und Formen nach ihrem wahren Inhalt, der doch immer nur Jesus allein sein kann, zu fragen. Ich erkannte, daß die Tatsache unserer Bekehrung noch nicht bedeutet, daß wir in der rechten Nachfolge stehen. Im Gegenteil, ich erfuhr: Als Gemeinschaftsleute berufen wir uns oft darauf: „Ich bin bekehrt", nehmen dies als ein Ruhekissen oder sogar als Schild dagegen, weiter ins Licht der Wahrheit zu treten und durchrichtet zu werden. Damit ist die große Gefahr der Heuchelei und des Pharisäismus gegeben. Man ist der Meinung, es sei alles bei einem in Ordnung, und sieht hochmütig auf andere herab – ja, will manchmal nicht mit solchen zum Abendmahl gehen, die nur „Kirchen-Christen" sind, die noch in einen Vortrag oder in ein Konzert gehen, also „zur Welt" gehören. Dabei sieht man nicht, wie manche unter diesen gerade den Zöllner darstellen, der spricht: „Gott, sei mir Sünder gnädig", und Gott wohlgefälliger sind. Doch andererseits erlebte ich auch, wie in den kirchlichen, weltoffenen Kreisen oft große Lauheit herrscht und der Einsatz für die Arbeit des Reiches Gottes fehlt, der in Gemeinschaftskreisen oft groß ist.

Eines wurde mir klar, was ich später noch mehr erkennen sollte: Es gibt Mitläufer wie auch wahre Nachfolger Jesu in allen Lagern. Doch was ist das Geheimnis dieser wahren Nachfolge? Der Herr hat es mir durch Sein Wort, das Er mir anhand meiner Lebensführungen verdeutlichte, immer klarer gezeigt: Es ist das demütige, zer-

brochene Herz, das sich vor Gott und Menschen als Sünder erkennt, Schuld zugeben und sich sagen lassen kann. Solch ein Herz muß Jesus mit allen Kräften lieben (Luk. 7,37-50). Und diese Liebe bringt wahre Freiheit, löst alle Fragen und Knoten. Doch damals fand ich den Schlüssel dazu noch nicht.
Und so führte mich der Herr zunächst in den umgekehrten Lebenskreis hinein: in das weltoffene Christentum. Er führte mich wieder nach Berlin in die soziale Frauenschule zurück. Doch diesmal ging es nicht wie vor vier Jahren mit fliegenden Fahnen dorthin, sondern im Gehorsam gegen Gott auf einem Weg, der mein Wollen und Wünschen durchkreuzte.
Wie war es gekommen, daß ich noch einmal nach Berlin zurückkehrte? Das hatte mit den schon genannten Kämpfen zu tun, da meine Eltern meinten, daß ich mich zu einseitig in die Seelsorge stürze und für nichts anderes mehr offen sei. So erschien es ihnen als unbedingt nötig, daß ich aus dieser Arbeit herauskäme, und sie sprachen mit verschiedenen führenden christlichen Männern darüber, die in unser Haus kamen, wandten sich auch schriftlich an die Leitung des Bibelhauses Malche. Schließlich wurde mir von allen Seiten – auch von maßgeblichen christlichen Leuten – ans Herz gelegt, ich müsse aus solch engem Arbeitsgebiet heraus und mich noch einmal mit der Welt auseinandersetzen, um

nicht geistlich zu verkrüppeln und gesetzlich zu werden. Man riet mir dringend, die Ausbildung auf der sozialen Frauenschule zu Ende zu bringen und mich dort mit all den sozialen und geistigen Fragen zu beschäftigen. Der Gedanke, noch einmal nach Berlin zu müssen, war mir bitter schwer. Doch ich spürte: Der Herr will es.

WARUM DIESER UMWEG?

WIEDER IN DER SOZIALEN FRAUENSCHULE DER INNEREN MISSION, BERLIN 1928

Nun war es wieder Herbst geworden – Herbst 1928, als ich nach Berlin fuhr. Vier Jahre waren vergangen. Ich war jetzt vierundzwanzig Jahre alt. Wieder bekam ich ein kleines Einzelzimmer im Schülerinnenheim mit dem Blick über den Hof auf die andere Hausseite. Doch es war alles so anders. Die Weltstadt Berlin lockte mich nicht mehr. Nun ganz anders in Jesus lebend, spürte ich sehr die finstere Atmosphäre dieser Stadt. So quälte es mich nicht nur, in diesen Mauern, sondern unter diesem Geist leben zu müssen. Jetzt sah ich, welche Mädchen dicht neben unserem Haus vor den Türen standen, ahnte all das Dunkel und Leid der Sünde, das sich hinter den Fassaden dieser großen, stattlichen Berliner Mietshäuser abspielte. Jetzt brannte mir die Not der Sünde durch meine Seelsorgearbeit im Herzen.

Diesmal saß ich in meinem Zimmer mit den Nöten eines Schülers, der vier Jahre eine Ausbildung unterbrochen und nun bei zum Teil anderen Lehrern andere Stunden hat. Ich hatte beinahe das ganze erste Jahr nachzuarbeiten, da so viel neue Gesetze auswendig zu lernen waren. Mein Tagebuch gibt ein Bild von meiner Herzensverfassung:

„Gesetze, Gesetze und Gesetze einpauken... mein Grauen! Ach, das furchtbare Berlin, die Atmosphäre erdrückt mich schier. Mauern, Tod in all dem Leben, seelenlos in allem Jagen, so schaut es mich an, wo ich gehe... Und nun ein Jahr drin leben! Ich greif mich oft an den Kopf, warum hast du das getan – nur, um ein Verstehen für soziale Dinge zu bekommen, um Menschen in praktischen Fällen besser raten zu können? Ich überwinde die Anfechtung über diese meine Dummheit, solch einen Weg eingeschlagen zu haben, stets mit dem ‚inneren Muß', das genauso in mir lebt: Im Gehorsam bin ich hier, Herr, so hilf Du mir! Meine ganze Seele sehnt sich danach, in Deinem Dienst zu sein." (17.10.1928)

Ja wirklich, mein Verstand konnte mir keine Antwort darauf geben, warum ich nun wieder in der Schule war, die ich doch vorher aus eigenem Entschluß verlassen hatte. Doch war mir eines gewiß: Gott hat hier einen Plan, den ich jetzt noch nicht verstehe, den ich aber hernach erfahren werde.

Es war ein bewegender Abschied im August in Darmstadt von meinen Mädchen gewesen. Und mir wollte fast das Herz vor Heimweh nach meiner Darmstädter Arbeit brechen. War doch ein

Dienst an Menschenseelen im Reich Gottes das, wonach mein Herz verlangte. Gott aber versagte mir dann solchen Dienst jahrelang. Er sah – was ich damals noch nicht erkannte –, welche Gefahr solche Arbeit für mich war. Denn so sehr ich darin für Jesu Reich glühte, kam ich doch unmerklich dazu, mehr im Dienst selber, im Ringen um die Seelen aufzugehen als in Ihm allein, der meine einzige Liebe sein wollte. Ich erkannte damals noch nicht die Vermengung von Seelischem und Geistlichem, von Liebe zum Dienst und Liebe zu Jesus.

Doch Gott ist ein eifersüchtiger Gott. Er wollte rein geliebt werden, nur um Seiner selbst willen. Und so fing Er an, meine Seele auf diesem Punkt zu reinigen, indem Er ihr keine Nahrung mehr gab für ihr scheinbar geistliches, tatsächlich aber seelisches Befriedigtwerden in einem Dienst an Menschen. Er führte mich in eine große Einöde und Leere, in der mein Herz lange Jahre hindurch nichts hatte, für das es sich verzehren konnte. Doch Kreuzeswege enden in der Herrlichkeit, so wunderbar, daß ich heute noch tiefere Wüstenwege dafür durchgehen würde. Sie führten mich in das Geheimnis der Brautliebe zu Jesus, des „Christus in uns", das den Himmel auf Erden bringt, weil Ihn selbst.

Das „Warum" und „Wozu" dieses Weges nach Berlin und der späteren „Wüstenwege" war mir allerdings damals noch verborgen, war ich doch der festen Überzeugung, nach dem Berliner Jahr wieder in den Dienst im Reiche Gottes zu dürfen. Das innere „Muß", der Gehorsam, war mir im Augenblick Antwort genug. Bald war ich in allen Unterrichtsstunden ganz beteiligt. Ja, der geisteswissenschaftliche und theologische Stoff machte mir sogar Freude, denn nun wurde mir nichts mehr, auch nicht die Bibelkritik, zur Anfechtung wie im ersten Jahr in Berlin. Zusammen mit einer gläubigen Mitschülerin richtete ich eine Bibelbesprechstunde für unsere Klasse ein. Daneben ging ich – weil ich dieses zweite Jahr in Berlin deshalb absolvierte, um in alle geistigen und sozialen Fragen unserer Zeit einzudringen – in die Museen; für Kunstgeschichte hatte ich mich ja immer schon interessiert. Auch hörte ich Konzerte und mancherlei Vorträge. Dabei – so heißt es im Tagebuch:

> „begleitet mich das Sehnen, wieder für Deine Sache Deines Reiches dazusein. So viel Schönes und Anregendes hier ist, es ist ein Leben nur für sich selbst, – und ‚Dein Reich komme' treibt mich." (11.2.1929)

Doch dieses Getriebenwerden, „für Sein Reich mich zu verzehren", sollte gerade in diesem Berliner Jahr gereinigt werden. Einerseits, indem der Herr mir keine Möglichkeit gab, in Seinem Dienst zu stehen, andererseits durch mancherlei hilfreiche Kritik, die von den Menschen, die mich hier umgaben, an mir geübt wurde. Dadurch zeigte

Er mir: Etwas stimmt in deinem Wesen und deiner Einstellung nicht. Gott führte es so, daß mir von verschiedenen Seiten immer wieder dasselbe gesagt wurde:

> „Heute sagte mir L. wieder, daß mir das Vitale fehle. Alles sei immer in mir gespannt, zu ernst, das Kindlich-harmlose, Froh-sichgehenlassen, Gelöstsein habe ich nicht, ich bedrücke die Menschen." (20. 4. 1929)

Ich war darüber sehr unglücklich und schrieb:

> „So kann es doch nicht bleiben, daß ich die anderen durch mein Wesen hemme, bedrücke. Das ist so furchtbar. All die Not in meiner Arbeit hat mich wohl so ernst gemacht."

Ja, ich hatte mich wohl gegenüber der Kindheit und früheren Jugendzeit, in der ich so ausgesprochen fröhlich gewesen war, sehr verändert. Die andere Seite meines Wesens, der Ernst, hatte nun die Vorherrschaft, da ich in viel Kampf stand, den ich eben noch sehr gesetzlich ausfocht. Wenn Christus das Endziel des Gesetzes ist (Römer 10,4), wird uns das Durchlaufen des Gesetzlichen als einer Stufe nicht erspart. Die Not dieser Jahre hatte meinem Wesen immer stärker die ernsteren Züge aufgeprägt. Ich kam darüber in größte Not:

> „Es ist jetzt dunkel um mich. Ach, Herr, zeige mir Deinen Weg. Was ist richtig – ich bin an allem irr. Was mir das Ziel war – ist es falsch?

Warum ist alles so unsagbar verwirrend und kompliziert? Herr, es kommt doch von Dir, daß mir jetzt von allen Seiten so stark gesagt wird, welch ein verkrampftes, stets in Spannung stehendes Leben ich führe, so daß die anderen sich leichtsinnig vor mir vorkommen. Man sagt: Ich lebte in ständig gesteigerter Verantwortung. Ach, kann ich denn anders? Wenn die furchtbare Not der Menschen, ja der Menschheit mir nicht ständig so in ihrer ganzen Trostlosigkeit gegenüberstände! Darf ich an ihr vorübergehen und meiner Freude, meinem natürlichen Ausgestaltetwerden als Mensch leben? H. sagte zwar, mich bestärkend, wenn man mit der ganzen Hingabe in der Reichsgottesarbeit stünde, daß dies das Opfer des natürlichen Menschen irgendwie fordere. Es sind ja auch genug, die die Schönheit des natürlich Menschlichen entfalten, sollte ich es da nicht für Christus hingeben können? Nur andere möchte ich damit nicht bedrükken..." (22.4.1929)

Ich kam nach diesen Wochen zu dem Schluß: Jesus muß ich dienen, ganz für Ihn mich verzehren:

„Laß mich in Dir ganz Kind sein, und ich glaube, was da an bedrückender Spannung ist, die wirst Du lösen..." (28.4.1929)

So hatte mir diese zweite Berliner Zeit also die

Erkenntnis gebracht, daß in meinem ernsten, gespannten, gesetzlichen Christsein etwas nicht stimme. Das war große Gnade Gottes, denn „die Wahrheit wird euch frei machen". Einen andern Weg als den des Durchrichtetwerdens gibt es nicht zu wahren Lösungen unserer Nöte und zum Erfassen Jesu und damit Seiner Liebe. Welche Weisheit der Führung Gottes, daß ich nicht in meiner Darmstädter Arbeit geblieben war, da man mich dort sicher in meiner Art noch besonders fromm fand. Von jedem menschlichen Verstehen her war dieser Weg in die Frauenschule zurück sinnlos; denn nie habe ich später den Beruf als Wohlfahrtspflegerin ausgeübt. Doch die Lehrerin des Bibelhauses sagte oft: „Dem Herrn geht es mehr als um die Arbeit um dich selber, um deine Seele, daß sie Christus ähnlich wird und zum Ziele kommt." Und meine Seele hätte Schaden gelitten; ich wäre wie eine Treibhauspflanze aufgewachsen – wie Erika Madauss während der Zeit meiner Darmstädter Arbeit sagte: „Wenn du so weiter machst, bist du bald eine Heilige, aber eine, vor der man Angst hat in ihrer Frömmigkeit!" Sie meinte wohl damit, daß ich so wenig kindlich, natürlich und fröhlich sei, was ja das Zeichen wahrer Liebe und Demut ist.
Für mich war der damalige Zustand nicht leicht. Ich wollte wie ein Schmetterling aus der Puppe heraus und konnte doch noch nicht fliegen, konnte noch nicht in das freie Wesen hinein, weil

mir die Flügel der Liebe fehlten. Aber Gott hatte schon alles bereit durch weitere Wege der Züchtigung.

IN DER SCHMIEDE DER ANFECHTUNG

ALS LEHRKRAFT IM BIBELHAUS MALCHE
HERBST 1929 - 1930

Nachdem das Berliner Jahr beendet war, kam ich nicht wieder in den Dienst an der Jugend. Die Leitung des Bibelhauses hatte mich gebeten, ob ich nicht nach meiner Abschlußprüfung als Wohlfahrtspflegerin und Pfarrgehilfin als Lehrkraft dorthin kommen wolle.

Ins Bibelhaus Malche zu gehen, wo ich dies glückliche Jahr erlebt hatte, reizte mich wohl; doch nur Unterrichtsstunden zu geben, das entsprach eigentlich nicht meinen Neigungen, da mein Herz sich heiß sehnte, wieder eine Jugendschar seelsorgerlich führen und ihr das Wort Gottes sagen zu dürfen. Noch hatte ich aber keine klare Vorstellung, wie der Dienst als Lehrkraft im Bibelhaus aussehen würde. Ich wußte nur, wenn die Leitung mich um diesen Dienst bat, sollte ich gehen. So zog ich nun das zweite Mal, vier Jahre später, im Oktober 1929 wieder ins Bibelhaus ein. Ich ahnte nicht, welch ein

Unterschied es sein würde, daß ich diesmal nicht als Schülerin, sondern als Lehrkraft kam.
Wieder wohnte ich in demselben Haus. Doch nun nicht wie das erste Mal mit einigen jungen Menschen zusammen, mit denen ich damals so reichen Austausch gehabt hatte. Nein, nun hatte ich ein kleines Zimmer, das mir buchstäblich wie im ersten Berliner Jahr zu einer Gefängniszelle wurde.
Worin bestand aber jetzt mein Leben? Ich hatte meine Stunden im Missionslehrerinnenseminar sowie im Kurs der Bibelschule und im Oberkurs des Pfarrgehilfinnenseminars zu halten, und zwar unter anderem Deutsch, Psychologie und Kirchengeschichte. Da ich sonst keinerlei Berührung mit den Schülerinnen haben konnte, nicht mit ihnen in Lebensgemeinschaft wohnte, blieb mir nach den Lehrstunden nur der Weg wieder auf mein Zimmer zurück – oder ein einsamer Spaziergang. Ich hätte in den Kreis der Lehrkräfte gehört. Doch da paßte ich auch nicht hinein, weil ich meinem Lebensalter nach, gerade fünfundzwanzigjährig, eigentlich den Schülerinnen näherstand. Im Nebenzimmer hörte ich oft die Unterhaltung, wenn sich dort eine Schar der Mitarbeiter sammelte, die sich von früher her kannten. Doch da ich ihnen fremd war und durch meine zurückhaltende Art es ihnen wohl etwas schwer machte, forderten sie mich nie auf, zu ihnen zu kommen. Das immer-

währende Alleinsein, das anderen Menschen vielleicht gerade Freude macht, lastete damals schwer auf mir.
Diese Not war aber nicht die eigentliche Ursache, daß mein zweiter Aufenthalt im Bibelhaus nun so ganz anders und so schwer für mich war. Ich war vielmehr älter und reifer geworden, und meine vor vier Jahren auch stark jugendliche Begeisterung und Freude, in einem Bibelhaus zu sein, war natürlicherweise abgeklungen. Außerdem hatte ich nicht – wie damals während der Ausbildung – vor allem mit der Jugend zu tun, sondern durch den Dienst mehr mit dem Kreis der älteren Lehrkräfte.
Je älter wir aber werden, desto mehr prägt sich unsere eigentliche Art aus. Und wieder spürte ich etwas von dem, was mir während meiner Arbeit in Darmstadt schon Not gemacht hatte. Wir älteren Christen tragen sehr bald eine bestimmte Art von Frömmigkeit, einen bestimmten frommen Ton an uns, der etwas Bedrückendes hat. Er ist wohl oft Ausdruck dafür, daß wir das, was in unserem Herzen noch nicht überwunden und gelöst ist, mit solcher Art überdecken. Dies auch hier zu erleben, war mir schwer. Und war das, was ich hier bei den anderen sah, nicht mein Bild, das ich nun, nach ein wenig mehr geistlicher Erfahrung, schon ansatzmäßig in mir entdeckte?
Es war eine besondere Gnade des Herrn, daß

Er mir in Berlin mein Wesen schonungslos gezeigt hatte, und es war wiederum große Gnade, daß Er mich hier im Bibelhaus nun der Gefahr eines frommen Erstarrens gegenüberstellte. Es war weiter Seine Gnade, daß Er hier, wo ich nichts hatte, was meine Sehnsucht nach Gestalten und Wirken im Reiche Gottes befriedigt hätte, alle Seelentriebe ausdörren ließ. In Berlin hatte ich wenigstens noch all die geistigen Anregungen und Abwechslungen gehabt und meine Mitschülerinnen – doch hier? Es blieb mir eigentlich kein persönlicher Dienst an Menschenseelen, auch sonst so gut wie kein Austausch mit Menschen:

> „Sie (meine damaligen Kolleginnen) sind so ganz anders als ich, gar nicht mal lustig, ausgelassen oder interessiert und leidenschaftlich. Und dies schematische Stundengeben, während ich brenne, Sachen ganz zu gestalten, von Grund auf in die Hand zu nehmen! Ich möchte mit den Menschen als Ganzes zusammenleben, für sie sorgen – nicht nur für ihren Geist..." (8.11.1929)

Nun lag das Bibelhaus, das mir vorher ein Quell der Freude war, „wie ein Druck auf mir", wie ich schrieb. Außerdem spürte ich – das mag aber auch Einbildung von mir gewesen sein –, wie die Lehrkräfte von mir Abstand nahmen, da sie wohl merkten, daß unsere geistliche Prägung, zumindest nach außen hin, sehr verschieden war.

So saß ich denn wie ein kleiner Vogel im Käfig – und doch war dieser Kummer nicht der einzige. Ich kam auch durch psychologische Bücher, wie zum Beispiel Cordier's „Jugendkunde", die mir zum Durcharbeiten für die Lehrstunden gegeben wurden und die das Erleben mit Gott bei führenden christlichen Persönlichkeiten aller Zeiten psychologisch als menschlich, seelisch erklärten, in viel innere Anfechtung. Aber all diese Nöte waren klein im Vergleich zu einer anderen, die mich schier zur Verzweiflung bringen wollte. Gott setzte Seinen Hebel an. Er verweigerte mir nicht nur nach dem Berliner Jahr die ersehnte Jugendarbeit und führte mich wie in eine „Einöde", in der ich mich lebendig begraben fühlte, damit meine Seele und mein geistlicher Mensch „verdorren" sollte. Nein, Er setzte vor allem an der Stelle an, die mir während der Darmstädter Arbeit schon viel Not gemacht hatte: dem falschen Eifer um die Menschenseelen.

Diesmal ging es nun um Erika Madauss. Sie war von Jesus mehr und mehr abgekommen, in vielen Zweifeln und dadurch in großen Nöten. Da wollte mir das Herz schier brechen. So selbstverständlich es mir war bei allem Schmerz, der mich persönlich betraf, Gott ein Ja zu geben, so schwer wurde es mir bei anderen mir lieben Menschen. Da kam ich dann um ihrer Nöte willen in solche

Anfechtung, daß ich mich jedesmal wieder neu zum Glauben an Gottes Liebe durchringen mußte. Daß ich mit diesen Anfechtungen so schwer fertig wurde, offenbarte, was letztlich dahinter stand: Murren gegen Gottes Wege. Das zeigte mir Gottes Wort nur zu deutlich. Über allen Kampf schrieb ich in mein Tagebuch:

> „Ach, warum kann ich so schwer an Gottes Liebe glauben? In allem, allem, was mein Leben betrifft: ob es der Verlust meiner Darmstädter Arbeit ist oder daß ich jetzt einsame, unbefriedigende Arbeit tun muß, weiß ich, daß ein Segen, der Segen nur darin, gerade in diesem Weg, liegen muß. Und ich kann wohl sehr traurig sein, doch nie so verzweifelt, weil ich Gott darin sehe, es schließlich nicht anders will, als wie Er es führt, wenn es auch nur durch Sterben ginge. Doch hier handelt es sich um Ewiges, denn wenn Menschen im Letzten nicht vorwärts, zur Klarheit kommen, steht darüber: ‚für Ewigkeiten', abgesehen von dem, was sie innerlich, so zerrissen, durchmachen. Ich kann das nicht mitansehen. Wann hörst Du mich, o Gott? Warum errettest Du nur so wenig Menschen? Der Gedanke zermartert mich ... Beweis Dein Macht, Herr Jesu Christ, und lehre mich glauben an Deine Liebe. Vergib mir! Amen." (16.11.1929)

Ich war in so großer innerer Nacht wie nie zuvor.

Das Wort Gottes sagte mir nichts. Beten konnte ich nicht in der Kraft des Glaubens, und ich hatte keinen Menschen, dem ich meinen Kummer anvertrauen konnte. Gott schien nicht mehr zu antworten und war mir so fern und tot wie nie. So saß ich Tag für Tag in meinem Zimmer; Tränen waren meine Speise, voll Anfechtungen meine Gedanken, und mein Herz wollte fast brechen ob der Gottesferne des geliebten Menschen.
Unbegreiflich ist mir, wie der Herr hier hindurchbrachte. Es war, als ob Jesus mich fragte: Willst du nun noch bei Mir bleiben, willst du Mir allein leben? Bin Ich dir genug, auch wenn Ich schier tot bin, dir weder innere Tröstungen noch Liebesbeweise Meiner Nähe gebe? Wenn dir kein befriedigendes Wirken für Mich in Meinem Weinberg wird und Ich deine Gebete um geliebte Menschen in ihrer Nacht nicht erhöre? Wenn Ich dir nicht die Lösung deiner Fragen gebe: wie weit der Christ in der Welt zu stehen hat? Ach, meine Antwort an Jesus hätte wohl noch trauriger ausgesehen, als sie schon aussah, wenn der Herr mir nicht denselben Dienst wie damals in dem ersten, mir so schweren Berlin-Jahr getan hätte: Er ließ mich in meiner Not meine Sünde erkennen. Und die Seele verliert Jesus nicht, die sich Ihm als ein Sünder zu Füßen legt. Denn der Erlöser und die Sünder gehören unlöslich zusammen. So schrieb ich damals in dem heißen Ringen:

„Ich sehe doch immer klarer ein, daß mein Christentum völlig kraftlos ist. Wie könnte ich sonst so verzweifeln, wo ich gerade für jemand glauben sollte. Herr, ich bitte Dich, schenke mir Glauben..." (4.11.1929)

„Ich weiß nicht, mein Leben kommt mir so arm vor, so ohne Frucht. Was ist mein Christentum? Habe ich vielleicht zuviel mit mir zu tun, meinem Unglücklichsein... Hilf zum ganzen Nein bei diesem Selbstbedauern... dies quälende Warum, das es doch in meinem Leben nicht mehr geben sollte, das von der Liebe Gottes weiß." (7.11.1929)

„Du weißt, wie ich im Glauben die letzten Wochen so gescheitert bin. Herr, mit allen Waffen des Wortes Gottes und Gebetes will ich wider den Unglauben, der nur ein Murren wider Dich ist, kämpfen..." (25.11.1929)

„Warum ist mein Glaube gänzlich tot, daß ich mit Gott rede, als ob Gott all solchen Jammer nicht dulden dürfte? ‚Meine Gedanken sind nicht eure Gedanken' – wann werd ich's fassen, mich darunter demütigen? Es ist derselbe Kampf, eh ich's wieder kann..." (25.1.1930)

Und wie anders klingen dann plötzlich die Eintragungen, als der Herr die Wende schenkte:

„Wie Schuppen fällt's von meinen Augen,

jetzt, wo ich in übergroßem Glück über das, was Du an Erika tatest, Deine Herrlichkeit wieder schauen darf. Ich sehe all meinen Unglauben, Bitterkeit, ja Trotz Dir gegenüber, meinen Tod, meine Lieblosigkeit, wodurch ich in meinem Kummer an den nächsten Menschen hier vorüberging, meine Trägheit im Gebet. Und ich kann nur weinen und mich schämen über diesen Winter..." (19. 5. 1930)

„Herr ich danke Dir, daß Du mich so richtetest, aber den Weg zu dem neuen Leben zeigtest: das Gebet. Beten, beten und beten will ich, und Du wirst Deinen Geist neu dazu geben. Ach, daß ich nicht mehr zu Dir kam!" (12. 6. 1930)

Gottes gütige Hand hatte Sein Kind durch diese dunkle Zeit hindurchgeführt und meine Bitten, die in tiefster Not aufgestiegen waren, erhört:

„Ich bitte Dich für alle Stunden des Sterbens in tiefster Seele, die so grauenvoll dunkel sind. Laß daraus hervorwachsen eine Liebe, die alles trägt, alles hofft, alles duldet, aus Dank, daß Du mich jedesmal durch diese Stunden hindurchgetragen hast." (4. 12. 1929)

„Ich möchte nur eines hier im Leben – und diese Sehnsucht ist meine leidenschaftliche Bitte an Gott – lieben, lieben und wieder lieben, da, wo ich auch stehe, und ob mir die Menschen selbst feindlich begegnen." (16. 12. 1929)

Der Herr erhörte alle diese Gebete ganz wörtlich. Er hat wohl auf solche Gebete besonders acht, die aus dunkelster Nacht in dem Dennoch des Glaubens emporsteigen aus einem von Gott zerschlagenen Herzen, das nichts mehr an eigener Glaubenskraft in sich hat.

Menschlich gesehen schien nun meine Seele in jener Zeit wie ausgelöscht im Ofen des Elends – ohne einen Funken Glauben, Freude, Liebe; ja, ich wurde in allem zuschanden. Gott wollte meine ganze Blöße offenbar werden lassen, um mich endlich zu einem armen Sünder zu machen, doch begnadigt von Ihm, der die Armen mit Seinem Reichtum beschenkt und sich der Elenden erbarmt.

Das Jahr im Bibelhaus ging zu Ende. Es brachte mir sichtbar schon diese Gebetserhörung, daß ich erleben durfte, wie Erika Madauss, um deren Seele ich rang, zu Jesus zurückfand. Überglücklich war mein Herz, voll Dank und Jubel zu Gott, voll Beschämung über meinen Unglauben. Das Ende des Schuljahrs brachte auch das Ende meiner Zeit dort – mir eine Befreiung! Doch wohin ging nun mein Weg?

Die Leitung des Oberkurses im Bibelhaus hatte Fräulein Dr. Traeder – später Frau Dr. Wasserzug, Beatenberg, die vorher führend in der Christlichen Studentinnenbewegung gestanden hatte.

Sie selbst wie auch Fräulein Jeanne Wasserzug hatten nach den ersten Monaten meines Dortseins den Gedanken, ich müsse in die Seelsorgearbeit an Studentinnen gehen, wo, wie sie meinten, gläubige Menschen als Führer weithin fehlten. Es war beabsichtigt, daß ich vor allem ausländische Studentinnen sammeln sollte. Um diesen Dienst recht tun zu können, sollte ich selbst mit einem Studium beginnen. Doch wie konnte ich das, da ich kein Abitur hatte? Drei Schuljahre fehlten mir.

Es gab die Möglichkeit, in Berlin am Kultusministerium eine „Begabtenprüfung" abzulegen, falls man von namhaften Persönlichkeiten Gutachten über besondere Begabung einreichen konnte. Dies, wie auch die Zulassung, aber erst recht dann das Bestehen der Prüfung war für mich durchaus nicht selbstverständlich, doch wollte Gott diesen Weg. Professor Luchtenberg, damals in Darmstadt, später Kultusminister von Rheinland / Westfalen, bei dem ich während meiner Darmstädter Arbeit an einem Seminar für Psychologie teilgenommen hatte, gab mir ein Gutachten, auf das hin ich zur Prüfung zugelassen wurde. Nach dem Schriftlichen schien das Bestehen fraglich zu sein. Dann kam die mündliche Prüfung. Ich mußte im Kultusministerium „Unter den Linden" am langen Sitzungstisch allein einer Reihe von Professoren und hochgestellten Persönlichkeiten aus dem Ministerium gegenübersitzen, die mich in den verschiedensten Gebieten auf das Urteilsvermögen hin prüften. Und Gott schenkte, daß ich die Prüfung bestehen durfte. So stand der Weg offen, Psychologie als Hauptfach zu studieren, Philosophie und Kunstgeschichte als Nebenfächer. Doch sollten die Studien nur eine Brücke sein, um das Evangelium an die Studentinnen heranzubringen.

START ZU NEUEM DIENST

STUDIUM IN BERLIN HERBST 1930 - HERBST 1931

So war ich also ein Jahr, nachdem ich die Wohlfahrtsschule verlassen hatte, wieder – jetzt das dritte Mal – in Berlin. Nun als Studentin fühlte ich mich noch verlorener in der großen Weltstadt als damals in der Heimschule. Es war ein Weg, auf dem alles anders wurde, als ich es gedacht hatte. Das eigene Studium und zugleich eine völlig neue Arbeit an ausländischen Studentinnen in dieser Stadt aufzubauen, war zeitlich unmöglich. Die Entfernungen waren so riesengroß, so daß auf einen einzigen Besuch oft ein halber Tag ging. Nachdem ich einige Wochen lang solchen Dienst getan und zweimal offene Abende für ausländische Studentinnen veranstaltet hatte, merkte ich, daß ich bei solcher Lage unmöglich mein Studium in normaler Zeit zu Ende bringen könnte. So entschied ich mich, zuerst das Studium als Vorbereitung für den geplanten Dienst abzuschließen. Der Berliner Kreis der Deutschen Christlichen Studentinnenbewegung, DCSB, bat mich dann einige Wochen später, doch dort mitzuarbeiten – darauf ging ich ein, weil mir das neben dem Studium möglich war und es mich zog, Gemeinschaft zu haben mit gläubigen Studentinnen.

Doch wie ein Kreuz lag dieses Studium auf mir. Wohl war ich für geistige Fragen interessiert, so daß ich schon während des Haushaltlernens bei meiner Mutter und während der Jugendarbeit in Darmstadt Kollegs über Psychologie, Philosophie und Kunstgeschichte gehört hatte. Doch nie hatte ich Neigung, viele Stunden über den Büchern zu sein. Schon als Kind genügte mir eine halbe Stunde zum Lesen, dann sprang ich wieder davon; ich war alles andere als ein Bücherwurm. Und nun hatte ich Wochen, Monate, Jahre lang nichts anderes zu tun, als über den Büchern der Psychologie und Philosophie, der Theologie und Kunstgeschichte zu sitzen, denn die ersten beiden Semester hörte ich vor allem Theologie.
In meinem Hauptfach Psychologie hörte ich den genialen Begründer einer neuen Richtung, Professor Spranger, der mich auch im Kulturexamen geprüft hatte und dessen großzügiges Anpacken psychologischer Fragen in geisteswissenschaftlicher Sicht mir viele neue Aspekte gab. In Theologie waren es besonders Professor Lütgert, bei dem ich an einem Seminar teilnahm, wie auch Professor Deissman, die mir durch ihr lebendiges Nahebringen theologischer Anliegen die Theologie lieb machten. Wo textkritische Fragen aufgeworfen wurden, konnten sie mir persönlich keine Schwierigkeit mehr machen; doch blieb es mir schmerzlich, bei den jungen Kommilitonen zu beobachten, wie sie dadurch in Glaubensnöte

kamen, man ihnen meist nur sehr schwer helfen konnte.

Von Berlin aus traf ich öfter über Sonntag mit Erika Madauss zusammen, die ein Jahr vorher aus England zurückgekehrt war und nun in Hamburg als Fürsorgerin arbeitete. Eine echte innere Gemeinschaft war uns spürbar wiedergegeben, was mir ein großes Geschenk Gottes war. Daß wir innerlich wieder ganz zusammenfanden, war aber auch insofern von Bedeutung, weil wir später den gleichen inneren Weg gehen und miteinander die Marienschwesternschaft gründen sollten.

UNERFÜLLT UNTER DER „BILLIGEN GNADE"

HAMBURG - STUDIUM UND REISEDIENST HERBST 1931 - HERBST 1935

Vom dritten Semester ab, Herbst 1931, studierte ich in Hamburg und wohnte dort mit Erika Madauss zusammen in deren Elternhaus. Damit begann für uns beide ein neuer Abschnitt unseres inneren Weges. In meinem Leben hat es öfter Weichenstellung aus einem klaren „inneren Muß" heraus gegeben, etwa als ich die Ausbildung auf der Sozialen Frauenschule abbrach und in das Bibelhaus Malche ging, ebenso als ich meine Darmstädter Arbeit aufgab und das zweite Jahr die Soziale Frauenschule besuchte. Dies „innere Muß" spielte auch eine besondere Rolle bei der Frage, ob Ehe oder Ehelosigkeit. So sehr es mich eigentlich aus dem Sehnen nach eigenen Kindern zur Ehe drängte, so war es mir dennoch klar, daß ich nach Gottes Führung und Berufung den Weg der Ehelosigkeit zu gehen hatte. Jedesmal, wenn die Frage der Heirat an mich herantrat, wußte ich, daß ich ein Nein zu geben hatte, weil ich unter der Berufung stand, ausschließlich für Jesus und Seinen Dienst dazusein.

Um solch ein „inneres Muß" ging es auch, als ich nun in der Zeit des Studiums in Hamburg mit Erika Madauss in allen Dingen ein gemeinsames Leben begann, bei dem wir gemeinsame Kasse und gemeinsamen sonstigen Besitz hatten. Als während dieser Zeit dann noch einmal ein Pfarrer mich ernsthaft vor die Frage der Ehe stellte, war es mir wieder ganz klar – so sehr mir der Dienst in der Gemeinde große Freude gewesen wäre –, ein Nein zu geben in der Gewißheit des göttlichen Planes, daß Erika Madauss und ich gemeinsam ein Werk Gottes aufbauen sollten.

So sollte es dann später wirklich werden. Doch wie wenig waren wir dazu bereitet! Wohl lasen wir viel theologisches Schrifttum, vor allem von Luther und Karl Barth, dazu missionsgeschichtliche Werke. Und im Gegensatz zur Bibelhauszeit war ich jetzt glücklich; aber ob wirklich „glücklich in Jesus"? Ich war wohl menschlich glücklich, denn mein Leben schien irgendwie verwandelt. Hatten die zwei Jahre vorher unter dem Zeichen des Alleinseins, der Anfechtungen und mancherlei Nöten gestanden, so war ich nun in ein warmes Nest versetzt. Ich war nicht mehr allein auf einer „Studentenbude", sondern in einer Familie, da liebevoll für mich gesorgt wurde. So war ich voll Dank nach dem Jahr in der Berliner Steinwüste, unter der ich gelitten hatte. Hier im Hamburger Wohnviertel gab es viele Bäume,

Vorgärten und Parkanlagen. Und nicht weit davon kam man gleich zur Alster. Hamburg war wirklich eine schöne Stadt und eroberte gleich mein Herz. Die Universität lag auch in der Nähe – ich konnte dorthin zu Fuß gehen – sie war klein, von weiten Rasenflächen umgeben, am „Dammtor" gelegen. Ach, wie erleichtert war ich, keine Untergrundbahn zur Universität fahren zu müssen. Es dünkte mich, als wäre ich aus der ganzen Unnatur des Lebens während der letzten Jahre wieder in ein natürliches Leben zurückgekehrt, da Leib und Seele sich des Lichtes und der Sonne erfreuten.

Während der Zeit meiner Lehrtätigkeit im Bibelhaus Malche und meines Studiums in Berlin waren tatsächlich mehr oder weniger die Bücher mein alleiniger Umgang gewesen. Hier in Hamburg nun hatte ich den Austausch mit Erika Madauss, die mit mir alle Interessen, aber auch alle Nöte und Freuden teilte, und war in einer Familie zu Hause. Erika Madauss und ich machten zusammen die Kunstreisen, die für mein Studium nötig waren, nach Holland, Frankreich und Italien. Wir erlebten dabei etwas von dem Reichtum, der in all den Gaben der Schöpfung und der Kunst liegt. Nun mußte ich nicht mehr allein in meinem Zimmer lernen, nein, auch das Lernen teilte Erika Madauss mit mir, deren Interessen schon immer auf dem Gebiet der Kunst und Psychologie gelegen hatten. Nach Amtsschluß

ihrer Fürsorgebehörde, am Spätnachmittag, trafen wir uns entweder in der Universität, wo sie einzelne Kollegs mithörte, oder an der schönen Alster, auf der an herrlichen Sommertagen die vielen Segelbote dahinfuhren – ein fröhliches Bild –, während im Hintergrund die alten, ehrwürdigen Türme der Hansestadt aufragten.
Das war dort dann ein leichtes Lernen, besonders im letzten Sommer vor dem Doktorexamen, als ich durch Erika Madauss nicht nur die Hilfe des Abhörens, sondern auch die des Abschreibens meiner Doktorarbeit hatte. Diese Arbeit behandelte das religionspsychologische Thema: „Die Bedeutung des Sündenbewußtseins in religiösen Kämpfen weiblicher Adolescenten", und zwar auf Grund von 400 Briefen der Mädchen aus meiner Jugendarbeit in Darmstadt. Ich hatte diese Arbeit 1933 bei dem bekannten Psychologen Professor Stern eingereicht, dessen Kollegs mich im Gegensatz zu den Sprangerschen dazu angeregt hatten, auf empirische Weise psychologische Studien zu treiben. Durch die politischen Erschütterungen des Jahres 1933 konnte ich den Abschluß meiner Doktorarbeit nicht bei ihm machen, sondern mußte mit allen meinen Lehrern wechseln. Denn nicht nur Professor Stern war Jude, sondern auch meine verehrten und bedeutenden Lehrer der Philosophie, Professor Cassirer, und der Kunstgeschichte, Professor Panofsky, bei denen ich vornehmlich gearbeitet hatte. Sie

mußten 1933 zu meinem und vieler Studenten tiefstem Bedauern als Juden ihr Lehramt aufgeben. Ich wurde dann von fremden Lehrern geprüft, und es war nicht selbstverständlich für mich, bei ihnen mit einem guten Ergebnis abschließen zu können.

Doch wiewohl mir Gott in Seiner Güte das Studium so leicht und angenehm wie möglich machte, blieb ich immer voller Sehnsucht nach dem eigentlichen Dienst, wie ich ihn in der Jugendarbeit in Darmstadt gehabt hatte. Das Studium ließ mich letztlich unbefriedigt. Wohl kam ich bald mehr in die Arbeit der Deutschen Christlichen Studentinnenbewegung (DCSB) hinein, da ich Kreisleiterin in Hamburg war und später zur Gau- und danach zur Reichsleiterin gewählt wurde. Doch bei diesem Dienst an den Studentinnen fand der Same des Wortes Gottes nur schwer Eingang. Alles erstickte in den vielen verstandesmäßigen und theologischen Auseinandersetzungen wie unter Dornen. Das war ein großer Kummer. Außerdem fiel diese Arbeit während der Jahre 1933 - 1935 in die Zeit des Nationalsozialismus, in der jeder christliche Studentinnenkreis in zwei Gruppen gespalten war: die der Bekennenden Kirche und die der Deutschen Christen. Wohin man auch kam, ging es meist nur um diesbezügliche Auseinandersetzungen; ja, es war ein Streiten über die verschiedenen Richtungen.

Ich selbst war eingetragenes Mitglied der Bekennenden Kirche und führte die Deutsche Christliche Studentinnenbewegung in diesem Geist. Welche Kämpfe brachte das in dieser Zeit mit sich! Ich erinnere mich noch der stürmischen Nachtsitzung im Februar 1934 in Hannover, bei der es um die Frage ging: Nehmen wir als Christlicher Studentinnenbund die Forderung an, den Arierparagraphen einzuführen oder nicht. Ich brachte den Beschluß durch, den Arierparagraphen nicht einzuführen, das bedeutete, weiterhin judenchristliche Studentinnen in die Kreise aufzunehmen. Damit mußten wir mit der eventuellen Auflösung der Deutschen Christlichen Studentinnenbewegung (DCSB) rechnen. Ein Brief, den ich als damalige Reichsleiterin am 16. Januar 1934 an alle Kreise der DCSB schrieb, lautete, nachdem ich zuerst einen Hinweis auf das Nein des Vorstandes zum Arierparagraphen gegeben hatte:

> „... Wir stehen in manchen Universitäten durch das Verbot der Doppelmitgliedschaft vor schweren Entscheidungen: in der DCSB bleiben oder zur ANST (Allgemeine Nationalsozialistische Studentenschaft) überzugehen. Ich weiß, daß dies für manche, besonders da, wo die DCSB von der ANST feindlich angesehen wird, viel Bangen und Furcht ausgelöst hat, eben weil damit eine Schädigung fürs Examen

und das spätere Berufsleben zu befürchten ist. Es ist unausbleiblich, daß, sobald wir der Wirklichkeit klar ins Auge schauen, uns Gedanken solcher Art bewegen. Wir müssen dann jedoch als Christen diesen Realitäten die Realität Christi gegenüberstellen, vor der sie wie ein Nichts verschwinden; denn alle Dinge und Menschen sind ja gar nichts vor Seiner Macht und Majestät, sind nur Werkzeuge des Herrn, der Himmel und Erde geschaffen hat, um an den Seinen auszurichten, was Sein Arm befiehlt. Darum rufe ich Ihnen zu: ‚Denke daran, was der Allmächtige kann!'
Alles kommt jetzt darauf an, ob wir uns zu Christus bekennen wollen und uns Seiner Sache verpflichtet wissen, auch gerade dann, wenn uns das Bekenntnis Schaden bringen kann. Als in einer Zeit der Entscheidung stehen wir in einer großen Zeit. Laßt sie an uns nicht vorübergehen, ohne daß wir, wenn Gott es von uns fordert, das Bekenntnis ablegen: ‚Christus ist mein Herr, Ihm gehöre ich im Leben und im Tod.'
Möge der Herr in diesen Tagen der Entscheidung unsere DCSB wachend finden, daß die Verheißung an ihr erfüllt werde: ‚Der Geist, der ein Geist der Herrlichkeit und Gottes ist, ruhet auf euch.'

Laßt uns gerade jetzt die Reihen fest schließen und uns gegenseitig helfen, daß niemand aus Schwachheit die Bewegung verläßt. Laßt uns eins sein im Bekenntnis zu Christus, unserm Herrn, und mutig Ihm glauben: ‚Sein ist das Reich und die Kraft!'"

Obwohl ich nicht geruht hatte, bis der Arierparagraph seitens der DCSB abgelehnt wurde, und ganz in der Bekennenden Kirche lebte, hielt ich es aber nicht für richtig, daß ganze Studentinnenkreise, die ja Missionskreise sein sollten, sich als solche der Bekennenden Kirche anschlössen. Damit wäre suchenden Studentinnen, die nichts von diesen Kämpfen wußten, jedoch zum Eintritt in unsere Studentinnenkreise die „Rote Karte", nämlich die Zugehörigkeit zur Bekennenden Kirche, gebraucht hätten, der Weg versperrt gewesen. Somit wäre ihnen aber eine Möglichkeit weniger gegeben, unter Gottes Wort und damit zu Christus zu kommen. Meine Stellung zu dieser Frage konnten viele nicht verstehen, und so waren nicht nur die deutsch-christlichen Studentinnen gegen mich, sondern auch Studentinnen der Bekennenden Kirche, weil sie den Anschluß unserer Bewegung als Ganzes forderten. Ich stand traurig dabei; denn mein inneres Anliegen, Jesus den Studentinnen näherzubringen, scheiterte fast immer an solchen theologischen Auseinandersetzungen, zumal diese oft in ungutem Geist geführt wurden und meine

Kommilitoninnen auch auf Bibelstunden meist nur verstandesmäßig reagierten.
Von 1933 bis zur Promotion, mit der ich mein Studium 1934 beschloß, hatte ich schon die ehrenamtliche Reichsleitung der Deutschen Christlichen Studentinnenbewegung. Ab 1934 war ich dann in einer Person Reichsleiterin und Sekretärin der Bewegung und bereiste nun planmäßig die Kreise der Universitätsstädte. Dankbar denke ich an viel Anregung, Klärung, Korrektur und Kameradschaft, die ich in dieser Zeit empfing. Doch ich denke vor allem mit Betrübnis an diesen Dienst zurück, weil ich den Studentinnen und an vielen Orten den Akademikerinnen viel schuldig blieb. Ich empfand selbst, wie wenig Kraft mein Dienst hatte – es fehlte an Vollmacht, zu den Herzen der Studentinnen vorzustoßen. Und ich spürte, daß die Hauptschuld an dem für mich unerquicklichen und unbefriedigenden Arbeiten bei mir selbst lag. Denn das konnte nicht nur an der verstandesmäßigen Einstellung der Studentinnen, auch nicht allein an den zeitgeschichtlich bedingten theologischen Diskussionen liegen – es mußte einen tieferen Grund haben.
Damals war er mir noch nicht klar. Rückblikkend erkenne ich nun: Es fehlte mir in diesen Jahren in Hamburg das Kreuz! Durch die innerlich neu geschenkte Gemeinschaft mit Erika Madauss stand ich nicht mehr allein, sondern konn-

te vielmehr alles, was mich beschweren wollte an politischen Sorgen, an Nöten in der Deutschen Christlichen Studentinnenbewegung oder im Studium, mit ihr gemeinsam tragen, abgesehen von dem reichen Austausch, den wir hatten. Auch das, was mir in den Jahren vorher zu quälenden Gewissenskonflikten geworden war, zum Beispiel im Blick auf die Entscheidung zwischen Weltverneinung oder Weltbejahung, hatte sich gelegt, obschon die wahre Lösung noch ausstand.

Der eigentliche Grund meiner nicht vollmächtigen Arbeit war also der, daß ich in diesen Jahren, da es mir gut ging, ohne es zu merken, weltförmig und lau in der Liebe zu Jesus geworden war. Darum war ich nicht mehr von Jesu Wort erfaßt: „Wer mir nachfolgen will, der verleugne sich selbst und nehme sein Kreuz auf sich." So war ich kreuzesscheu. Und als das viele Reisen für die Deutsche Christliche Studentinnenbewegung mir vor allem wegen meines Rheumaleidens manche Unannehmlichkeiten brachte, klagte ich öfters über den anstrengenden Dienst, tat ihn nicht gern. Wie konnte er dann Frucht bringen?

Das Verleben der Sonntage war ein typisches Bild für unser damaliges geistliches Leben. Der Sonntag war uns das Freudenziel der Woche, weil es da nach „Wedel" hinausging – einem kleinen Ort hinter Blankenese –, von wo aus man eine Stunde über Deiche, durch einsame Wiesen mit vielen Kuhherden wanderte und einen wunderschönen Blick auf die Elbe hatte. Sicher fuhren wir sonntags immer früh fort, um nie den Gottesdienst in Wedel zu verfehlen; denn Gottes Wort war uns schon wichtig. Aber die Hauptbetonung unseres Sonntags lag auf dem Erleben der wunderschönen Natur dort, wo man sich in die weiten Wiesen legte und Erika Madauss viele ihrer schönen Aquarelle malte. Wohl lasen wir zumeist Geistliches – so die Werke von Martin Luther, Karl Barth. Doch Jesus stand dabei letztlich im Hintergrund, denn es war uns nicht die Hauptsache, den Sonntag in der Stille zu verbringen, um Jesus im Gebet neu zu begegnen; uns ging es vor allem um theologische Erkenntnisse.

Auch für die übrigen Tage galt Ähnliches. Unsere Morgen- und Abendwachen hatten ihre festgesetzten Zeiten, die treu eingehalten wurden wie Kirchgang und wöchentliche Bibelstunden. Doch wo war der Glaubenskampf gegen die Sünde bis aufs Blut, wo das echte Brennen und Sichverzehren für Jesus und Sein Reich? Wo war ein Ringen im Gebet um Menschenseelen? Wo war Anbetung und ein Erfaßtsein von der Größe der Liebe Gottes? Mein Leben war ein Stück bürgerliches Christentum geworden, wenn ich auch bei den Studentinnen als die Radikale galt, die auf Einseitigkeit der Nachfolge drängte. Bei allem

Reichtum durch die Gemeinschaft mit Erika Madauss und das vielfältige geistige Erleben dieser Jahre war ich arm. Denn – ich weinte kaum über meinen Sünden, und meine Seele jauchzte darum andererseits auch nicht über Jesus, meinen Erlöser. So konnte ich die Herrlichkeit Jesu als die unseres Erlösers und Königs und den Ruf, Ihn zu lieben, den Studentinnen nicht in der Kraft des Geistes bringen.

Wenn diese Jahre nur dazu führten, daß ich mich entfernte von dem, worum es eigentlich in meinem Leben ging – warum hatte mich Gott wohl diesen Weg des Studiums geführt? So fragte ich mich später oft in den schweren Jahren nach 1935. Heute weiß ich, daß Er mir die Hamburger Jahre in Seiner Weisheit und Güte zu Wichtigstem dienen ließ. Durch das Studium wurde die stark psychologische Einstellung zu allem Leben und damit auch zu allem religiösen Erleben gestärkt. Was darin nicht rein geistlich, sondern vielmehr von der Seele und von der Natur her bestimmt war, lernte ich bei mir und andern zu unterscheiden. So wurde ich gegen vieles „Christsein" sehr skeptisch. Hier lag die weise Führung Gottes. Denn ich sollte später die große Gnade der bräutlichen Liebe zu Jesus erfahren und dann meine geistlichen Töchter in diese Liebe zu Jesus führen, ja, die Botschaft von der bräutlichen, der „ersten" Liebe zu Jesus, vielen durch meine Schriften verkünden.

Bei der bräutlichen Liebe zu Jesus muß man aber sehr besorgt sein, stets gleich zu erkennen, ob Vermischung mit seelischen Elementen oder auch verdrängten Trieben mit im Spiele ist. Durch mein jahrelanges Studium der Psychologie und Psychoanalyse wußte ich klar um diese Gefahren und war auf diesem Punkt noch wachsamer geworden, nachdem ich schon früh erkannt hatte, daß alles seelische Christsein in seinen Verkrampfungen oder Übersteigerungen zumeist auf Verdrängungen beruht. Dagegen hat bräutliche Liebe die nüchterne Wurzel der Wahrheit: ein Erkennen und Bereuen seiner Sünde, Buße, die Sinnesänderung und Umkehr bedeutet. Wahre bräutliche Liebe ist darum die Folge der Vergebung, wie es uns die Jesusliebe der großen Sünderin zeigt.

So wurde mir später das Geschenk der „ersten" Liebe zu Jesus auf dem Weg zuteil, daß der Heilige Geist meine Sünde aufdeckte und ans Licht brachte. Die Reue, die mir dadurch geschenkt wurde, brachte die innigere Hinkehr zum Herrn und die Liebe zu Ihm, die in Ihm alles fand, Erfüllung und Seligkeit meines Lebens. Jesus selber als der Bräutigam hat sich dann herabgeneigt und Sein Herz der Liebe offenbart, so wie Er sich mir mit siebzehn Jahren als der Gekreuzigte, der Erlöser und Heiland zeigte. Und das Zeichen, daß diese Liebe zu Ihm echt war und vom Geist geschenkt, war dies: daß

Gott mir größere Kreuzesliebe und Überwindergnade gab, wie ich sie vorher nicht gekannt hatte. Kein Opfer wäre mir hinfort zu schwer gewesen, denn „die Liebe Christi dringet uns also". Nun konnte ich sagen: „Ich achte der keines, ich halte mein Leben auch nicht selbst für teuer" um Jesu willen.

Man kann aber andere nur führen, ja eine Botschaft, wie etwa die bräutliche Liebe zu Jesus, nur dann den Menschen bringen, wenn man das, was man verkündet, durch viele Kämpfe – so bei mir um Weltoffenheit und -abgewandtheit – durchdacht und ausgelitten hat. Dann steht man dafür, daß solch ein Weg der richtige ist. Nur wenn man allen Gefahren ins Auge gesehen hat und einen Weg in jeder Hinsicht kennt, um vor seinen Gefahren warnen zu können, vermag man auch andere auf diesem Weg zu führen. Und so durfte ich es auch erleben, daß meine geistlichen Töchter, die diesen Weg gingen, nicht seelischem Wesen in Einbildung oder Verkrampfungen verfielen, sondern freie und natürliche Menschen wurden, glückselig und fröhlich, weil nichts so glücklich macht wie Jesus zu lieben.

Doch die Hamburger Jahre brachten mir noch etwas Entscheidendes. Durch das Lesen von Werken Luthers und Barths ging Erika Madauss und mir ganz neu das Geschenk eines Lebens der Rechtfertigung durch den Glauben auf. Nach der Enttäuschung durch Menschen, die sich auf

ihre Bekehrung beriefen, wurde mir Luther zu einer neuen Entdeckung. So kam ich in eine Gegenreaktion zu dem gesetzlichen und verkrampften Heiligungsstreben, in dem ich gestanden und auf andere bedrückend gewirkt hatte. Dabei war ich nun allerdings in der Gefahr, die Rechtfertigung allein durch die Gnade, gelöst von einem Glauben, der in der Liebe Frucht bringt, zu sehen und somit von der „billigen Gnade" zu leben. Vorerst aber beglückte uns die Tatsache „gerecht aus Gnaden" ganz neu, und wir tranken diese Lehre, daß gerade Sündern, „Gottlosen" und Gerichteten, Gnade und Rechtfertigung zuteil werden, mit vollen Zügen ein.
Außerdem war die Auseinandersetzung mit den Schriften Martin Luthers und Karl Barths auch für die spätere Führung der Marienschwesternschaft von entscheidender Bedeutung durch die neue Sicht, die sie uns über die Notwendigkeit der täglichen Buße gab. Bisher hatte ich hauptsächlich über die Wege der Bekehrung, Wiedergeburt und Heiligung gehört und darin gelebt. Und wenn der Herr aus Gnaden mich immer so geführt hatte, daß das Tor zu tieferer Erkenntnis und Gemeinschaft mit Gott nur durch neue Sündenerkenntnis und Buße geöffnet wurde, so war mir solch Führen Gottes bis dahin nicht theologisch unterbaut. Das aber wurde Erika Madauss und mir jetzt durch gemeinsames Lesen dieser Schriften gezeigt. Dabei wurde für uns die Er-

kenntnis entscheidend, daß die Heilserfahrung, allzumal Sünder, aber gerecht aus Gnaden zu sein, nicht einer einzigen Stunde angehört, nämlich der Stunde der Bekehrung – wie es Gemeinschaftskreise weithin meinen –, sondern sie vielmehr zum bleibenden Stand eines Christen gehört. Täglich neu wird der Christ schuldig an Gott und Menschen und steht damit täglich neu in seinem Tun unter Gericht. Damit aber steht er auch täglich neu unter der Gnade, d. h. wird durch das Gericht Gottes seiner Sünde immer neu überführt und durch den Glauben an Jesus Christus Seiner Vergebung teilhaftig. Nur dieser Stand täglicher Buße bewahrt uns vor Pharisäertum und Heuchelwesen – der Not und Sünde schlechthin bei uns Gläubigen. Von dieser Not der Frommen spricht Jesus ja immer wieder.
Dieser Same, der hier in den Hamburger Jahren überwiegend erkenntnismäßig gelegt wurde, ging später auf, als wir durch viel notvolle Führungen unter Gottes Gericht vor Gott und Menschen im Alltag uns als Sünder bekennen mußten. Bei allem schmerzlichen Durchleiden des „allzumal Sünderseins" erlebten wir zugleich, wie der Herr den Platz zu Jesu Füßen zum Platz der Liebenden macht, die nicht anders können, als Ihn als Sünder aus Dank für Sein Vergeben zu lieben. Gnadenreich war diese persönliche Führung Gottes mit uns im Blick auf das Werk unserer Marienschwesternschaft, die dazu beru-

fen war, die bräutliche Liebe zu Jesus zu leben und zu verkünden. Hierfür war mehr denn je der gesunde Grund der Rechtfertigung des Sünders aus Glauben allein von größter Wichtigkeit, damit Seelen sich nicht in mystische Welten verstiegen, um dabei den Boden der Wirklichkeit unter den Füßen zu verlieren und sich einer erdichteten Frömmigkeit und Heiligkeit hinzugeben. Immer wieder war es deshalb der Römerbrief, den Erika Madauss später als Mutter Martyria ihren geistlichen Töchtern als das „Schwarzbrot" zu essen gab als Fundament des geistlichen Lebens.

So waren jene Hamburger Jahre, obgleich einerseits nicht letztlich auf den Herrn ausgerichtet, doch angefüllt mit Seinem vorbereitenden Handeln an mir. Doch sollte jetzt die Zeit kommen, in der Jesus mich in eine neue Hingabe und Einseitigkeit für Ihn hineinführen wollte, wie ich sie mir in den Jahren gesetzlichen Strebens nach Heiligung nicht stärker hätte vorstellen können. Zugleich aber brach ebenso die Zeit für mich an, in der Gott mich aus dem Gesetz heraus in die Natürlichkeit der Kinder Gottes führte, die aus der Liebe zu Jesus geboren war. Doch dafür mußte Gott mich aus den menschlich schönen Hamburger Jahren in neue Tiefen führen, durch neue „Wüstenwege", die nun die direkte Vorbereitung auf die Marienschwesternschaft sein sollten.

ALLES UMSONST

BIBELKURSE STEINBERG,
DARMSTADT 1935 - 1938

Gott hatte mir am Ende der Hamburger Jahre einen neuen Auftrag ins Herz gegeben – wenn auch erst mit noch unklaren Konturen, so doch als Auftrag mir unumstößlich gewiß. Es war mir, als wolle der Herr, daß Ihm ein Werk, ein „Haus auf dem Berge" errichtet werde, das Gottes große Taten, die Er auch heute noch tut, verkündigen sollte zur Verherrlichung Seines Namens. Dadurch sollte Seine Ehre großgemacht und Menschen zu Ihm gerufen werden.

So siedelte ich, einunddreißigjährig, im Jahre 1935 mit Erika Madauss nach Darmstadt in mein Elternhaus über. Als nächster Schritt wurde mir gezeigt, mit viertel- und halbjährigen Bibelkursen für junge Mädchen, vornehmlich Pfarrbräute, zu beginnen. Diese Kurse sollten der Jugend vor ihrer eigentlichen Berufsausbildung oder Pfarrfrauentätigkeit – auch als Gegengewicht zu der die Heilige Schrift bekämpfenden Zeitströmung – zur Vertiefung in Gottes Wort dienen.

Um auf jeden Fall sicher zu sein, hier keinen eigenen Weg gewählt zu haben, erbat ich mir noch eine Bestätigung für diesen menschlich im Dunkeln liegenden Weg. Ich war bereit, den mir so gewissen, von Gott gegebenen Auftrag auch wieder

an Ihn zurückzugeben. So stellte ich mich darauf ein, die geplante Arbeit, die ich in Darmstadt mit Erika Madauss aufbauen wollte, wieder hinzugeben, falls die Leitung des Bibelhauses Malche mich bäte, dort einen Dienst zu übernehmen. Die Leiterin hatte in den Jahren vorher immer gesagt, wenn ich mit dem Studium fertig sei, würde sie mich gern wieder zur Mitarbeit haben. Darum war es sehr naheliegend, daß sie mich jetzt auffordern würde, dorthin zu kommen. Ich bat Gott, das Herz der Leiterin, Fräulein Wasserzug, zu lenken, und ihre Entscheidung sollte mir das Zeichen Gottes, Seine Entscheidung bei dieser Wegkreuzung sein.
So fuhr ich denn im Februar 1935 zum Bibelhaus. Doch Gott führte es so, daß die Aufforderung in diesen Tagen unterblieb. Ein halbes Jahr später kam die Bitte um mein Kommen. Da waren die Würfel bereits gefallen. Inzwischen hatte Erika Madauss in der Zeit noch großer, allgemeiner Arbeitslosigkeit um des Dienstes Jesu willen ihre pensionsberechtigte Stellung als Fürsorgerin in Hamburg aufgegeben und war mit nach Darmstadt gezogen. Auch ich hatte meine Arbeit als Reichsleiterin der Deutschen Christlichen Studentinnenbewegung niedergelegt, obwohl man gern wollte, daß die Arbeit in meiner Hand blieb, und mich zu bleiben bat. So gab es kein Zurück mehr.
Die Übersiedlung von Hamburg nach Darmstadt

war im Kleinen ein Auszug ähnlich dem des Vaters Abraham, ein Auszug im Glauben, nur auf einen inneren Auftrag Gottes hin, ohne zu wissen, ob und wie das aufgetragene Werk werden sollte und wie es zu finanzieren war. Aber es war eigenartig, weil es um einen Auftrag Gottes ging, hatte ich die felsenfeste Gewißheit in mir, daß er hinausgeführt würde. So schrieb ich dann auf die spätere Anfrage der Bibelhausleitung hin, doch dort den Dienst zu übernehmen: „Ich glaube, Gott hat in Darmstadt eine große, bedeutsame Sache vor; darum muß ich hier bleiben."
Vorerst aber schien aus dem Auftrag gar nichts zu werden! Wohl hatten wir mit großer Liebe im Winter 1935/36 die Mansarde meines Elternhauses, des Steinberghauses, für die Schülerinnen hergerichtet und in den Kellerräumen Küche und Eßzimmer. Das war mit vielen Geldausgaben verbunden. Erika Madauss und ich lebten in diesem ersten Jahr ein Stockwerk tiefer auf engem Raum in einem Zimmer, in dem wir auch die Bibelstunden für Frauen aus Darmstadt hielten, wollten wir doch die Mansarde für die einziehenden Schülerinnen freihalten. Meine Eltern hatten uns mit Freuden empfangen und uns Möbel und Bettzeug gegeben.
Doch die Betten blieben leer, die Zimmer tot. Nach der Herausgabe des Prospektes über die Bibelkurse warteten wir von Woche zu Woche auf Anmeldungen; aber sie kamen nicht, oder

Angemeldete meldeten sich vor dem Kursbeginn wieder ab. Welche Enttäuschung! Das Wort „umsonst" stand in den ersten Jahren über allen Vorbereitungen: umsonst eingerichtet, umsonst alles durch die Hamburger Fürsorgearbeit ersparte Geld für die Herrichtung der Räume ausgegeben, ja, umsonst hatte Erika Madauss ihre Staatsstellung aufgegeben. Es war dies alles umsonst geschehen.

Und nun kamen noch die Stimmen der Anfechtung dazu. Hatte ich mich in dem Ruf und Auftrag getäuscht – wie mir nun Menschen sagten –, und war ich einen Weg des Ungehorsams gegangen? Mit welcher Freude waren wir in das Steinberghaus im Hölderlinweg 26 eingezogen! Doch das freundliche Einfamilienhaus, in einem großen Garten eines schönen Villenviertels gelegen, nah am Wald, lachte uns bald nicht mehr an. Die Spaziergänge jener Zeit in den Wald, bei denen wir über unsere Lage berieten, sind uns schmerzliche Erinnerungen. Noch heute geht uns ein Stich durchs Herz, wenn wir einmal zu dieser oder jener Bank kommen, auf der wir damals – in völligem Dunkel – mit Tränen saßen und über die gescheiterten Pläne und den nächsten vorzunehmenden Schritt berieten.

Der große Trost auf diesem dunklen Weg – gegenüber den dunklen Wegen in meinen Jugendjahren – war aber der, daß man diese Not zu zweit trug, und miteinander erkannten wir mehr und mehr das Reden Gottes darin. Wohl lag der Beginn dieser Bibelkurse in der dafür ungünstigen Zeit des Nationalsozialismus, wo den jungen Mädchen vom Staat und Arbeitsamt her kaum die Möglichkeit dazu offenstand, solch eine Bibelschule zu besuchen. Dennoch war uns klar, daß Gott es allein war, der hier das Nein sprach. Gott selbst zeigte unmißverständlich, daß Er uns zu diesem Dienst noch nicht brauchen könne. Wir konnten uns nur beugen und sagen: „Gott, Dein Weg ist heilig!" Und Gott half immer wieder einen Schritt weiter, indem Er uns die Möglichkeit gab, Reihenbibelstunden im Steinberghaus zu halten, zu denen etwa dreißig bis vierzig Frauen kamen.

Einige Monate später übernahm ich auf Bitten einer Lehrerin hin einen 1933 bei der sogenannten Gleichschaltung aufgelösten Mädchenbibelkreis. Ich begann diesen Dienst mit traurigem Herzen, da unsere eigentliche Arbeit, die Bibelkurse, nicht geworden war. Denn wir ahnten damals noch nicht, daß dieser Mädchenbibelkreis das Samenkorn war, das Jahr um Jahr mehr wachsen und aus dem schließlich die Marienschwesternschaft werden würde. Wie sehr aber Gottes verborgener Plan mit der Marienschwesternschaft gerade in der Geburtsstunde der MBK-Arbeit im Steinberghaus begann, zeigt das Wort, das ich nach langem Besinnen für die erste Bibelstunde mit sechs Mädchen von vierzehn bis achtzehn Jahren wählte: „Tut Buße, denn das Himmelreich ist nahe herbeigekommen" (Matth. 3,2). Dies Wort hat uns auf unserem Weg als Marienschwestern unentwegt begleitet bis hin zur Einweihung der „Jesu-Ruf-Kapelle" und ist das Leitwort für unser „Kanaan" geworden und alle „Kanaan-Freunde".

Wie sollten wir aber damals erkennen, welche Bedeutung dieser erste unscheinbare Mädchenbibelkreis haben würde? Vor Augen hatten wir nur, daß alle unsre Pläne in Trümmer lagen. Wir hörten Gottes Nein nicht zuletzt durch der Menschen ständige Vorwürfe, solche selbsterwählten Wege beschritten zu haben, die natürlich im Fiasko enden müßten.

Doch einen Verheißungsstern ließ uns Gott in dieser dunklen Nacht des ersten Jahres aufleuchten, ein Wort der Schrift, das Er Erika Madauss in dunkler Stunde gab:

> „Die Weissagung wird ja noch erfüllt werden zu seiner Zeit und wird endlich frei an den Tag kommen und nicht ausbleiben. Ob sie aber verzieht, so harre ihrer: sie wird gewiß kommen und nicht verziehen" (Hab. 2,3).

Darauf stellten wir uns die Jahre über im festen Glauben. Blieb uns etwas anderes übrig, als jetzt den Glaubensweg einzuschlagen? Wir mußten ihn gehen im Blick auf die irdischen Dinge, indem wir alles, was wir nötig hatten, von unserem himmlischen Vater erbaten und erglaubten; denn feste Einnahmen hatten wir nicht. Und wir mußten den Glaubensweg für den inneren Auftrag gehen, denn vor unseren Augen sahen wir die gemietete Mansarde Monat für Monat leer stehen.

Als aus den Bibelkursen nichts wurde, waren dann auch die dafür gegebenen Möbel nicht mehr für uns verfügbar. Damit blieb auch äußerlich für einen späteren Termin keine Aufnahmemöglichkeit mehr.

So war alles notvoll in diesen ersten Jahren nach dem Auszug aus Hamburg. Wir hatten einen langen, dunklen Tunnel zu durchgehen, und es schien das Licht nie wieder zu kommen. Doch ein anderes, neues Licht ging in unseren Herzen auf. Nun sollte die damals in Hamburg erkenntnismäßig aufgenommene Lehre von der Rechtfertigung des Sünders lebensmäßiger erfaßt werden. Das Nein Gottes, Verachtung und Schmach, viel Not im Zusammenleben mit Menschen ließen uns von dem gedanklichen Erkennen unserer Sünde zu wahren Sündern werden, denen man im Alltag mit Recht vielerlei vorzuwerfen hatte. So hatten wir Grund, über unsere Sünde zu weinen, aber dann auch Jesu Opfer und Vergebung und damit wahre Rechtfertigung voll Dank als begnadigte Sünder zu empfangen.

Gott hatte das Werk der Marienschwesternschaft

im Auge, das auf Reue und Buße aufgebaut werden sollte – nämlich durch die Bußbewegung der Mädchenbibelkreise während der Erweckungszeit 1944/1945 und dann Tag um Tag und Jahr um Jahr durch neues Gerichtetwerden im Leben unserer Schwesternschaft. Nur so konnte ja neues Leben aufbrechen und die Liebe zu Jesus geschenkt werden. Konnte darum unser Leben in den Vorjahren der Marienschwesternschaft, die wir gründen sollten, anders als durch ein Gerichtetwerden geprägt sein, durch immer neue Reue und Buße? Jesus begann sie in diesen Jahren zu schenken. So schrieb ich nach dem ersten schweren Jahr Erika Madauss 1936 zum Geburtstag:

> „Wo ist ein solcher Gott wie Du, der Sünde vergibt! (Mich. 7,18). Über vieles können wir Gott rühmen und loben – doch kein Jubel auf der Welt ist und wird größer sein als der über die Gabe Gottes, daß Er Sünden vergibt. Dieser Jubel erschallt nicht nur laut hier auf Erden: Lobe den Herrn, o meine Seele!, sondern er erschallt heute auch schon weit in den Himmeln: ‚Also ist Freude über einen Sünder, der Buße tut.' Und wenn dereinst alle andern Lieder und Lobgesänge über all das, was Gott uns hier in diesem Leben Gutes getan hat, schweigen, dann wird droben von der Gemeinde noch ein Lied angestimmt werden: das Lied vom Lamme, das unsere Sünden hinwegtrug.

Kennen wir beide diesen Klang, gerade diesen Dank: Wo ist ein solcher Gott wie Du, der Sünden vergibt, – oder schweigt es in unseren Gebeten? Doch wie sollten wir dann am Thron des Lammes in Sein Lied miteinstimmen können?

Erika, so war's bei uns, als wir ins vergangene Jahr hineintraten. Wir kannten diesen Jubelsang unserer Losung kaum. Ja damals, nachdem wir Christus gefunden – Du wirst Dich aus der Zeit Deiner Konfirmation und nachher der Zeit in Kassel erinnern – ich erinnere mich an meine Bibelhauszeit –, da gehörten zu meinen Lieblingsliedern: ‚Welch Glück ist's, erlöst zu sein.' – ‚Es ist ein Born, draus heilges Blut für arme Sünder quillt... Auch ich war einst in Sündennot, da half mir Jesu Blut, drum jauchz ich auch bis in den Tod ob dieser Gnadenflut.'

Doch dann später, als all die Jahre des Lernens und Wartens, bei Dir des Berufes, kamen, wurde das Herz beschwert von so vielen Dingen dieser Welt. Das Lied des Lammes verstummte, und das Herz kannte nicht mehr das Jauchzen: Wo ist ein solcher Gott wie Du, der Sünde vergibt! Man hatte sich abgefunden, mit dieser oder jener Gebundenheit seines Charakters nicht fertig zu werden. Man litt nicht mehr so sehr darunter wie einst – und so konnte man auch den Befreïer nicht täglich neu erfahren und das Jubellied der Vergebung und Freimachung von unseren Sünden. Wir gingen so immer weiter auf diesem Weg, der uns, ohne daß wir's merkten, weiter ab von Christus führte.

Doch, Erika, Gottes Gnade suchte uns, auf daß unser Herz wieder das Loblied des Lammes singen könnte und einst an Seinem Tage dabei sein dürfte. Sie ließ uns mit Macht im letzten Jahr unsere Sünde und Gebundenheit erkennen – beim Arbeiten in diesem Winter und dann vor allem im Sommer mit X. Das eine hat's uns beiden gezeigt: Wir können nicht vergeben, nicht barmherzig sein, nicht Unrecht leiden, nicht sanftmütig sein – so, wie wir sind, können wir einst nicht auf der Seite der Überwinder stehen, denn ohne Heiligung kann niemand den Herrn schauen. Ach Erika, daß Gott uns dies Größte im letzten Jahr schenkte: daß wir Erkenntnis unserer Sünde bekamen! Keine andere Losung konnte uns zu Deinem Geburtstag geschenkt werden, gerade auf die verlorenen Jahre zurückschauend, als dieser Dankesruf: Wo ist ein Gott, der Sünde vergibt!

Erika, so können wir nun auch in den

Dienst gehen – wir konnten's ja vorher eigentlich gar nicht, denn ohne diesen Jubelruf im Herzen kann man die frohe Botschaft von der Vergebung aller Sünden gar nicht weitertragen. Da fehlte die Kraft und die Berechtigung zum Dienst, die nur der hat, dessen Herz jubelt: ‚Alle, alle meine Sünden hat Sein Blut hinweggetan', und der mit leuchtenden Augen auf das Lamm weisen kann, das das Größte und Wunderbarste getan hat... Das alte Jahr brachte uns die Erkenntnis all unserer besonderen Gebundenheiten und Gottes Vergeben – das neue Jahr, Erika, das wollen wir uns geloben, soll in dem heißen Ringen und Kämpfen um die Überwindung unserer Sünden stehen; denn, ‚wen der Sohn frei macht, den macht er recht frei'."

Waren wir die Jahre vorher im Sündenkampf lau gewesen, weil wir nicht unter der Züchtigung standen, die uns unsre Sünde aufdeckte, so war dies Aufdecken im letzten Jahr geschehen, und damit erscholl wieder das Jubellied der Erlösung in unseren Herzen, das Lied des Lammes, das Lied der Liebe zu Jesus, das das Lied in unserer Marienschwesternschaft werden sollte. Bis heute kann ich die Gnade nicht fassen, daß der Herr mich aus der Lauheit der Hamburger Zeit herausholte und mir den Jubelton wahrer begnadigter Sünder neu ins Herz legte.

Wieder war es wie in meinen Kinder- und Jugendjahren das Kreuz, das mir das Heil brachte. Ohne Kreuz und Züchtigung in meinem Leben wäre ich der allerärmste Christ auf Gottes Erde gewesen: selbstgerecht, satt, tot – und noch hochmütig dazu, gesetzlich oder weltförmig. Doch was hatten mir die Kreuzeswege Gottes gebracht! Es ist nicht auszusagen, wie sie mich zu dem glücklichsten Menschen gemacht haben, einem Menschen, der immer neu zwei Blicke tun durfte, nämlich den Blick in den Abgrund meines Herzens, meiner Sünde, und zugleich den Blick in Gottes Herz der Liebe und Barmherzigkeit, den Blick auf den Gekreuzigten, den ich „zerstochen" habe. Und dieser Blick entzündete bei mir eine Liebe, die bei jedem neuen Kreuz noch stärker wurde, bis sich mir das Geheimnis der Dreieinigkeit zu enthüllen begann.

Konnte die Marienschwesternschaft darum später einen anderen Weg gehen als den des immer neuen Durchrichtetwerdens, wie wir es in unseren „Lichtgemeinschaften" üben? Entsprechend dem, wie Gott unser beider Leben führte, die wir die Schwesternschaft gründen sollten, mußte dies unser geistliches Fundament werden.

Nach dem ersten traurigen Jahr – Herbst 1935 bis 1936 – kam nun ein dringender Hilferuf aus dem Bibelhaus Malche, wo meine hochverehrte Lehrerin, Fräulein Jeanne Wasserzug, todkrank darniederlag und mich bat, ich möchte doch für ihre

Lehrstunden miteinspringen. Da ich in Darmstadt noch keinen bestimmten Dienst während dieser Zeit hatte und Erika Madauss den Mädchenbibelkreis und die Frauenbibelkreise gut übernehmen konnte, entschlossen wir uns, der Bitte für ein Vierteljahr nachzukommen. Als dann meine liebe Lehrerin in diesem Vierteljahr starb, bat man mich, wegen der augenblicklichen Notlage noch zu bleiben. So führte ich die Kursstunden bis zum Sommer durch.

Erika Madauss blieb allein in dem für sie fremden Darmstadt, wo sie so gut wie keinen Menschen kannte. Sie war ohne Geld, da wir uns von vornherein klar waren, von unseren Elternhäusern keine Unterstützung anzunehmen, solange wir uns dieses Rufes Gottes gewiß blieben. Sie hat sich dann, ohne daß es jemand ahnte, mit einigen Nachhilfestunden sozusagen über Wasser gehalten und dabei wohl in wirklicher Armut gelebt, wenn auch das Allernötigste da war.

Es war „Sterbenszeit" und darum Zeit der Gnade zur Buße, zum Fruchtbringen. Wie hätten wir auch – so, wie wir von Hamburg kamen – das Werk des Herrn beginnen können, hoch und ungebrochen? So brachte der Herr uns durch Züchtigungen und Leiden auf die Wege, die Er uns nachher in unserer Marienschwesternschaft in der Freiwilligkeit der Liebe zu Ihm gehen ließ: den Weg des Glaubens, der Armut, den „Lammesweg". Wir mußten erst alle diese We-

ge ausgelitten, sie erst ausgelebt haben, ehe wir Marienschwestern rufen konnten, diese Wege auch zu gehen.
So war das erste und zweite Jahr vergangen. Wir ahnten jetzt, was Glauben heißt, ahnten, was es um die Armut ist. In dem Winter, als ich im Bibelhaus Malche aushalf, besaß ich an Kleidung ungefähr nichts als einen Rock und Pullover. Ja, wir waren – wie arme Leute – auf geschenkte Sachen von anderen angewiesen. Wir hatten in den Jahren vorher das sonst für Kleidung ausgegebene Geld für unseren späteren selbständigen Dienst vorsorglich gespart. Wohl bot mein Vater uns freundlich an, uns die Miete zu erlassen und uns auch sonst zu helfen. Doch weil Gott uns durch Seinen Auftrag gerade auf diesen Kreuzweg führte, damit wir lernten, Ihm nachzufolgen und im Glauben durchzuhalten, lehnten wir die angebotene Hilfe ab. Nur so bekam Gott zum Schluß die Ehre, daß Er uns durchgebracht und recht geführt hatte. Und zugleich war die Armut für unseren Hochmut eine heilsame Kur.
Doch eines wuchs in dieser dunklen Zeit, nämlich der kleine Mädchenbibelkreis, der sich bald zu mehreren Kreisen erweiterte. Aber diese Mädchenbibelkreise waren ja nicht das, was wir als den uns gegebenen Auftrag ansahen. So blieb uns die Frage, nachdem der Kurs im Bibelhaus Malche, bei dem ich aushalf, im Juli 1937 zu Ende

geführt war, wie der Weg nun weitergehen würde. Es schien, als sollte unser Weg nun von Darmstadt wegführen und damit der Auftrag Gottes in Darmstadt endgültig hinfällig werden. Das Bibelhaus bat nämlich im Sommer 1937, daß Erika Madauss auch als Lehrkraft ganz dorthin käme. Wir hatten der Leitung schon zugesagt, weil wir meinten, Gott wolle uns diesen Umweg führen und später erst nach Darmstadt zurückgehen lassen – denn daß letztlich dort der eigentliche Auftrag für uns lag, blieb mir unerschütterliche Gewißheit. Doch dann kam ein entscheidender Brief des Bibelhauses an mich, der mir deutlich zeigte, daß unser Weg nicht dorthin gehen konnte. Daraufhin zog ich unsere Zusage zurück, wenn auch erst nach schwerem Kampf, bis ich erkannte, was Gottes Wille sei.

So blieben wir in Darmstadt, wo wir ohne irgendeine Einnahme – wir hatten in dieser Zeit oft buchstäblich keine 5 Mark als gemeinsamen Besitz – vor allem ohne unseren eigentlichen Auftrag waren. Wohl waren die Mädchenbibelkreise weiter angewachsen, die wir ehrenamtlich führten – doch nur für die wöchentlichen Bibelstunden für Frauen in Darmstadt und für gelegentliche auswärtige Dienste – etwa Vorträge in Frauenhilfskreisen, wozu ich gebeten wurde – bekamen wir ein kleines Entgelt. Es war unendlich demütigend für mich, sozusagen auf gelegentliche Aufforderungen zu Diensten warten zu müssen. Ich hatte aber immer das Empfinden, daß gerade das sehr gut sei und die Hauptsache, dies in Liebe zu Jesus zu tragen. Nach dem ersten dreiviertel Jahr schrieb ich in unser Arbeitstagebuch:

> „Möge uns die Zukunft im Blick auf unsere Arbeit bringen, was Gott auch will, – die Arbeit wird werden, das wissen wir. Doch durch welche Umwege und welch Zerschlagenwerden! Aber: ‚Christus ist in jeder Lage zu verherrlichen!' Dazu helfe uns Gott!" (29.6.1936)

Im Sommer 1938 kamen dann einige Pfarrbräute zu einem Bibelkurs zu uns – dem ersten und letzten Bibelkurs! Es waren nur drei Schülerinnen, die bei uns wohnten, und eine Tagesschülerin. Davon ging eine noch vor Abschluß des Kurses fort wegen vorverlegter Heirat. So wurde dieser Bibelkurs doch nichts Rechtes.

Als er beendet war, fiel alle Hoffnung hin – ein zweiter Kurs kam nicht mehr zustande. Gottes Hand lag auch weiter züchtigend auf uns, uns mehr und tiefer demütigend auf Wegen der Armut und Not. Wir spürten diese Seine heilige Hand über uns, die aus Liebe schlug und uns lange Jahre in die Wüste führte. Wir beugten uns unter sie und erkannten mehr und mehr unser Rechthaben und Aufbegehren gegen Menschen. Dabei erkannten wir dann in all den Züchtigungen dieser dunklen Wege erst recht Seine große Liebe. Das ließ unseren Glauben wachsen. Davon sagen unsere Aufzeichnungen in den Jahren 1937 bis 1938. Erika Madauss schrieb am 21. 10. 1937:

„Wenn es auch ein wirkliches Tappen im Glauben ist, so steht darüber Seine Liebe. Sie ist es, die uns mit dieser Arbeit durch das dunkle Tal führt. Und hell hinein scheint da doch das große Geschenk: Gott hat Seinen Auftrag nicht von uns genommen. Wenn's auch nicht zu schauen ist, so hat Er es doch im Glauben ganz deutlich gezeigt."

Ich schrieb darunter:

„Er wird's tun, Sein Wort ist wahr und trüget nicht."

Weiter schrieb ich am 16. 11. 1937, als wieder das Ende des Auftrags drohte, da Erika Madauss in Anbetracht dessen, daß wir nach außen gesehen keinen vollen Dienst hatten, eine Aufforderung bekam, in den Reisedienst der Leipziger Missionsgesellschaft zu treten:

„Herr, erbarme Dich all des Dunkels unseres Weges. Ich glaube Deiner Verheißung Habakuk 2,2-4 mit unserer Arbeit für Ostern."

Am 21. 1. 1938:

„Menschlich gesehen ist alles finstere Nacht. Doch warum zieht denn Gott unsere Arbeit immer weiter hin – das muß doch zu einem Ziel hin sein. Ach, ich muß es einfach glauben. Erlöse uns von unserer Sünde des Rechtens und der Bitterkeit gegen X, daß unsere Sünde Deinem Werk nicht entgegensteht. Du weißt, das ist das eine Anliegen von uns beiden geworden, die große Bitte."

Am 2. 4. 1938, als nur drei Anmeldungen zu dem Pfarrbräutekurs zusammenkamen:

„Wir stehen wieder vor einer Arbeit, in die alle Kraft und alles Geld hineingesteckt wird und die doch nicht leben noch sterben kann. Wir haben eigentlich keine besondere Aufgabe (vor allem ich, da ich nicht noch die große Jugendarbeit habe wie Erika) und sind schwer gedemütigt. Doch es ist Gottes Hand, und wir spüren es und können nur dafür danken: ‚Wenn Du mich demütigst, machst Du mich groß!'"

So hatte der Herr uns die ersten drei Jahre von 1935 bis 1938 mit großer Weisheit geführt. Welche Begnadigung: wir durften – ohne daß wir uns damals dessen bewußt waren – in den Fußspuren Jesu Wege der Armut, der Demütigung und Niedrigkeit, des Glaubens in dunkler Ausweglosigkeit gehen. Er hatte uns selbst in Seiner Liebe auf diese Wege geführt. Wir gingen Ihm zitternden Herzens nach, doch dankbar, weil wir wußten, Seine Liebe führt uns, und uns hochmütigen Sündern tun Demutswege gut. Auf diesen Wegen kam Jesus uns nahe, und sie wurden uns als „Seine Wege" köstlich. Es wurden dann später die Wege, die unsere Marienschwesternschaft kennzeichneten.

Im September 1938 waren wir am Tiefpunkt angelangt. Nach dem ziemlich verunglückten Pfarrbräutekurs im Sommer kamen – wie gesagt – keine neuen Anmeldungen. Wir standen nun von neuem und endgültig vor dem Nichts und dem Abbau unserer Zelte in Darmstadt. Die Miete für die Mansarde war zu bezahlen, nirgends ein Lichtblick, wir waren im Oktober 1938 buchstäblich ohne jegliche Barmittel.

In diesen Tagen trat noch einmal die Leipziger Missionsgesellschaft an Erika Madauss heran mit der Aufforderung, dort in den Reisedienst zu treten, und bei der gegenwärtigen aussichtslosen Lage fragten wir uns, ob hier nicht Gottes Führung vorläge, denn in nichts schien Gott noch unseren gemeinsamen Auftrag in Darmstadt zu bestätigen. Damit aber sahen wir dessen Ende vor uns. Denn wenn Erika Madauss nach Leipzig gehen und wir beide getrennt würden, wäre damit dieser gemeinsame Auftrag endgültig zunichte gemacht worden. Doch Gott hatte die Marienschwesternschaft im Auge, und darum ließ Er uns unseren Auftrag, nämlich die Darmstädter Arbeit, nur geistlicherweise wie Abraham seinen Isaak opfern, hielt aber tatsächlich die Hand darüber.

Es war eigentümlich, als Gott das von uns forderte, legte Er zugleich den Glauben in unser Herz, daß der „Isaak", nämlich unser Auftrag, wieder „von den Toten auferstehen", das heißt, daß die Arbeit in Darmstadt dennoch werden würde. Gottes Geist schenkte es uns, daß wir beide felsenfest auf dem Wort, das während all der Jahre die Waffe für unseren Glaubenskampf gewesen war, stehenblieben:

> „Die Weissagung wird ja noch erfüllt werden zu seiner Zeit und wird endlich frei an den Tag kommen und nicht ausbleiben. Ob sie aber verzieht, so harre ihrer, sie wird gewiß kommen und nicht verziehen" (Hab. 2,2-4).

Als wir dann in der Stadt zur Ausrüstung für den Leipziger Dienst für alle Fälle schon den Koffer besorgten und damit Gott unser gemeinsames Leben für den Auftrag bereits geopfert hatten, fanden wir, zurückgekehrt, ein Blatt im Briefkasten liegen. Nur einige Worte standen darauf: „Nicht von Darmstadt weggehen, Freundeskreis trägt die Jugendarbeit."
Für uns war das ein Eingreifen Gottes, denn welche Tatsachen standen hinter diesen kurzen Worten: Der leitende Pfarrer des hiesigen Diakonissenhauses, der immer ein Herz für Jugendarbeit hatte, nahm in diesen Jahren sehr an dem Wachsen der Mädchenbibelkreise teil. Als nun die erneute Anforderung von Erika Ma-

dauss durch die Leipziger Missionsgesellschaft bekannt wurde, veranlaßte er in Verbindung mit Pfarrer Wolf von der Paulusgemeinde, in deren Bereich die meisten unserer Mädchen wohnten, daß schnell gehandelt wurde. Ein Freundeskreis der Paulusgemeinde verpflichtete sich, fortan jeden Monat einen kleinen, aber festen Betrag für die Mädchenbibelkreis-Arbeit zusammenzulegen, nachdem die Arbeit aus zeitbedingten Gründen bereits 1937 formell der Gemeinde angeschlossen worden war. So band uns Gott von neuem an Darmstadt.

Die 1936 von mir mit 6 Mädchen begonnene Arbeit war unter Erika Madauss Führung bis zu dieser Zeit – 1938 – auf 100 Mädchen der Oberschulen angewachsen. Zu dieser Arbeit hatte der Herr Sein Ja gegeben und sie trotz der ungünstigen Zeitbedingungen des nationalsozialistischen Regimes mit seinem Kampf gegen alle christliche Jugendarbeit aufblühen lassen. Als uns damals jemand sagte, daß vielleicht aus dem Stamm der Mädchenbibelkreise die uns als Auftrag gewiesene Arbeit im Steinberghaus werden würde, schien uns das jedoch ganz unglaublich. Aber viel wunderbarer, als wir es gedacht hatten, war der Plan Gottes. Er ließ die Mädchenbibelkreise werden, auf daß aus ihnen später die Marienschwesternschaft entstehen sollte. Doch noch sollten wir nichts davon erkennen, denn die zubereitenden Wege Gottes für unseren späteren Auftrag waren noch nicht durchlaufen.

Erika Madauss hatte in der Jugendarbeit nun von Gott einen Auftrag bekommen. Doch obgleich ich diese Arbeit begonnen hatte und solch ein Dienst an der Jugend seit Jahren meines Herzens Wunsch, weil meine Freude war, stand ich hier wieder unter einem klaren „inneren Muß", daß es nicht mein Auftrag sei, diese Jugendkreise mitzuführen. Ich wußte, als ich nach Beendigung unseres ersten und letzten Bibelkurses im Herbst 1938 arbeitslos dastand, aber die Mädchenbibelkreis-Arbeit immer mehr wuchs: Sie ist jetzt Erika Madauss' Auftrag allein. Das schien eine seltsame Auffassung, bei der ich trotz der Bekümmernis meiner Mitarbeiterin darüber und ihren Bitten, die Mädchenbibelkreise mitzuführen, blieb. Ein Jahr später zeigte sich, welch ein Plan hinter diesem „inneren Muß" stand. Doch vorerst hatte ich kein Aufgabengebiet. Weiter mußte ich warten, wo ich zu einem Vortrag, zu einer Bibelwoche, etwa bei der Frauenhilfe, oder zu sonstigen Ersatzdiensten gerufen wurde.

Mein Geburtstag im Herbst 1938 war voller Tränen und Demütigungen. Morgens gingen Erika Madauss und ich bei strahlendem Herbstwetter zu Fuß in die Villenkolonie Eberstadt, um einen mich recht demütigenden Besuch wegen eines Gelegenheitsdienstes zu machen. Es war wieder einmal ein Nein. So setzten wir uns nach dieser Enttäuschung hinterher auf eine Bank; wir ahnten nicht, daß wir von dort gerade auf den Platz sahen, wo heute unser Mutterhaus steht. Ich aber weinte bitterlich, denn vor meinen Augen war noch verborgen, welche Frucht einst aus dieser Tränensaat aufgehen sollte. Nachmittags kam zum Geburtstag Verwandtenbesuch, der mir sagte, daß alle meine Wege seit der Jugendarbeit in Darmstadt eigene, selbstsüchtige Wege gewesen seien. Gottes „angeblicher Ruf", die Bibelkurse anzufangen, und überhaupt mein Reden von „Führungen" sei nichts als ein „Gott-Versuchen". Ob ich nun nicht endlich – da ich vor den Trümmern aller meiner Wege stände – daraus gelernt hätte und Buße tun wolle? Ich schrieb einige Monate später in unser Arbeitstagebuch, als ich rückblickend vom letzten Halbjahr berichtete, am 2. 3. 1939:

> „Doch, Gott, Du weißt, wie ich Dir nur gehorsam sein wollte, nur nach Deinem Willen frug bei allen Entscheidungen, das Ja zu jedem Weg hatte. Darum wirst Du noch vor aller Welt erzeigen, daß wir Deine Wege gegangen sind."

Die nächsten Wochen führten weiter in tiefe Demütigungen, denn – nachdem ich meine verschiedenen Studien und Berufsausbildungen vollendet, in mancherlei leitender Arbeit vorher gestanden hatte und nun inzwischen Mitte Dreißig geworden war, – blieb mir in der damaligen Lage nichts anderes übrig, als mich gegen Stundenlohn für Haus- und Gartenarbeit zu verdingen. Ich schrieb in jener Zeit:

> „Fühle mich sehr verachtet und lahmgelegt – doch ganz in Deiner Gnade und Schule, und das ist größer denn alles Wirken und Glücklichsein."

Der Herr mußte eben meine Seelentriebe, die so sehr zum Gestalten und Wirken und in den Dienst drängten, beschneiden, und zwar viele Jahre lang. Seit meiner Darmstädter Jugendarbeit – damals war ich zweiundzwanzig Jahre – hatte Er mein Sehnen nach ähnlichem Wirken nicht erfüllt. Weil ich es so nötig hatte, nahm Er mich bis zur Gründung der Marienschwesternschaft fast zwanzig Jahre in Seine züchtigende Hand. Er wollte die Triebe meiner Seele reinigen, damit mein Wirken und Gestalten am Werk Gottes, der Marienschwesternschaft, dann aus Liebe zu Ihm geschähe,nicht zur Befriedigung meines Ichs im frommen Gewand.
Auf das Drängen meines Vaters hin, dem ich mit meinem seltsamen Weg zu meinem eigenen großen Schmerz viel Not bereitete, sollte ich mich im Rahmen meiner akademischen Ausbildung bei entsprechenden Stellen um eine Arbeit bewerben. Einen Brief schrieb ich dann diesbezüglich, doch brachte ich es nicht fertig, ihn abzuschicken. Es geschah wieder aus einem „inneren

Muß" heraus, denn ich wußte: Gott wollte, wenn Seine Stunde gekommen, selbst eingreifen, und solange sollte ich in Darmstadt bleiben.
Tatsächlich kam in dieser größten Not ganz plötzlich, nur einige Wochen später, die Anfrage der Muhammedaner-Missionsgesellschaft Wiesbaden, ihren Reisedienst zu übernehmen. Ich fuhr bangen Herzens zu dieser Besprechung. So sehr dankbar ich war, nun einen Auftrag zu bekommen, so stand zugleich wieder – wie vor eineinhalb Jahren – das Gespenst vor mir, daß der mir von Gott seit 1935 innerlich gezeigte Auftrag im Steinberghaus hinfällig würde.
Doch wie wunderbar Gottes Gedanken und Pläne sind, erfuhr ich bei dieser Besprechung. Die Muhammedaner-Mission, die sonst den Grundsatz hatte, jeder ihrer Mitarbeiter müsse unbedingt im Missionshaus wohnen, wurde von dem Herrn diesmal anders gelenkt. Der Vorstand meinte, Gott habe durch das Zusammenarbeiten mit Erika Madauss doch allerlei in unserm Haus begonnen, und da könne man mich wohl aus diesem Auftrag nicht gleich ganz herauslösen. So könne ich erst einmal in Darmstadt wohnen bleiben und von dort aus den Reisedienst tun. Ab Ostern 1939 begann ich dann mit diesem Dienst, der insgesamt sieben Jahre dauern sollte und den ich die ganze Zeit von Darmstadt aus tun konnte.

FÄDEN WERDEN GESPONNEN

REISEDIENST FÜR DIE MUHAMMEDANER-MISSION 1939 - 1945

Was war bis zum Beginn dieses neuen Abschnitts geschehen? Endgültig hatten sich nun scheinbar die geplanten und nicht zustandegekommenen Pfarrbräute-Bibelkurse verwandelt in die Arbeit der Mädchenbibelkreise von Erika Madauss und in meinen Reisedienst für die Muhammedaner-Mission. Doch aus diesen beiden Wurzeln wuchs dann der Baum der Marienschwesternschaft heraus. Wie wunderbar sind Gottes Führungen! Als ich innerlich gehindert war, die MBK-Arbeit mit Erika Madauss zusammen zu übernehmen, wußte ich noch nichts von dem Plan Gottes, mich für den Dienst in Wiesbaden auszusparen. Die Annahme dieses Dienstes aber führte dann letztlich zum Ziel der Gründung der Marienschwesternschaft. Doch damals war der Sinn dieser Führung noch nicht sichtbar, denn mit der Anstellung bei der Muhammedaner-Mission und dadurch, daß Erika Madauss durch die MBK-Arbeit in Beschlag genommen war, schien keine Aussicht mehr für unseren eigentlichen Auftrag zu bleiben. So schrieb ich, ganz auf Glauben gestellt, als letztes Wort nach meiner Anstellung in unser Arbeitstagebuch: „,Meine Gedanken sind nicht eure Gedanken' – aber höher und wunderbarer – und ,Sein Rat führt es herrlich hinaus'".

Bei meinem Reisedienst hatte ich Missionsvorträge und vor allem Bibelkurse in den Freundeskreisen der Missionsgesellschaft, in Gemeinden und Gemeinschaften zu halten. Das Reisen fiel mir wegen meiner geringen körperlichen Kraft und der durch den Krieg erschwerten Umstände nicht leicht. Ich sehe es jetzt noch vor mir, wie ich in den beiden kalten Wintern 1940 und 1941 mit ihrem großen Kohlenmangel bei 30 bis 40 Grad Kälte vier Wochen in Ostpreußen reiste, Tag und Nacht zitterte vor Kälte und nicht schlafen konnte. Und oft irrte ich in den verdunkelten Städten allein nachts herum und war doch von Natur ängstlich. Ungezählte Male dröhnten die feindlichen Flugzeuge über uns, während ich, beinahe erdrückt in den überfüllten D-Zügen, lange Strecken wie zwischen Hamburg und München, Basel-Lörrach und Rheinland/Westfalen fuhr. In Briefen an Erika Madauss heißt es darüber:

„Bielefeld, 23. 5. 1943

... Nachdem ich eineinhalb Stunden geschlafen, kam Alarm. Die Flak schoß heftig, und wir zogen in den Keller. Sie waren in einer andern Stadt, jedoch die Türen klapperten jedesmal von den Einschlägen. Als wir um 3 Uhr raufgingen, konnte ich einfach nicht wieder einschlafen – ich hatte Angst und Grauen vor dem, was die Menschen nun in der Angriffsstadt durchmachen. So hab ich die ganze Nacht um die Ohren geschlagen ..."

18. 6. 1944:

„Nun bin ich hier, wunderbar behütet von den Engeln, in Jesus selbst in Friede und Freude gebettet. Als ich aus Bielefeld heute morgen herausfuhr: Vollalarm – überfüllter Zug! Du glaubst nicht, wie geborgen ich mich jetzt immer auf meinen Reisen fühle, richtig glücklich als Sein Kind. Ich spüre direkt die Liebe Jesu, der mir das Schwere des Reisens für Ihn versüßen will, und mein Herz ist voll Dank."

Ein Wort machte mir in dieser schweren Zeit alles leicht: „Für Dich!" Ich durfte bei diesem Dienst von der Kraft des Blutes Jesu, von Seinem Sieg, von Seiner Wiederkunft und Herrlichkeit sagen und ihn in Liebe zu Jesus tun und damit in ganz anderer Haltung als die Jahre vorher den Reisedienst in der Deutschen Christlichen Studentinnenbewegung.

Meine Hauptthemen waren: „Vom Heilsplan Gottes" – und zwar sprach ich dabei über die Wiederkunft Jesu, über den Heilsweg Gottes mit Israel und über die Gottesstadt – oder „Himmel und Hölle", „Segen des Leidens", „Wie werde ich zu einem Überwinder?". Was ich jetzt verkündigen konnte, war etwas anderes als das mit zweiundzwanzig Jahren Gesagte in meiner ersten Darmstädter Jugendarbeit. Damals stand ich – selber noch jung – im Dienst an der Jugend und war noch in nichts bewährt. Und was ich verkündigte, war letztlich nicht durchgekämpft, ausgereift, konnte darum nicht echt bezeugt werden. Jetzt konnte ich für meine Überzeugung einstehen, denn sie war auf Züchtigungswegen bewährt. Ja, gerade der Ruf, in Liebe zu Jesus den „Lammesweg" zu gehen, wurde in diesen Jahren durch Gottes Arbeit an mir ständig erprobt.

So waren die Jahre von 1939 bis 1944, nämlich bis zur Erweckung in den Jugendkreisen, eine Zeit, in welcher der Herr uns einerseits von der Frucht der letzten vier schweren Jahre schon austeilen ließ. Andererseits aber brachten sie weitere Zubereitung für die große Stunde der Erweckung und der Geburt der Marienschwesternschaft. Dazu halfen mir in den Jahren 1936 bis 1940 Gommels „Lebendiges Wasser" und Bonhoeffers „Nachfolge". Beide, an sich so verschiedenen Bücher gaben mir neuen Anstoß in schweren Kämpfen, in denen Erika Madauss und ich damals standen. Es ging für uns darum, bei Anklagen und ungerechten Forderungen tatsächlich zu lernen, den „Lammesweg" zu gehen, das heißt den Weg der Bergpredigt: „Wenn dir einer den Rock nimmt, gib ihm noch den Mantel" – „Liebet eure Feinde, tut wohl denen, die euch hassen", ganz ernst zu nehmen.

Zur Zeit meiner erster Darmstädter Jugendarbeit 1926 bis 1928 war mir mein rechtendes Wesen, das schlecht Ungerechtigkeiten gegen sich und andere ertragen konnte, schon eine große Not gewesen. Der Schrei nach Erlösung durch Jesu Christi Opfer war immer gerade auf diesem Punkt aus meinem Herzen aufgebrochen. So hatte ich damals geschrieben:

> „Ach, ich könnte X hassen, die mich so quält und zerreibt. Herr Jesus, um Deinetwillen will ich mich vor X demütigen." (30. 9. 1928)
>
> „Mir wird es so schwer, das Recht unter die Liebe zu beugen – ich kann's nur, indem ich mir ein Wort sage, dann schmilzt etwas in meinem Herzen: ‚Jesus', und dann hilft mir das Wort: ‚Überwindet das Böse mit Gutem'." (7. 10. 1928)

Ja, ich spürte, wie schwer ich lieben konnte, wo mir offenbar Unrecht getan wurde, und dies quälte mich sehr. Doch war es größte Gnade, daß Gott mir schon damals einen Menschen in den Weg stellte, den zu ertragen mir eine fast unerträgliche Last war, der mir auch darum die Bitte um Liebe zu der Bitte meines Lebens werden ließ. Es war die Gebetsbitte des zweiten Darmstädter Jahres – 1927/28 – gewesen:

> „Gib mir Liebe, Liebe, die sich nicht erbit-

tern läßt, die alles trägt, hofft, glaubt, duldet." (21.10.1927)

Doch nun – zehn Jahre später – nahm mich der Herr, und zwar diesmal zusammen mit Erika Madauss, noch einmal in besonderer Weise in Seine Schule auf diesem Punkt. Ich hatte Gott in all den Jahren immer wieder um das eine gebeten, daß Er mir wirklich Seine Liebe schenke. Das war aber bei meiner Natur ein langer Weg. Darum setzten jahrelang Hammerschläge von einer bestimmten Seite her ein, so daß mein Herz unter vielen erfahrenen Ungerechtigkeiten aufschrie. Doch Gott hielt nicht inne. Er hatte sich offenbar erdacht, ständig Pfeile auf diese harte Stelle meines Herzens zufliegen zu lassen, solange, bis diese Stelle sozusagen „durchlöchert" wäre, damit Reue und Buße über das Nicht-Vergeben und Nicht-Lieben-Können in mir Raum fänden und Er dann Seine Liebe schenken könnte. Der „alte Mensch" wand sich. Doch das Blut des Lammes, das ich viel anrufen lernte, bewies seine Kraft, löste mehr und mehr die Härte und ließ langsam Erbarmen mit der Sünde des anderen in mein Herz einziehen. Auf diese Weise lehrte Gott mich, den Lammesweg zu gehen, das heißt sich nicht mehr zu rechtfertigen, sondern zu dulden und zu tragen und ungerechte Vorwürfe auf sich sitzen zu lassen. Ich erfuhr, daß das allein der „Weg Jesu" ist.

Wiederum war auch hier Gottes weise Führung

verborgen. Später sollte ich gerade die Botschaft der völligen Liebe in meinen Schriften bringen. Wie sollte ich aber davon schreiben, wenn Gott mich nicht in Züchtigungen und Leiden gelehrt hätte, diese Liebe um Seines Wortes willen: „Wandelt in der Liebe, gleichwie Christus uns hat geliebt" (Eph. 5,2), zu erglauben. Sein Wort hatte mir immer neu das eine deutlich gemacht, daß wir da, wo wir der Forderung der Feindesliebe in unserem Leben gegenübergestellt werden, mit unserer menschlichen Liebe einfach ans Ende unserer Möglichkeiten kommen. Doch Gott gab Gnade, es nach einer Schule vieler Jahre erleben und bezeugen zu dürfen: Auf dem Weg, täglich tiefer zunichte gemacht zu werden in unserer Selbstgerechtigkeit, tut Er uns die Tore der Gerechtigkeit auf, gehen wir ein „in Christus" und „Er in uns". So erfüllt sich tatsächlich Jesu Wort aus Johannes 17,26: „Ich habe ihnen deinen Namen kundgetan und will ihn kundtun, auf daß die Liebe, damit du mich liebst, sei in ihnen und ich in ihnen."

Aus diesem Glaubenskampf um die rechte Liebe und dem Kampf gegen meine sonstigen Sünden entstanden die biblischen Vorträge: „Wie werde ich zu einem Überwinder?" Weil sie von der Praxis her geworden waren, sprachen sie zu den Herzen derer, die in gleichen Nöten und Anfechtungen standen. Diese Vorträge wurden auf Veranlassung eines Pfarrers mitstenographiert und klischiert und anfangs ohne mein Wissen in Hunderten von Exemplaren weitergegeben. Ich war voll Dank, daß der Herr Seiner Botschaft die Türen öffnete. Doch ahnte ich damals noch nicht, daß hier der allererste Anfang meines späteren Schreibens lag, das noch ein Hauptauftrag für mich werden würde. Briefe aus dieser Zeit geben Zeugnis, wie es mich drängte, das „Überwinden" in meinem Leben zur Wirklichkeit werden zu lassen, gerade an den Punkten, an denen ein Sieg fast aussichtslos schien, weil mir meine Lauheit im Kampf wider die Sünde (Hebr. 12,4) zu großem Schmerz geworden war.

Aus Karlsruhe, wo ich im März 1942 einen Vortragsdienst hatte, schrieb ich in einem Brief folgendes:

> „Parolen für Stunden der Anfechtung bei scheinbar aussichtslosem Kampf gegen die Sünde.
>
> Was ich mir sagen will in Stunden der Anfechtung, da all mein Kampf umsonst war:
>
> 1. Ich habe es selbst verschuldet, daß meine Ketten so fest, weil ich so lange Zeit nicht rechte Buße tat über meine Sünde und nicht den Kampf des Glaubens kämpfte, der zum Sieg führt. So wurde ich für diesmal noch mehr gefesselt und muß nun in Demut warten, bis Gott mich löst. Doch will ich kämpfen, bis der Sieg da ist, und dauert es noch so lang, ich gebe den Kampf

nicht auf – und war es zehnmal umsonst –, bis ich frei bin.

2. Gott will mich im Glauben üben, mich wie die Schwestern beim Tod des Lazarus glauben lehren. Darum verzieht Er mit Seiner Hilfe, damit ich es lerne zu glauben, ehe ich es schaue. Und wenn ich glauben lerne, so werde ich die Herrlichkeit Gottes sehen. So war der Schluß bei der Erwekkung des Lazarus, und so wird auch der Schluß der Geschichte meines Kampfes sein.

3. Daß Gott mit der Hilfe verzieht und mich so dadurch meine Ketten und Ohnmacht fühlen läßt, tut Er, damit ich ganz demütig werde – und Sein die Ehre zum Schluß ist, ich Ihn dann allein preise.

Darum will ich die Demut bei dieser Anfechtung lernen – und während die Fesseln nicht weichen wollen, nicht aufbegehren oder verzagen, sondern demütig wie das kanaanäische Weib betteln und wieder betteln, wenn mich auch Jesus scheinbar immer wieder abweist und nicht hilft.

Wenn ich so durch diesen Kampf zu einer Demütigen und Geduldigen werde, dann hat mir diese Anfechtung, und gerade wenn sie lange dauerte, die ewige Frucht, Sieg, Verwandlung in Jesu Bild, gebracht. Sie ist es dann vielleicht gewesen, die mich reif machte, bei der ersten Auferstehung dabei zu sein, bei der nur Überwinder, Demütig-gewordene sind.

4. Darum will ich danken für das Offenbarwerden meiner Sünde und die große Anfechtung, weil ich gerade an ihr Sieg und Herrlichkeit Jesu erleben werde, so wahr Jesus völlig frei macht; – danken, daß mich diese Anfechtung reinigt von einer Reihe von Sünden, die dabei zu Tage kommen, um mich zu einem Überwinder zu machen, der einst die Krone ererbt, denn ohne Heiligung sieht niemand den Herrn. Wer überwindet, der wird alles ererben."

Als nach Kriegsende ab 1946 wieder christliche Schriften gedruckt werden konnten, war die Nachfrage gerade nach den aus diesen Kämpfen gewordenen Vorträgen „Wie werde ich zu einem Überwinder?" so groß, daß wir sie drucken ließen. So sind Gottes Wege. Auf dem kleinen Platz, auf den Gott mich gestellt, focht ich meine Kämpfe aus, im Glauben an die Kraft des Blutes Jesu, unter Leiden und Züchtigungen. Und Gott ließ mein Zeugnis – wie wir immer wieder aus Briefen und Gesprächen erfuhren – vielen Menschen in ihren Anfechtungen zur Hilfe werden. Das Entscheidende aber war, daß Gott mit diesen Wegen die Marienschwesternschaft und ihren Auftrag im Auge hatte. Den Weg Jesu aus Liebe zu Ihm zu teilen und damit den Lammesweg gehen zu wollen, den Weg der duldenden, tragenden Liebe, den Weg der Niedrigkeit, das sollte ja der Auftrag der Marienschwesternschaft werden.

Doch noch auf einem andern Gebiet griff die Hand Gottes in diesen Jahren mehr und mehr nach mir, und gab meinem Alltag die entscheidende Kursrichtung. Ich spürte, Gott will mein ganzes Leben anders denn zuvor in Beschlag nehmen, daß jede Stunde Ihm geweiht sei – jeder Pfennig Geld allein Ihm zur Verfügung stände. Es war mir, als bäte Jesus: „Gib Mir mehr Zeit zum Gebet, zum Lesen des Wortes Gottes – mehr Raum in deinem Leben, mehr von deinen kleinen Gaben und Gütern!" Und mit dieser Aufforderung, die Gott ja nie allein gibt, schenkte Er auch die Gabe einer starken Liebe zu Ihm. Liebe aber hat in ihrem Charakter immer etwas Ausschließliches. Sie will dem, den sie liebt, alles schenken. Doch wo dies Lieben im praktischen Leben ausgeübt wird, stoßen sich notgedrungen die Dinge im Raum – etwas muß weichen oder zurücktreten, dem wir vorher unsere Zeit, unser Geld, unser Interesse schenkten.

Als ich diese Konsequenzen für mein Leben zog, war es für Erika Madauss zuerst schwer, das zu verstehen. Grundsätzlich war sie eins mit mir, doch als dann dies und jenes im Alltag praktisch wurde, erhob sie verstandesmäßige Einwendungen, ob dieser Weg nicht ein eigenes Wirken sei und damit dem Wirken der Gnade entgegen stünde. Erika Madauss war ihrer ganzen Art nach nie geneigt, sich auf einen Weg mitnehmen zu lassen, ohne selbst von innen her von der Richtigkeit dieses Weges überzeugt zu sein, und es gab manche Not.

Unser gemeinsamer Auftrag, den wir immer noch als von Gott gegeben im Herzen trugen, wurde wiederum in Frage gestellt, denn so konnten wir nicht zusammen im Dienst Jesu stehen und eine gemeinsame Arbeit aufbauen und weiterführen. Ich wußte aber ganz klar, hier mußte ich Jesu Ruf in meinem Herzen und Gewissen gehorsam sein, selbst wenn wir uns trennen und den gemeinsamen Dienst unter Schmerzen opfern müßten. Wir rangen innerlich miteinander, wovon Briefe aus den Reisejahren 1942/43 Zeugnis geben. Damals schrieb ich Erika Madauss auf ihre Einwände Folgendes:

„Bad Oeynhausen, am 13. 12. 1942

... Du schreibst so bedrückt, weil Du nicht mitkannst, wie ich denke. Doch es geht ja nicht darum, daß man nun nichts mehr anderes tun dürfte, als was den Dienst anbelangt, sondern daß man von innen so getrieben wird zum Gebet, zum Wort-Gottes-Lesen, Besuche-machen bei den Menschen aus dem Rettersinn heraus, daß dann nur

wenig Zeit für unsere Interessen übrigbleibt. Wenn eine Pfarrfrau etwa alle neuen christlichen Romane liest, so ist es ein Anzeichen, daß etwas innerlich nicht stimmt. Denn hätte sie Rettersinn, hätte sie beinahe Tag und Nacht in der Gemeinde zu tun. Wenn wir zuerst im Herzen nach dem Reich Gottes trachten und das andere nur nehmen, soweit es uns Gott nebenbei zufallen läßt, ist das nicht gesetzlich, sondern hier geht es um die Frage, ob die Liebe zu Jesus und den Seelen mich treibt.
Und aus dieser Liebe zu den Seelen heraus fastete Blumhardt im Gehorsam, weil Jesus den Weg angab. Das ist doch kein Gesetz – dann wäre die ganze Nachfolge Jesu Gesetz, wo ich im Gehorsam zu Ihm etwas lasse, absage – und Jesus sagt: ‚Wer nicht absagt allem, was er hat, kann nicht mein Jünger sein.' Genauso ist das keine Gesetzlichkeit, wenn ich aus Liebe zu den Seelen der Trinker abstinent werde. Ja, es heißt bitten, daß uns die Liebe zu Jesus, zu Seinem Reich und den Seelen treibe, dann wird es sich von selbst regeln, was tun und was lassen."

Und wenige Tage später am 15. 12. 1942:

„Du meinst, mein Anliegen, das wirklich biblisch ist: alle Gebiete unseres Lebens völlig unter die Herrschaft Jesu zu stellen, wäre übertrieben. Doch was Du als Gesetz empfindest, ist kein Gesetz, sondern wo ich Jesus liebe, habe ich das Bedürfnis, mich Ihm völlig hinzugeben, daß Er über alles verfüge. Ich möchte, daß alles, was ich bin und habe, Ihm dient, Ihm zur Verfügung steht.

Und spürst Du nicht, daß ich mit Recht über das Resultat unseres Zehnten traurig war? Daß wir zu wenig Geld für die Sache des Reiches Gottes gegeben haben, ist ein Anzeichen dafür, daß es irgendwie mit der Liebe zu Jesus und Seinem Reich nicht gestimmt haben muß, hier das Glühen fehlte, Ihm alles zu schenken. Es ist so, wie wenn man plötzlich feststellt, daß man einem Menschen, den man früher liebte und mit Geschenken überschüttete, nun lange nichts mehr Schönes geschenkt hat und sich nun sagen muß: Du liebst ihn wohl nicht mehr so.

Alles, was Du als Gesetz empfindest, ist mir Angelegenheit der Hingabe und Liebe zu Jesus, die allerdings sich nur im Praktischen äußern kann. Man kann nicht sagen: Ich möchte Jesus völlig angehören, losgelöst von der Welt werden, – und wenn man nur einen Punkt nennt, zieht man sich zurück und findet es gesetzlich und fühlt sich auf einmal nicht mehr gebunden, so daß man es Jesus ausliefern müßte und loslassen und hingeben. Wie denkst Du Dir die völlige Hingabe an Jesus? Die gibt es nicht im luftleeren Raum, sondern nur, indem alle Gebiete unseres Lebens neu in ganzer Hingabe Ihm zur Verfügung und unter Seine Herrschaft gestellt werden, Er sie völliger in Seine Hand und unter Seine Leitung bekommt: unser Geld, unsere Zeit, usw., auf daß wir Ihm allein in allem dienen. Das ist Liebe – diese völlige Hingabe, sich mit allem, was man hat, Jesus ausliefern und nichts für sich zurückhalten. Dagegen ist das Gesetz, wie Du vorrechnest, das und das brauchen wir alles nötig-das Kulturelle müßte doch auch gepflegt werden und brauchte Zeit. Das tut die Liebe nicht. Und wo ich Jesus ganz liebe, zuerst nach Ihm und Seinem Reich trachte, wird mir an Kulturleben aus Gottes Hand schon genug zufallen – das überläßt die Liebe im Vertrauen ganz Jesus. Anders sind wir nicht auf dem rechten Weg und gehen an der völligen Hingabe der Liebe zu Jesus vorüber und machen uns vor, wir wollten nur nicht gesetzlich werden. Doch das ist ein Schlich des Satans, der uns nur von der völligen Hingabe an Jesus und damit einem Leben voll Frucht und Freude abhalten will. So laß uns um den Geist der

Buße auf diesem Punkt bitten, und Gott wird sie geben. Mir ist klar, ich kann nicht zurück, oder ich wäre ungehorsam gegen Gott und was Er mir sagte, und ich muß gehorsam sein. So mußt Du mir schon folgen, wenn wir nicht hier auseinanderkommen wollen, und ich wüßte nicht, warum Du das nicht könntest? Es geht doch um das Heil der Seele für alle Ewigkeit...
Wir sprechen alles nach der Schrift durch, und sie wird uns überführen, wenn wir viel darüber beten und anfangen, unser Leben zu verlieren an den Punkten, da es uns Gott zeigte. Wenn wir nicht praktisch anfingen, so wäre es ein bißchen billig, immer auf eine Erweckung und ein Treiben des Geistes zu warten, und da, wo Er schon treibt, in der Praxis gar nicht danach zu tun. An irgendeiner Stelle heißt es doch, anzufangen und bereit zu sein zu verlieren..."

Was in diesen Briefen ausgesprochen wurde, war ein „inneres Muß" – wie schon manchmal vorher in meinem Leben. Und Gottes Geist ließ uns beide, die Er für einen gemeinsamen Auftrag bereiten wollte, auch darin langsam immer mehr eins werden – um so wunderbarer, weil es nicht auf der Basis des natürlichen Verstehens geschah, sondern durch Sein Wirken. Dieser Ruf Gottes zur ganzen Hingabe, der mir damals so entscheidend wurde, sollte später für das innere Leben der Marienschwesternschaft und im besonderen noch für meinen Weg von größter Bedeutung werden.

Und noch ein weiteres schien Gott in diesen Jahren im Blick auf die Entstehung der Marienschwesternschaft wichtig gewesen zu sein, wozu Er mich wohl vor allem die Reisen machen ließ. Er wollte uns mit Menschen zusammenbringen, die für die Gründung der Schwesternschaft von großer Bedeutung werden sollten. Er erhörte dabei unser tägliches heißes Gebet seit 1939, Gott möge uns doch Menschen in den Weg stellen, die uns innerlich weiterführen könnten. Denn die Reisen brachten uns Begegnungen mit Menschen, die uns zum großen Segen wurden.

Außerdem führte mich mein Reisedienst während dieser sieben Jahre auch in die verschiedensten Gemeinden, Gruppen und Kreise, wobei der Herr wohl den späteren Auftrag der Marienschwesternschaft, für die Einheit der Gemeinde Jesu zu leben, im Auge hatte. So öffnete Er viele Türen, und es kam bald dahin, daß ich nicht allein zu den Freundeskreisen der Muhammedaner-Mission reiste, sondern von überall her zu Bibelkursen angefordert wurde. Das gab Veranlassung, daß ich dann auf diese Einladungen hin meinen Reiseplan selbst vorbereiten konnte, wozu die Missionsgesellschaft mir großzügig Freiheit ließ. In der Begegnung mit diesen verschiedenartigen Kreisen sollte ich – das war wohl der Plan Gottes – die Vielgestaltigkeit Seiner Gemeinde erleben und es lernen, alle in ihrer Art zu achten und zu lieben. Ich sollte lernen, Jesus in jeder Kirche, in jedem Kreis – überall, wo Er geglaubt und geliebt wird – zu sehen. Dabei sollte ich wohl auch etwas von dem Leiden Jesu um Seine gespaltene Gemeinde in mein Herz fassen, wozu ich damals allerdings noch wenig bereit war.

Auf einer dieser Dienstreisen nach Beerfelden, einem Städtchen im Odenwald, brachte mich die Pfarrfrau zu ihren „besten Betern" und Stützen der Gemeinde in einem Filialdorf. Dort lernte ich in einem Hausbibelkreis die Gnadengaben kennen nach 1. Korinther 12 und 14, die in biblisch-nüchternem Sinn gebraucht wurden. Durch ihre kompromißlose Nachfolge segnete mich weiterhin die Leiterin einer Gemeinschaft in Kassel, die eine große Beterin und Seelsorgerin war.

Doch Gott hatte mit den Begegnungen während meiner Reisetätigkeit wohl vor allem den Plan, mich mit dem späteren geistlichen Vater der Marienschwesternschaft zusammenzuführen, dem Superintendenten der Methodistenkirche in Ansbach, Paul Riedinger. Und das kam so: Im Winter 1942/43 hatte ich in Hof/Saale in einer Gemeinde einen Bibelkurs über „Himmel und

Hölle" zu halten. Unter den Hörern war ein Pfarrer, mit dem ich vor Abgang seines Zuges eine kurze, aber folgenschwere Begegnung hatte. Wir stellten fest, daß uns das Thema, über das ich abends gesprochen hatte, gemeinsam bewegte.

Bald darauf lud mich dieser Pfarrer zu einem kleinen Kreis ein, der einige Monate später in einem bayrischen Pfarrhaus, in Egloffstein, zusammenkam, und ich fuhr mit Erika Madauss hin. Zu dem Kreis gehörten meist Pfarrer, die aus der Gruppenbewegung kamen und die sich nicht scheuten, ihre Sünde konkret zu nennen und sich darunter zu demütigen. Doch dabei waren sie nicht stehengeblieben. Es bewegte uns, als unser späterer geistlicher Vater, Superintendent Paul Riedinger, dem wir hier zum ersten Mal begegneten, niederkniete und begann, den Vater, den Sohn und den Heiligen Geist anzubeten. Wir waren zu Menschen gekommen, die in der Anbetung lebten. Gottes Geist war hier zu spüren und hatte aus diesem Kreis heraus neue Anbetungslieder geschenkt, die wir voll Freude miteinander sangen. Im Kreis wurde zum priesterlichen Weg aufgerufen, den zu gehen Gott uns ans Herz gelegt hatte – als den Weg, Jesus, dem Lamme, nach, da man sich nicht gegen des Nächsten schwierige Art auflehnt, sondern sie im Geist der Buße über die eigene Sünde trägt und überwindet.

Ich wurde nun in den verschiedensten Pfarreien dort zu Bibelkursen aufgefordert, so daß wir mit diesen Geschwistern in der Fränkischen Schweiz im folgenden Jahr noch enger verbunden wurden.
Erst recht geschah das bei dem erneuten Zusammensein des Kreises im Juli 1944. Wie könnten wir diese Tage vergessen! Früh um 6 Uhr wanderten wir täglich vom Pfarrhaus in Affaltertal zum Pfarrhaus in Egloffsstein, voll Dank für die Begegnung mit diesen Menschen, waren wir doch voll Hunger nach der Gemeinschaft tieferen Lebens in Christo. Unter dem politischen Druck jener Jahre fanden diese Zusammenkünfte in einem Zimmer, das nicht zur Straße lag, statt. Die Hinreise konnte nur unter großen Erschwernissen und unter der Gefahr der kaum aussetzenden Bombenangriffe gemacht werden. Mit Erschütterung hörten wir dann dort am 20. Juli 1944 abends die Radionachrichten von dem mißlungenen Attentat auf Hitler. So war von der verzweifelten Notlage unseres Volkes nicht nur die Fürbitte, sondern auch die Anbetung durchzogen bis hin zu dem Blick auf die Not der Juden und ihren heilsgeschichtlichen Weg.
In dieser politisch so unheimlichen Zeit hielt Gott offenbar schützend Seine Hand über meinen Reise- und Vortragsdienst. In meinen Vorträgen waren nicht selten Spitzel, und ich hatte bei den

Bibelkursen über den Heilsplan Gottes von der Erwählung der Juden zu sagen und ihrem führenden Auftrag unter allen Völkern im Tausendjährigen Reich. Als ich zweimal bei der Geheimen Staatspolizei angezeigt war und stundenlang ins Verhör genommen wurde, hatte man mich jedoch nur wegen des Rufes in die Nachfolge Jesu zur Rechenschaft gezogen, da doch „nur ein Führer maßgebend sei", und seltsamerweise nicht wegen meiner Vorträge über den Heilsweg der Juden. So ließ man mich dann wieder gehen.
Jeden der Bibelkurse, die ich auf meinen Reisen hielt, brachte ich natürlich auch in den Mädchenbibelkreisen in Darmstadt. Obwohl ich die Kreise ja nicht selbst führte, gehörte ihnen doch meine ganze Liebe. Und so hörte die Jugend durch diese Kurse den Ruf zum Lammesweg, zur Nachfolge aus Liebe zu Jesus, den Ruf zum Überwinden, da man die Sünde haßt und lassen will, die Botschaft von der Wiederkunft Jesu und dem Heilsweg Israels. Diese Kurse waren jedesmal nach meinen Reisen meine große Freude, da ich so noch mehr an der Bibelkreisarbeit teilhatte. Ich kannte jedes Mädchen, liebte es und wußte um seinen inneren Stand, als wäre diese Jugend mir persönlich anvertraut. Das sollte allerdings bei vielen später noch geschehen, da sie meine geistlichen Töchter in der Marienschwesternschaft wurden, was ich damals nicht ahnte.

Während meiner Reisetätigkeit wuchs die Mädchenbibelkreis-Arbeit immer mehr. Es waren zu den Schülerinnenkreisen Kinderkreise – darunter ein Jungenbibelkreis–, sowie ein Frauenkreis, ein Studentinnenkreis und ein Berufstätigenkreis hinzugekommen. Ungefähr 150 Menschen wurden in diesen Kreisen jede Woche von der Verkündigung erreicht. Welch eine Gnade, daß der Herr während dieser Zeit des Nationalsozialismus Seine Hand über die Jugendkreise hielt. Denn Erika Madauss stand bei den politischen Stellen auf der schwarzen Liste, weil sie der Jugend nicht nur das Neue Testament brachte, sondern auch das Alte Testament, das ganz abgelehnt wurde, und sie lehrte, ihr Christsein offen zu bekennen. So gab es in den Kreisen dadurch auch manche Spannungen und Scheidungen. Doch der größte Teil der Mädchen verzichtete auf Ämter in dem politischen „Bund Deutscher Mädchen", weil sie ihre Zugehörigkeit zu den Mädchenbibelkreisen nicht aufgaben.
In diesen Reisejahren durfte ich schon etwas davon schmecken, welche Früchte die langen Wege der Züchtigungen gebracht hatten, bei denen mein eigentlicher Auftrag für Darmstadt scheinbar ständig weiter unter dem Nein Gottes stand. Das Sehnen nach seelsorgerlicher, mich befriedigender Arbeit in einem geschlossenen, steten Kreis war stille geworden. Auch meine Reisetätigkeit, die mir an sich nicht so lag, konnte ich

als von Gott mir gegeben, in Seinem Willen ruhend, mit Freuden tun. In unbegreiflicher Liebe hatte Gott mich gelöst von dem Wunsch nach eigenen Kindern wie auch menschlich seelischer Liebe. So muß ich um der Ehre des Namens Jesu willen bekennen, daß ich nun lernte, wirklich volle Genüge in Jesus zu haben. Ich schrieb in dieser Zeit als Bekenntnis in meine Bibel: „Gott ist das Größte, das Schönste, das Beste, Gott ist das Süßte und Allergewißte, aus allen Schätzen der edelste Hort."

Die Liebe zu Jesus drängte mich nun, freiwillig mit Ihm die Armut zu erwählen, freiwillig auf Niedrigkeitswegen gehen zu wollen und dunkle Glaubenswege zu beschreiten, damit Gott dadurch verrherrlicht würde. Gott hatte meine Gebete in den dunkelsten Nachtstunden während meiner Bibelhauszeit im Jahre 1929 erhört: daß Gott mich um jeden Preis in die Liebe zu Ihm führen möge. Und in dieser Liebe zu Ihm gehörte mir zugleich die ganze Welt, die Sein Eigen ist. Anders ging es mir jetzt als während der Hamburger Zeit. Aus der Liebe zu Jesus heraus hatte ich im Blick auf die Güter und Gaben dieser Welt den Weg gefunden, zu „haben, als hätte ich nicht". Damit waren zugleich falsche Skrupel, auf dieses oder jenes verzichten zu müssen, hinfällig geworden. Die Liebe zu Jesus trieb mich nun, etwa am Sonntag soviel wie nur irgend möglich die Stille zu suchen, Ihm in Seinem Wort zu begegnen, mit Jesus im Gebet zu reden, von Ihm zu singen.

Doch ebenso konnte ich dann, wenn Gott es so führte und in Seiner väterlichen Liebe schenkte, mich Seiner Gaben in Natur, Kunst und Kultur freuen. Jesus hatte eines meiner Lieblingsworte wahr gemacht: „So euch nun der Sohn frei macht, so seid ihr recht frei" (Joh. 8,36). Er macht nicht nur von Gebundenheiten der Sünde los, sondern Er macht innerlichst für Ihn frei und damit froh, natürlich und kindlich, und zwar immer mehr. Die Frage von Freiheit oder Gesetzlichkeit, von ganzer Hingabe oder Weltoffenheit, von Natürlichkeit oder Einseitigkeit, die mir seit meinem zweiundzwanzigsten Lebensjahr so viel Not gemacht hatte, war mir nun beantwortet. Der Schlüssel zur Lösung war die Liebe zu Jesus, die ganz an Sein Herz band und in der Vereinigung mit Ihm lehrte, alles in der Welt recht zu gebrauchen.

GOTT KOMMT, WENN ALLES DUNKEL

BOMBENANGRIFF AUF DARMSTADT - ERWECKUNG IN DEN MÄDCHENBIBELKREISEN UND GRÜNDUNG DER MARIENSCHWESTERNSCHAFT 1944 - 1947

Am 11./12. September 1944 kam die Nacht des Gerichts für Darmstadt, in der Gott auch über unsere Stadt Feuer regnen ließ und sie durch einen Fliegerangriff innerhalb von achtzehn Minuten beinahe ganz vernichtete. Die Stadt ging in Flammen auf, wurde ein Trümmerfeld, und nur die Randbezirke blieben stehen. Am nächsten Morgen waren viele Tausende unter den Trümmern begraben. Die Überlebenden, die meist völlig ausgebombt waren, wurden in der Umgegend auf dem Lande bis hundert Kilometer im Umkreis untergebracht.

Ich hatte in diesen Tagen in Wiesbaden einen Bibelkurs zu halten und hörte, zutiefst beunruhigt, von dem Geschehen der Nacht. Doch konnte ich nicht gleich nach Darmstadt zurückfahren, weil ich mich verpflichtet fühlte, meinen Dienst zu Ende zu führen. So hatte Erika Madauss die Nacht allein in Darmstadt erlebt, und als sie am folgenden Morgen durch die brennende Stadt ging, vor deren Häusern die verkohlten Leichen lagen, um nach den Mädchen ihrer Kreise zu

sehen, starrte sie überall das Todesgrauen an. Die Menschen waren wie fortgefegt und die Stadt bald wie ausgestorben. Waren auch wunderbarerweise die meisten der Mädchen aus Todesgefahr errettet worden, so hatten sie, mit den Eltern aus den brennenden Häusern fliehend, die Stadt verlassen. Es waren etwa fünf bis acht von ihnen zurückgeblieben, und die ganze Mädchenbibelkreis-Arbeit lag scheinbar in Trümmern.
Doch zu unserer Verwunderung kam fünf Tage nach dem Angriff, an dem ersten Sonntag nach der Schreckensnacht, nachmittags eine ganze Schar unserer Mädchen zu uns. Sie waren zumeist von weither, vom Odenwald und der Bergstraße, mit dem Rad gekommen, die jetzt immer mehr einsetzenden Tieffliegerangriffe nicht scheuend. In der Folgezeit tauchte nun jeden Tag ein anderes Gesicht in unserem Hause auf. Die Mädchen kamen nacheinander, um zu sehen, ob wir noch lebten, und drängten danach, in vielerlei Nöten mit Erika Madauss zu beten. Nie hätte diese Jugend in den Jahren vorher solche Opfer gebracht, um zum Bibelkreis oder zum gemeinsamen Gebet kommen zu können, nie hätte sie den kostbaren freien Sonntag dafür hingegeben. Die Todesnacht barg in sich eine Geburtsstunde, der Tod hatte das Leben gebracht. Der Same des jahrelang ausgestreuten Wortes Gottes ging auf, und unsere Bibelkreise bekamen eine ganz neue Prägung. Nun war

unser Zusammensein das einer Familie geworden, die eine innige Gemeinschaft der Liebe in Christo verband.
Dafür hatte Gott in Seiner Gnade das Steinberghaus im Hölderlinweg 26, wenn auch stark beschädigt, stehen gelassen, obwohl die nächsten Häuser zum Teil dem Erdboden gleichgemacht waren. Da der Zugverkehr streckenweise unterbrochen war und die Zerstörung der Städte immer weiter um sich griff, war mein Vortragsdienst völlig gehindert. So blieb ich meist zu Hause, was darum bedeutsam war, weil ich dadurch während der nun anbrechenden Erweckungszeit unter der Jugend in Darmstadt lebte.
Nun wurde wirklich die Erweckung geschenkt, um die wir jahrelang gebetet hatten, weil die Gerichtsnacht vielen Mädchen unserer Kreise zu einer Nacht der Gnade geworden war. Im Angesicht des Todes und im Erschrecken vor dem ewigen Gericht Gottes war ihnen diese Nacht zur Stunde des Heils geworden, in der fromme und selbstgerechte junge Mädchen über ihre Sünde weinen konnten und Buße taten. Wie viele kamen daraufhin zum erstenmal zur Beichte! So brach in unseren Bibelstunden unter der Vergebung Jesu das Jubellied der Erlösten auf. „Welch Glück ist's, erlöst zu sein, Herr, durch Dein Blut!", klang es immer neu unter uns. Ein Geist großer Glückseligkeit erfaßte die Jugend, obwohl nach außen hin wenig Grund dazu vor-

handen war. Durch neue Luftangriffe gab es weiter brennende Städte mit Tausenden von Toten, und das Grauen nahm ein Ausmaß ohnegleichen an. Jeder stand damals in ständiger Todesgefahr, abgesehen davon, daß die meisten unserer Mädchen ihr Elternhaus mit allem, was ihr Leben schön und reich gemacht hatte, verloren hatten, ja manchmal auch von den Eltern getrennt untergebracht waren.

Ein Name war der Grund ihrer Freude, der wie noch nie unter ihnen angefangen hatte aufzustrahlen: der Name Jesus. Hatten sie ihn vorher nicht gekannt? Doch, sehr gut. Sie hatten sogar manchmal während der Zeit des Nationalsozialismus um dieses Namens willen ihre Berufsausbildung riskiert und auf Ehre und Ämter verzichtet. Aber der Name Jesus hatte ihre Herzen bisher nicht zum Klingen bringen können, weil sie sich noch nicht als Sünder erkannt hatten, noch nicht in Reue über ihre Schuld geweint und Buße getan hatten, wie es jetzt geschah. Denn wenn schon im Himmel Freude ist über einen Sünder, der Buße tut, wie sollte diese Freude nicht minder hier auf Erden aufbrechen! Wie oft hatten Erika Madauss und ich in den Jahren vorher bei den blühenden und in den Augen der Menschen gesegneten, großen Kreisen traurig gedacht: „Sie haben den Namen, daß sie leben, und sind tot.“ Doch nun war das Leben mit dem Geist der Reue und der Freude, mit dem

Geist der Liebe untereinander und dem Geist des Gebetes angebrochen.
Diese Reue entzündete sich nicht nur an der persönlichen Schuld der einzelnen, sondern vor allem auch an der großen Schuld, die wir als Christen unserem Volk gegenüber hatten. Immer schmerzlicher wurde uns deutlich, daß wir völlig versagt hatten in der Stunde der Bewährung. Denn wir hatten uns nicht – gebeugt vor Gottes Heiligkeit – Ihm in Gebet und Flehen hingegeben, als Sein Gericht über unser Volk erging. Wir waren nicht für unsere Brüder und Schwestern eingetreten, die zu Tausenden Nacht für Nacht in die Ewigkeit hinübergingen. Wir waren selten oder nie zur Stelle gewesen, wenn der „Augapfel Gottes", die Juden, grauenhaft mißhandelt wurden, um ihnen das Gute zu tun, das in unserer Möglichkeit gelegen hätte.
Und wir waren nach außen hin doch so fromm gewesen! Jede Woche waren wir zum Bibelkreis gegangen, hatten jeden Morgen in unserer Bibel gelesen, ja hatten jede Woche am Kriegsfürbittekreis teilgenommen. Nun fiel es uns wie Schuppen von den Augen, und wir konnten unsere Blindheit kaum verstehen. Jetzt erkannten wir unsere große Schuld und waren von dem Gedanken getrieben, wieder gutzumachen, nämlich fortan uns für unser Volk „in den Riß zu legen" (Hes. 22,30) und im Gebet einzustehen.
Es war im Februar 1945, an einem Sonntag, als

wir im Steinberghaus im kleinen, sogenannten „blauen" Zimmer zum Jugendbibelkreis zusammen waren. Hier regnete es von dem beschädigten Dach her nicht so schnell durch wie in den oberen Räumen. Ich sprach zu den Mädchen über unseren priesterlichen Auftrag des Gebetes und der Anbetung sowie über unsere Schuld, diesen Auftrag nicht erkannt, geschweige denn, ausgeführt zu haben. Ich sagte ihnen, wie ein heidnisches Volk in Ninive auf das angedrohte Gericht Gottes hin in Sack und Asche Buße getan hatte (Jona 3); dagegen hatten wir, die wir Christen waren, all die Jahre dennoch nicht Buße getan, sondern waren sicher und unbeweglich unter dem Gericht Gottes geblieben, das doch am Hause Gottes anfangen sollte.
Da kam plötzlich – mitten in dieser Stunde – auf alle gemeinsam ein Gnadenregen der Reue hernieder, der sich auch darin äußerte, daß die Mädchen, welche bisher nie im Kreis frei gebetet hatten, nun spontan anfingen, es zu tun. Es brach ein wirkliches Weinen über alles Versäumte, über alle unsere Schuld an. Nach dem Vorangegangenen, daß einzelne vor allem über persönliche Sünde zur Buße kamen, war nunmehr eine Erweckung für die Gesamtjugend angebrochen. Und zwar stand im Mittelpunkt dieser Buße der Schmerz über unsere Lauheit, unseren inneren Tod, unser Versagen im priesterlichen Gebetsdienst für die Schuld und Not unseres Volkes.

Aus dieser Buße heraus wurde neues Leben des Gebetes in Fürbitte und Anbetung des Dreieinigen Gottes geschenkt.
Erika Madauss und ich durften jetzt bei unserer Jugend erleben, was uns selbst in den Jahren vorher geschenkt worden war: Wo der Herr zur Erkenntnis der Sünde geführt und zur Buße gebracht hat, bricht neues Leben auf. Wir waren überglücklich. Unsere Gebete von all den vorherigen Jahren, daß der Herr in den Jugendkreisen eine Erweckung geben möchte, waren wunderbar erhört.
Nun war es unsere ganze Bitte, daß Gott uns mit unseren Jugendkreisen in der Gnade der Buße bewahren möge. Und Gott führte es so, daß durch heilsames Gericht Reue und damit Liebe zu Jesus unter uns nicht aufhörten. Von der damaligen Zeit an bis zum heutigen Tag gehen wir in unserer Marienschwesternschaft durch mancherlei Züchtigungen und Gerichte Gottes. Dadurch bewahrte uns Gott auf dem Weg der täglichen Reue und Buße und ließ das damalige Jubellied auf Seine Erlösung bis heute nicht verstummen. Im Gegenteil, die Liebe zu Ihm ist größer geworden, weil Gott uns aus Gnaden, weit tiefer als damals, im Alltag erkennen ließ, wie wir mit all unserm Sein der Sünde verfallen sind, wie Lieblosigkeit und Eigenwille, Ehrgeiz, Ungehorsam und Begierde tief in unseren Herzen eingewurzelt sind. Für dieses Er-

kennen der Sünde schenkte Er uns auch den schwesterlichen Dienst des gegenseitigen Ermahnens in unseren „Lichtgemeinschaften".Das hilft, uns konkreter unter unsere Sünde zu beugen, sie Gott zu bekennen, und, wo es nötig ist, bei Menschen um Vergebung zu bitten.

Im März 1945 fuhren wir dann mit einigen Mädchen zu längst geplanten Rüsttagen nach Falkengesäß in den Odenwald. Diese Tage hatte uns der himmlische Vater in Seiner Liebe bereitet. Er hatte uns „einen Tisch gedeckt im Angesicht unserer Feinde". Die Tieffliegergefahr verstärkte sich zu dieser Zeit wie nie zuvor, und man konnte es kaum wagen, sich auf den Straßen sehen zu lassen. Die amerikanischen Truppen standen vor den Toren Darmstadts, und man rechnete täglich damit, daß sie die Stadt einnehmen würden. Menschen, die politisch belastet waren, strömten als Flüchtlinge aus den Städten. Alles war in Hochspannung, mit Recht nur noch eingenommen von dem furchtbaren Geschehen der Stunde.

Doch wir waren – obwohl von dem Geschehen betroffen und mit unserem Leben bedroht – wie Kinder, die still und froh in des Vaters Herzen ruhen, erfüllt von der großen Liebe Jesu und dem, was sie uns in diesen Monaten in unserem Jugendkreis geschenkt hatte.

So gab es der Herr Erika Madauss und mir ins Herz, trotz dieser bedrohlichen Lage mit fünfzehn der Mädchen die Fahrt nach Falkengesäß im Odenwald zu stillen Tagen der Bereitung für unseren priesterlichen Auftrag des Gebets zu wagen. Dort hatten wir die Möglichkeit, verborgen im kleinen Haus von Bekannten, bei dem noch herrschenden politischen Druck unauffällig zusammenzusein.

Ich war schon vorausgefahren, da ich in der nahegelegenen Kirchgemeinde Beerfelden noch in diesen Tagen einen Bibelkurs zu halten hatte. Erika Madauss war es darum allein aufgelegt, bis zur letzten Minute immer neu zu entscheiden, ob diese Fahrt überhaupt sein könne oder nicht. Sie hätte wohl nicht gewagt, mit den Mädchen in diesen Tagen höchster Bedrohung und größter Gefahren fortzufahren, wenn der Herr ihr nicht im Gebet überaus deutlich verheißen hätte: daß sie unter Engelschutz fahren und die Mädchen wieder zu ihren Eltern bringen würde, ehe die Amerikaner einzögen. Gerade auch letzteres war ihr so wichtig in der Befürchtung, daß während des Fortseins zwischen Darmstadt und dem Odenwald die Demarkationslinie festgelegt würde und sie dann die Mädchen nicht mehr ihren Eltern zurückbringen könnte. Die Fahrt als Auftrag Gottes zu nehmen, war vom Verstand her nicht zu begreifen. Es war wirklich ein Handeln nach dem „inneren Muß", wie so oft in unserem Leben, wenn es Gott um Entscheidendes ging.

Tatsächlich sollte in diesen Tagen Entscheidendes für unsere spätere Marienschwesternschaft geschehen, und zwar die Fortsetzung der denkwürdigen Erweckungsstunde im „blauen Zimmer" des Steinberghauses. Darum führte der Herr die kleine Schar der Jugend unter solch unmöglichen Umständen in die Stille. Ihr Zug wurde zwischen Erbach und Hetzbach wirklich beschossen – doch der Engelschutz erwies sich als Tatsache. Die schreienden und jammernden Mitreisenden stürzten aus dem Zug, während das feindliche Flugzeug weiter über allen kreiste und Davonlaufende niedergeschossen wurden. Die Mädchen aber spürten eine große Geborgenheit im Augenblick größten Entsetzens und Todesgrauens und blieben alle bewahrt. So hatte sich die Gewißheit der Leiterin wunderbar bestätigt.

Oben in Beerfelden hatte ich das starke Schießen gehört und wußte, daß es diesem Zuge galt. Ich ging unserer Schar eine Stunde weit entgegen, mehr am Boden kriechend als gehend, da die Tiefflieger immer noch über diesem Gebiet kreisten. Dann traf ich nach langer Zeit tatsächlich Erika Madauss und alle Mädchen wohlbehalten, und nach sehr gefahrvollem Weg saßen wir endlich doch bei der uns gastlich aufnehmenden Familie in Falkengesäß zusammen – mit dankerfülltem Herzen.

Über uns dröhnten Tag und Nacht die feindlichen Flugzeuge – doch im Angesicht solcher Bedrohung baute Gott verborgen weiter am Fundament für die spätere Marienschwesternschaft. Wir sprachen über unseren priesterlichen Dienst unter dem Wort 1. Petr. 2,9: „Ihr aber seid das auserwählte Geschlecht, das königliche Priestertum ..." und suchten es durch Hinweise auf das Vorbild des alttestamentlichen Priestertums zu verdeutlichen. Ehe die Priester ihren Dienst im Heiligtum begannen, mußten sie ihre Kleider ausziehen und sie waschen, denn nichts Unreines durfte an ihnen sein. Nun aber wollten wir uns in diesen Tagen neu zu priesterlichem Dienst des Gebetes und der Anbetung zurüsten lassen. Also mußte auch bei uns eine Reinigung vorangehen, sollte unser Beten nicht äußerlich und kraftlos werden. Diese Bitte brannte den Mädchen im Herzen.

Als wir dann nachmittags wieder beieinander waren, führte es Gottes Geist von selbst so, daß wir – eine nach der anderen –, von innen her getrieben, niederknieten und Sünde bekannten, soweit sie nicht in die Einzelbeichte gehörte. Diese Stunde – in der spürbar Gottes Geist als der Geist der Wahrheit, der das Verborgene ans Licht bringt, über uns lagerte – trug Samen für die spätere Zeit in sich. Denn dies war sozusagen die erste „Lichtgemeinschaft" unserer noch nicht bestehenden Marienschwesternschaft.

Größer und stärker als die Gefahr der Flugzeuge über uns, größer als die Furcht mancher Mädchen davor war das, was Gott durch Seinen Geist und durch Sein Wort in unseren Herzen entzündet hatte, nämlich Reue, Liebe und Anbetung. Nun durfte unsere Jugend mehr noch von der inneren Freude erleben, die die letzten Monate schon geschenkt worden war, nämlich von der Liebe zu Jesus, die begnadigten Sündern zuteil wird. Jesus war gleichsam als der Bräutigam unter uns und warb um die persönliche bräutliche Liebe zu Ihm. Damals ahnten wir noch nichts davon, daß je eine Marienschwesternschaft werden würde, in der als Zeichen der bräutlichen Liebe ein Ring getragen wird.

Bevor ich zu meinem Beerfelder Dienst weggefahren war, hatte mir ein Soldat einen Brief von einem uns nahestehenden Pfarrer gebracht. Denn damals gab es keine Postverbindung mehr. Dieser Brief enthielt, da Passionszeit war, eine Passionsbetrachtung, die mich innerlich bewegte. So brannte es mir im Herzen, Jesus, den Schmerzensmann, der verlassen und einsam auf Seiner Leidensstraße ist und auf unser liebendes Mitgehen wartet, der Jugend nahezubringen. Ja, es war mir, als ob Jesus als der Bräutigam sich mit der Frage und herzbezwingenden Bitte vor uns stellte: „Wer will den Weg mit Mir teilen, den Weg der Niedrigkeit, der Armut, des Gehorsams, der Verachtung?" Und viele von uns gaben Ihm in dieser Stunde das stille Ja ihrer Liebe. „Wo Du

hingehst, da will ich auch hingehen!" Erneut gaben manche von ihnen Jesus dieses Ja später an dem Tag, an dem sie in die Marienschwesternschaft eintraten, wollten sie doch damit nichts anderes, als Jesu Weg aus Liebe zu Ihm teilen, Ihm in Wahrheit nachfolgen.
Am letzten Tag in Falkengesäß hielt ich den Mädchen noch eine Bibelstunde über die Gottesstadt, in der Gottes Geist uns mit übergroßer Freude auf den Tag, an dem wir im himmlischen Jerusalem einziehen dürfen und Sein Angesicht schauen werden, erfüllte. Das Aufleuchten der Gottesstadt schenkte das große Verlangen, daß Jesus uns um jeden Preis für das Ziel der Herrlichkeit, nämlich für die Hochzeit des Lammes, bereiten möchte.
Als wir nach vier Tagen wieder heimwärts ziehen mußten, hatten wir etwas von der Herrlichkeit des Himmels schmecken dürfen, und das konnte uns auch das Grauen des Krieges nicht nehmen. Bei der Ankunft auf dem Bahnhof in Hetzbach hieß es: Züge verkehren seit vier Tagen nicht mehr! Wir waren mit dem letzten Zug, der diese Strecke fuhr, herausgekommen. Somit blieb nichts anderes für uns, als zu Fuß zu gehen. Es war uns dabei, als würden wir nach allem Erleben der letzten Tage wie getragen. Nach siebenstündigem Marsch dann doch ermüdet, wurden wir von einem Lastwagen mitgenommen. Aufgelöste Truppenteile und Flüchtlinge strömten uns

entgegen, die uns auf unser Befragen zuriefen: „Nach Darmstadt kommen Sie nicht mehr hinein, das ist längst von den Amerikanern besetzt!" Doch wir ließen uns dadurch nicht beunruhigen und sangen auf dieser Rückfahrt einen Choral nach dem anderen durch die Nacht, um die Soldaten und Flüchtlinge von der Liebe Gottes zu grüßen. Und als wir dann morgens gegen 2 Uhr die noch von amerikanischen Truppen freie Stadt vor uns sahen, konnten Erika Madauss und ich tatsächlich, wie es ihr vor der Fahrt im Gebet zur inneren Gewißheit geworden war, die Mädchen ihren Eltern wieder übergeben. Am selben Nachmittag noch rückten die Amerikaner ein. Ein deutscher General hatte sie noch einmal für einen Tag zurückgeschlagen, sonst wären wir nicht mehr nach Hause gekommen.

Das nationalsozialistische Regime war zu Ende gekommen. Allen christlichen Werken war wieder Raum zur Entfaltung gegeben, und so konnten sich auch die Mädchenbibelkreise, aus denen bald die Marienschwesternschaft wurde, frei entfalten und die angebrochene Erweckung weitere Auswirkung finden.

Als erstes richteten Erika Madauss und ich im Steinberghaus in unserer Mansarde, die wir die Jahre vorher allein bewohnten, eine durch den Angriff eingefallene Wand auf. Jahrelang hatte diese Wohnung umsonst auf die Bibelschülerinnen gewartet. Nun wurde es in dem großen Doppelraum plötzlich von vieler Jugend lebendig. Es waren nicht nur einige Bibelschülerinnen, sondern vierzig bis fünfzig Oberschülerinnen und Studentinnen, die – wegen der damaligen Ausgangssperre durch die amerikanischen Besatzungstruppen – einen ganzen Tag in der Woche hier verbrachten, wobei sie die morgendliche Ausgangsstunde zum Hinweg und die abendliche zum Rückweg benutzten. Singen, Danken und Anbeten erklang nun durch diese Räume als Antwort auf Jesu liebende Vergebung bei jeder neuen, ans Licht gebrachten Sünde. All das, was wir jetzt erleben durften, war nach langen Jahren des dunklen Glaubens, Leidens und Betens um unseres ursprünglichen, sich scheinbar nicht erfüllenden Auftrags willen ein Wunder der Gnade vor unseren Augen. Die Mansarde war nun Heimat für die ganze Jugendschar geworden. Es bildete sich damals schon ein Stück Lebensgemeinschaft unter uns – wie später dann in der Marienschwesternschaft in umfassenderer Weise.

Alle Ausbildungsstätten und Schulen waren in diesem Jahr noch geschlossen. So konnte unser Zusammensein einmal wöchentlich an einem Werktag den ganzen Tag über ohne weiteres stattfinden. Die Jugendlichen kamen dazu meist von weit her – oft fünfzig Kilometer entfernt – mit den Rädern gefahren, blieben zum Teil dann

über Nacht und während der Mahlzeiten bei uns; das Wenige der Hungerzeit wurde miteinander geteilt. Wenn die Mittagessenspause an diesem Tag länger als zehn Minuten dauerte, war unsere Jugend damals fast ungehalten über die Zeitverschwendung, so sehr war sie von der Wortverkündigung, besonders über das Wesen des priesterlichen Dienstes, von dem gemeinsamen Beugen, Singen, Anbeten und Fürbitten erfaßt und wollte keine Minute davon verlieren.
Die größte Freude war es uns, daß unser Herr Jesus Christus den Geist der Anbetung geschenkt hatte. Gerade darum hatten wir für unsere Jugendkreise seit der Begegnung mit Superintendent Riedinger und den Brüdern vom Egloffsteiner Kreis soviel gebetet. Seit dem letzten Kriegssommer meinten wir immer, einer von ihnen sollte einmal in unsere Mädchenbibelkreise kommen und uns in die Anbetung einführen. Dieser Plan wurde durch die Kriegszustände gewiß darum vereitelt, weil Gott wollte, daß zuerst der rechte Grund durch Buße gelegt würde, auf dem allein uns die Anbetung auch späterhin immer neu geschenkt wurde. Das Gericht über unsere Stadt lehrte uns den Weg täglicher Buße, die die Liebe zu Jesus geboren werden läßt, aus der dann die Anbetung von selbst quillt.
Der Herr hatte uns reich beschenkt, wie der Apostel Paulus schreibt: „... so daß ihr keinen

Mangel habt an irgendeiner Gabe." Nicht nur die Anbetung, auch andere Gnadengaben aus der Reihe derer, die 1. Kor. 14 nennt, wie die Gabe der Weissagung, die Gabe des Sprachengebetes, die Gabe der Krankenheilung schenkte der Herr. So dankbar wir für sie waren, weil sie „zum gemeinen Nutzen" sind (1. Kor. 12,7), so waren sie jedoch nie für unser geistliches Leben entscheidend. Die Quelle für unser geistliches Leben liegt in der Liebe zu Jesus, die aus der Reue geboren wird, – das hatten wir nach langen Kämpfen zutiefst erfahren. Außerdem war es eine freundliche Fügung Gottes, daß Er uns einige Jahre vorher in erweckten Kreisen mit Gnadengaben bekannt gemacht hatte und uns die biblische Stellung dazu einnehmen ließ. Bei aller Freude und anfänglich etwas starkem Bewerten der Gnadengaben durch unsere Jugend war es uns wichtig, ihr die Gnadengaben in der biblischen Einordnung zu zeigen. Gott bewahrte uns dabei, daß unser Fundament für neues inneres Leben nicht die sogenannte „Geistestaufe" wurde, von der bei uns nie die Rede war, sondern immer die Liebe zu Jesus mit kompromißloser Nachfolge, die aus der Reue fließt.
Im Mittelpunkt unseres Zusammenseins stand neben der Wortverkündigung vor allem nun das Gebet. Die Fürbittestunden wollten kein Ende nehmen, weil die Liebe zu Jesus zum Gebet für unser Volk, das damals in so schwerer Not war,

und für einzelne Menschen trieb. Nun war es nicht mehr pflichtmäßige Fürbitte wie früher in unseren Gebetsstunden während unserer Mädchenbibelkreiszeit, sondern wir lernten es jetzt, in ein wirkliches Gebetsringen für die brennenden Anliegen einzutreten: für die Flüchtlinge, für die Frauen, die unter den Besatzungstruppen oft sehr schwer die Schuld unseres Volkes auszuleiden hatten; für die Verschleppten und Gefangenen und die vielen Hungernden, für die durch den politischen Umsturz völlig Entwurzelten, wie für die Nürnberger Gefangenen, die nun mit schwerer Schuld bald vor dem Eingang in die Ewigkeit standen.

Doch das konnte der Feind nicht ertragen, denn es geschah dadurch Einbruch in sein Reich. Er mußte darum das aufbrechende neue Leben sehr hassen und machte nun alle Kräfte mobil, uns zu verfolgen; er trachtete uns fast nach dem Leben. Dabei nahm er Menschen zu seinen Werkzeugen, die falsche Gerüchte ausstreuten. Ja, „Pilatus und Herodes wurden Freunde", um gegen uns vorzugehen. Gottes Weisheit ließ hier etwas von dem in Erfüllung gehen, was ich als Zwanzigjährige in mein Tagebuch betend eingetragen hatte:

> „Herr Jesus Christus, könnte ich Dir doch meine übergroße Dankbarkeit bezeugen. O laß mich leiden, verachtet werden, wenn es gut für Dich ist und ich Dich so mehr

verherrlichen kann ... Ich weiß ja nicht, ob ich's schon ertragen kann, doch möchte ich um Deinetwillen leiden. Laß doch Deine Liebe mir so tief im Herzen verwahrt sein, daß sie in Leiden standhält. Ach, wenn ich nur Dich habe, muß ich ja alles gern ertragen ..." (1. 5. 1925)

Erika Madauss stand zuerst im Sperrfeuer des Feindes. Die Eltern der Mädchen waren zum Teil außer sich über das Geschehen unter uns, weil ihre Kinder zu fromm geworden waren und nun andere Wege gingen, als sie es wünschten. So überfiel man geradezu Erika Madauss und mich mit Anklagen. Wir bekamen von allen Seiten Briefe, Warnungen, Drohungen, und unser beider Namen, die in den mit uns bekannten christlichen Kreisen bis dahin gewisse Geltung hatten, wurden schmachbedeckt. Man rückte von uns ab als von „Schwärmern", „Sektierern", „Katholischen", „Pfingstlern", „Unnüchternen", als die „ständig von der Bußbank redeten". Jeder setzte mit seiner Kritik an einer anderen Stelle ein, und die Wogen der Verachtung, ja des Hasses gingen nur so über uns hin. Schließlich erhoben sich Wellen von überall her in Deutschland, ja aus all den Kreisen unserer Kirche und der Gemeinschaftsbewegung, in denen ich Reisedienst getan hatte. Denn wie ein Lauffeuer hatte der Feind die Kunde von unserer Erweckung durch die Lande getragen, selbst, als noch keine Post ging. Auch

das Bibelhaus rückte zu meinem Schmerz von mir ab und verbot eine Zeitlang seinen Schwestern, weiter mit mir in Briefwechsel zu stehen.
Doch weil die Erweckung uns große Gnade gebracht hatte – denn unsere Jugend war zum Leben gekommen und zur Liebe zu Jesus –, hieß es nun auch, den Preis zu bezahlen. Erika Madauss wurde zuerst als Leiterin der Mädchenbibelkreise, die der Paulusgemeinde angeschlossen waren, ohne weiteres aus ihrem Dienst entlassen. Sie wurde in einem sehr notvollen Gespräch mit dem ersten Pfarrer der Paulusgemeinde vor Bedingungen gestellt, die anzunehmen ihr gewissensmäßig nicht möglich war. Nie werde ich den Abend vergessen, an dem sie mir voll Schmerz berichtete über den entstandenen Riß im Verhältnis zur Paulusgemeinde, in deren Raum sie die Mädchenbibelkreise im besten Einvernehmen mit dem Pfarrer jahrelang geführt und wo auch ich selbst gewirkt hatte. Als wir uns an diesem Abend im Gebet eine Losung für alle Not der Schmähung erbaten, erhielten wir das Wort: „Denn du führst mein Recht und meine Sache aus. Du sitzest auf dem Stuhl, ein rechter Richter" (Psalm 9, 5).
Einige Monate später wurden auch mir von meiner Missionsgesellschaft bestimmte Bedingungen gestellt, etwa daß ich über dies und jenes nicht mehr sprechen solle in meinen Vorträgen. Doch ich konnte dazu gewissensmäßig nicht ja

sagen, und so schied ich damit auch aus meinem Dienst. Es war letztlich Gottes Hand, die das tat. Denn nun brauchte Er mich voll und ganz zum Aufbau der Marienschwesternschaft, die sich in Bälde anbahnen sollte. Wenn wir damit auch keinerlei geldliche Einnahmen mehr hatten, so machte uns das keine Not, da wir ja durch viele Unsicherheiten gegangen waren und Gott immer zur rechten Stunde eingegriffen hatte.
Unsere Mädchen wurden nun an ihrem Teil in ähnliche Nöte in manchen Elternhäusern mithineingenommen. Gott stellte sie gleich in die Bewährung. Wir hatten uns hingegeben, mit unserem Herrn Jesus Seinen Weg zu gehen, der unter vielerlei Leiden ein Weg der Schmach war. Dieses Kennzeichen des Weges Jesu hatte uns bis dahin noch gefehlt. Wir hatten wohl persönlich viele Demütigungen auf unserem Weg erlebt, doch Verachtung und Verfolgung um Seines Namens willen noch nicht. Das hatte uns eigentlich schon immer beunruhigt. Und darum wollten wir nun nichts anderes als diesen Weg, den Gott uns führte.
„Freuet euch, wenn ihr mit Christo leidet!" Dieses Wort erhielt ich oft als Losung in jener Zeit. Das erfüllte sich dann besonders, als ich noch meine letzten Reisen im Dienst der Missionsgesellschaft machte. Hatte ich bis zur Erweckung auf meinen Reisen viel Anerkennung und Ehrung erlebt – da so viele Gemeinden meinen

Dienst erbaten und die Menschen in großer Zahl zu meinen Vorträgen kamen –, so standen jetzt meine Reisen unter dem Zeichen der Schmach. Der Ruf von der Erweckung war mir vorausgegangen, und ich galt nun als eine, die auf Irrwege geraten war und eine Irrlehre verbreitete. Versammlungen, die schon angesetzt waren, wurden wieder abgesagt mit recht demütigenden Begründungen. Ein Brief an Erika Madauss aus jener Zeit (4. 7. 1946) sagt davon:

„Hier in M. ging es durch ein Läuterungsfeuer, und es erfüllte sich das Wort, das ich für diese Zeit zog: ‚Freuet euch, daß ihr mit Christo leidet, auf daß ihr zur Zeit seiner Herrlichkeit Freude und Wonne haben möget.' So wurde ich in allem Schmerz überreich getröstet von meinem Herrn und kann nur danken. Der ganze tragende Kreis der Jugend, auch der Inneren-Missions-Arbeiterinnen, der eigentliche Gebetskreis war ein Aufruhr gegen mich, und sie redeten überall gegen meine Verkündigung. Sie kamen vorher nicht in die Gebetsstunden, kamen kaum in die Stunden, und wenn, dann mit solchem Gegengeist, daß ich kaum sprechen konnte vor lauter ‚dicker Luft'. So kamen immer weniger Leute zu den Abenden, was ich vorher noch nie erlebte. Ich bin eine Verfemte. Eine der Getreuen stritt wohl für meine

Botschaft, doch macht ihr das alles viel Anfechtungen, da die anderen doch Gläubige sind und meine Botschaft so ablehnen. So war es mir auch mit ihr sehr schwer. Gerichts- und Bußworte fand sie unevangelisch etc. Die Bibelschule in ... hat viel Schuld, daß die, die vor zwei Jahren nach dieser Botschaft hungerten, weil sie ihnen half, und die die Nachschriften meiner Vorträge als Kostbarkeiten verbreiteten, nun so haßerfüllt gegen mich kämpfen.

Mit meinen Reisen ist es so gut wie aus, mein Ruf ist überall dahin. – Die Pfarrer hier haben alle die Meinung verbreitet, ich wäre ‚Pfingstbewegung' oder eine ‚Art Hochkirche'.

So ist es wahr geworden, wie der Herr es mir ins Herz sagte: Du wirst verlassen und einsam dastehen außerhalb des Lagers, von allen verachtet, verhöhnt, verspottet. Du wirst keine Bleibe, keinen Auftrag haben. – Doch das ist meine Glückseligkeit: mit Jesus ganz eins in Seiner Schmach, Seinen Schmerzen zu sein.

Je weniger Menschen abends kamen, mit um so größerer Freudigkeit brachte ich die Botschaft, sah Jesus und sonst nichts und verkündete Seine Herrlichkeit. In der Sprechstunde merkte ich, wie einige Seelen getroffen wurden und ernst machten.

Morgen früh wollen noch zwei oder drei der Bibelschülerinnen kommen und mir ihre Bedenken sagen. Da brauche ich viel Demut und Liebe.

... Die Hauptsache, daß ich nicht müde werde, wenn oft zu Hause oder überall jetzt Gegner sind, und das ist erst der Anfang. Doch wollen wir ja die Dornen Jesu ..."

In Darmstadt selbst wurde damals von so vielen Seiten gegen uns gearbeitet, daß es schien, als ob die Jugend nicht mehr weiter bei uns zusammenkommen könnte. Wunderbarerweise schickte der Herr uns aber in allergrößter Not wieder Freunde ins Haus, die uns stärkten und auch für uns eintraten. Dies war vor allem Superintendent Riedinger mit Seinem liebevollen, teilnehmenden Herzen, das ganz hinter dem inneren Weg stand, den wir jetzt geführt wurden. Nachdem wir ihn ja schon seit unserem Besuch in Egloffstein 1943 kannten, war es eine besondere Führung Gottes, daß er nun gerade in dieser Zeit zu uns kam.

Das geschah so: Erika Madauss und ich fuhren im August 1945 – da es für weite Strecken noch keine Personenbeförderung gab – auf einem Kohlenwagen nach Nürnberg. Wir hatten vor, einen Pfarrer, mit dem ich seit der Begegnung in Hof und Egloffstein in Verbindung war, in seiner Gemeinde in der Fränkischen Schweiz aufzusuchen, um mit ihm alles, was uns von der

Erweckung her bewegte, durchzusprechen und seinen Rat einzuholen. Doch amerikanische Soldaten holten uns auf der Landstraße kurz vor dem Ziel von dem Lastwagen, der uns von Nürnberg aus mitgenommen hatte, herunter und brachten uns, weil sie irgend etwas an unseren Papieren bemängelten, mit mehreren Leuten in Erlangen ins Gefängnis.

Es war wohl Gott, der uns in den Amerikanern „Engel mit einem feurigen Schwert" in den Weg gestellt hatte. Wir sollten nämlich auf dieser Reise, wie wir rückblickend erkannten, zu unserem späteren geistlichen Vater, Superintendent Paul Riedinger, geführt werden. Nach einem Tag wurden wir wieder aus dem Gefängnis entlassen, doch mußten wir auf direktem Weg nach Darmstadt zurück. Da gab uns Gott den Gedanken ins Herz, zu versuchen, Superintendent Paul Riedinger in Ansbach zu erreichen, denn Ansbach lag ungefähr auf der Strecke nach Darmstadt. Es gelang, und wir blieben eine Woche bei ihm. Gott knüpfte ein inniges Band des Verstehens in Christo, auch über unseren Weg, über den wir mit ihm im Blick auf alle Nöte und Fragen sprechen konnten. Wir schieden mit einem reichen Segen von ihm.

Anfang November 1945 besuchte uns Superintendent Riedinger und kam damit zum erstenmal nach Darmstadt. Es war, als hätten Superintendent Riedinger und unsere Jugend schon immer zusammengehört; vom ersten Augenblick an machte sie ihm und seiner Botschaft in großem Verlangen der Liebe weit die Herzen auf. Er brachte uns den ganzen Reichtum dessen, was er zu verkündigen hatte: von der Berufung zum priesterlichen Dienst und der Liebe zu allen Gliedern des Leibes Christi in allen Konfessionen, von der bräutlichen Liebe zu Jesus, von der himmlischen Welt. Keiner konnte wie er von der Gottesstadt reden, vom priesterlichen Dienst der Anbetung im Heiligtum Gottes mit seinen heiligen Gesetzen. Von da an kam Superintendent Riedinger öfters zu uns und wurde sehr bald „unser Vater Riedinger", wie wir ihn dann nannten. Seine Besuche waren Festtage, und während seiner Verkündigung schien uns die Gegenwart Gottes im Zimmer zu lagern.

Bei seinem ersten Besuch erwähnte er in einer Bibelstunde ganz beiläufig, wie es zu allen Zeiten Bruderschaften vom gemeinsamen Leben gegeben habe. Als er das aussprach, war es uns, als sagte er uns von etwas, was wir längst wußten. Zu solch einem Leben, bei dem wir ganz im Geist der Armut, des Gebets und der bräutlichen Liebe zu Jesus zusammen leben könnten, trieb es uns all die Monate. Die Mädchen waren bisher auch innerlich gehalten, in Diakonissenhäuser einzutreten oder auf Bibelschulen zu gehen, obwohl sich manche, die sich zum Dienst Jesu berufen wußten, Prospekte besorgten. Hier war auch etwas von dem „inneren Muß". Die Mädchen warteten, ohne daß es ihnen bewußt war, auf die Marienschwesternschaft, die Gott in Seinem Herzen schon für sie erdacht hatte.

Als Vater Riedinger, Erika Madauss und ich zum ersten Mal über den Gedanken und Plan sprachen, solch ein gemeinsames Leben zu beginnen, gab der Herr die Losung: „Sein Rat ist wunderbar, und er führt es herrlich hinaus" (Jes. 28,29). Wir beteten viel darüber, was nun im einzelnen Gottes Wille sei, und es wurde mir dabei ganz klar, wie der Herr im Blick auf inneren Aufbau und Auftrag unsere Schwesternschaft haben wollte.

Aus der Mädchenbibelkreis-Arbeit sollte die Marienschwesternschaft erwachsen – das hatte schon vor meinem Reisedienst begonnen, sich keimhaft als Gottes Auftrag zu verwirklichen. Es konnte also die Schöpfung der Marienschwesternschaft nur von den geistlichen Gesetzen bestimmt werden, die der Herr in den langen Jahren vorher für Erika Madauss und mich aufgezeigt hatte.

Mir stand für die werdende Marienschwesternschaft vor Augen: ein gemeinsames Leben in täglicher Reue und Buße im Lichte Gottes – eine Liebesgemeinschaft, verwurzelt in der bräutlichen Liebe zu Jesus – eine Nachfolge Jesu in Abhängigkeit von Gott auf Glaubenswegen, im Leben des Gebets, der Anbetung und des Opfers. Es war der Weg, den der Herr mir für mein Leben gezeigt und den Er mich durch lange Jahre in Kämpfen und Nöten zu gehen gelehrt hatte. Ich sollte nun meine geistlichen Töchter führen als eine, die von seinen Gefahren weiß und die doch in voller Gewißheit sagen kann: „Dies ist der Weg! Weder zur Rechten noch zur Linken sollt ihr gehen!"

So rangen wir im Winter 1946/47 um die rechte Gestaltung und den Auftrag der Marienschwesternschaft, wie Gott ihn uns gezeigt hatte und wofür wir uns verantwortlich wußten. Doch war nun auch der äußere Weg zur Gründung frei zu machen. Wir rannten gegen Mauern – eine neue Schwesternschaft mußte damals lizenziert werden. So fuhr ich in der zweiten Januarhälfte 1947 zu den Regierungsstellen nach Wiesbaden, wo ich einen völlig abschlägigen Bescheid erhielt. Als ich am Abend nach Hause kam, erlebten Erika Madauss und ich Stunden wie so oft in den vergangenen elf Jahren: Alle unsere Hoffnungen lagen in Trümmern. Wieder mußten wir den „Isaak", die Verheißung, daß Gott in Darmstadt einen besonderen Auftrag gegeben hatte, begraben. Es wurde Nacht in unserer Seele. Beim Beten bekamen wir an diesem Abend das Losungswort: „Kämpfe den guten Kampf des Glaubens." Das machte uns wieder lebendig und stärkte uns, im Glaubensgebet anzuhalten, selbst wenn nichts mehr zu hoffen war.

Am nächsten Morgen gab mir Gott plötzlich den Gedanken ins Herz, zu einer hiesigen amerikanischen Dienststelle zu gehen und dort nach einem anderen Weg zur Lizenzierung zu fragen – nach Meinung anderer ein völlig nutzloses Unterfangen! Denn ich war ja an der einen Stelle, die allein berechtigt war, Lizenzen zu geben, abgewiesen worden.
Doch ich rechnete damit: Wir haben einen Gott, der da Wunder tut! So ging ich ins Amerika-Haus, und die Dame, mit der ich sprach, verwies mich an den Jugendausschuß der Stadt. Dort hatte ich noch am gleichen Tag ein Gespräch mit dem zuständigen Amtmann. Dabei stellte sich heraus, daß er meinen Vater kannte, ja sein Sohn bei ihm studiert hatte und er ihm sehr dankbar war für Hilfe in einer Sache. So war sein Herz gelenkt, uns Wege zu zeigen, und er verwies mich auf die unerwartete Möglichkeit, unsere Marienschwesternschaft im Rahmen einer Jugendvereinsgründung lizenzieren zu lassen. Ich erfuhr dabei, daß die jedes Vierteljahr stattfindende Sitzung, die unsere Sache bearbeiten würde, zufällig gerade in der nächsten Woche sei! Diese wunderbare Führung Gottes konnte ich kaum fassen und eilte ganz glücklich heim, die Nachricht Erika Madauss zu sagen. So reichten wir die nötigen Papiere umgehend ein.
Und dann war es am 4. Februar 1947, daß jemand aus unserem Jugendkreis zu uns kam und strah-

lend eine Zeitung schwenkte. Was stand darin?

„Am vergangenen Freitag tagte im Stadthaus der Stadtjugendausschuß. Zur Gründung erhielten folgende Vereinigungen die Lizenz: Verein Schlaraffia Tarimundus, Kultur- und Paddelklub Arheilgen, Marienschwesternschaft ..."

Gott wählt oft seltsame Wege, wenn Er Seinen Rat hinausführen will. Jahre später erfuhren wir gelegentlich, daß diese Genehmigung gar keine Geltung habe. Doch da war die Schwesternschaft bereits so groß geworden, daß man nicht anders konnte, als ihr noch nachträglich die eigentliche Lizenz zu geben. Der Herr hatte mir im Angesicht all der bergeshohen Mauern und Schwierigkeiten, die der Gründung der Marienschwesternschaft im Wege standen, die Losung gegeben: „Berge zerschmelzen wie Wachs vor dem Herrn, vor dem Herrscher des ganzen Erdbodens" (Psalm 97,5), und also hatte Er diesen hohen Berg schmelzen lassen. Doch auch die anderen „Berge" schmolzen, nämlich das Verbot der Eltern, die ihren Kindern den Eintritt in die neugegründete und auf scheinbar völlig unsicherer Basis stehende Schwesternschaft verwehrten.

Eine weitere Schwierigkeit, die zuerst unüberwindlich schien, war die in der damaligen Nachkriegszeit sehr streng geforderte Zuzugsgenehmigung wie auch die Freigabe eines Zimmers durch das Wohnungsamt, das zu der Zeit für

solche Zwecke keine Bewilligung gab. Wo sollten die sieben Schwestern, die kommen wollten, nun schlafen? Erika Madauss hatte schon ihr Schlaf- und Arbeitszimmer zum allgemeinen Eß-, Empfangs- und Unterrichtsraum hergegeben und ich mein Zimmer, in dem drei Schwestern unterkamen, während ich eine kleine Abstellkammer bezog. Doch noch fehlte der Raum für die vier anderen Schwestern. Wir beteten und glaubten, daß der Herr bis in einer Woche, wenn die Schwestern einziehen sollten, eingreifen würde. Da kam einige Tage später eine Dame aus dem Nachbarhaus und fragte, ob es uns recht sei, wenn der Student, der bei meinen Eltern ein Zimmer hatte, das nächste Semester – zum gemeinsamen Lernen mit ihrem Studenten fürs Examen – ganz bei ihr wohne und die Zeit über keine Miete bezahle. Wir könnten in dieser Zeit das Zimmer auch anderweitig gebrauchen. Unser Herz jauchzte über diese plötzliche Hilfe, die Gott sich erdacht hatte, um den Beginn unseres gemeinsamen Lebens zu ermöglichen.
So konnte also am 30. März 1947 unsere Gründungsfeier sein, zu der Superintendent Riedinger, unser geistlicher Vater, kam. Ihm war von Gott der Name unserer Schwesternschaft gegeben worden: „Marienschwesternschaft" – nach der Mutter Jesu, als ein Hinweis für den Weg des Glaubens und der liebenden Hingabe an

den Willen Gottes, wie ihn Maria als erste Jüngerin Jesu ging.

Für diesen Gründungstag unserer Schwesternschaft war es uns bedeutsam, daß bei der Feier ein Stück Liebeseinheit dargestellt wurde: Der Pfarrer unserer Kirchgemeinde – es war der Nachfolger des Pfarrers, der Erika Madauss entlassen hatte – hielt die Ansprache, der damalige Jugendsozialpfarrer von Darmstadt, der methodistische Pfarrer Darmstadts und der katholische Pfarrer der Nachbargemeinde sagten ihre Grußworte. Meine Eltern, die uns als junge Schwesternschaft liebevoll in ihr Haus aufgenommen hatten, waren auch voll Freude an diesem Tag dabei.

Und wo fand die Gründungsfeier statt? In denselben Räumen, die jahrelang für die erwarteten Schülerinnen der „Bibelkurse Steinberg" leer gestanden hatten und in denen uns die leeren Betten stets das „Umsonst" aller Wege zugerufen hatten. Nun war der Raum gefüllt, nicht nur von den sieben Schwestern, die damals noch in weißen Vorprobekleidern dasaßen – denn erst ein Jahr später bekamen wir die eigentliche Tracht –, sondern von dem großen Kreis der erweckten Jugend, aus dem noch viele den Ruf in die Marienschwesternschaft spürten.

Das Ziel der „Bibelkurse Steinberg", das wir uns im Jahre 1935 vorgestellt hatten, war Gott viel zu gering gewesen. Er wollte Größeres! Er wollte eine Schar heranbilden, die mit ihrem ganzen Leben auf Wege des Glaubens, wie Er sie uns gelehrt hatte, mitgenommen werden sollte, auf daß Seinem Namen große Ehre würde. Er wollte uns geistliche Töchter geben, die Jesus auf Seinem Kreuzesweg der Liebe, der von Armut, Verachtung, Niedrigkeit und Gehorsam gekennzeichnet war, begleiten – aus Liebe zu Ihm allein. Anbetend standen wir an diesem Tag vor dem, was geschehen war. Nun war nach zwölf Jahren unser Glaube zum Schauen geworden, nun waren all die langen, dunklen Wege zu einem wunderbaren Ziel geführt: Wir durften die Marienschwesternschaft als ein Werk zu Seiner Verherrlichung gründen. Tiefgebeugt konnten wir nur sagen: „Das ist vom Herrn geschehen und ist ein Wunder vor unseren Augen. Wir sind nicht wert all Seiner Barmherzigkeit und Treue!"

II. TEIL

...UND FÜHRT ZUM ZIEL

PFLASTERSTEINE AUF JESU WEG ANFECHTUNG - SCHMACH - ARMUT - SCHWACHHEIT UND DEMÜTIGUNG 1947 - 1951

MUTTER DER MARIENSCHWESTERNSCHAFT - WER?

Es war an einem Abend im Jahre 1947, dem ersten Jahr der Marienschwesternschaft, als ich mit unseren jungen Schwestern zusammensaß und mich mit ihnen über unser Zusammenleben austauschte. Da kam aus dem Munde einer der Schwestern impulsiv die Bitte: „Ach, dürfen wir Sie nicht ‚Mutter' anreden, Sie sind doch unsere geistliche Mutter!" Alle stimmten ein. Mutter der Marienschwesternschaft – daraufhin hatte der Herr zwölf Jahre zuvor mein Leben durch Leiden und Enttäuschungen ausgerichtet. Das sollte nun in meinem zweiten Lebensabschnitt der mir von Gott gegebene Auftrag mit seinen Freuden sein, aber auch mit seiner Verantwortung und Last. – Doch es schien sich nicht zu verwirklichen.

Eine Reihe von Monaten vorher – noch vor der Gründung der Marienschwesternschaft – hatte nämlich an demselben Platz, an dem jetzt diese Bitte geäußert wurde, ein Pfarrbruder gesessen der uns seit einigen Jahren innerlich verbunden war. Er teilte mir damals mit, daß der Herr ihm gezeigt habe, wie die werdende Schwesternschaft geführt werden sollte: Eine Mutter würde zwar die Leitung haben, aber das sei jemand anders. Mein Amt sollte das einer Vikarin sein, verbunden mit Reisediensten in erweckten Kreisen. Mit der Schwesternschaft sollte eine ökumenische Bibelschule in meinem Elternhaus auf dem Steinberg – für alle Kreise zugänglich – erstehen, an der ich unterrichten würde. Die Schwesternschaft müßte sich einem anderen Werk anschließen.

Als ich dies hörte, fuhr es wie ein Schwert durch mein Herz, denn dies alles hatte schwerwiegende und schmerzliche Konsequenzen für mich. Damit war mir das Mutteramt, die Führung und Gestaltung der Marienschwesternschaft genommen. Aber war nicht die Marienschwesternschaft aus den von Mutter Martyria und mir geführten und 1944 zur Erweckung gekommenen Mädchen-Bibelkreisen hervorgewachsen? Und hatte der Herr mir nicht bereits einen klaren inneren Eindruck über den Weg der Marienschwesternschaft ins Herz gegeben, für den ich mich schon Monate vorher diesem Pfarrbruder und seinen Freunden gegenüber eingesetzt hatte? Trotz mancherlei Anfechtungen hatte Gott mir – entgegen ihrer inneren Weisung – immer deutlicher gezeigt, daß es Ihm nicht um eine ökumenische

Bibelschule ginge, nicht um eine Angliederung an ein anderes Werk. Er wollte ein neues Reis an dem Baum Seiner Gemeinde mit einem eigenen, nach Gottes schöpferischem Plan erdachten Auftrag: die Marienschwesternschaft.
Ich wußte noch nicht, wie dieser Auftrag im einzelnen aussehen würde, doch war es mir klar, daß der Quell, aus dem in der Marienschwesternschaft alles fließen würde, ein gemeinsames Leben im Lichte Gottes und damit in immer neuer Reue sein sollte. Vor meinen Augen stand ein Leben der gelebten Liebe zu Jesus, die dazu führt, einander zu vergeben und zu lieben – die mit Ihm den Weg teilt, Seinen Weg der Armut, des Kreuzes, der Niedrigkeit. Ich wußte, allein von solcher gelebten Liebe her konnte Vollmacht kommen für jeden Auftrag, den uns Gott später zeigen würde. In diesem inneren Eindruck lag schon der spätere Auftrag von Kanaan verborgen: Königreich der Liebe darzustellen, Anbruch des Himmelreichs. Ich spürte, daß die Marienschwesternschaft ein Schöpfungsgedanke Gottes war – kein Werk, aus menschlichen Gegebenheiten und Notwendigkeiten entstanden.
Doch die Freunde verstanden mein Anliegen nicht. Das aber war Gottes Führung mit mir, damit das entsprechende Maß an Anfechtung und Willenshingabe ins Fundament der Marienschwesternschaft hineingelegt würde. Auf den

Glaubenswegen, die Gott mich führte, habe ich erfahren, daß es nicht das Schwerste war, gegen Berge von Unmöglichkeiten anzuglauben, wenn ich mir eines Auftrags Gottes felsenfest gewiß war. Die eigentlichen Leiden waren für mich nie die scheinbar unüberwindlichen Schwierigkeiten, sondern die Anfechtungen, und die begannen nun in großem Maße.

Es kamen in dieser Zeit immer neu Briefe von Freunden über das, was Gott ihnen gezeigt habe im Blick auf unser entstehendes Werk. So hieß es einmal: „Die Schwestern sollen nicht in der Geborgenheit eines eigenen Mutterhauses erzogen werden, sondern hineingehen in andere Mutterhäuser – hineinsterben in die Diakonie." „Ihr sollt nichts Neues werden, was noch nicht dagewesen ist, sondern ..." Doch dies alles widersprach grundlegend dem, was der Herr mir innerlich klar gemacht hatte.

Die Briefe gingen hin und her, dazwischen kam es zu persönlichen Gesprächen und zu solchen in größerem Kreis. Dabei wurde das Dickicht immer undurchdringlicher. Ich wollte bewußt meiner Meinung, meinen Ansichten und allem, was mir wichtig zu sein schien, sterben um Jesu willen. Aber andererseits durfte und konnte ich nicht aufgeben, was der Herr mir aufgetragen hatte. Ich hatte mich dem „Lammesweg" in der Nachfolge Jesu verpflichtet – aber schloß der wahre „Lammesweg" in sich, diesen mir so gewissen, von Gott empfangenen Auftrag aufzugeben? Würde auf diesem Weg nicht alles, was Gott nach so langen Jahren des Wartens und Glaubens wie einen erwachenden Zweig hatte aufbrechen lassen, wieder vernichtet werden? Galt es hier festzuhalten oder loszulassen, zu kämpfen oder mich den Weisungen der andern unterzuordnen?

Es wollte mir fast das Herz brechen, daß die Marienschwesternschaft nicht so, wie Gott es mir klar gezeigt hatte, geführt werden sollte. Denn wenn ich jetzt als Reisevikarin auswärtige Dienste hätte und die Marienschwesternschaft auf einem anderen inneren Weg geführt würde, dann würde die Schwesternschaft ihres gottgewollten Auftrages verlustig gehen. Hatte Gott mich aber nicht zwölf Jahre auf sinnlosen Wegen warten lassen, bis Seine Verheißung in Erfüllung ginge, daß nämlich im Haus auf dem Steinberg ein Werk Gottes entstehen würde, dem ich geistliche Mutter sein sollte?

In mir wogte ein Kampf: Sollte ich nicht darauf bestehen: Dies ist unser Werk, das Mutter Martyria und mir seit 1935 aufgetragen war, das von uns mit den Mädchenbibelkreisen aufgebaut wurde und für das Gott mir die innere Eingebung gegeben hatte! Die Erweckung war ja nicht durch die Verkündigung der Brüder aufgebrochen, wie wir es erwartet hatten, sondern war durch den Bombenangriff auf unsere Stadt ausgelöst worden kurz vor der verabredeten Evangelisation. Das neue Leben brach gerade dann unter unserer Jugend auf, als alle Verbindung zu den Brüdern abgeschnitten war. Es wuchs das erste Jahr allein unter unseren Händen.

Sicherlich hätte ich mich in dieser Weise den Brüdern gegenüber äußern können. Doch dies war mir von Gott verwehrt. Dieses Amt konnte ich nur dann recht ausüben, wenn Gott mir – auch durch die Brüder, die uns nahe standen – bestätigte: Er selbst hat mich als Mutter der Marienschwesternschaft eingesetzt. Ich rang mich durch zu dem Glauben: Wenn es der Herr ist, der mir Seinen schöpferischen Gedanken für die Marienschwesternschaft ins Herz gegeben hat und ich ihn darum auch hinauszuführen habe, wird Er auch für mein Amt streiten. Also übergab ich alles Ihm und legte das, was Gott mir scheinbar gegeben hatte, in Seine Hände zurück:

„Ich folg Ihm auf all Seinen Wegen
und gehe Ihm nach Schritt für Schritt;
was Er nicht gibt, will ich nicht haben;
ich folge allein Seinem Tritt." *

So zu handeln war mir damals ein schmerzliches Opfer. Doch rückschauend sehe ich: Nicht der Feuerbrand einer Erweckung kann Fundament sein für ein Werk von weitreichender Bedeutung. Im Reich Gottes entsprechen dem Bau, den Er plant, die Fundamente, die Er dafür legt. Nur

* „Dich will ich besingen", Lieder der Liebe zu Jesus Nr. 32,3

so tief Gott vorher durch Anfechtungen graben konnte und so viel ins Fundament hineingelitten und gestorben worden ist, so fest steht dann das Werk. Alle leidvollen Hingaben, zu denen Gott im Leben von Gründern führt, sind mitbestimmend für die späteren Generationen und die Weiterentwicklung eines Werkes und Auftrages. Deshalb sind Gründungszeiten zumeist überaus leidvoll. So brachte Gott auch bei uns Stein um Stein für die Fundamente herbei. Doch das übersah ich in jenen Jahren noch nicht. Als Gott mir zeigte, daß ich mich bei der Gründung unserer Marienschwesternschaft von den Brüdern als Vikarin und nicht als Mutter der Schwesternschaft einsegnen lassen sollte, war mir dies bitterer als alle bisherigen Enttäuschungen in den zwölf Jahren vergeblichen Wartens auf die Erfüllung der Verheißung. Denn Gott hatte durch die Gründung der Schwesternschaft einen Hoffnungsstern aufleuchten lassen, daß die Stunde Seiner Verheißung gekommen sei: „Die Weissagung wird sich noch erfüllen, harre ihrer" (Hab. 2,3). Diese Hoffnung war nun wieder zerbrochen. Doch war es Gottes Gnade, daß mein Herz nach den zwölf Jahren der Züchtigung gefügiger geworden war, sich Gottes Willen hinzugeben, ohne daran zu zerbrechen oder bei dieser schweren Führung auszuschlagen.
So hatte der Herr mir 1947 bei der Gründung der Marienschwesternschaft die Leitung nur vor-

läufig in die Hand gegeben, nämlich solange, wie die von anderer Seite als „Mutter" vorgesehene Persönlichkeit durch eigene Aufgaben für dieses Amt noch nicht frei war. Als „Fräulein Dr. Schlink" sollte ich in diesem ersten Jahr zunächst die Schwestern führen, zusammen mit Mutter Martyria – damals Fräulein Madauss –, die als Probemeisterin eingesegnet war.
Wohl sechs bis acht Monate blieb ich in dieser Ungewißheit. Ich war Leiterin und damit geistliche Mutter der ersten Schwestern, die 1947 zu uns ins Steinberghaus gekommen waren, und war es doch nicht. Im Geist gab ich Gott – mit einem ganzen Ja – die Führung als Mutter jeden Tag neu zurück, opferte Ihm meinen Herzenswunsch immer neu. Damals ahnte ich nicht, daß der Herr dies so führte, damit ich Liebstes lasse und so Raum in meinem Herzen würde, Ihn, den liebsten Herrn, anders als zuvor aufzunehmen und lieben zu können. Er wollte noch mehr die eine große Liebe meines Herzens werden. Es ist das Geheimnis der Liebe Jesu, daß Er uns etwas nimmt, worauf wir unser Leben lang zugelebt hatten, um uns mit sich selber nur Größeres und Beglückenderes zu schenken: sich selbst. Denn Seine Liebe macht uns allein glückselig. Dies war mir damals zwar noch nicht bewußt – ich sollte es jedoch später erfahren.
Endlich aber griff Gott ein. 1948 zerschlugen sich die Pläne der Brüder im Blick auf die Führung

der Schwesternschaft. Gott gab mir mein Opfer zurück. Er selbst bestätigte die Berufung zu meinem Mutteramt, indem die Brüder mich wie selbstverständlich als Mutter der Marienschwesternschaft anerkannten. Die Schwestern ahnten von all diesem nichts, und nach dem ersten Jahr unter meiner geistlichen Leitung war es für sie einfach eine Gegebenheit, mich als ihre geistliche Mutter zu sehen. So wurde ich dann, ohne daß noch einmal ein grundsätzliches Gespräch über diese Frage geführt worden war, ein Jahr später, 1948, als Mutter Martyria und ich mit den ersten sieben Schwestern unsere Schwesternkleider erhielten, von Vater Riedinger als Mutter der Marienschwesternschaft eingesegnet. Dabei gab er mir den Namen „Mutter Basilea".
Ich nahm diesen Namen kindlich an als ein Gottesgeschenk in der Freude, die ich oft vorher im Singen des Liedes ausgedrückt hatte: „Bin ein königlich Kind, bin ein königlich Kind, in Jesus, meinem Heiland, ein königlich Kind ..." Dahinter stand die Verheißung des Herrn, daß wir zu Königen und Priestern erlöst sind durch Sein Blut – Offenbarung 1,5-6 und 1. Petrus 2,9. Unsere Schwesternnamen sollten ja unsere Berufung ausdrücken, uns damit Wegweisung und immer neues Glaubensziel sein. Und eine biblische Berufung war mir stets groß, heilig und kostbar gewesen, insbesondere diese Berufung zum königlichen Priestertum, die nur auf dem

Weg der Niedrigkeit und Entäußerung in den Fußtapfen Jesu auszuleben ist. Das war mir immer bewußt. Damals ahnte ich nicht, wie viele Schmerzen, Schmach und Anfeindungen mir dieser Name einbringen sollte – daß man mir vorwerfen würde, ich nenne mich Königin und wollte in meinem Hochmut eine Königin sein, die Ihm die Ehre nähme.

Im Jahr 1947, in dem Gott immer neu das „Ja-Vater" der Ganzhingabe meines Willens gefordert hatte, war ich eine Woche lang in einem Bibelheim. Während jener Tage kam Jesus mit Seiner Liebe übermächtig und beseligend zu mir (Joh. 14,23). Ich verstand damals zum ersten Mal, was Menschen in tiefstem Leiden bezeugt haben: Sie seien ganz erfaßt und erquickt worden von dieser übermächtigen, süßen Liebe Jesu. Das Psalmwort hatte sich erfüllt: „Du tränkst mich mit Wonne wie mit einem Strom" (Psalm 36,9). So konnte ich inmitten meiner notvollen Lage die Glückseligkeit Seiner Liebe kaum fassen. In meinem Herzen jauchzte es: „Nichts ist so zu lieben wie Jesus, denn keiner, ja keiner Ihm gleicht..." Ich hatte es erfahren: Wer sein Leben und was ihm sein Leben ausmacht, verliert, freiwillig hergibt – wie ich Ihm meinen Herzenswunsch geschenkt und meinen Anspruch nicht geltend gemacht hatte –, der wird das Leben, das Jesus selber ist, finden, Seine Liebe schmecken und damit glückseligmachende Freude.

Jesus wollte mich aber Sein Herz noch tiefer erfassen lassen, wollte mich näher in Seine Gemeinschaft ziehen. Wir sollen wachsen in der Erkenntnis Gottes, die Liebe soll völliger werden. Wenn wir Jesus als unseren Erlöser und Bräutigam gefunden haben, sind wir ja wie in ein wunderbares, neues Land eingetreten, in dem man dann, je tiefer man eindringt, um so größere Schönheiten und Schätze entdeckt. Keiner kann aussagen, wer Jesus ist; in Ihm ist die Fülle der Gottheit. Er faßt die Schönheit Himmels und der Erde in sich. Er ist der König aller Könige, groß an Macht und Herrlichkeit, dem das All zu Füßen liegt. Er ist die Krone der Schöpfung und zugleich das Lamm Gottes, das der Welt Sünde trägt. Sein göttliches Herz und zugleich das Herz Gott-Vaters sollten sich mir im Laufe der Jahre immer mehr öffnen und mir damit ein Schatz größten Glückes werden.
Doch auf welchem Weg? Nach Seinem Wort nur auf Jesu Weg – denn Er ist nirgends zu finden als dort. „Wer mein Wort hält, dem werde ich mich offenbaren." Und was ist Sein Wort, Sein Gebot? Ihm nachzufolgen auf Seinem Weg der Armut, der Anfechtung, der Willenshingabe, des Kreuzes, der Schmach und der Niedrigkeit. Dahin rief mich der Herr; dort fand ich Ihn, wie Er ist.

AUF JESU WEG DER SCHMACH

„Auf Deinen Kreuzespfaden erschließest Du Dein Herz..." so sangen wir später oft. Doch hat Seine Kreuzesstraße vielerlei verschiedene Pflastersteine. Ich sollte jetzt mehr und mehr Steine der Schmach betreten, auf denen sich meine Füße wundreiben würden. Fast zwei Jahrzehnte – 1926 bis 1945 – des Dienstes im Reich Gottes lagen hinter mir: Leiterin der Jugendarbeit einer Stadtmission, Lehrerin in einem Bibelhaus, Leiterin der Deutschen Christlichen Studentinnenbewegung, Reisedienste durchs ganze Land im Auftrag einer Missionsgesellschaft mit Bibelkursen in vielen Gemeinden und Gemeinschaften. Immer war ich in den gläubigen Kreisen anerkannt und gewissermaßen geehrt gewesen. Es gehörte zu meinem Leben. Wie wenig selbstverständlich das tatsächlich war, ermaß ich in den Jahren damals nicht.

Was nach der Erweckung unserer Jugendkreise 1944/45 an Anfeindungen begonnen hatte, nahm nun in der Marienschwesternschaft sehr zu: Ich erfuhr, was es bedeutet, mehr und mehr eine „umstrittene, fragwürdige Persönlichkeit" zu sein, deren Name beschattet ist, mit Schmähungen überhäuft. So von Widersachern umgeben zu sein, wurde mein ständiges Leid. Der Herr legte meine Ehre in den Staub, damit ich Seiner Ehre nicht im Wege stand. Er machte mich verächtlich vor den Menschen, damit ich nicht mein Herz an sie hinge, sondern meine erste Liebe Ihm gehörte. Er erhörte meine Bitte und nahm meine Hingabe an, Ihm nachzufolgen auf Seinem Weg mit den Pflastersteinen der Schmach und Demütigung.

Davon war mein Leben nun tatsächlich geprägt. Oft saß ich, die Post lesend, in meiner kleinen Kammer unseres Steinberghauses – durch die Raumenge unserer Mansarde blieb nur diese frühere Abstellkammer als Behausung für mich. Bei gewissen Briefen war es mir, als ob ein Schwert durch mein Herz stieße. Ein führender Mann der Gemeinschaftsbewegung zum Beispiel wollte mir nachweisen, daß bei uns alles dämonisch sei, weil wir Geistesgaben hätten. Es hielt mich nicht auf meinem Stuhl. Ich kniete an meinem Bett nieder, den Brief unter Tränen und Gebet vor Gott ausbreitend. Dann war es der Brief eines führenden Theologen, darin ich heftig angeklagt wurde, daß wir unsere evangelische Kirche verunehrten, denn wir hätten ja vor, zur katholischen Kirche überzutreten; unser Weg würde sich als Kirchenspaltung auswirken. Dabei hatten wir das niemals vor und war unser Ziel gerade das Umgekehrte.

Frühere Freunde wandten sich aufgrund der Gerüchte von uns ab und schlugen sich auf die Seite der Gegner. Weiterhin wurden auch vereinbarte Verkündigungsdienste für mich abgesagt, weil man inzwischen vor uns gewarnt worden war. Jedoch keiner von denen, die vor uns warnten, war je gekommen, um seine Behauptungen anhand unserer Arbeit zu prüfen. Eine Schülerin meiner früheren Bibelschule berichtete mir, wieviel bei einer Konferenz dort über mich gesprochen worden sei. Ich sei ein Schandfleck für das Werk – wir hätten ja die Geistesgaben bekommen – man solle sich von mir zurückziehen.

Bei einer großen Gemeinschaftskonferenz warnte der Redner vor uns und behauptete, auf dem Steinberg wälze man sich auf dem Boden und schreie laut. Als mein bei dieser Konferenz anwesender Vater den Redner fragte, wie er zu diesen unwahren Behauptungen komme, stellte sich heraus, daß sich solches in einem ganz anderen Kreis ohne Beziehung zu uns, in anderer Gegend zugetragen habe. Da nahm der Redner seine Aussage zwar meinem Vater gegenüber zurück. Doch für die vielen Konferenzteilnehmer, die dieses falsche Gerücht gehört hatten, blieb es als Tatsache bestehen. Sie nahmen es mit in ihre Gemeinden und Kreise und warnten überall vor uns. Später wurden Gläubige aufgefordert, wie man uns schrieb, meine Bücher zu

verbrennen, weil ich „den Teufel hätte" und alles, was ich geschrieben habe, „dämonisch" sei. Es wurde auch gewarnt, ja selbst verboten, unser Grundstück zu betreten.
Ein früherer Prediger, der bereits eine Anklageschrift mit 40 Punkten gegen uns verbreitet hatte, unterzog mich bei einem von anderer Seite veranlaßten Gespräch einem regelrechten Verhör. Zwar war es ihm spürbar peinlich, daß ich ihm grobe, sachliche Unwahrheiten nachweisen mußte, doch verbreitete er nachher seine Schmähschrift wie zuvor. Selbst von einer Pfarrfrauentagung in Hessen kam ein Glied unseres Frauenkreises erregt zurück: Sie hatte zu spüren bekommen, daß sie zu uns gehörte, die wir doch „aus der Kirche ausgetreten seien", wie es dort hieß. Tatsächlich aber arbeiteten unsere jungen Schwestern im Kindergottesdienst mit und in kirchlichen Jugendkreisen als Gemeindehelferinnen, gemäß unserer Einstellung, innerhalb unserer Kirche zu dienen.
So wurde meine Kammer ein Ort der Tränen. Doch das Wort, das der Herr als Losungswort beim Einzug in diesen Raum gegeben hatte, erfüllte sich: „Ich, ich bin euer Tröster" – welch ein gütiger Zuspruch Gottes in unsere Lage! Denn wieviel Mißtrauen widerfuhr uns, ja direkte Gegnerschaft von allen Seiten, nicht nur wegen der Geistesgaben, sondern auch aus der Furcht heraus, daß die Ausstrahlungen einer erweckten

Jugend im Alltagsleben Beunruhigungen bringen würden. Außerdem kamen weiter Anklagen, teilweise sogar Drohbriefe von Eltern, die sich gegen eine entschiedene Nachfolge ihrer Kinder wehrten. Man erregte sich, daß die Töchter, statt zu heiraten, einem Ruf Jesu folgten und in eine neue, ungesicherte Schwesternschaft eintraten. Zudem zeigten andere Werke, die gehofft hatten, daß unsere Jugend ihren Häusern dienen würde, ein abweisendes Verhalten gegen uns, bedingt durch ihre Enttäuschung.

Was war der Grund aller dieser Ablehnung, ja Gegnerschaft? Sofern es die Gnadengaben des Geistes betraf, war es besonders unverständlich, weil sie bei uns in keiner Weise – wie teilweise bei anderen Bewegungen – im Mittelpunkt standen. Der Heilige Geist hatte als schöpferisch Neues bei der Erweckung in den Mädchen-Bibelkreisen (MBK) und damit als Fundament der Marienschwesternschaft etwas anderes geschenkt: nämlich ein neues Verhältnis der Liebe zu unserem Herrn durch immer tiefere Reue und Buße als Ausgangspunkt allen geistlichen Lebens in Ihm, wie Luther sagt, daß das Leben eines Christen eine tägliche Reue und Buße sein soll. Davon waren die Jugendkreise und wurde später die Marienschwesternschaft geprägt.

Ein anderer Grund der vielfachen Ablehnung bezog sich darauf, daß wir „ökumenisch" eingestellt waren in dem Sinn, daß wir nämlich mit

Brüdern in Christo in anderen christlichen Kreisen und Konfessionen Verbindung in der Liebe Jesu pflegen wollten gemäß Jesu letzter Bitte: „... auf daß sie alle eins seien!" Es waren vor allem Gemeinschaftskreise mit ihrer anti-katholischen Haltung, die uns das als Schuld anrechneten. Dabei ging es uns in keiner Weise um eine Angleichung an den Katholizismus. Es war vielmehr aus der Liebe zu Jesus mein Bekenntnis geworden: Je näher wir dem Herzen Gottes sind, desto näher sind wir dem Bruder. Die Liebe Gottes, das Kreuz Jesu war für uns der Mittelpunkt, in dem sich Brüder und Schwestern finden konnten. Wie sollten wir aber diese Irrtümer klären, da sich trotz unserer Bitten um ein brüderliches Gespräch weiterhin alle Türen zur Verständigung mit solchen, die gegen uns standen, schlossen?

Gott ging es offenbar darum, mich auf Jesu Weg des Unrechtleidens, des Duldens und der Schmach zu führen. Er war es, der hier handelte, die Menschen waren Seine Werkzeuge. Es war Gnade, daß der Herr mich so führte; denn der Knecht ist nicht größer als der Herr – der Kreuzesweg Jesu wurde zur Wirklichkeit in meinem Leben. Ich erinnerte mich manchmal an meine Studentinnenzeit, in der ich einmal eine Bibelstunde über das Wort halten mußte: „Alle, die gottselig leben wollen in Christo Jesu, müssen Verfolgung leiden" (2. Tim. 3,12). Damals war ich

ratlos: Was sollte ich darüber sagen? Ehrlicherweise hätte ich nur bekennen können: Ich gehöre nicht zu denen, die „gottselig" leben, deren Seligkeit allein in Gott besteht; denn ich weiß nichts von Verfolgung, von Schmach oder Gemiedensein. Nun aber hatte es mir der Herr geschenkt – und zwar in Fülle – auch von Menschen, die mir die Nächsten gewesen waren, und das war mir am schmerzlichsten.
Schmach ist demütigend, aber nur durch Demütigungen können wir demütiger werden und in Wahrheit lernen, dem Lamme nachzugehen, das nicht schalt, da es gescholten wurde, sondern vergab und liebte. Die duldende, vergebende, die Feinde segnende Liebe sollte ich lernen – das wollte der Herr durch diese Wege erreichen. Er wollte mich mehr voller Liebe und niedriger machen, dann würde ich Seinem Herzen näher kommen. Gott wollte mir einen Auftrag anvertrauen, für den ich zuvor ausgelöscht werden mußte. Mit diesem Weg hatte Er mir letztlich meine Lebensbitte erhört:

> „Daß Dein Name voller Herrlichkeit erstrahlen möchte, dafür möge mein Leben allein gelebt werden und sich verzehren. So lösche mich völlig aus, daß Du mächtig erstrahlest ..."

Noch ein anderes Geschenk brachte mir der Weg auf den Pflastersteinen der Schmach. Da ich Anerkennung, Ehre und Ansehen bei Menschen verlor, gewann ich ein Größeres: „Ihn mehr zu erkennen und die Gemeinschaft Seiner Leiden" (Phil. 3,10). Es erfüllte sich, was manche Väter in Christo bezeugt haben: Nur wer selber durch Leiden geht, hat Zugang zum Leiden Jesu.

Ab 1948 tat sich mir auf dem Weg der Leiden eine Schatzkammer auf, zu der ich bisher keinen Zutritt hatte: das Leiden Jesu. Ich lernte Jesus als den Schmerzensmann tiefer erkennen und lieben als zuvor. So schrieb ich in dieser Zeit:

> „O Jesus, Deiner Passion gedenken ist Seligkeit; denn wir betrachten darin das größte Wunder der Gottheit. Größer als die Allmacht Gottes, die alle Welten erschuf, größer als die Weisheit aller Seiner Gedanken und Pläne bis in alle Ewigkeiten, größer als Sein Verstand, der unausforschlich ist, ist dies eine Geschehen: Gott geht ein in einen Menschenleib, Gott liefert sich aus in die Hände Seiner Geschöpfe, der Sünder. Gott läßt sich zerreißen und zerfleischen wie ein Tier, als Schlachtopfer – Gott geht in Jesus in den Tod. Ist jeder Gedanke, jedes Wort Gottes, jede Schöpfung aus Seiner Hand heilig, so ist der Gang Gottes in Christo hinein in die Passion allerheiligstes Geschehen. Hier offenbart sich das Wesen Gottes ganz. Hier ist das Herz der Gottheit zu erblicken, das

Liebe heißt: ‚O Liebe, Liebe, Du bist stark, Du streckest den in Grab und Sarg, vor dem die Felsen springen!'"

Es heißt weiter in meinen Aufzeichnungen:

„Du hast mir eine ganz andere Liebe zu Dir, meinem Bräutigam, als dem Schmerzensmann gegeben. Deine Leiden um die Welt und um die Seelen fangen endlich an, mein steinernes Herz zu bewegen. Du hast mein kaltes Herz voll heißen Sehnens gemacht, an Deinem Leiden teilhaben zu dürfen ..."

So erlebte ich bei allem Schmerz auf diesem Weg: Jesu Wort ist Ja und Amen. „Selig seid ihr, wenn euch die Menschen um meinetwillen schmähen; es wird euch im Himmel wohl belohnt werden" (Matth. 5,11 u. 12). Das aber geschieht nicht erst dort, sondern schon hier. Jesu Liebe ist zu groß; sie kann nicht auf den Himmel warten, um jene zu beschenken, die mit Ihm auf Seinem Kreuzesweg gehen und um Seines Namens willen leiden. Denen, die verlieren und verlassen, gibt Er schon hier hundertfältig wieder. Das erfuhr ich. Hundertfältig gab Er in meinem Leben für Brüder und Schwestern, die mich verließen, neue Brüder und Schwestern, so daß ich jetzt die, mit denen wir in den folgenden Jahren über der ganzen Erde eins in Christus wurden, gar nicht mehr zählen könnte. Er gab die große Freude in Ihm und Liebe zu Ihm, Er gab Leben und volle

Genüge, Erkenntnis Seiner selbst und schenkte die Gemeinschaft Seiner Leiden.
Doch Seine Liebe tat noch ein anderes. Sie wachte königlich darüber, daß alle Schmähbriefe und Verleumdungen, deren Ziel war, unser Werk zunichte zu machen, nichts ausrichten konnten. So geschahen seltsame Dinge: Herren, die mit dieser Absicht zu einer Sitzung zusammenkamen, wurden uneins oder während der Sitzung unerklärlicherweise anderen Sinnes. Es war, als setze Jesus als liebender Beschützer, der über Seinem Werk wachte, negative Beschlüsse, die gefaßt werden sollten, gleichsam außer Kraft. So erfuhr ich auch hier Jesu Wort: „Wer sein Leben verliert, der wird es erhalten" (Matth. 10,39). „Leben" aber bedeutete für mich in diesem Fall, mit einem unbescholtenen Namen dazustehen und nicht ständig diffamierenden Angriffen ausgesetzt zu sein. Schon in meiner Jugend konnte ich mich ereifern, wenn jemandem Unrecht geschah. Wo immer ich auf Unwahrheiten stieß, ging ich ihnen auf den Grund, auch auf Kosten meiner Beliebtheit. Später sagte Mutter Martyria oft im Scherz, an mir sei ein Rechtsanwalt verloren gegangen. Darum bedeutete Unrechtleiden für mich, meiner Natur gemäß, wirklich ein Stück mein Leben verlieren. Nun aber erhielt ich ungezählte Male Gelegenheit, mein Recht und damit meine Ehre aufzugeben. Das war die Absicht des Herrn, der „nicht widerschalt, da er gescholten ward, nicht

drohte, da er litt, sondern stellte es dem anheim, der da recht richtet" (1. Petr. 2,23). Auf diesem Weg machte Er in meinem Herzen Raum für sich selber, damit Er einziehen könnte mit Seinem göttlichen Leben.
Wie sehr hatte ich dieses „göttliche Leben", dieses innigere Verhältnis zu Jesus, das nur wahres, erfülltes Leben ist, früher gesucht, aber den Weg nicht gefunden, der dahin führt. Nun fand ich diese Glückseligkeit dort, wo man sie allein finden kann: auf dem Kreuzesweg, dessen harte Pflastersteine zu jener Zeit für mich vor allem in der Schmach bestanden.

DEN SCHATZ IM KREUZ DER KRANKHEIT ENTDECKT

Der Winter 1947/48 war als Folge des Krieges noch „Hungerszeit". Dadurch zog ich mir eine so schwere Magenerkrankung zu, daß ich mich kaum aufrecht halten konnte, in großem Elendsein mich durch den Tag schleppte. Das war ein neuer Pflasterstein auf dem Weg Jesu. Weh tat dabei auch, daß ich noch dazu von Menschen außerhalb unserer Schwesternfamilie immer wieder wegen meines schlechten Aussehens kritisiert wurde. Kaum fähig, einen Gedanken zu fassen, geschweige denn die Lehrstunden richtig zu halten, war es mir demütigend, dadurch meinem Dienst nicht so nachkommen zu können, wie ich wollte. Aber am schwersten war mir, daß ich in diesem Elendsein kaum noch beten konnte. Die Krankheit wollte nicht weichen und damit auch nicht meine innere Not, daß mich dies Kreuz so niederdrückte.

Da erinnerte mich der Herr an den Schatz, der in jedem Kreuz verborgen liegt, und zeigte mir den Schlüssel dazu, der hieß: „Ja, Vater." Doch ich erfuhr, daß wir dies nur dann von ganzem Herzen sprechen können, wenn wir fest glauben, Gottes Liebe hält im Kreuz etwas Kostbares für uns bereit. Es geht nicht darum, das Wort „Gott ist Liebe" wie eine leere Glaubensformel zu gebrauchen. An Gottes Liebe glauben heißt vielmehr fest erwarten: Nimmt Gott uns etwas – es sei Gesundheit oder Kraft –, dann will Er uns in Seiner väterlichen Güte Größeres und Beglückenderes geben. Das ist Art und Weise der Liebe. Es wurde mir klar: Gibt Gott mir dies kleine und doch schmerzhafte Kreuz, dann gilt es fest damit zu rechnen, daß Er darin für mich ein Geschenk verborgen hat. Denn Liebe muß beschenken und andere glücklich machen. Und Gott ist die Liebe!

Nun wollte ich lernen, mich im Glauben fest an Sein Versprechen der Liebe zu halten. So fing ich an, in dieser Not voll Vertrauen das Ja-Vater zu sagen und damit den Glauben an Sein schöpferisches Wirken zu betätigen. Da geschah Verwandlung! Mir wurden nicht nur e i n, sondern zwei große Schätze zuteil! Er gab mir als erstes eine gewisse Unabhängigkeit von Krank- und Elendsein. Damals ahnte ich noch nicht, von welcher Bedeutung es für mein späteres Leben sein würde. Erstmalig schenkte mir der Herr als ein Wunder Seiner Gnade die Erfahrung, daß der Heilige Geist über das Fleisch triumphiert, über Müdigkeit und Elendsein. Ich erlebte voller Staunen, daß man im kränklichen Zustand mehr zu leisten vermag als mit einem gesunden Körper, weil „Gottes Kraft in der Schwachheit mächtig ist". Nun, nachdem ich das Ja - Vater im Glauben an Seine helfende Liebe gesprochen hatte, konnte ich in diesem Zustand trotz größter Schwachheit abends länger beten und tagsüber meinen Dienst tun.

Diese Schwachheit schien Gott lieb zu sein, denn Er machte Krankheit und Elendsein fortan mehr oder weniger zu Begleitern in meinem Leben. Im Zustand solcher Schwachheit und Erschöpfung ist der größte Teil meines Schrifttums entstanden. Was ich in innerem Gehorsam jeweils niederschrieb, oft nachts übermüdet, ohne einen rechten Gedanken fassen zu können, konnte meinem Empfinden nach nichts Rechtes geworden sein. Und doch, wenn ich später nachlas,

stellte ich mit Dank und Verwunderung fest, daß Gottes Geist dabei am Werk gewesen sein mußte.
Das gleiche galt für meine Reisen, Vortragsdienste, viele Stunden des Zusammenseins mit meinen Töchtern und all mein Tagewerk. Gott erfüllte mir meine heiße Bitte, daß keiner mir anmerken möchte, in welch körperlicher Schwäche ich war, ja, ich wurde als besonders frisch und lebendig eingeschätzt. Oft bekam ich erst im letzten Moment, während ich schon angefangen hatte zu sprechen, von Ihm neue Kraft – manchmal auch nicht. So konnte ich, wenn Leute mir nach einem Vortrag – etwa in Indien oder in den USA – herzlich dankten und sagten, wie viel ihnen diese Botschaft bedeutet habe, in meinem Herzen nur anbeten, daß Er wirkte, während ich es selbst ganz anders empfunden hatte.
Ja, ich habe seitdem all die Jahre von frühesten Morgenstunden an beten können, obwohl es abends oft spät wurde. Immer wieder staunte ich, was der Herr vermag, daß wir in Elendsein und Schwachheit durch Einwirken himmlischer Kräfte stark werden und mehr leisten können, als wenn wir voll Kraft und Gesundheit sind. Wohl sehe ich Ärzte – wie die Heilige Schrift auch sagt – als eine Gabe Gottes an und verdanke besonders unserem Hausarzt vielerlei Hilfe. Doch erlebte ich auch, wenn ich bei dieser oder jener Krankheit trotz ärztlicher Behandlung und

Medikamenten nicht geheilt wurde, daß mich der Herr zu Seiner Stunde plötzlich anrührte und die Krankheit wegnahm. Und wieder andere Leiden nahm Er lebenslang nicht weg, um Seine Kraft darin zu erweisen.
Noch einen zweiten Schatz fand ich im Kreuz der Krankheit verborgen. Wenn ich in der Frühe gegen 4 Uhr wach wurde, trieb es mich, aufzustehen und zu beten. Ohne daß ich etwas sah, war mein inneres Auge von dem schönsten Angesicht Jesu erfaßt, so daß ich ein Lied nach dem andern schreiben mußte. An Seinem Angesicht voll heiliger Schönheit konnte ich mich nicht „satt sehen", wie der Psalmist sagt. Später fragten mich meine Töchter, wann ich Jesus geschaut hätte, weil in meinen Liedern und Schriften so viel von Seiner Schönheit und Seinem Angesicht vorkäme. Ich konnte nur antworten, daß ich Ihn in den Liedern so besingen mußte, weil es ein Schauen des Herzens gibt, da „man sieht, obgleich man nicht sieht".
An dem Tag, als ich dies zum ersten Mal erlebte, fand ich morgens einen Notizzettel unter meiner Tür durchgeschoben. Darauf stand, daß einer Schwester im Gebet gezeigt war, wie ein Engel mir gleichsam einen Pinsel in die Hand gegeben habe, um etwas von der höchsten Schönheit des Angesichtes Jesu im Bilde wiederzugeben. Zugleich stellte mir an demselben Morgen eine Schwester ein Bibelwort, in Kunstschrift geschrie-

ben, auf meinen Schreibtisch: „Ich will satt werden, wenn ich erwache, an Deinem Bilde" (Psalm 17, 15b). Beide Schwestern wußten nicht, was in der Morgenfrühe geschehen war.

Eigene Kraft, Fähigkeit und Ansehnlichkeit hatte mir der Herr auf dem Kreuzesweg, der von den Pflastersteinen der Krankheit gekennzeichnet war, genommen. Er hatte damit Raum geschaffen, um Seine Kraft und Schönheit aufstrahlen zu lassen. Er machte mich armselig und unfähig, weil Er sich nur den Armen und Schwachen offenbart (1. Kor. 1). Ich konnte das Glück nicht fassen, daß Jesus mir so nahe kam und mich etwas von Seiner Liebe, Herrlichkeit und Schönheit erfahren ließ – einen Vorgeschmack des Himmels. Dieses Glück hatte mir das Krankheitsleid gebracht. Wie sollte ich da mein Kreuz nicht rühmen?

Nie werde ich den 4. Mai 1949 vergessen! Ich war in meiner Kammer und betete. Plötzlich war wie durch einen Einbruch des Himmels in meinem Herzen die Gewißheit, daß ich unserem Herrn Jesus eine Kapelle bauen sollte, damit Ihm mehr Anbetung zuteil werde. Das löste in mir einen Brand der Liebe aus: Ja, alles will ich dafür tun, daß der Herr ein Haus bekommt, in dem Ihm aus liebeglühenden Herzen Anbetung gebracht wird und Chöre gen Himmel steigen, die in von Ihm geschenkten Weisen vor der sichtbaren und unsichtbaren Welt künden, wer Gott ist: das Lamm auf höchstem Thron, der König aller Glorie, Macht und Majestät, und der Vater, der Allmächtige, Heilige und Allgewaltige. Unzählige sollten dadurch in die Gegenwart und vor die Heiligkeit Gottes gestellt und in Liebe zu Gott entzündet werden, Ihn anzubeten.

Doch trotz der großen Glut und Freude, daß Jesus eine Anbetungskapelle gebaut würde, tauchte in mir die bange Frage auf: Wie soll es geschehen? Wie soll ich dem Herrn eine Kapelle bauen? Wir hatten weder Geld noch Land dafür. Der Herr aber stärkte mich für diesen Auftrag in großer Güte, als ich einige Monate später während „Stiller Tage" lange über diesem Auftrag betete. Er ermutigte mich durch Worte, die mir ein Gruß von Ihm waren, da sie mir nach meinem Gebet aus etwa tausend Kärtchen mit Bibelstellen als Losungsworte gegeben wurden:

> „So siehe nun zu, denn der Herr hat dich erwählt, daß du ein Haus bauest zum Heiligtum. Sei getrost und mache es!"
>
> 1. Chron. 28,10

> „Und sie sollen mir ein Heiligtum machen, daß ich unter ihnen wohne." 2.Mose 25,8

Solche Stärkung hatte ich sehr nötig. Wenn auch Mutter Martyria darin ganz mit mir einig ging, mußte ich doch bald erleben, daß der Auftrag, Gott eine Kapelle zu bauen und damit durch Anbetung einen „Dienst an Gott selbst" zu tun, von Freunden, ja selbst von einzelnen meiner Töchter nicht verstanden wurde. Zumeist erwartete man von uns bis in den engsten Freundeskreis hinein, daß wir als Schwestern ausschließlich diakonische Arbeit täten. Bei dem für mich selbst so neuen Auftrag des Kapellenbaus mußte ich hier zum erstenmal schmerzlich erfahren, was später mein ständiges Erleben bei allen weiteren von Gott gegebenen Aufträgen war: Die Gläubigen stimmen zu, wenn Krankenhäuser oder Altersheime gebaut und dafür Schwestern zum Dienst eingesetzt werden. Dieser Dienst ist nötig, und wir begannen ihn in kleinem Rahmen später auch auf Kanaan. Wenn es aber um Anbetung Gottes und selbst um Dienste der

Verkündigung und der Seelsorge ging, die uns immer mehr neben dem Gebetsdienst aufgetragen wurden, hatte man wenig Verständnis dafür.

Die natürliche Folge davon war, daß nur wenige Freunde mit ihren Gaben und Opfern hinter unseren Aufträgen standen. Um Spenden und Unterstützung auf irgendeine Weise zu bitten, war mir innerlich verwehrt. Unsere Kasse enthielt damals etwa DM 30.–, und wir hatten kaum Einnahmen zu erwarten. Dennoch wurden die Aufträge hinausgeführt nach dem geistlichen Gesetz, daß Gott für die von Ihm gegebenen Aufgaben alles Nötige gibt. Er tut es oftmals auf dunklen Wegen des Glaubens, auf denen wir keinerlei menschliche Möglichkeiten mehr in der Hand haben, sondern ganz und gar abhängig sind von Seiner Hilfe. Auf sie mußten wir oft lange warten, damit der Herr Sein Ziel erreichte, daß wir gedemütigt würden und alles als Sein Werk dastünde, Er allein – nicht Menschen – den Ruhm bekäme.

Bei diesem schweren Weg des Bauens unserer Mutterhauskapelle erlebte ich im besonderen, was es bedeutete, daß die Verantwortung für unser Werk von Gott vor allem auf mich gelegt war. Wohl war es mir selbstverständlich, daß jeder Auftrag, den Gott gibt, jede Erleuchtung von einem anderen bestätigt sein muß. Darin stand mir Mutter Martyria treu zur Seite. Ich unternahm nie einen Schritt, ohne das Ja von ihr eingeholt zu haben, so daß wir dann zu zweit den Weg durchschreiten konnten. Dennoch lag die letzte Verantwortung auf mir, weil Gott mir die Inspiration dafür gegeben hatte, und unser geistlicher Vater, Superintendent Riedinger, kürz vorher – 1949 – schon heimgerufen worden war. Was es in sich schloß, nun ohne männlichen Beistand, ohne einen geistlichen Vater, als Frau den Auftrag der Marienschwesternschaft hinauszuführen, hatte ich in den nächsten zwei Jahren Bauzeit schmerzlich zu praktizieren: eine Kapelle für den Herrn und ein Mutterhaus zu bauen, ohne die nötigen Geldmittel zu haben noch sie von irgendeiner Seite erbitten oder erwarten zu können und diesen Auftrag gegen jede Vernunft letztlich allein zu verantworten.

Es taten sich bei der Gratwanderung dieses Glaubensweges rechts und links immer neue Abgründe auf. Später rieten uns sogar unsere Freunde, den Bau einzustellen, da die Weiterführung – nach ihrer Ansicht – ein Gott-Versuchen sei. So waren diese Anfechtungen für mich große Last, und ich schrie oft unter dieser Verantwortung zum Vater im Himmel: „Du bist doch der Vater der Witwen und Waisen, wie ich eine bin ..." Gott aber stritt für Seinen Auftrag, indem Er mir bei jeder Anfechtungsklippe zeigte, wohin wir unseren Schritt zu wenden hätten. Er stärkte mich, indem wir zu Anfang der Bauzeit

1950 beim Rohbau viele Wunder und Gebetserhörungen erlebten. *

Im Sommer 1951 begann der Innenausbau. Plötzlich verschloß sich der Himmel! Es geschahen fast keine Wunder, wir erlebten so gut wie keine Gebetserhörungen mehr. In dieser Zeit lag ich infolge eines Unfalls mit schwerer Gehirnerschütterung auswärts und schrieb:

> „Alle Deine Wasser gehen über mich. Meine Tränen sind meine Speise Tag und Nacht, und meine Seele schreit: ‚Wo ist nun mein Gott?' ..."

Damals bat ich den Herrn um Seines Namens willen bei den sich häufenden Rechnungen doch aus Gnaden zu helfen, ja ich bedrängte Ihn wie die bittende Witwe. Und doch – Gott antwortete nicht: Er schwieg.

Wenn Gott aber plötzlich schwieg, obwohl Er Seine Verheißungen für den Bau bis dahin wunderbar eingelöst hatte, wenn Er keine Antwort auf meine Gebete gab, keine Hilfe kam, dann – das war mir innerste Gewißheit – lag die Ursache nicht bei Ihm. Er schweigt nur deswegen, weil erst aus dem Weg geräumt werden muß, was Gott hindert, uns das Gute, das Seine Liebe allein schenken will, geben zu können. Ich spürte in dieser Lage, daß es Seine Liebe war, die um mich und die Marienschwesternschaft eiferte, um

* Siehe M. Basilea Schlink: „Realitäten – Gottes Wirken heute erlebt".

herauszuläutern, was Seinem Bild bei mir und uns nicht entsprach. Darum brachte Er mich in den Tiegel dieser Leiden, in die Presse der Geldnot.

Gottes Geist stellte dabei Sünden ins Licht vor Sein Angesicht, über die ich bisher noch nicht entsprechend Schmerz getragen hatte. Wie ein Film lief mein Leben, Reden und Tun der vier Jahre in der Marienschwesternschaft vor meinem Auge ab. Vor mir stand diese oder jene Schwester, der ich lieblos begegnet war, worüber ich nun von Herzen Leid trug. Es drängte mich, einzelne um Vergebung zu bitten. Gott legte Seinen Finger außerdem darauf, wo mein Tun und Arbeiten geschäftig und losgelöst von Ihm geschehen und darum ohne Wirkung geblieben war. Der Herr führte dabei immer tiefer hinab in die Dunkelheit der Anfechtung. Denn die Geldnot wurde von Woche zu Woche größer. Es kam keine Hilfe.

Durch meine Krankheit bedingt, war ich abgeschlossen von Menschen und mußte ohne Ablenkung das Furchtbare unserer Lage, das Nein Gottes zu mir und uns, bis zum letzten ausleiden. In der Stille sollte ich mich ganz dem Gericht des Herrn stellen, der mich bis auf den Grund meiner Seele treffen wollte, bis ich zerbrochenen Herzens vor Ihm lag. Damals schrieb ich:

> „Die ganze Woche ging wieder so gut wie kein Geld ein. Es ist finstere Nacht. Die

Tausende, die bezahlt werden müssen, schwellen immer mehr an. Täglich gehen viele Schriftenpakete hinaus – doch keine Geldeingänge kommen, nur Rechnungen, Rechnungen, Rechnungen für das Baumaterial, und der Herr schweigt ..."

Diesmal wollte Gott gründliche Arbeit tun, darum zeigte sich über Monate hin keine Aussicht auf Hilfe. Einziger Trost in dieser Lage war, daß Mutter Martyria und ich zweimal das Losungswort bekamen: „Keiner wird zuschanden, der dein harrt" (Psalm 25,3). Doch jene Züchtigungswege hielten an, und ich konnte darauf Gott nur eine Antwort geben: Ich bin's. Ich bin schuld. Denn also sagt Sein Wort: „Des Herrn Hand ist nicht zu kurz, daß sie nicht helfen könnte, und seine Ohren sind nicht hart geworden, daß er nicht höre, sondern eure Untugenden scheiden euch und euren Gott voneinander" (Jes. 59,1 u. 2).

Ich wußte: Wenn Gott unsere Marienschwesternschaft so richtete, daß Er unser Gebet nicht mehr erhören konnte, dann traf das Gericht vor allem mich als den Hirten, den Gott verantwortlich macht für seine Herde. Es war mir ein unendlicher Schmerz, daß ich es war, wie mir der Herr unausweichlich klar ins Herz gab, die unsere Marienschwesternschaft in diese Notlage geführt hatte. So schrieb ich meinen Töchtern einen Brief, in dem ich mich beugte unter alles, wo ich ihnen irgendwie in Härte und Schärfe begegnet war, nicht in der rechten Demut und Liebe meinen Dienst an ihnen getan hatte. In diesen Wochen habe ich viel geweint im Gedanken an das, was mir das Furchtbarste war: Wenn wir tatsächlich in Schulden kämen, dann würde Gottes Ehre in den Staub gelegt werden. Viele, viele, die durch unseren Glaubensweg wieder Glauben geschöpft hatten an Gott, der Gebete erhört und heute Wunder tut, würden dann enttäuscht werden und könnten nicht mehr an Seine Wundermacht glauben. Und das alles geschähe mit verursacht durch meine Schuld.

So zerbrach mich der Herr unter Seinen Schlägen, da Er meine Gebete nicht erhörte. Die Rechnungen und damit die Gefahr, daß sie eines Tages Schulden werden könnten, wuchsen von Monat zu Monat an. Und doch konnte ich für Seine Gnade des Lichtes und Seines Gerichtes unter Tränen danken und schrieb: „Du stürzt mich hinab – wohin? In den Schoß Deiner Liebe."

Die Heiligkeit Gottes war in mein Leben getrete wie selten vorher. In mir lebte nur noch ein Flehen, der Herr möge mich nach diesen Monaten der Krankheit nicht, wie ich vorher war, sondern mit einem zerbrochenen Herzen zu meinen geistlichen Töchtern heimkehren lassen.

Gott, der die Liebe ist, läßt nicht versuchen über Vermögen. Als Angeld, daß diese Gerichtszeit ganz besondere Gnaden Gottes bringen würde, neigte sich in diesen Tränenwochen plötzlich für einige Tage der Dreieinige Gott mit Seiner unbegreiflichen Liebe gnadenvoll zu mir herab, und alles Herzeleid versank in dieser großen Glückseligkeit. Er wollte Wohnung in mir machen (Joh. 14,23) und die Beseligung Seiner Liebe mitbringen, das durfte ich erfahren. Darum mußte Er vorher meine Herzenswohnung säubern und ausräumen.

Als die Kassennot auf den Höhepunkt gestiegen war, kam endlich die erlösende Stunde. Gott wandte Sein Angesicht uns wieder zu. Ein Freund unseres Werkes, ein christlicher Großkaufmann, zeigte uns Unkundigen den Ausweg aus unserer verzweifelten Lage. Die später allgemein übliche Weise der Abzahlung bei jeglicher Art Anschaffungen war damals noch nicht so verbreitet. Doch machte er uns deutlich, daß für Bauten ratenweise Abzahlungen, die man vorher vereinbart, eine Selbstverständlichkeit seien. Und sogleich war er bereit, mit einer Schwester zu den Firmen zu gehen, die ohne weiteres gewillt waren, solche Vereinbarungen mit uns zu treffen. Damit war die größte Last von uns genommen. Der Herr gab Gnade, daß wir nicht ein einziges Mal eine fällige Rate oder Rechnung schuldig bleiben mußten.

Dennoch führte Gott trotz dieser für uns so gnadenreichen Wende Sein Gericht noch bis ans

Ende des Sommerhalbjahres durch, um uns vor Gott und Menschen in den Staub zu legen. Denn im September 1951 konnte die Einweihung der Kapelle nicht stattfinden, wie ein halbes Jahr vorher unseren Freunden mitgeteilt worden war, obwohl der Innenausbau der Kapelle fast fertig war. In einem Freundesbrief, den Mutter Maryria wegen meines Krankseins in meinem Namen herausgab, drängte es mich, zu meiner Demütigung zum Ausdruck zu bringen, daß die Zurückstellung der Einweihung Gottes Gericht über uns sei. Als Leitwort stand über diesem Rundbrief:

„Ich danke dir, daß du mich demütigst und hilfst mir" (Psalm 118,21).

Bald darauf zog ich in unser neu erbautes Mutterhaus ein, noch sehr schwach am Leib und als ein elender Sünder, die Reihen meiner Töchter mit der Bitte um Vergebung durchschreitend. Am 23. September 1951, dem Tag, da die Einweihung hätte sein sollen, sammelte sich eine Schwesternschar um mein Bett. Wie oft hatten wir von diesem Augenblick gesprochen, da zum erstenmal die Glocke der nun vollendeten Mutterhauskapelle läuten würde. Sie sollte ja die Gäste herbeirufen zum Einweihungstag der Kapelle, daß sie unter ihrem Klang Gott Preis und Ehre gäben, der diesen Bau auf Wunderwegen Seiner Güte ohne Schulden hinausgeführt hatte. Und nun läutete die Glocke tatsächlich – die Ka-

pelle war erbaut, doch keine Gäste konnten an diesem Tag kommen. Es konnte keine Einweihung sein, weil Gott noch richten mußte. Wohl nie ist ein Glockenläuten mir so tief ins Herz gegangen. Es war mir wie ein Totengeläute. Die Stimmen, die Ihm an diesem Tag Lob und Preis geben sollten, konnten nicht ertönen. Ein herzzerbrechendes Weinen begann unter uns. Um unserer Sünde willen mußte Gott alles so führen. In dieser Stunde, da Gott in dem Läuten der Glocke selbst zu uns redete, brach auch bei den Schwestern tiefe Reue aus.
Doch war es nicht nur eine heilige Stunde des Gerichtes, sondern letztlich eine Stunde der Gnade. Unter der Vergebung Jesu Christi brach ein Neues in der Schwesternschaft auf. Ich selbst ahnte nicht, welche Gnadensonne mir nach diesem Sommerhalbjahr, das mich unter dem Nein Gottes in solches Leiden geführt hatte und mir tiefe Reue und Umkehr brachte, noch aufgehen sollte. Einige Monate später erfuhr ich es.

GOTTES GROSSER EINBRUCH IN MEIN LEBEN: RUF IN DIE STILLE 1952

BESCHLAGNAHMT VOM HERRN

„Die Schwalbe hat ihr Nest gefunden." Im September 1951 waren wir alle in das neue Mutterhaus eingezogen, in dem vorher die Bauschwestern nur provisorisch gewohnt hatten. Nun war die Schwesternfamilie wieder vereint. Das obere Stockwerk wurde zwar noch ausgebaut, und mancherlei Arbeiten waren zu Ende zu bringen. Doch von nun an ging es in unserem gemeinsamen Leben um den eigentlichen Auftrag unserer Marienschwesternschaft, Gebets- und Ruferdienst zu üben. Nie hätte ich mir den Weg ausdenken können, den der Herr sich als Fundament dieses später weltweiten Auftrags erdacht hatte und wozu mich jetzt Sein Ruf traf.

Als Mutter der Marienschwesternschaft ließ Gott mich nicht im Wirken stehen, nicht in der Betätigung in den uns aufgetragenen Diensten. Er hatte den umgekehrten Weg für mich erdacht. Er führte mich in die Abgeschlossenheit, in Stille und Einsamkeit. Sein Ruf und Liebesanspruch ist zu allen Zeiten so mächtig gewesen, daß er Menschen bereit gemacht hat, Wege zu gehen, die sie nach ihrer Veranlagung und ihren menschlichen Wünschen nie gegangen wären. Das traf auch bei Seinem Ruf an mich zu. Der Herr rief ausgerechnet mich in die Stille, die ich eine typisch gesellige, wirkende, gestaltende Natur war! Hatte ich es doch während meiner Ausbildung an der Sozialen Frauenschule in meinem Einzelzimmer kaum ein bis zwei Stunden allein ausgehalten, weil mein Lebenselement war, unter Menschen zu sein. So hätte mich nichts und niemand auf der Welt auf einen Weg der Zurückgezogenheit bringen können – nur Jesus selbst.

Gott aber führte mich nun mit Seinem Ruf in die Stille auf einen Weg gegen meine Natur. Er sollte Fundament sein für alle unsere späteren Aufträge, deren Ausmaß ich damals noch nicht ahnte. Wohl hatte ich immer wieder von der Wahrheit des biblischen Gesetzes gehört, daß alles Große im Reich Gottes aus der Stille, der Verborgenheit geboren wird. Biblische Vorbilder zeigen uns, daß Einsamkeit die Geburtsstätte neuen göttlichen Lebens, fruchtbaren Wirkens für Gott ist. So wußte ich: Wenn wir uns – sofern der Herr uns dazu ruft – für längere Zeit zurückziehen, um ganz bei Ihm zu sein, auf Ihn zu hören, mit Ihm zu reden, dann wird unser Tun für das Reich Gottes besondere Ausstrahlungskraft haben. Doch diese Erkenntnis war mehr theoretisch geblieben. Auch wenn ich mich schon immer zu Stunden des Gebets zurückgezogen hatte, blieb dies am Rande meines Lebens; denn zu viel Vernunftsgründe sagten mir, ich sei unentbehrlich in der Arbeit, es sei in meinem Amt der Marienschwesternschaft gegenüber unverantwortlich, sich für längere Zeit zurückzuziehen – und vieles mehr.

So bedurfte es eines machtvollen Eingreifens des Herrn selbst. Schon in den Jahren zuvor hatte Jesus vorgearbeitet, mir Gnadenstunden der Begegnung mit Ihm geschenkt. Nun aber nahte sich mir Jesus tatsächlich in der Macht Seiner Liebe, die über alle Vernunft und Sinne geht. Es war, als ob Er mich lockend zu sich rief, weil Er mich ganz für sich wollte und mir nahe sein wie nie zuvor. Daraufhin – Anfang Januar 1952 – gab ich mich zum erstenmal freiwillig zu einem längeren Weg der Stille und Abgeschlossenheit hin.

Noch stand ich unter den Nachwehen der schweren Gerichtszeit Gottes vom Sommer 1951, voll Trauer, daß ich Jesus und Menschen so viel betrübt hatte. Da brach wiederum die Heiligkeit Gottes an einem Abend über mich herein, als ich im Gebet war – doch diesmal nicht im Gericht, sondern in machtvoller, heiliger Liebe, die mich ganz in Beschlag nahm. Der Herr kam über mich in der Gewalt Seines heiligen Feuers – ich wurde gleichsam ausgebrannt von einer übermächtigen göttlichen Glut. Was sollte das bedeuten? War es ein Erfülltwerden mit dem Heiligen Geist? Nein, das Kommen des Heiligen Geistes in Seinem Beschenken mit Seinen Gnadengaben hatte ich anders erlebt. Hier war Jesus, der Schmerzensmann, mir genaht – Er, von dem es heißt, daß Er mit dem Heiligen Geist und mit Feuer taufen würde. Hier war etwas von der übergroßen Gewalt Seiner Liebe und Seiner Leiden in mein Leben getreten, was ich nie vorher gekannt hatte.

Eine Folge dieses Geschehens war, daß ich von einer Liebe zu Jesu erfüllt wurde, die wie ein Feuer in meinem Herzen brannte und mich zum Leiden für Jesus trieb. Wie sehr hatte ich mir in den Jahren vorher etwas von dieser glühenden Jesusliebe erbeten, die ins Leiden treibt. Ich spürte, daß sie mir fehlte. Diese heilige Stunde nun hatte mir einen Anbruch davon geschenkt. Jetzt war ich leidenshungrig geworden, in mir war ein Durst, für Jesus opfern und leiden zu dürfen. Eine weitere Folge jenes Geschehens war, daß ich von einer Leidenschaft erfüllt wurde, Seelen zu retten.

Damals ahnte ich noch nicht, daß mein Leben vom Wirken der göttlichen Glut gekennzeich-

net werden sollte. Um mich als wahre Braut des Lammes zu bereiten, wollte der Herr mein Herz voll Liebesglut zu Ihm machen, wie Sein Wort sagt: „Liebe ist stark wie der Tod, und ihr Eifer ist fest wie die Hölle, ihre Glut ist feurig und eine Flamme des Herrn, daß auch viele Wasser nicht mögen die Liebe auslöschen, noch die Ströme sie ertränken" (Hohl. 8,6-7a). In den ersten Jahren der Stille wirkte sich das darin aus, daß ich viele Stunden – auch in der Nacht – anbeten und flehen mußte, und die Flamme des Gebets wich auch dann nicht aus meinem Herzen, wenn ich noch so intensiv geistig zu arbeiten hatte.
Wir wissen von der Heilgen Schrift, wie solche unmittelbaren Begegnungen mit Gott Wirklichkeit sind. Das innere Leben erfährt durch göttliche Berührungen eine gewaltige Wende, weil ein machtvoller Einbruch Gottes erfolgt ist, der oft mit einem Auftrag Gottes verbunden ist. Auch mich erreichte einige Zeit nach dieser Gottesbegegnung ein Ruf, der für die Sendung der Marienschwesternschaft von besonderer Bedeutung werden sollte.
Zuerst hieß es nun, dem Ruf in die Stille und Abgeschlossenheit zu folgen. Es war, als ob Jesus mich bat: Gib dich mir ganz. Dies Geschehnis war von größter Tragweite für mich. Bisher ging es in meinem Leben hauptsächlich darum, für Jesus zu wirken, wobei der Dienst für Ihn und nicht Er selbst mich erfüllte. Nun

sollte es allein um Jesus gehen. Es stand nicht mehr der Dienst für Jesus an erster Stelle, wenn er auch immer die Folge der stillen Zeiten blieb, sondern der Dienst an Ihm selber. Es ging darum, Jesus in ganz anderem Maß als zuvor Liebe und Zeit zu geben. Ich erkannte, daß ich den Liebesanspruch dessen, der so sehr nach unserer Liebe verlangt, weil Er uns so unaussprechlich liebt, vernachlässigt hatte. Und es war, als ob der Herr mich in Sein Herz hineinschauen ließ, das voll Schmerz ist, weil es so wenig geliebt wird. Jesus zeigte mir Sein Leid darüber, daß wir Menschen für uns gegenseitig da sind, aber so wenig für Ihn. Ja, es war wie eine Klage: Wer ist für Mich da? (Luk. 10,41-42). Immer wieder sind es Menschen, Dinge oder der Dienst für Ihn, die uns wichtiger sind als Er selbst. Und doch ist keines Menschen Herz so voll der Liebe zu uns wie das unseres Herrn – darum wartet Er auf unsere Gegenliebe.

So schrieb ich später an meine Töchter:

> „Hört die Bitte eures Bräutigams an Euch: Ich warte auf dich. Worauf wartet Er? Bei den wenigsten auf einen Weg in die Abgeschlossenheit, doch eindeutig bittet Er Euch, daß alle Eure Liebe Sein werde... Das Allergrößte, Glückseligmachendste im Himmel und auf Erden, Ihn und Seine Liebe, bekommt nur der, der Liebstes läßt. Keinem fällt diese Liebe von ungefähr in

den Schoß, doch jedem fällt sie in den Schoß, der alles Jesus schenkt ... Haltet keine seelische Liebe fest, die Euch bindet. Nährt sie nicht! Sie bringt Euch den Tod der bräutlichen Liebe oder läßt sie nicht erblühen. Jesus teilt Seine Liebe nicht. Laßt es Euch etwas kosten, diese allgewaltige, beseligendste Liebe Jesu zu Euch zu erfahren."

Sein Bitten und liebendes Werben wurde im Laufe des Jahres 1952 immer stärker.

Wem darf Ich alles sein?
Wer ist es, der Mich suchet,
Mich nur ganz allein?
Ich frage: Bin Ich dir allein genug,
läßt alles du für Mich zurück ohn Trug,
für Mich allein?

So klang es in meinem Herzen. Jesu Bitte war herzbezwingend – Seine Liebesoffenbarungen, die Er mir in den folgenden Monaten schenkte, so übermächtig und beseligend, daß ich nicht anders konnte, als zu antworten:

„Wie sollt ich Dir, mein Jesus, widerstehn?
Hier hast Du mich – ich will nun
mit Dir gehn.
Für Dich ich lasse alles ganz zurück ..."

Seinem Liebeswerben zu folgen bedeutete für mich, einen völlig neuen Weg in den folgenden Jahren einzuschlagen. Es hieß, im Winter die meisten Wochen in der Stille zu sein und nicht mehr unter den Schwestern, während im Sommer die Abgeschlossenheit durch die mir aufgetragenen Reisen gelockert war. So begann, aufs Ganze gesehen, für mich ein anderes Leben als bisher, denn es führte mich zumeist in die Einsamkeit, allein mit Jesus.

Als ich 1952 den Schnitt vollzog, tat ich es mit blutendem Herzen, bedeutete es doch für mich, die Marienschwesternschaft so bald, nachdem sie mir vom Herrn anvertraut war, wieder herzugeben. Sie war ja das Geschenk Seiner Verheißung, auf deren Erfüllung ich seit 1935 mit Mutter Martyria gewartet hatte, meine große Liebe und Freude. Es bedeutete für mich, meine geliebten geistlichen Töchter herzugeben – viele Monate nicht mehr unter ihnen sein zu können, worauf ich mich nach der langen Krankheits- und Trennungszeit gefreut hatte.

Auch meine Töchter mußten ihr Opfer bringen. Sie sagten später: „Wie oft hatten wir uns während der zweijährigen Bauzeit vertröstet: Wenn Kapelle und Mutterhaus fertig sind, dann – –". Dann wollten sie alles nachholen. Sie freuten sich aufs Feiern, auf die Tischgemeinschaft, die dann nicht mehr auf Trümmersteinen oder zwischen Sandbergen auf dem Bauplatz sein würde. Sie freuten sich auf viele gemeinsame Abende, bei denen ich sie mehr einführen würde in die Gedanken der Liebe Gottes und in unseren Auftrag. Ja, alles sollte nachgeholt werden, worauf

sie während der Bauzeit verzichtet hatten. Und nun mußten sie diese Wünsche opfern.
Weil Jesus uns liebt, sucht Er nach Erweisen unserer Liebe, und das sind Opfer. Darum ruft Er uns auf: „Wer verläßt ... um meines Namens willen" – also für Ihn. Es geht Ihm um Liebesopfer in unserem Leben. Sie wertet Jesus hoch als Beweis, als Tat unserer Liebe. Das sehen wir daran, mit welchem Dank und Vergelten Er sie beantwortet: Hundertfältig sollen Seine Nachfolger hier auf Erden das, was sie um Seinetwillen hergaben, wiedererhalten und dazu das ewige, göttliche Leben. Wie wenig solcher Beweise meiner Liebe, wie wenig Opfer hatte ich meinem Herrn Jesus bisher gebracht! Daß Jesu Bitte dennoch war, um Seinetwillen zu verlassen, was mir lieb war, was mein Leben bedeutete, es Ihm zu schenken, ja mich selbst Ihm aus Liebe ganz zu schenken – das war mir unfaßbar!
So kam der bewegende Tag, der 21. Oktober 1952, an dem ich dies Verlassen konkret vollziehen sollte. Schon Wochen zuvor hatte ich während „Stiller Tage" in einem kleinen oberbayrischen Ort meine Hingabe zu diesem Weg versiegelt. Damals hatte ich meinen geistlichen Töchtern – um sie auf diesen Tag vorzubereiten – einen Abschiedsbrief geschrieben. Sie kamen dann an jenem 21. Oktober noch einmal in kleinen Gruppen zu mir. Wir sangen zusammen Lieder von der Hingabe und Liebe zu Jesus, und

ich segnete sie. Dann schloß sich die Tür. Dies brachte Erschütterung, Schmerzen und Tränen – das mußte so sein. Denn ein Opfer für Jesus ist so viel wert, so viel es uns gekostet hat.
Die äußere Führung unserer Marienschwesternschaft hatte ich somit aus der Hand gegeben. Doch die innere Führung konnte ich auf diesem Weg weiter wahrnehmen durch brieflichen Verkehr oder in besonderen Fällen in Besprechungen mit Mutter Martyria. Auch kam ich – zwar nur selten–, wenn ich ein geistliches Anliegen an meine Töchter auszurichten hatte, zum abendlichen Zusammensein zu ihnen. Aber nun waren Einsamkeit und Abgeschlossenheit für viele Wochen mein Teil, da ich in meinem Zimmer mit Jesus allein war.
Einsamkeit gehört zu den Leiden, welche Menschen zu allen Zeiten gequält haben. Daß Einsamkeit schwer ist, sollte ich jetzt zu schmecken bekommen. Es begann ein Sterbensweg, Freudenlichter wurden ausgelöscht. Statt der fröhlichen Mahlzeiten im Kreise meiner geistlichen Töchter mit Erzählen und Austauschen über das, was uns für Jesu Anliegen bewegte, saß ich in meinem kleinen Zimmer und hielt mein Mahl allein. Und wenn ich abends aus unserem Zionssaal, wo meine Töchter zusammenkamen, das fröhliche Singen hörte, zuckte mein Herz, weil es mich in ihre Gemeinschaft zog. Oder ich hörte, daß nebenan im Zimmer Mutter Martyrias

Dienstbesprechungen mit den Schwestern waren. Sicher wurde ich bei wichtigen Entscheidungen schriftlich gefragt. Doch da ich natürlicherweise an allem interessiert war, was in unserem Hause vorging, hätte ich manchmal gern mehr darüber gewußt. Nun aber stand ich draußen – der Herr hatte mich weitgehend ausgeschaltet, mitzuberaten und zu besprechen.

So wurde mir an manchen Tagen mein Zimmer, da ich oft wochenlang kaum einen Menschen sah oder sprach, zum Gefängnis – aber zu einem Gefängnis Seiner Liebe. Wir wissen, wie uns manchmal ein stiller Tag des Gebets, wenn Jesus uns nicht nahe kommt, wir ohne Gebetsgeist sind, mit seiner Leere, Einsamkeit und Öde verschlingen will. Dann sind wir in Versuchung, aus diesem „Käfig" auszubrechen, womit wir allerdings Kleinodien für unser inneres Leben verlieren, die in der Einsamkeit mit Jesus geschenkt werden sollen. Nur auf dem Weg durch die Wüste wurde Mose die Gottesbegegnung auf dem Sinai geschenkt.

Ich erinnere mich in den ersten Wochen meiner Stille an einen Tag, an dem Mutter Martyria von einem auswärtigen Vortrag heimkam. Da zog es mich, gleich etwas von ihr darüber zu hören und mich auszutauschen. Ein Schritt durch die Tür, und ich wäre bei ihr gewesen. Jetzt erlebte ich ganz praktisch, wie es ist, wenn Jesus das erste Anrecht auf uns hat. Er war nun gleich einem

Hausherrn, der die Schlüssel meines Zimmers in Seiner Hand hielt. Dabei fing ich an, mehr und mehr Jesu Schmerz zu erfassen, daß wir, die Seinen, so wenig für Ihn da sind. Es ist uns selbstverständlich, alles liegen zu lassen, wenn Besuch zu uns kommt, selbst dann, wenn wir bei wichtigen Arbeiten oder im fröhlichen Austausch in der Familie sind. Wenn aber Jesus zu uns kommt, uns besuchen will, wenn wir für Ihn dasein sollten, dann weisen wir Ihn zurück. Es ist uns dann gar zu selbstverständlich, uns weiter unseren Aufgaben oder Menschen zu widmen, weil unser Herz sich zu ihnen hingezogen fühlt, statt zu Ihm. So wird Jesus zum Bettler um Liebe, der von Herzenstür zu -tür geht, anklopft und wartet, wer Ihn aufnimmt.

„Jesus in Liebe sucht Herzen,
die flammend brennen Ihm,
Ihm alles schenken, opfern
aus reiner Gottesminn.

So geht die ewige Liebe
von Herzenstür zu -tür
und wartet immer wieder,
bis einer sie erkür ..." *

Als ich dies zu erkennen begann, machte sich der Feind auf, mich von einer anderen Seite her anzufechten. Er höhnte mich, auf welch sinnlosen Weg ich gekommen sei – wie verantwor-

* Freudenquell Jesus, Lieder der Marienschwesternschaft, Nr. 244

tungslos ich Mutter Martyria gegenüber handle. Diese Anfechtung kam, obwohl Mutter Martyria mir meinen Weg leicht machte und mit beispielhafter Opferhingabe mir immer wieder sagte: „Wenn Jesus ruft, mußt du Ihm folgen. Ich bin dankbar, wenn Jesus dadurch Liebe geschenkt wird." Und doch war es mir so schwer, alle äußere Führung allein auf sie zu legen. Würde ich dadurch nicht schuldig, auch an meinen geistlichen Töchtern, da ich ihnen nicht diente, wie ich es bisher tat? Sollte tatsächlich durch mein Abgeschlossensein der Auftrag unserer Marienschwesternschaft hinausgeführt werden? Brachte ich ihr nicht vielmehr durch die Möglichkeit, daß mein außergewöhnliches Verhalten mißverstanden würde, großen Schaden?

In meinem Unverständnis hatte ich die mir übertragene Ausführung des Auftrags als Mutter der Marienschwesternschaft noch vor einiger Zeit ganz anders gedacht. Unvergeßlich war mir die Stunde, als Vater Riedinger, der geistliche Vater unserer Schwesternschaft – ein Mann voll göttlicher Liebe, Demut und prophetischen Geistes –, Mutter Martyria und mich im Dezember 1949 an sein Sterbelager gerufen hatte. In seinem prophetischen Segen hieß es, daß ich von Gott bestimmt sei, auch seinen Auftrag, den er als geistlicher Vater gehabt hatte, mit hinauszuführen. Der Herr hatte ihm auf seinem Sterbelager gezeigt, daß wir keinen geistlichen Vater mehr bekommen würden. Doch nie hätte ich geahnt, daß ich den Auftrag auf dem Weg der stillen Abgeschlossenheit ausführen sollte. Wie selbstverständlich hatte ich damals angenommen, daß dies im Wirken geschehen würde; das wäre mir bei allen Kämpfen und Schwierigkeiten dennoch Freude gewesen. Nun aber ging es um einen ganz anderen Weg, auf dem ich alles Wirken zu opfern hatte.

Unter diesen Anfechtungen starrten mich meine vier Wände manchmal trostlos an. Unwillkürlich drängte sich dann der Vergleich mit Menschen auf, die mit mir studiert hatten, mit solchen, die gleich mir nun auf der Höhe ihres Lebens waren. Sie standen im verantwortlichen Wirken, waren mitten in der Brandung des Lebens, wurden gehört, wurden gebraucht. Wenn dagegen ich zu einem Dienst aufgefordert wurde oder Besucher zu uns kamen, um mich zu sprechen, mußte Mutter Martyria mich immer neu entschuldigen oder vertreten. Dazu kam, daß ich auch körperlich litt, da ich von schwerem Rheuma geplagt war. Vor allem aber wollte mich innere Nacht und die Einsamkeit in dunklen Stunden schier verschlingen. Denn wenn wir uns von Jesus ganz konkret auf Seinen Weg rufen lassen – meist einen Weg gegen alle Vernunft – ist der Versucher zur Stelle, uns von diesem Weg abzubringen. Er weiß: „Sterben bringt Frucht" und damit Einbruch in sein Reich.

Wohl prägte ich mir diese Wahrheit ständig neu ein. Dennoch stieg dann und wann das Bangen in mir auf: Würde ich diese Wüste auch dann durchstehen, wenn der Herr nicht nur für Jahre, sondern für mein ganzes Leben zu solch langen Wochen der Abgeschiedenheit immer wieder rufen würde? Mußte nicht meine Natur, der dieser Weg so entgegengesetzt war, durch ihn Schaden leiden, etwas in mir zerbrechen? Nein, dies könnte nur geschehen, wenn es selbsterwählte Askese gewesen wäre – nicht aber auf einem Weg, den wir auf einen Ruf Jesu hin und aus Liebe zu Ihm gehen. Denn dadurch sind wir angeschlossen an den, der das Leben selber ist. Darum kann solch ein Weg – statt uns im negativen Sinn zu zerbrechen und seelischen Schaden in uns anzurichten – uns nur größere Lebensfülle und neue Gnadenkräfte bringen.
Auch Mutter Martyria und meine Töchter, die meine Gegenwart und Hilfe opfern mußten, erfuhren, daß sie dadurch Segen empfingen. Sie sagten immer wieder, daß ihnen durch meinen Weg in die Stille Jesus in Seiner Liebe viel näher gekommen sei, weil Sein Wort: „Wer verläßt, der empfängt" auch ihnen galt. Jesu Liebe und Leiden sei für sie wie nie vorher zur Wirklichkeit geworden, wodurch ihnen ihre eigene bräutliche Berufung anders als bisher lebendig wurde.
Auch Gott-Vater in Seiner Heiligkeit, Allmacht und Güte, in Seinem tiefen Leiden um uns, Seine

Kinder, und die Schöpferkraft des Heiligen Geistes sei ihnen zu einer ganz anderen Realität geworden. In den kurzen Zeiten, in denen ich hin und wieder unter meinen Töchtern war – so bezeugten sie –, empfingen sie vieles, was ich ihnen vorher nicht hatte vermitteln können.
Für eine Sendung in letzter Zeit, für einen vielseitigen, großen Auftrag, wozu der Herr die Marienschwesternschaft ins Leben gerufen hatte, wollte Er mich und unsere ganze Schwesternschaft auf diesem Weg bereit machen.
Damals konnte ich davon noch nichts erkennen. In Stunden der Anfechtung, da mir mein Weg sinnlos vorkommen wollte, leuchtete mir aber ein kleiner Verheißungsstern auf, eine Weissagung – von anderer Seite gegeben: „Je mehr du in die Enge gehst, desto weiter wird der Ruf einst erschallen; weltweit wird der Auftrag der Marienschwesternschaft sein." Und doch konnte ich dem kaum Glauben schenken. So hieß es für mich vorerst im Gehorsam Tag für Tag durchzuhalten auf dem Weg der Stille und Abgeschiedenheit. Die in dieser Zeit geschenkte Gebetsglut sollte sich später von selbst einen Kanal suchen für die speziellen Aufträge Gottes.

Mein Ruf in die Stille schloß aber nicht nur die Leiden der Anfechtung, der Einsamkeit und andere innere Leiden mit Jesus in sich. Ich erfuhr immer mehr, welches Vorrecht ein Leben abgeschieden von den Menschen, Stunde um Stunde in innigster Gemeinschaft mit Jesus ist – immerdar Ihm ganz hingegeben sein zu dürfen, Ihm allein. Was bedeutet es, wie uns das Johannesevangelium bezeugt, gleichsam an Jesu Herzen liegen zu dürfen und, was an Liebe und Leiden Sein Herz bewegt, in unser Herz aufzunehmen. Was gibt es Kostbareres, als dem Herzen Jesu nahe zu kommen, aus dem eine Liebe strömt, die unfaßbar ist – einst wie heute! Wie verwundbar ist Sein Herz durch die Sünden der Menschen und doch so erbarmend! Aus Wunden, die Ihm durch unsere Sünden geschlagen sind, strömt uns nur Heil, Vergebung und Liebe zu. Wer kann das Herz Jesu fassen, das so unendlich zart und innig in der Liebe zu den Seinen, die Ihn lieben, ist. „Ich liebe, die mich lieben" (Spr. 8,17), sagt Gottes Wort.

Ewigkeitsstille lagerte oft in meinem Zimmer, wenn ich im Gebet war. Die Gegenwart Gottes in ihrer Heiligkeit, in ihrer Liebe war fast greifbar. Und da Gott sich nahte, sich zu dem Herzen

eines sündigen Menschenkindes herabneigte, war es, als ob man der Gottheit Atem spürte. Der Friede Gottes war wie ein Strom, Seine zarte Liebe hüllte mich ein – war dann aber auch wieder wie eine lodernde Flamme, die mich in brennender Liebe zu Ihm entfachte.
Sollte der, der uns so sehr liebt, uns nicht besuchen? „...Wir werden zu ihm kommen und Wohnung bei ihm machen" (Joh. 14,23). Jesus, die ewige Liebe will diese Verheißung erfüllen bei den Seelen, die Er liebt, weil sie zu Seiner Braut geworden sind. Er klopft an und bittet: „Stehe auf, meine Schöne, und komm her!" (Hohl. 2,10). Warum ist Er gekommen mitten in der Nacht, als Schatten die Seele umlagerten und sie wie im dunklen Tal weilte? Es ist Seine Sehnsucht, die Ihn treibt, da, wo Er geliebt wird, zu trösten und zu erquicken, Seine Liebe zu schenken. Schon ein irdischer Bräutigam würde das tun, wie viel mehr Jesus, die ewige Liebe selbst, von dem jeder irdische Bräutigam nur ein ganz schwacher Schatten ist.
Ja, Jesus kommt! Er kann nicht anders als kommen, Er ist der Kommende – heute, morgen und einmal, wenn Er als der wiederkommende König und Bräutigam von Seiner Gemeinde erwartet und empfangen wird. Er kommt mit Seiner allerbeglückendsten Liebe, die unvergleichbar ist jeder menschlichen großen Liebe, mit der wir geliebt werden können. Welche Liebe sollte zar-

ter und reiner sein als die göttliche! Welche Liebe sollte brennender sein als die der ewigen, göttlichen Glut! Wer kann beschreiben, wie stark und mächtig Seine Liebe ist, wenn sie geladen mit unendlicher Kraft Gottes, zu einer armen, sündigen Menschenseele kommt und sie erfaßt! Welche Liebe sollte wärmer, mitleidender, erbarmender sein als Seine Liebe! Menschliche Liebe ist mit ihren Fähigkeiten und Möglichkeiten begrenzt. Jesu Liebe aber, die von oben kommt, ist ohne Schranken. Sie strömt aus Seinem Herzen als ein Liebesfeuer ohne Anfang und Ende.

Wenn schon hier Seine Liebe ein Herz mit Wonnen erfüllt, wie sie im Hohenlied besungen wird: „Du Liebe voller Wonne" (Hohl. 7,7), wie muß das Lieben dann erst droben sein! Hier schon schmecken wir etwas vom himmlischen Frieden, wenn Jesus uns nahekommt und sich mit uns vereint (Joh. 17,23). Aller Schmerz kommt zur Ruhe, alle Unruhe des Herzens weicht, denn Jesus ist da. Wir dürfen an Seinem Herzen ruhen, und Zeit wird wie Ewigkeit. Ein übergroßes Sehnen erfaßt uns: Wann werden wir ganz bei dem sein, den unsere Seele liebt – auf ewig mit Ihm vereint?

Unter allen Gnaden und späteren Aufträgen, welche die Zeit der Stille mit sich brachte, war nichts dem gleich, was das Entscheidende dieser Zeit ausmachte: nahe am Herzen Jesu zu leben, das die Fülle der Liebe, aber auch der Leiden in sich trägt. Nichts war dem gleich, sich von Ihm lieben zu lassen, Ihn zu lieben und nach Jesu Verheißung und Zusage Sein Kommen zu erfahren. Aus diesem Einssein mit Jesus floß alles, was unsere Sendung, das innere Leben der Marienschwesternschaft in sich schließt. Dies In-Ihm-Bleiben, wie Jesus in Johannes 15 sagt, ist der Quellgrund für alles Wirken, für alles Wachsen im Reich Gottes. Es hat Ewigkeitswert, weil es mit Gott vereint, der das ewige Leben selber ist, aus dem heraus göttliches Leben strömt.

„O KIND VOLL GROSSER SCHÖNHEIT"

Die langen Wochen der ersten Monate meiner Stille vor Weihnachten 1952 waren sehr dunkel. Doch ging ab und zu ein helles Gnadenlicht auf. Denn plötzlich leuchtete das selige Geheimnis der Weihnacht ganz neu auf: Gott ward Mensch! Das Jesuskind kam mir lebendig nah. Eine tiefere und innige Beziehung zu dem Kind in der Krippe war auf einmal da. Vielfach wurde ich nachts geweckt, und Gottes Geist trieb mich, trotz Müdigkeit Lieder vom Jesuskind zu schreiben. Warum? Weil das Weihnachtsgeheimnis bisher noch für die meisten unter uns sehr begrifflich gewesen war: ein Gedanke, ein Wissen, eine Tradition, aber kein Geschehnis von göttlich schöpferischem Leben. Nun wollte Gott uns ein Weihnachten bereiten, durch das etwas ganz Neues bei uns aufbrechen, an uns geschehen sollte. Der Herr hatte vor, daß diese Lieder mithelfen sollten, eine vertiefte Liebe und Anbetung zu Jesus als dem Kind in der Krippe zu erwecken.

Doch in mir brach trotz dieser inneren Bereitungszeit das Bangen auf: Würde es wieder ein Weihnachten werden, das große Enttäuschung bringt wie zwei Jahre zuvor? Damals – 1950 – hatte der Herr begonnen, den Kapellenbau zu verwirklichen. Da brannte mein Herz in großer Liebe für das eine Anliegen: Gott muß Anbetung werden. Für das damalige Weihnachtsfest waren mir Anbetungen auf das Jesuskind gegeben worden. Ich hatte versucht, den Schwestern mit leuchtenden Farben zu malen, daß an diesem Weihnachten das Jesuskind uns in Liebe und großer Freude über Sein Kommen in Bann nehmen, uns zur Anbetung entzünden sollte. Doch dann konnte ich es kaum fassen: An jenem Weihnachten brannte kein Feuer in den Herzen meiner geistlichen Töchter. Die Lieder waren nicht geübt, alles Singen war tot, alles Feiern gelangweilt. Das war für mich ein großer Schmerz. Denn wie sollten wir eine Kapelle bauen können, wenn die Liebe zu Jesus nicht in den Herzen brannte, kein Geist der Anbetung da war? Hatte der Herr mir nicht gezeigt, daß ein Anbetungschor entstehen sollte, dessen Singen vom Heiligen Geist durchwirkt wäre, so daß ein Stück Himmel herniederkäme und dadurch viele noch zur Anbetung entzündet werden würden? Davon war an jenem Weihnachtsfest 1950 nichts zu spüren.

In der Weihnachtszeit des folgenden Jahres 1951/52 hatte ich sogar unseren Schwesternchor für eine Zeit auflösen müssen, weil das Singen der Anbetungen ohne Geist, ohne göttliches Leben war, ja mich wie eine Beleidigung Gottes anmutete. So hatten wir dann monatelang keinen Anbetungschor. Damals flehten wir, daß Sein Geist alles Singen und Anbeten lebendig machen und hinwegräumen wolle, was Ihm im Wege stand. Würde es nun im Jahr 1952 anders sein?

In großer Erwartung und Liebe zum Kinde Jesus kam ich aus meiner Stille zum weihnachtlichen Feiern. Am Heiligen Abend und am 1. Weihnachtstag breitete sich jedoch wieder eine lähmende Müdigkeit und Schwere aus. Doch in mir war das brennende Verlangen: Diesmal muß dem Jesuskind wahre Anbetung werden, diesmal muß der Himmel bei uns einbrechen! Am 2. Weihnachtstag geschah tatsächlich das schöpferische Wunder des Heiligen Geistes. Unser Zionssaal war nun nicht mehr ein Raum, wo eine

Ansprache über das Weihnachtsgeheimnis gehalten wurde, meine Töchter mir still zuhörten und einige Weihnachtslieder sangen. Nein, der Saal war nun gleichsam in einen „himmlischen Festsaal" verwandelt. In seiner Mitte stand die Krippe, und wie einst die Hirten dahin eilten, um niederzuknien und anzubeten, so tat es einmal diese, einmal jene Schwesterngruppe, in inniger Liebe dem Jesuskind singend. Halbe Nächte lang wurden die alten Weihnachtslieder und die neuen gesungen, die Gottes Geist mir vorher in der Stille geschenkt hatte.

„O Kind, voll großer Schönheit,
das Engel benedein,
umstrahlt vom Himmelsglanze,
von Gottes Licht und Schein.
O Kind, du reines Abbild
der Gottheit mild und schön,
das Sünder hoch besingen,
Engel anbetend sehn.

Ein Strahl vom Paradiese
hat uns in Dir gegrüßt.
Des Vaters ewge Liebe
hat uns in Dir geküßt.
Nun kann die Welt genesen,
der Himmel sie betaut.
Das Angesicht der Gottheit
hat sie in Dir geschaut." *

* Freudenquell Jesus Nr. 28

Auch in freien Versen – im Augenblick geschenkt – wurde angestimmt, wer unser Jesuskind ist und was Es uns bringt: Sündenvergebung und Seligkeit, die Liebe untereinander und damit etwas vom Himmelreich. Dann war es wieder ein Benedeien um die Krippe, ein immer neues Anbeten, daß Gott Mensch, ein kleines Kind für uns geworden war.

So war das Jesuskind unter uns lebendig geworden – das Geschehen in Bethlehem war uns zu einem „Heute" geworden. Wir feierten Weihnachten, das Fest der Lobgesänge, in jenem Jahr wie noch nie. Ein Glanz des Himmels lag über allem. Darum war es uns auch viel zu wenig, nur die Weihnachtstage selbst zum Feiern zu nehmen – bis zum Epiphaniasfest setzte sich das Feiern an den Abenden fort, an denen wir bis tief in die Nacht hinein anbeteten. Diese zwei Weihnachtswochen, die ich außerhalb der „Stille" mit meinen Töchtern verlebte, waren wirklich ein Vorgeschmack des Himmels. Wir waren so glücklich miteinander, daß die Zeit der Trennung vorher dadurch reichlich aufgewogen war.

Das Kind Jesus hatte uns zu Kindern gemacht, die fröhlich, nicht reflektierend, selbstvergessen liebten. Es hatte begonnen, uns von unserem hohen, verstandesmäßig geprägten „Erwachsensein" zu lösen. Ein Anfang der wahren Anbetung war geschenkt, die man nicht als ein „Großer", an der Krippe stehend, bringen kann, sondern als ein „Kleiner", als ein Kind, an der Krippe kniend. Das Jesuskind, die fleischgewordene, ewige Liebe, hatte uns zur Liebe untereinander gerufen, deren Zeichen ist, in allem miteinander versöhnt zu sein und so in wahrer Liebe vereint zu leben.

Doch dabei sollte es nicht bleiben. Liebe entzündet Leben. Ein weitreichender Auftrag wurde aus diesem göttlichen Geschenk an Weihnachten 1952 geboren. Am nächsten Weihnachtsfest luden wir unsere Freunde und Nachbarn mit zum Anbeten ein. In der Stille war mir ein schlichtes Weihnachtsspiel gegeben worden, das wir 1953 in unserer Mutterhauskapelle aufführten. Wir hatten keinerlei Voraussetzung an Erfahrung oder Begabung für geistliche Laienspiele. Aber dies Weihnachtsspiel war aus der Liebe zum Jesuskind geboren und unter dem Flehen, daß Ihm dadurch Liebe, Dank und Anbetung gebracht würde, indem Menschen anfangen möchten, sich zu lieben und zu versöhnen.

Gegen Ende des Weihnachtsspieles knieten und standen Schwestern singend und anbetend um die Krippe im Chorraum der Kapelle. Da kam einer aus der Gemeinde nach vorne, um seine Kerze zu entzünden, andere folgten. Doch was geschah, als eine Schar von Menschen dem Jesuskind Anbetungslieder zu singen begann? Zwei verfeindete Familien gingen aufeinander zu und versöhnten sich an der Krippe. Welcher

Sieg des Kindes Jesus, der ewigen Liebe, die auf diese Erde gekommen war, damit die Liebe siege! Jesus erwies sich als der Lebendige, der heute lebt und an Menschen etwas geschehen läßt: sie zum Lieben befähigt. Ja, wo Jesus geliebt und angebetet wird, geschieht etwas.
Dies unter uns neu offenbarte Weihnachtsgeheimnis schlug immer weitere Wellen. Das Kind Jesus hatte Seinen Siegeszug angetreten, wie es mir damals in der stillen Zeit vor Weihnachten 1952 gewiß geworden war, als Es mir so nahekam und Seine Lieder mir ins Herz gab.
Jahre später setzte sich dies Weihnachtserleben sogar fort bis nach Bethlehem in die Geburtsgrotte. Ich hatte unseren Schwestern bei Beginn ihres Dienstes auf dem Ölberg in Jerusalem gesagt, welch ein Schmerz es mir sei, daß seit Jahren gerade während der Heiligen Nacht – wo eigentlich Versöhnung und Liebe siegen sollten – in der Geburtsgrotte die Nöte des Gegeneinanderstehens der verschiedenen Konfessionen aufbrechen. Es schmerzte mich auch für das Jesuskind, daß selbst in dieser Heiligen Nacht an Seinem Geburtsort die meisten Touristen die Grotte nur durcheilten.
Meine Töchter hatten diese Not aufgenommen, und ihr Gebets- und Glaubensziel war: Von jetzt an müssen jedes Jahr an Weihnachten in der Geburtsgrotte viele von neuer Liebe zum Kind Jesus erfaßt werden, Ihm Dank und Ehre brin-

gen. Was menschlich gesehen unmöglich war, das geschah: Scharen von Besuchern, die wie sonst üblich in Touristenart einige Minuten die Grotte ansahen und fotografierten, wurden beim Singen und Anbeten unserer Schwestern von der Gegenwart des Jesuskindes eingenommen. Die Grotte war bald in einen heiligen Anbetungsraum verwandelt, wo stundenlang die Lobgesänge aus andächtigen Herzen von Menschen aller Länder erklangen. Viel Jugend und dem Glauben Fernstehende feierten mit. Ja, es geschah, daß selbst der diensthabende Moslem sein Wächteramt vergaß. Nachdem er zwei Stunden dabeigestanden hatte, flüsterte er unseren Schwestern zu, ob sie auch wüßten, daß das, was sie hier tun, sonst nie erlaubt worden sei.

Dennoch konnte sich dieses Feiern seitdem Jahr um Jahr in der Heiligen Nacht in Bethlehem wiederholen. Und es blieb nicht nur beim Feiern in der Grotte, sondern unsere Schwestern konnten etwas davon hinaustragen in die Straßen Bethlehems, die gefüllt waren mit Scharen von Pilgern und Touristen, vom Weihnachtsgeheimnis angezogenen Juden wie von innerlich ausgebrannten Hippies. Wenn dort unsere Weihnachtsgrüße weitergegeben wurden, legte sich oft gerade auf die Gesichter jener Jugend etwas vom Glanz der Freude.

Vielerorts griff ein neues Erwachen um sich über dem Geheimnis: Gott ward Mensch – Er ward zum Kinde Jesus. So wie Sonnenstrahlen in dunkle Winkel und entlegene Plätze huschen, machte sich das Künden und Singen vom Jesuskind, das Feiern und Anbeten Bahn – nicht nur in Bethlehem. Inmitten unserer Stadt im Einkaufsgewühle vor einem großen Kaufhaus, wo Schwestern die Krippe mit dem Jesuskind aufgestellt hatten und Ihm sangen, jauchzten die Kinder Ihm zu, blieben von Sünde gezeichnete Jugendliche sehnsüchtig stehen, sangen und feierten die Erwachsenen mit. In einer Berliner Markthalle mitten zwischen dem Warenangebot des Weihnachtsmarktes begannen Menschen mit unseren Kanaanfreunden zu feiern, als ihr Blick weg von all den entarteten Festreklamen und hin zur Krippe gelenkt wurde. So zog dies anbetende Feiern seine Kreise, und das Jesuskind eroberte Herzen im Verkehrszentrum der englischen Stadt Coventry, wo unsere Schwestern Es besangen – in den Häusern der Ärmsten an unserem Stadtrand – in griechisch-orthodoxen Kreisen von Thessaloniki – in Klöstern von Italien und Jerusalem – in Weihnachtsgottesdiensten von Arizona – im Militärsender für amerikanische Soldaten... Das Jesuskind machte sich Bahn durch unsere Laden-Ruferkästen in Geschäften und Wartezimmern – durch die Lieder auf unseren Weihnachtsschallplatten und durch unsere Weihnachtsbriefe, die in viele Länder gehen.

Ja, Es schaffte, daß Traurige fröhlich und weise und große Leute wieder zu Kindern wurden, daß zum Beispiel ein Bischof, ein Elektronenforscher und gewesene Schauspieler dem Jesuskind sangen und viele unserer Gäste im Haus „Jesu Freude" an der Krippe wieder anbeteten und im Sinne Gottes feiern lernten.

Doch damit war der Segen jener Weihnachtserfahrung noch nicht beendet. Dies erste, armselige Weihnachtsspiel 1953 war auch zur Geburtsstunde der Ruferspiele geworden. Durch sie konnten wir die uns aufgetragene Botschaft im Lauf der Jahre vielen Tausenden von Menschen bringen und sie dadurch zur Liebe zu Jesus, in Seine Nachfolge und zum Vertrauen zum Vater rufen.

Wer von meinen Töchtern hätte gedacht, als ich 1952 von ihnen getrennt in meinem Zimmer in der Abgeschlossenheit war, wie buchstäblich sich erfüllt, daß Gemeinschaft der Liebe mit Jesus in der Einsamkeit weltweite Auswirkungen haben würde!

GEMEINSCHAFT SEINER LEIDEN

Was war es, wogegen der Apostel Paulus seine Existenz als Pharisäer, seine Vorteile als Hebräer, seinen Ruhm unter seinen Volksgenossen für Kot erachtete? Wofür wollte er alles, was ihm Gewinn war, eintauschen? Paulus wollte „in Jesus erfunden werden" und damit die „Gemeinschaft Seiner Leiden erlangen, Seinem Tode gleichgestaltet werden" (Phil. 3,9 u. 10)! Es war ihm höchstes Sehnen, dünkte ihm kostbarstes Geschenk, teilzuhaben an den Leiden Jesu. Wie oft hatte ich das schon gelesen, aber in Wirklichkeit eigentlich überlesen.

Doch nicht nur der Apostel Paulus allein, sondern das Leben der ersten Christen war ja davon gekennzeichnet, daß es sie für Jesus ins Leiden trieb. Wir lesen von den Märtyrern aus jener Zeit, daß sie zum Leiden für Jesus geradezu von einer leidenschaftlichen Liebe getrieben waren. Und dieser Impuls beseelte Menschen zu allen Zeiten und in allen Kirchen, wie es etwa von dem großen Beter und Missionar John Hyde heißt: „Je näher wir Seinem Herzen kommen, desto mehr werden wir an Seinem Leiden Anteil haben."

Von daher ist zu verstehen, daß Franz von Assisi, der ebenso wie der Apostel Paulus kein Theoretiker war, betete, Christus möge ihn an Leib und Seele so vollkommen die Schmerzen fühlen lassen, die Er in Seinem bitteren Leiden ausgestanden habe. Er bat dies aus der Sehnsucht des Liebenden heraus, teilzuhaben am Schicksal dessen, den er liebte – und Gott führte ihn in die Gemeinschaft Seiner Leiden. „Sein schmerzensreiches Leben gipfelte in der erschütternden Gleichgestaltung mit dem Schmerzensmann selbst", so heißt es von ihm.

In den letzten Jahren, da meine Liebe zu Jesus wuchs, brach zuerst leise und dann immer stärker dieses Sehnen in mir auf. Und seit 1952, da Jesus mir mit der Macht Seiner Liebe so nahe war, wurde die biblische Tatsache von der Gemeinschaft Seiner Leiden zu einer Realität in meinem Leben. Ich spürte, daß Leiden und am meisten „Gemeinschaft Seiner Leiden" größte Frucht wirken. So bezeugt es uns Paulus: „Wir tragen allezeit an unserem Leibe das Unterworfensein und Ausgesetztsein zum Tode, welchen Jesus erlitt, so daß das Auferstehungsleben gezeigt werde an und durch unsern Leib" (2. Kor. 4,10). Paulus wußte also von Leiden, die Gemeinschaft der Leiden mit Jesus waren. Welch eine Kostbarkeit ihm diese Leiden mit Jesus waren, das geht aus vielen Stellen seiner Briefe hervor, besonders deutlich, wenn er – wie in 2. Korinther 11 und auch in Kapitel 6 – seinen ganzen Leidensweg aufzählt.

Führt Jesus eine Seele in die Gemeinschaft Seiner Leiden, so mag es zum Beispiel sein, daß Er ihr Anteil gibt an Seinem Gethsemane-Leiden. Sie erfährt nun etwas von „Leiden Jesu heute" – Leiden, die sie nie in ihrem Leben gekannt hatte und die größer und von ganz anderer Art sind, als was man sonst an menschlichen Schmerzen und Leiden je erfuhr. Denn was ist größer als das Gottesleid? Auf diesen Wegen können ganz verborgene Qualen durchlitten werden, wie man sie im durchschnittlichen Christenleben niemals erfährt, und das hat dann auch nichts zu tun mit dem, was eine Seele sonst an Lasten beschwert.

Wenn sich die Macht des Todes naht, überfällt die Seele etwas von der Todesangst Gethsemanes. Ein Stück Gottverlassenheit, furchtbare Einsamkeit kann gleichsam ihr Maul aufsperren, um sie schier zu verschlingen. Ja, über einen Menschen, der tiefste und innigste Gemeinschaft mit Jesus bereits geschmeckt hat, bricht dann ein solcher Todeszustand herein, daß er an nichts Göttlichem, Geistlichem auch nur etwas Trost findet und sich vorkommt, als hätte er noch nie eine Verbindung mit Jesus gehabt. Es ist ihm so, als ob eine Hand des Todes sein Herz zusammenpresse, daß er kaum noch fühlen und denken kann, nur noch Qual durchlebt. Die Seele bleibt dabei aber allerletztlich im Frieden und kann nach außen in allen Bedrängnissen und Schwierigkeiten des Alltags fröhlich sein. Auch wirken sich die inneren Leiden nicht hindernd oder abträglich auf die tägliche Arbeit aus.

Führt Jesus auf den Weg der Gemeinschaft Seiner Leiden, so wird Er uns oft auch mit hineinnehmen in das Leiden Seiner Schmach, da wir „mit Christo leiden" dürfen (1. Petr. 4,13), wobei Petrus uns eigens daran erinnert, uns darüber nicht als über „etwas Seltsames" zu verwundern. Alle Leidensstationen könnte man so durchgehen, denn es gibt keine, die Jesus nicht mit einzelnen Seiner Jünger, die sich danach ausgestreckt haben, im Maß ihres Leidensvermögens geteilt hätte.

Selbst Seine Wunden verlangte es Jesus mit manchem der Seinen zu teilen. Der Apostel Paulus schreibt: „Hinfort mache mir niemand weiter Mühe, denn ich trage die Malzeichen des Herrn Jesu an meinem Leibe" (Gal. 6,17). Daraus ist wohl zu entnehmen, daß hinter dieser Aussage eine Gottesberührung stand, wodurch ihm vom Herrn Wunden, aber dadurch erst recht Vollmacht verliehen worden war.

Schon im Alten Testament weiß die Heilige Schrift von schmerzhaften Gottesberührungen und ihren Folgen zu sagen: „Jakob hinkte an seiner Hüfte", heißt es, nachdem er mit Gott gekämpft und Sein Angesicht gesehen hatte. Jakob hinkte zum Zeichen dafür, daß er nicht mehr derselbe war wie der Jakob vorher. Großes richten also derartige Gottesberührungen aus.

Solche Erfahrungen gehören zu den Gliedern des Leibes Jesu, die gewürdigt sind, in das Leben und Leiden des Hauptes, Jesus, hineingenommen zu werden als ein Teil von Ihm, wie geschrieben steht: „Wir sind von seinem Fleisch und von seinem Gebein" (Eph. 5,30).

Berührung mit der Gottheit bringt in Verbindung mit dem, der das Leben selber ist, und führt darum auch nicht in einen Zustand unfruchtbarer Passivität, Bedrückung oder geistlicher Überheblichkeit. Wenn Gott aus Gnade in die Gemeinschaft Seiner Leiden führt, wird die Auswirkung vielmehr eine demütige Hingabe und eine verzehrende Glut für Seine Aufträge und Dienste sein. Die Seele eifert dann mit ihrem ganzen Sein, das Werk Jesu über der ganzen Welt zu treiben – und sei es auch im hingebenden Dienst des Gebets. Ihr gilt das Wort: „Die Liebe Christi dringet uns also"; sie drängt zu Taten – und das erhärtet ihre Echtheit.

Für mich war es nichts als Gnade, als Jesus mir das Geheimnis „der Gemeinschaft Seiner Leiden" nicht nur erkenntnismäßig erschloß, sondern begann, mir ein wenig Anteil zu geben an Seinem Leiden, Seinem Weg. Ich hatte in den Monaten vorher immer wieder gesungen:

„Jesus, Jesus, meine Liebe,
hochverehrtes Gotteslamm,
der Du gingst aus freiem Triebe
Deinen Weg zum Kreuzesstamm,
laß mein Lieben Dich begleiten,
nimm mich mit auf jedem Schritt
Deines bittren Seelenleidens,
laß mich fühlen jeden Tritt."

Solches brach nun in mein Leben ein, und Jesus

nahm mich während vieler Zeiten der Gebetsstille ein wenig in Sein Leiden mit hinein.
So waren die Monate, ehe ich in die Stille ging und mich dem aller Vernunft entgegengesetzten, scheinbar sinnlosen Weg der Abgeschlossenheit hingab, gleichsam Gethsemane-Wochen, da ich ahnend etwas von den Angriffen und Dunkelheiten einer Gethsemane-Stunde erfuhr. Was bedeutete da das „Ja-Vater" Jesu für mich und mein Leben! Meine ständige Bitte dabei war:

„Laß mich tapfer bei Dir stehen,
wenn die Nacht des Trauerns groß,
und Gethsemane bestehen,
wenn ich fern von Deinem Schoß
Anfechtungen preisgegeben
und dem Heer der Finsternis –
dann laß mich am Boden liegen,
hingegeben Gottes Willn."

Und dann ging es darum, sich wirklich auszuliefern und binden zu lassen an Seinen Willen auf diesem Weg der Wirkungslosigkeit, eine Gefangene für Ihn zu sein. Das konnte nur geschehen, weil der gefangene Jesus, der sich aus reiner Liebe für uns binden ließ, übermächtig in mein Leben trat und mir in Seinem Leiden nahekam. Die Heiligkeit Gottes, der ich mich gestellt hatte, ließ mich auch zur Angeklagten und Verurteilten werden: Angesichts des unschuldigen Lammes Gottes, das sich für uns fünfmal vor die

Richter schleppen ließ, richtete mich der Geist Gottes innerlich in einem bisher nicht gekannten Ausmaß um meiner Sünden willen. Auf diesem Weg schenkte der Herr mir eine Erschütterung über Jesu Passionsleiden, die ins Mark ging und mir die einzig wahre und mögliche Antwort darauf aus der Tiefe entlockte, ein Weinen, Trauern, Lieben und Anbeten aus einem im Innersten ergriffenen Herzen.

Was 1952 begonnen hatte, wurde in der Passionszeit 1953 noch ganz anders Wirklichkeit in meinem Leben! Der Heilige Geist gab mir als erste Frucht dieses inneren Erlebens, daß mir meine Sünde zu einem Schmerz wurde wie wohl nie zuvor. Davon waren auch all die „Stillen Zeiten" der weiteren Jahre gekennzeichnet: von einer immer neuen Reue. Er gab mir den großen Schmerz ins Herz, daß meine Sünde die Veranlassung zu Seinem Leiden war. So wurde mein Herz voll Tränen im Mitleiden der Leiden Jesu. Jesus hatte meine Bitte, die ich Ihm im Jahr vorher gebracht und niedergeschrieben hatte, erhört:

„Jesus, laß mich mit Dir weinen
in der Nacht des Trauerns Dein ..."

Doch trieb mich dies Erleben dann dazu, alles zu tun, um Jesu Herz zu erquicken und zu trösten durch Hingabe der Liebe, durch Einsatz, daß Menschen aus Sünden und Satans Macht gerettet werden und in anderen die Liebe zum Drei-

einigen Gott neu erweckt wird. Nur aus dieser Wurzel der mich immer stärker antreibenden Liebe zu Jesus sind meine Schriften und die meisten meiner Lieder entstanden.
Auch in früheren Jahren hatte ich während der Passionszeit den Schwestern abendliche Passionsstunden gehalten; doch wie anders war es nun in der Passionszeit 1953, da ich aus der völligen Gebetsstille für einzelne Abende zu meinen Töchtern kam! Diesmal brachte ich ihnen keine Passionsbetrachtungen, sondern was in meinem Herzen vom Leiden Jesu nun lebte, das voll der inneren Klage darüber war. Es erfüllte mich nur ein leidenschaftlicher Wunsch für mich selbst und für meine Töchter: dem Herrn, der in Seiner Liebe für uns Sünder so qualvoll gelitten hat, um uns Satan und der Hölle zu entreißen, nun wie nie zuvor Liebe, immer neu Liebe zu erweisen. Und ich erfuhr die große Gnade, daß Jesus tatsächlich in dieser Passionszeit bei meinen Töchtern als der Schmerzensmann Eingang fand.
Wir durften durch Seine große, sich herabneigende Liebe Seinem Herzen näherkommen. Denn Leiden, die ein anderer im Herzen trägt, sind etwas Heiliges, woran er nur Liebende teilnehmen läßt. Wir spürten, es war Gnadenstunde, daß Jesus uns das Heiligste, Sein Leiden, erschloß. Viele Herzen waren erfüllt von Tränen über unsere Sünde, die Jesus solche Leiden ver-

ursacht hatten; sie waren so erfüllt von Seinen Leiden, daß es große Liebe zu Ihm entfachte. So hatten wir nur ein Verlangen, Ihm zu vergelten, was Er für uns getan hatte. Und unser Herr Jesus in Seinen Leiden wurde viele Male innig angebetet.
Angesichts Seiner Leiden brannte in mir die sehnliche Bitte:

„Liebe, Liebe muß Dir werden,
wie noch nie ein Mensch auf Erden
Trost und Lieb um Lieb empfing."

Ich erfaßte es als ein großes Vorrecht – und dem gegenüber fielen die Leiden der Abgeschlossenheit jener Zeiten der Stille für Jesus nicht ins Gewicht –, von diesen Kostbarkeiten, dem Leiden Jesu, weitersagen und andere in Liebe zu Jesus entzünden zu dürfen.

SCHREIBE

Ich erinnere mich noch gut daran, wie ich vor Beginn der Marienschwesternschaft während meiner Reisedienste 1939 bis 1944 von vielen Seiten gefragt wurde: „Können wir das Gesagte nicht schriftlich bekommen?" Da hatte ich erwidert:

„Die Gabe des Schreibens habe ich nicht, schriftlich Niedergelegtes gibt es von mir nicht."

Doch Gott führte es anders. Wie schon berichtet, waren ja in jenen Jahren meine Vorträge mitstenographiert, klischiert und verbreitet worden. Das merkten Mutter Martyria und ich erst an den Nachbestellungen, die bei uns einliefen, ohne daß wir meine Vorträge besaßen. Auf solche Bitten hin vervielfältigten wir den uns zugesandten Text. Nach Kriegsende, als das Drucken grundsätzlich wieder möglich war, suchten wir Wege dafür, denn mit unseren primitiven Methoden war den Bestellungen nicht nachzukommen. Wir beteten damals lange darüber, ob wir dies Risiko eingehen sollten. Die Druckereiunkosten, um die Schriften im Selbstverlag herauszugeben, schienen unerschwinglich hoch. Unsere Armut hatte den bis damals tiefsten Punkt erreicht – es war kurz nach der „Währungsreform", und jedermann hatte nichts weiter als sein „Kopfgeld". Aber wir ließen die ersten drei Hefte drucken: „Dem Überwinder die Krone", „Das königliche Priestertum" und „Gewissensspiegel". Die Nachfrage war über alles Erwarten groß, die Erstauflagen bald vergriffen. Neue Auflagen brachten uns neue, große Rechnungen, während wir für die weitergegebenen Schriften keine Rechnungen ausstellten. Da kam eine unserer ersten Schwestern mit dem Vorschlag, wir müßten unbedingt versuchen, zu einer kleinen Offset-Druck-

maschine zu kommen, dann könnten wir billig in einfachem Verfahren selber drucken. Und Gott erhörte unser Gebet – bald darauf bekamen wir diese Maschine geschenkt.
Seitdem war in einer kleinen Dachkammer des Mutterhauses viel nachgedruckt worden. Es waren inzwischen noch die Schriften „Macht des Gebets" und „Hast du Mich lieb?" entstanden, doch dachte ich nicht daran, weiteres zu schreiben. Dann, nachdem ich seit Herbst 1952 in der Stille war, kam in jenem ersten Winter meiner Abgeschlossenheit der Auftrag Gottes, durch Schreiben das Zeugnis von Ihm weiterzugeben.
Ausgerechnet mich traf dieser Auftrag, die ich nie viel Sinn für schriftstellerisches Arbeiten gehabt hatte; das war nach meiner Ansicht Männerarbeit. Auch war mir sehr bewußt, daß ich keine schriftstellerische Gabe hatte. Darum konnte ich nur dann schreiben, wenn Gottes Geist mich trieb. Das geschah nun öfter nach Zeiten innerer Leiden mit Jesus in meiner Abgeschlossenheit. Da wurde ich manchmal so sehr zum Schreiben gedrängt, daß all mein bisheriges Denken und Meinen darüber hinfällig wurde. Mein Herz und Geist wurden von solcher Glut erfaßt, daß ich nicht anders konnte als – dem Wirken des Geistes gehorsam – viele Stunden ohne Pause zu schreiben, manchmal halbe Nächte, ohne daß ich müde wurde. Aus dem Jahr 1955 erinnere

ich mich, von morgens früh bis nach Mitternacht an einem Buch geschrieben zu haben, weil ich so stark dazu getrieben wurde.
Wohl war es der Heilige Geist, der mich zum Schreiben trieb, dennoch bedeutete das nicht, ein willenloses Werkzeug zu sein. Wenn ich eine neue Schrift zu schreiben hatte, mußte alles durchlebt sein und wurde dann erst zur Frucht im schriftlichen Zeugnis. Während einzelne Bücher und Schriften entstanden, hatten meine Augen in diesen Zeiten der Stille sehr wenig äußere Eindrücke. Dafür stand vor meiner Seele in dieser Abgeschlossenheit immer leuchtender Jesus als das Lamm Gottes und der wiederkommende König und Bräutigam. Ihn durfte ich in den Schriften und Liedern den Menschen vor Augen stellen.
Meine Vernunft wollte zwar immer wieder streiken, und ich sagte mir: Du hast nun genug geschrieben. Es war mir peinlich, so viel geschrieben zu haben; die Kritik, die deswegen von manchen Seiten geübt wurde, ist mir nicht verborgen geblieben. Doch zur großen Hilfe wurde mir dann der Gehorsam gegenüber Gottes Willen und Auftrag im Wissen darum: Wenn es nach Seinem Plan ist, ist es richtig und nichts als Gnade, daß ich schreiben darf. Ich erfuhr auch immer neu, daß es ein großes Geschenk ist, das Wesen des Vaters, des Sohnes und des Heiligen Geistes in Seiner Heiligkeit, in Seinem Richten, aber

noch mehr in Seiner großen Güte, Liebe und Barmherzigkeit, in Seiner Erlösungsmacht künden zu dürfen. Letztlich war es ein Vorrecht, den Ruf weiterzugeben, Jesus über alle Dinge zu lieben und sich auf Sein Kommen zu bereiten.

Doch bei diesem Auftrag war das Durchhalten im Glaubensgehorsam noch einer besonderen Prüfung ausgesetzt. Um einen Leserkreis zu erreichen, der über den eigenen Freundeskreis hinausgeht, muß man im Inland Zugang zum Buchhandel und im Ausland zu Verlagen haben. Und das waren durch Jahre hindurch für uns verschlossene Türen. Verleumdungswellen brachten mit sich, daß sich kaum eine Buchhandlung für mein Schrifttum öffnete, von Verlagen nicht zu reden. Ich kann nicht sagen, wie oft mir der Feind in der Stille vorhielt, es sei unsinnig, dennoch immer weiter zu schreiben. Und ich kann es nur dem göttlichen Feuer und Drängen des Heiligen Geistes zuschreiben, daß ich angesichts dieser Sinnlosigkeit den Auftrag, zu schreiben, nicht aufgab. Unvergeßlich ist uns ein Verheißungswort, mit dem der Herr uns stärkte angesichts der verschlossenen Verlage in der englischsprechenden Welt: „... daß ich euch gebe das Ende, des ihr wartet, spricht der Herr" (Jer. 29,11).

Doch so ist unser Gott! Als die Zeit erfüllt war, schloß sich tatsächlich der Buchhandel auf. Dazu vergrößerte sich der Leserkreis so, daß unsere

Verlagsschwestern Sommer und Winter Berge von Bestellungen zu bewältigen hatten. In unserer 1952 so klein begonnenen Druckerei liefen inzwischen fünf Druckmaschinen und bewältigten doch nur einen Bruchteil der benötigten Schriften. Ein amerikanischer Verlag schrieb, welch ein Vorrecht es für ihn sei, unsere Bücher zu verbreiten. Viele andere ausländische Verlage öffneten sich.

Als ich 1952 gegen alle Vernunft den Weg der Stille betrat, hätte ich nicht ahnen können, was der Herr sich für diese Zeit schon erdacht hatte: nämlich daß die Zeit der Abgeschlossenheit zur Quelle für eine Fülle von Schriften werden würde. Einen Verlag mit weltweitem Auftrag hatte der Herr im Auge, Auflagenhöhen, mit denen niemand von uns gerechnet hätte, über hundert Schriften und Übersetzungen in ca. 30 Sprachen. Ja, 1952 war mir völlig verborgen, daß später einmal so viele Menschen durch das Gelesene zur Reue und Buße kommen und damit zur ersten Liebe zu Jesus zurückfinden würden, sich zur Kreuznachfolge hingeben oder neu die Heiligkeit und Unantastbarkeit der göttlichen Gebote erfassen. Damals konnte ich nicht ahnen, daß nach eineinhalb Jahrzehnten eine Zeit kommen würde, in der die Gemeinde Jesu – durch eine vom „Du" Gottes losgelöste Theologie bedroht – mehr denn je einer Hilfe, Stärkung und Wegweisung bedürftig wäre, die abseits von al-

len Diskussionen aus dem Erleben der Nähe Gottes in der Stille gewachsen war.
Also auch um dieses Schreibauftrags willen rief mich Jesus damals in die Abgeschlossenheit, die mir in Anfechtungsstunden immer wieder so sinnlos erschien. Doch Gottes Gedanken sind höher als unsere Gedanken – und was unserem menschlichen, gefallenen Verstand ohne Sinn erscheint, hat bei Gott oft den größten Sinn und Auswirkungen, die wir nicht ahnen.

„CHRISTUS IN UNS"

Schon Jahre vor der Gründung der Marienschwesternschaft hatte mich das Wort aus der Heiligen Schrift ganz besonders angesprochen und mein Herz bewegt:

> „Denn der Herr hat Zion erwählt und hat Lust daselbst zu wohnen. ‚Dies ist meine Ruhe ewiglich, hier will ich wohnen; denn es gefällt mir wohl'" (Psalm 132,13 u. 14).

Die Erfüllung dieser Verheißung, die ich in den ersten Monaten der Abgeschiedenheit als beglückendes Geschenk erfuhr, war noch viel umfassender als das liebende Nahekommen Jesu, wovon ich schon schrieb. Doch wenn ich erfahren sollte, was es in sich schließt, daß Jesus nach

Seiner Zusage in Johannes 14,23 wirklich bei uns „Wohnung machen" will, dann konnte dies nicht „über Nacht" geschehen, es bedurfte der dazugehörigen Vorwege.

Innewohnung Jesu! Wie lange war es mein größtes Sehnen gewesen, daß der Herr dies in meinem Leben erfüllen könnte. Ich spürte aber, wie weit ich davon entfernt war, denn Jesus sagt ja, daß Er in den Herzen derer Wohnung machen will, die Ihn lieben, und wiederum heißt es in Seinem Wort: Das Zeichen der Liebe zu Ihm ist, daß wir Sein Wort halten. Gerade das aber hatte ich in früheren Zeiten nicht absolut genommen. Ich hatte manche Worte Jesu wohl gewußt, aber nicht für letztlich verpflichtend gehalten, und damit hatte ich die erste Voraussetzung übergangen, um Sein Gebot in der Kraft des Opfers Jesu befolgen zu können.

Durch Gottes Eingreifen kam ich mit etwa 30 Jahren zur Reue darüber, daß mir die kompromißlose Nachfolge Jesu fehlte, und damit geschah eine Wandlung in meinem Leben. Nun nahm ich Jesu Gebote als verpflichtend für mich. Es war die Zeit, als mir die erste Liebe zu Jesus wieder geschenkt wurde. Diese Liebe trieb mich nun, Sein Wort anders ernst zu nehmen als zuvor. Denn wen wir lieben, dessen Wort und Wünsche und Forderungen an uns sind uns heilig und wertvoll, lieb und verpflichtend. Damit brach damals das große Sehnen in mir auf: Ach,

daß der Herr doch Wohnung in mir machen möchte! Ich spürte, wie mein Herz von vielerlei anderen Dingen und Ereignissen, von Menschen, Sorgen, meiner Arbeit, von Leiden und Schwierigkeiten immer wieder eingenommen war – meine Herzenswohnung davon „besetzt" war. Wohl glaubte ich an Jesus, doch Er hatte noch zu wenig Raum in mir. Nun aber drängte mich der Heilige Geist, mit ganzer Entschlossenheit den Dingen und Menschen, denen ich so viel Raum in meiner Seele gab, abzusagen.
So erinnere ich mich zum Beispiel noch genau an die Tage eines Umzugs innerhalb unserer Wohnung auf dem Steinberg in den Jahren vor der Marienschwesternschaft. Dabei war es nötig, Handwerker im Hause zu haben, alle Schränke auszuräumen, vieles zu sortieren, was den ganzen Tag Unruhe und Umtrieb mit sich brachte. Lebendig ist mir im Gedächtnis geblieben, wie ich damals der Versuchung ins Auge sah, daß mich dieser viele Umtrieb ganz einnehmen könnte, ich nicht mehr in der Gegenwart Jesu bleiben würde. Darum flehte ich Jesus an, daß Er mich durch Seinen Geist doch immer bei Ihm bleiben ließe. So tat ich in diesen Tagen ganz bewußt alles betend vor Jesu Augen mit dem einen Sehnen, meinen Herrn Jesus den Tag über bei all dieser Räumerei nicht zu verlieren. Ich weiß noch, wie dankbar ich war, daß Er es schenkte.
Durch diese Sehnsucht, daß Jesus in mir Woh-

nung machen möge, gab ich seitdem ganz scharf auf das acht, was mich irgendwie sonst in Beschlag nehmen konnte, wie etwa die Arbeit. Da ich gern viel und schnell arbeitete, hatte ich mir bisher schon morgens aufgeschrieben, was alles an diesem Tag fertig werden mußte. Dann hatte ich mich meist in die Arbeit gestürzt, „fieberhaft gearbeitet", weil ich um jeden Preis den Tagesplan durchgeführt haben wollte. Nun aber vollzog ich eine Absage, auf daß jetzt ein anderes Leben diesbezüglich begänne. Darum breitete ich morgens die Arbeitspunkte betend vor Gott aus, legte sie dann aber ganz fort und sah sie nicht mehr an.

Statt mich mit dem Gedanken, was ich alles an Arbeiten vorhatte, zu beschäftigen, bat ich immer wieder den Heiligen Geist, daß Er mich führen möchte. Er möge mir zeigen, ob ich jetzt dies oder jenes tun, hier oder da hingehen sollte, ob ich an einer Arbeit bleiben oder länger beten sollte – wenn es nicht etwas war, was auf Termin fertig werden mußte oder durch die Gegebenheiten mich selbstverständlich forderte. Meine ständige Bitte war, daß nichts in mein Herz eindringe, was es in falsche Erregung setzen und ganz einnehmen könnte. Und Gott erhörte mein Gebet um ein lebendiges Reagieren der Liebe und des Mitleidens und -tragens im Blick auf meinen Nächsten, bei dem ich dennoch im Frieden in Ihm bleiben konnte.

Gott hatte zugleich die Liebe zu Jesus neu in mir erweckt, die sich kundmacht, indem sie Ihn viel besingen und anbeten muß. Mein Herz war nun erfüllt von Jesus als meinem Bräutigam und Herrn, von Seiner unendlichen Liebe und Schönheit – von Ihm, als dem Lamm, das Wunden trägt und dessen Liebe sich sogar über Seine Lästerer ergoß – von Ihm als dem König in Seiner Glorie und Majestät, der da wiederkommen wird in Herrlichkeit.
Diese Liebe hatte mich ja auch getrieben, Ihm mein Ja zum Weg der Abgeschlossenheit zu geben, zur Lösung von den Geschöpfen, von allem eigenen Wünschen, Wollen und Wirken. Und in dieser stillen Zeit konnte nun all das, was Er vorbereitend gewirkt hatte, um in mir Wohnung machen zu können, zur Vollendung kommen.
In jener Zeit der Abgeschlossenheit kam ein Tag, den ich nie vergessen werde. Der Herr Jesus schenkte mir diese Innewohnung in besonderem Maße, indem Er das, was Sein Wort zugesagt hatte, nun buchstäblich verwirklichte. So war es eine heilige Stunde, in der Jesus greifbar nahe war. Alles schien von der Gegenwart Gottes erfüllt, der hier Wohnung zu machen suchte. Nun verstand ich auch, warum Er mich ein Jahr vorher, als ich monatelang auswärts krank lag, durch eine Zeit tiefster Demütigung und Erniedrigung geführt und mich gerichtet hatte bis in den Staub, daß ich mich auch beugte

vor meinen Töchtern. Der Herr sagt, daß Er, der Hohe und Erhabene, nur bei solchen wohnt, die zerbrochenen und gedemütigten Geistes sind. Hatte ich Ihn nicht all die Jahre gebeten, daß Er Wohnung bei mir machen möchte? Er konnte es nicht in dem Maß, denn mein Herz war noch zu hoch. So hatte Er mich demütigen und erniedrigen müssen. Ja, Er mußte es später immer und immer wieder tun, sonst kann Er nicht bei uns wohnen bleiben.
Aus dieser Gnadenstunde ergoß sich ein großer Segen in mein Leben. Wenn später meine Töchter sich wunderten, daß ich bei den größten Schwierigkeiten und Nöten, die die Leitung eines solchen Werkes mit sich bringt, zumeist still bleiben konnte, ich mich nicht zu erregen brauchte, so war es die Gnade der Innewohnung Jesu. Es war mir ein besonderes Geschenk, daß der Herr – wenn auch äußerlich die Wellen manchmal hin und hergehen mußten – durch Seine Innewohnung mein Herz im Innersten wie einen stillen See machte. Im Herzensgrund wohnte ja Jesus, Er war mein Friede, Er war mein Helfer, Er hatte in Seinem Ratschluß schon alles gelöst. Er nahm meinen Willen in den Seinen hinein. Und wenn unser Wille mit dem Seinen vereint ist, dann bleibt er Gott auch hingegeben, wenn Sein Wille für uns Durchquerungen, Widerstände, Nöte und Leiden in sich schließt.
Die Innewohnung Jesu brachte mir noch etwas

anderes, wofür ich bis heute immer neu danke. Wenn ich bei ungelösten Schwierigkeiten sehr viele Entscheidungen zu treffen hatte, wußte ich früher oft nicht, was Sein Wille sei. In Jahrzehnten vorher, obwohl damals noch nicht die Last so großer Verantwortung auf mir lag, konnte ich mich dennoch fast zerreiben an der Frage: Wie sollst du in diesem oder jenem Fall entscheiden, was ist jetzt Gottes Wille, welchen Weg sollst du jetzt gehen? Ich kam oft zu keiner Klarheit. Und wenn ich schließlich entschieden hatte, quälte ich mich mit der Frage, ob die Entscheidung wirklich recht war. Ungelöst blieb für mich: Wie soll man Gottes Willen erkennen?

Damals wußte ich noch nicht, daß das Erkennen Seines Willens erst dann geschehen kann, wenn wir Gottes Willen tatsächlich anfangen ernstzunehmen. Erst müssen wir unseren Willen und den Wunsch, uns selbst führen zu wollen, aus der Hand gelegt haben, dann können wir Seinen Willen erkennen, dann erst kann Er anfangen, uns in allem zu führen. Das ist ein Prozeß, eine Übung – aber sie beginnt mit einem erstmaligen Entschluß. Doch es lohnt, alles aufzugeben, zu verlieren in unserem Leben, damit wahr werde, daß wir Ihn über alle Dinge lieben. Es lohnt, seinem eigenen Willen, Meinen, Wünschen abzusagen und sich hinzugeben, daß nur noch Sein Wille, wie Er Ihn in Seinem Wort für uns geäußert hat, verpflichtend ist. Denn dann kommt Er selber und wohnt in uns, Er, in dem wir alles haben, was wir uns ersehnen an Liebe, an Hilfe, an Lösung, an Führung.

Das war es, was ich erfuhr seit jener Zeit der besonderen Begnadigung durch die Innewohnung Jesu in der Stille – und dann immer mehr. Der Herr schenkte mir, daß ich wie von einer unsichtbaren Hand bei allem geführt wurde. Wenn ich Ihn auch jedesmal neu sehr bitten mußte, mich jetzt recht zu lenken, weil ich mich unsicher und unfähig fühlte, in der jeweiligen Lage das Rechte zu erkennen –, so wurde ich dann wie an der Hand genommen und sicher von Jesus als „Ich in euch" geführt, so oder so zu entscheiden. Bei vielen schwierigen Entscheidungen bestätigte sich hernach Seine klare Wegweisung.

So lenkte Er mich auch in den kleineren, alltäglichen Dingen – zum Beispiel hier und da eine Arbeit jetzt zurückzulegen und etwas anderes zu tun –, und ich erlebte oft hinterher voll Dank, daß die Arbeit dann tatsächlich hinfällig wurde durch andere dazwischen gekommene Ereignisse. Oder ich wurde so geführt, jetzt ein Gespräch mit diesem oder jenem nicht zu haben, und dann erübrigte es sich auch. Umgekehrt trieb es mich, diese oder jene meiner Töchter zu rufen, die gerade den Herrn angefleht hatte, weil sie jetzt ein Gespräch mit mir brauchte.

Jesus in uns – wie Er verheißen hat, – wenn das eine Wirklichkeit ist, dann führt Er, dann entscheidet und sorgt Er. Aber wie sehr gilt es, auf der Hut zu sein und nicht dem eigenen Willen und Denken nachzugeben. Denn dann treiben wir Jesus aus unserem Herzen hinaus, sofern wir nicht gleich in Reue umkehren. Nur wenn wir Sein Wort halten, also nach Seinem Willen uns richten und tun, bleibt Er in uns. Doch wo wir den Weg des zerbrochenen, gedemütigten Herzens durch immer neue Reue gehen, den Weg der immer neuen Willenshingabe, da bringt Seine Innewohnung uns etwas vom Himmel, Freude, Friede und Glückseligkeit. Davon durfte ich dann reichlich in der Stille meiner Abgeschlossenheit schmecken.

Rückschauend ist mir anbetungswürdig, daß der Herr in Seinem wunderbaren Plan mich den Weg der Abgeschlossenheit führte und mir dabei das kostbarste Geschenk, Seine Innewohnung, bereitete.

EINHEITS- UND VERSÖHNUNGSREISEN - MEIN WEG IN DIE STILLE WIRKT SICH AUS
1953 - 1955

BITTGÄNGE WIDER DIE NATUR

Hingaben, die wir Gott in der Stille bringen, verleiblichen sich und werden eines Tages sichtbar; sie haben ihre Wirkungen nach außen. Das wurde mir nun zu einer tröstlichen Gewißheit im Blick auf alle Anfechtungen innerhalb der Abgeschlossenheit: Wenn die Erfahrungen, die wir mit Gott machen durften, real waren, sind auch die Auswirkungen davon dann Realitäten. So trieb mich die Liebe zu Jesus, dem Schmerzensmann, die in der ersten Passionszeit meiner Stille stärker als je aufgebrochen war, dazu, um Seiner Leiden willen mein Kreuz anders als zuvor liebend zu umfangen. Ich wollte Ihn durch meine Leidenshingabe erfreuen, ich wollte Wege gehen, die Jesu Herz erquicken. Liebe wird immer konkret. Und bald zeigte mir der Herr den nächsten Schritt.
Im Frühjahr 1953 war mein Herz in den Wochen Seiner Passion sonderlich von Jesu gegenwärtigem Leiden erfaßt worden, und zwar im Blick

auf die Zerrissenheit Seines Leibes. Eingeleitet war dies durch eine Erfahrung im Jahr zuvor. Ich hatte miterlebt, wie eine Zeltevangelisation vorbereitet und viel dazu eingeladen worden war. Doch bei der vorbereitenden Gebetsgemeinschaft hatte man eine Gruppe Gläubiger ausgeladen. Richtgeist hatte zu schmerzlicher Uneinigkeit geführt unter den Verantwortlichen der Evangelisation. Die Versammlungen waren dann schlecht besucht, und die Botschaft hatte keine Durchschlagskraft. Das erschütterte mich sehr, zumal ich viel für diese Evangelisation gebetet hatte. Viele Menschen konnten also nicht gerettet werden, weil Uneinigkeit unter Seinen Kindern herrschte. Dies Erleben war zu einer Weichenstellung für mich geworden. Ich erbat mir, dafür leben zu wollen, daß Wunden Seines zerrissenen Leibes gelindert werden möchten.

Jetzt, nach dem ersten Winter in der Stille, redete der Herr mit mir über diesen Seinen Schmerz, daß Seine letzte Bitte nicht erfüllt wurde. Und Er stellte vor mein inneres Auge solche Brüder und Schwestern, die in Spannung oder gar Gegnerschaft zu uns lebten. So folgten auf die Wochen meiner Abgeschlossenheit als Verleiblichung meiner Hingabe an Jesus, den Versöhner, verschiedene „Versöhnungsreisen" im Sommer 1953. Der Herr gab mir ins Herz, alles dafür zu tun, daß Risse in Seiner Gemeinde geheilt würden. Das bedeutete für mich, zu denen zu fahren, die eine Gegeneinstellung zu unserem Werk hatten, um zu versuchen, wegzuräumen, was trennend zwischen uns stand. Denn all das, was während der Erweckung der Jugendkreise und zu Beginn der Marienschwesternschaft an falschen und zum Teil bösen Gerüchten aufgekommen war, hatte manche Persönlichkeiten und Werke, mit denen wir an und für sich verbunden gewesen wären, in eine gewisse Distanz oder sogar in Gegnerschaft zu uns gebracht.

In solcher Lage wird Einheit in der Gemeinde nicht vor allem durch theoretische Besprechungen und schriftliche dogmatische Abhandlungen gewirkt, so nötig sie sind, sondern hier gilt das Wort des Herrn: „Ich suchte unter ihnen, ob jemand in den Riß treten möchte" (Hes. 22,30). Was konnte ich da tun? Ich hatte meinen Rechtsanspruch dranzugeben, wo mir Unrecht getan worden war, indem ich mich demütigte. Das hieß also, zu den verschiedenen Werken oder Persönlichkeiten zu gehen, um zu bitten, daß sie mir die Hand zur Versöhnung reichten. Jesus zeigte mir, wie sehr mir noch die demütige Liebe fehlte – sonst hätten mir diese Gänge im Gedanken daran nicht so schwer aufgelegen. Doch dann schenkte der Herr eine drängende Liebe, diese demütigenden „Canossa-Gänge" um der Leiden Jesu und um Seiner letzten Bitte willen anzutreten.

So begab ich mich auf die Reise. Ich fuhr nach

Norden und Süden, nach Osten und Westen, um zumeist Leiter von christlichen Kreisen oder Werken zu besuchen. Die Reisen – alle ohne Auto – waren anstrengend. Und die Unkosten der Fahrgelder aufzubringen, war angesichts unserer Kassenlage nicht selbstverständlich. Denn wir waren an jedem neuen Tag darauf angewiesen, daß Gott uns für unseren Unterhalt und unsere Dienste auf dem Weg des Gebets und Glaubens das Notwendigste gab. Doch das war das wenigste. Viel größer waren die Enttäuschungen und Demütigungen, die diese Reisen mit sich brachten.

Da kam ich zum Beispiel in ein großes christliches Werk. Eine Schwester holte mich freundlich, aber mit deutlicher Distanz vom Bahnhof ab. Im Hause erwarteten mich die leitenden Persönlichkeiten – doch ich fand keine „Brüder". Ich war wie zu einer Gerichtsverhandlung gekommen. Auf dem Tisch lag von mir verfaßtes Kleinschrifttum, unter anderem die „Gebetswaffe". Es wurden mir einzelne Worte daraus vorgelesen, wie: „Beten heißt, bereit sein, um der Seelen willen, für die wir beten, in die Gemeinschaft Seiner Leiden einzugehen." Die Herren wiesen mir nach, daß solches Wort das Opfer Jesu schmälern würde, meine „unbiblischen" Aussagen Irrlehren verbreiteten. Mein Hinweis auf die Aussagen des Neuen Testaments wurde nicht angenommen, obgleich dort geschrieben steht von der „Gemeinschaft Seiner Leiden" (Phil. 3,10) und: „Das erdulde ich alles um der Auserwählten willen, daß sie die ewige Seligkeit erlangen ..." (2. Tim. 2,10).

Diese Art der negativen Beurteilung erlebte ich immer wieder. Man griff in enger Weise Einzelformulierungen heraus, ohne den Gesamtzusammenhang der Verkündigung, die ich brachte, zu berücksichtigen. Es war meinerseits nicht möglich, zum Ausdruck zu bringen, daß ich die ganze biblische Botschaft im Herzen hatte. Ich verließ schmerzlich enttäuscht dieses Werk, da das Gegenteil von dem geschah, was mein Sehnen gewesen war: in unserem Herrn Jesus Gemeinschaft und Liebe zu haben.

Als ich zu einem anderen Haus kam, war dort gerade ein Treffen aller dazugehörigen Glieder. Hier wartete ich besonders darauf, daß ein Liebesband geschlungen würde. Doch die Brüder wollten davon nur unter der Voraussetzung wissen, daß wir in ihre Tradition eingingen, ja Glieder ihres Verbandes würden. Ich konnte aber das, was von mir erwartet wurde, nicht tun; denn dieses Werk hatte eine andere innere Führung, einen anderen Auftrag, als er uns gegeben war. Statt Liebesgemeinschaft gab es darum einen großen Mißklang. Bei einem weiteren christlichen Werk wurde ich gar nicht empfangen.

Aber es geschahen auch Wunder Gottes an Versöhnung und Liebeseinheit, denn mit einzelnen

Brüdern, die zeitweise von uns Abstand genommen hatten, wurden neue Bande der Liebe Jesu geknüpft, so daß wir in den Jahren darauf gemeinsame Anbetungsfeste im Mutterhaus feiern konnten.

Mit dem Sommer 1953 waren die „Versöhnungsreisen" noch nicht zu ihrem Ende gekommen. Die darauffolgende Stille Zeit im Winter war geprägt von Jesu Gegenwart als dem dorngekrönten Herrn. Es ging mir zutiefst ins Herz, wie der Herr als das Lamm Gottes Seine Höhner und Lästerer in Seiner Erniedrigung mit erbarmender Liebe anschaut: Jesus, der Herr, dem alle Engel dienen und durch den das Weltall geschaffen ist, der König aller Könige, läßt sich ohne Aufhören höhnend umgeben von Gestalten, die Ihn schmähen und verspotten. Vom Schmerz über diese Seine Erniedrigung war mein Beten in den ersten Winterwochen 1953/54 bestimmt.

Nach dieser Zeit strenger Abgeschlossenheit realisierte der Herr jenes innere Geschehen auch äußerlich durch weitere „Versöhnungsreisen" im Sommer 1954. Die Reisen standen erneut unter dem Zeichen der Schmach. Sollte der Weg Seiner Jünger ein anderer sein als der ihres Herrn? „Der Jünger ist nicht über seinen Meister." Wurde Er verleumdet, geschmäht, so werden es Seine Jünger auch erleben.

Ehe ich die Reise antrat, war eine neue Schmähschrift über unsere Marienschwesternschaft und damit über mich veröffentlicht worden, herausgegeben durch einen Verbandsleiter von Gemeinschaftskreisen. Diese Schrift kursierte nun in vielen Kreisen unter Menschen, die sich zu den Gläubigen zählten. Der Herr fügte es so, daß die Schrift gerade dann im Umlauf war, als ich im Sommer dorthin reiste. Wohl war ich zu einigen Diensten dorthin gerufen worden. Doch es lag mir vor allem am Herzen, daß diese Reise erneut eine „Versöhnungsreise" würde. So ging ich wieder den Weg zu verschiedenen christlichen Werken, die eine Gegeneinstellung zu uns hatten, wodurch Risse in der Gemeinde Jesu entstanden waren. Doch durch die Schmähschrift, die auch in Gemeinschaftsbuchhandlungen in der DDR geführt wurde und somit viele Gemeinschaftskreise erreichte, erlebte ich, was ich damals in mein Tagebuch schrieb:

> „Es ist, als ob ich gegen eine Welt zu stehen habe. In jeder Versammlung ist die Mehrzahl der Hörer voll Voreingenommenheit, Kritiksucht, ja Verachtung. Die Ursache dafür ist die Schrift, die eine sogenannte Erklärung über uns abgibt und die zumeist die Gemeinschaftskreise, auch über unser Land hinaus, gegen uns einnahm, gegen uns als Schwesternschaft, die ‚von unten' sei ..."

Dennoch mußte diese Reise durchgestanden

werden, obwohl ich jedesmal jenen Wall von Vorurteilen und Gerüchten in den Herzen der Zuhörer zu durchstoßen hatte. Die letzte Station war der Besuch in einer Bibelschule, mit der ich früher sehr verbunden war und die ich liebte. Mein Herz krampfte sich zusammen bei dem eisigen Empfang dort. Als ich aufgefordert wurde, kurz etwas zu sagen, spürte ich, wie sehr mich von den Mitarbeitern und denen, die zur Ausbildung dort waren, schneidende Ablehnung traf. Ehe ich meinen Bericht, zu dem ich ja aufgefordert war, zu Ende bringen konnte, wurde mir vor dem großen Kreis der Zuhörer geboten, abzubrechen. Bei dem Gespräch mit der Leitung dieses Werkes wurde ich in schmerzlicher Weise wegen vielem, was an falschen Gerüchten über die Marienschwesternschaft in diesem Hause kursierte, zur Rechenschaft gezogen. Man glaubte mir nicht. Voll tiefstem Schmerz reiste ich ab. Einige Jahre später erfuhr ich brieflich durch jemanden, der damals anwesend war und dessen Gewissen nun schlug, daß die Schülerinnen vor meinem Besuch sich zusammengetan hatten, um mich zu demütigen und mit Verachtung zu strafen.

Die Schmähschrift wurde etwa 10 Jahre später von einigen leitenden Brüdern offiziell mir gegenüber zurückgenommen. Aber da dies nicht von denen geschah, die sie verfaßt hatten, und nicht entsprechend veröffentlicht wurde, fußte die Ablehnung vieler Kreise weiterhin auf dieser Schrift.

Auf dieser Schmach- und Demütigungsreise ging es für mich darum, daß Jesu Liebe in mir siege gegenüber all denen, die unser Werk und mich verleumdeten und damit den Aufträgen im Reich Gottes viel Schaden zufügten. Als das Leiden der Dornenkrönung Jesu mir innerlich erschütternd nahegekommen war, hatte mir vor Augen gestanden, daß gerade bei der Dornenkrönung, während man Jesus als „König" verhöhnte, der Grund für Sein wahres Königreich, das Königreich der Liebe, gelegt worden war. Unter dem Hohn und Spott Seiner Hasser offenbarte sich Jesu Liebe wie nie zuvor, und da wurde Sein Königreich der Liebe gebaut.

Der Blick auf dieses göttliche Gesetz, daß bis heute das Reich Gottes, das Königreich der Liebe, auf dem Weg Jesu als des Dorngekrönten, Verachteten, auferbaut wird, gab mir auf dieser Reise Gnade, mich hinzugeben, alles leidvolle Abgelehntwerden in der Kraft der Liebe Jesu zu tragen. Es war ja unser Auftrag als Marienschwesternschaft, Liebeseinheit bauen zu helfen. Und so schmerzlich die Erlebnisse in der DDR waren, so blieb ich doch letztlich gewiß, daß im Verborgenen unter Schmähungen Liebeseinheit gewirkt werden würde. Daß das geschah, durfte ich später auch weitgehend bei der oben erwähnten Bibelschule erfahren.

„Tut Buße, denn das Himmelreich ist nahe herbeigekommen" – dies Wort sollte kurze Zeit später die Losung sein für unser Leben auf Kanaan, dem Land, das der Herr für unseren Auftrag geben wollte: Königreich Jesu, einen Anbruch vom Himmelreich vorzuschatten. Dies Sein Reich, Königreich der Himmel, ist das Reich der Liebe. Wie sollten wir es darstellen, ohne das Lieben gelernt zu haben? Die Liebe kann – im Bild gesprochen – nur unter Dornen, unter Leiden, Demütigungen und Schmähungen recht erblühen. Denn wahre Liebe ist nur die, die auch ihre Feinde liebt. Das aber mußte auf dieser Reise und immer wieder neu gelernt werden.
Doch, wie gesagt, bestand ein weiteres Übungsfeld da – und das war vielleicht am schwersten –, wo man uns nicht ablehnte, aber bedrängte, uns offiziell einem anderen Werk anzuschließen. Nachdem wir von dem früher erwähnten Werk schon bedrängt worden waren, in seine Tradition einzugehen, ist mir eine weitere Begegnung unvergeßlich, weil sie so schmerzlich war: Leitende Brüder besuchten uns in unserem Mutterhaus im Dezember 1953 und legten Mutter Martyria und mir eindringlich nah, im Gehorsam gegen Gott und um der Liebeseinheit in Seiner Gemeinde willen uns ihrem Werk organisatorisch anzuschließen. Wir würden uns nach den Aussagen der Heiligen Schrift schuldig machen, wenn wir als Frauen, ohne Anschluß an

ein anderes Werk mit männlicher Leitung, allein unseren Auftrag hinausführen wollten. Aber wir konnten ja um des Auftrags Gottes willen an uns nicht anders als bei unserem „Nein" zum organisatorischen Anschluß bleiben. Deshalb wurde mir als der Initiatorin unserer Marienschwesternschaft unterlegt, ich würde mich aus Hochmut nicht unterstellen, weil ich meinen Auftrag nicht opfern wollte; ich sei nicht bereit, in das Ganze der Gemeinde hineinzusterben. So aber würde Gottes Zorn über uns kommen. Von ihrer Sicht her war es den Brüdern unmöglich, meine Entscheidung zu verstehen.

Doch ich wußte damals ganz klar: Den von mir erwarteten Schritt durfte ich nicht tun, weil sonst die Entwicklung unserer Marienschwesternschaft und die Entfaltung ihrer Aufträge, wie Gott sie mir gezeigt hatte, nicht geschehen könnte. Mein Herz war voll Schmerz, weil ich spürte, welch innerer Riß durch mein „Nein" hervorgerufen wurde. Gott stärkte mich aber immer neu durch die biblische Wahrheit: Es gefällt Gott, Sein Werk durch die Schwachen und Armseligen, wie wir es in diesem Fall als Frauen waren, hinauszuführen. Ich wußte, daß ich hier Gott mehr zu gehorchen hatte als den Menschen. Außerdem hatte ja unser Vater Riedinger auf seinem Sterbebett mir den Segen zur Leitung unserer Schwesternschaft gegeben.

Mit tiefer Bewegung habe ich später im Rückblick die ganze Tragweite überschaut, die in jenen Stunden als Versuchung zu überwinden gewesen war. Denn einem jungen Werk, dem Erfahrungen fehlen, dünken das Abgebendürfen von Verantwortungen an ein Komitee und männliche Vorstände und der Anschluß an eine Tradition sowie finanzielle Sicherung im Augenblick große Erleichterung zu sein. Aber wo eine Berufung klar von Gott gegeben ist, wo ein Auftrag Gottes vorliegt, kann er nur durch den Gehorsam gegen Gott erfüllt werden. Da darf kein Anschluß an ein Werk sein, das zu anderem Weg und Auftrag von Gott gerufen ist. So hat auch der Herr die schmerzlichen Stunden, da ich jenem Werk unseren Anschluß absagen mußte, reichlich vergolten, indem wir uns während der folgenden Jahre in jeder Hinsicht ganz unabhängig nach Gottes Führung entwickeln durften und Kanaan zu seinem jetzigen Auftrag kommen konnte.

„WILL DAS DER HEILAND WIRKLICH?"

Mitten hinein in diese „Versöhnungsreisen" im evangelischen Raum fiel meine Reise nach Rom zu Papst Pius XII.

Schon im August 1952 kam völlig unerwartet,

aber klar der innere Auftrag vom Herrn an mich heran, auch bei Papst Pius XII. um Liebeseinheit zwischen den Brüdern und Schwestern der großen Konfessionen zu bitten. In mir war ein Wehren bis aufs Blut, denn seit jeher war mir nichts so sehr gegen die Natur gewesen, als aufdringlich zu sein, etwa bei höher gestellten Persönlichkeiten Wünsche und Bitten zu äußern. Während meiner früheren Arbeit als Reichsleiterin der Deutschen Christlichen Studentinnen-Bewegung – DCSB – war ich oft erstaunt, wie selbstverständlich andere mit hochstehenden Persönlichkeiten Kontakte anknüpften und Gespräche führten, um für ein Anliegen etwas zu erreichen. Dazu hätte mich niemand bewegen können. Und nun sollte ich, die ich damals im katholischen Raum völlig unbekannt war, wegen meines inneren Anliegens um eine Papstaudienz ersuchen?

Das war ganz unangebracht in der Zeit vor dem Vatikanischen Konzil. Man war damals in der christlichen Welt nicht, wie heute zumeist, zur Begegnung bereit. Noch waren hohe Trenn-Mauern zwischen Evangelischen und Katholiken. So erinnere ich mich, daß katholische Schwestern aus unserer Nachbarschaft unser Grundstück nach der Regel ihrer Gemeinschaft nicht betreten durften. Ja, noch in späteren Jahren wagten italienische Katholiken anläßlich eines Besuches nicht, unsere Kapelle zu betreten. Vielfach standen evangelische „gläubige Kreise" der katholischen Kirche mit starken negativen Vorbehalten, ja Antikomplexen gegenüber, und seitens der Katholiken - so hörten wir es damals mit eigenen Ohren – nannte man in gewissen Kreisen die Evangelischen in einem Atemzuge mit den Mohammedanern und Kommunisten.

Gab es darum in dieser Zeit einen sinnloseren Weg als den zum Papst – gab es einen Auftrag, der uns mehr Gegner einbringen würde? Kaum! Abgesehen davon war für mich dieser Weg fast ungangbar. Als eine evangelische Schwester dem Haupt der katholischen Kirche in Jesu Namen etwas von der Bitte Jesu um Liebeseinheit zwischen Brüdern und Schwestern der Konfessionen zu sagen, das kam mir wie eine unverzeihliche Vermessenheit vor. Ich wußte ja, daß es seitens der katholischen Kirche damals nur eine Antwort gab für die Einheit der Christenheit, nämlich, sie in der „alleinseligmachenden Kirche" bei sich zu suchen und zu finden. Wie sollte ich meine andere Erkenntnis klarmachen können?

Man riet mir ab – ja, es kamen aus den Reihen meiner Verwandtschaft Alarmsignale, die mir große innere Not brachten. „Um des lieben Friedens willen" hätte ich am liebsten alles fahren lassen.

Ich sah auch keine Möglichkeit, wie dieser Auftrag sich verwirklichen sollte. Bei einer Gruppen-

audienz hätte ich den Papst kaum persönlich sprechen können. Wie aber sollte ich zu einer Privataudienz gelangen, die nur für profilierte Persönlichkeiten in Frage kam? Und gerade um eine Privataudienz ging es für mich. Nur wenn Gott selbst das „Unmöglich" in ein „Möglich" wandeln würde, sollte mir dies ein Zeichen sein, daß der Auftrag für dies Gespräch mit Papst Pius XII. von Gott bestätigt war.
Mehr als diese scheinbaren Sinnlosigkeiten und äußeren Unmöglichkeiten waren es aber innere Leiden, die mich quälten. Mir war, als ob meine Vernunft sich gleichsam an den Gitterstäben eines Gefängnisses wundrieb, da ich keinen Ausweg mehr finden konnte. Dabei führte Gott mich in einen Zustand großer Gottverlassenheit und Ferne von Ihm. Das hielt Monate an, denn unsere gefallene Vernunft braucht viele Todesstöße, um zu sterben.
Dazu kam, daß ich meine innere Armut bitterer schmeckte als je. Wenn ich meinen geistlichen Töchtern in jener Zeit einmal eine biblische Auslegung gab, schrieb ich hinterher in mein Tagebuch:

> „Du könntest besser einen Stein geschickt haben, der schreit, denn mir fehlt das Leben, die Vollmacht. Wie kann ich meinen Mund auftun – was ich sage, geht an kein Herz! Ich bin wie ein Staubkörnlein, ein armseliges Nichts!"

Und so arm sollte ich dem Papst eine Botschaft die sein Herz erreichen könnte, ausrichten? In mir war nur ein Schrei: Ich kann es nicht. Immer wieder sagte mir meine Vernunft, welch ein Hohn es sei, daß gerade ich nach Rom sollte, wo für diesen Weg nichts in meinem Herzen brennte, ich keinen Glauben und keine Liebe für diesen Auftrag hätte. Eine damalige Tagebuchnotiz heißt:

> „... Jesus überläßt mich völlig der Anfechtung. So wandle ich nur noch im Gehorsam und Vertrauen auf Seine Liebe und Treue, die, wenn mein Weg falsch wäre, mir Einhalt gebietet und mich nicht in die Irre gehen läßt."

Das schwere Anfechtungsleiden war dadurch zu erklären, daß die Anstrengungen des Feindes immer der inneren Bedeutung eines Auftrags entsprechen. So war dem Feind alles daran gelegen, diesen Gehorsamsweg zu verhindern, weshalb er in einsamen Wochen der Stille immer neu mit seinen Einflüsterungen kam. Er wußte, daß ein Jahrzehnt später, wenn der Abfall von Gott und Seinen Geboten sich ausbreiten würde, Jesu Liebesgemeinde für die Endzeit sich mehr und mehr zusammenfinden sollte. Und er wußte, daß durch die Leiden im Zusammenhang mit der Papstreise unsichtbar mit Bahn gemacht würde für die Liebeseinheit unter den Seinen.

Leiden für die Liebeseinheit – „leiden für etwas", ist das biblisch? Ja, denn die Heilige Schrift sagt uns durch den Apostel Paulus wie selbstverständlich: „So freue ich mich in den Leiden, die ich für euch zu erdulden habe, und ergänze das, was an Trübsalen Christi noch fehlt" – „Ich will sehr gern hingeben und hingegeben werden für eure Seelen" – „Ich erdulde alles um der Auserwählten willen" – „... der ich euch Heiden zugute der Gefangene Christi Jesu bin" – „Werdet nicht mutlos bei meinem Leiden für euch ..." *

Warum waren bei diesem Auftrag im Blick auf die Liebeseinheit Seiner Gemeinde so schwere Anfechtungen nötig? Weil die Wurzel alles Gegeneinanderseins in der Gemeinde Gottes im Geist des Menschen liegt. Jeder hält eigenmächtig seine Beurteilungen und Ansichten fest. Der Geist des Menschen ist die Brutstätte allen Streitens und Richtens, aller Überhebung und Zertrennung. Der von Sünde, von Ichsucht vergiftete Geist des Menschen muß sterben, damit der göttliche Geist der Liebe und der Versöhnung zum Auferstehen und Leben kommt.

So gehörten gerade solche Leiden des Geistes zu diesem Auftrag: Meine vorgefaßte Meinung, daß die Audienz sinnlos und gegen alle Vernunft sei, mußte erst ins Sterben kommen, ehe ich andere aufrief, ihre Vorurteile und menschlichen Meinungen Gott auszuliefern. Nur auf

* Kol. 1,24; 2. Kor. 12,15; 2. Tim. 2,10; Eph. 3,1; Eph. 3,13

diesem Weg des Sterbens der gefallenen Vernunft konnte die Liebe auferstehen und zum Sieg kommen, die immer den Weg zur Einigung mit dem Bruder sucht. Mein menschlicher, gefallener Geist wurde also wie im Feuer geläutert und durch Anfechtungen „getötet". Dadurch aber wurde dem Geist Gottes, dem Geist der Liebe mehr Raum gemacht, um die wahre Liebesgemeinde mit aufzuerbauen. Das war Gottes Absicht für mich.

Meine Töchter hatten inzwischen das Wort, das mir für dieses Sommerhalbjahr als Losung gegeben war, auf eine kleine Fahne geschrieben: „Vor allen Dingen aber ergreifet den Schild des Glaubens, mit welchem ihr auslöschen könnt alle feurigen Pfeile des Bösewichts" (Eph. 6,16). Sie gaben mir diese Fahne eines Tages zur Glaubensstärkung, als ich für kurze Zeit aus meiner Stille zu ihnen gekommen war. „Auf, zum Glaubenssingen!", rief ich meinen Töchtern zu. Alle stimmten ein, und wir zogen voll Glaubensgeist durch unseren Innenhof, gemäß der Bibellese dieses Tages „siebenmal um Jericho". Das war der Anfang der „Glaubensschlachten" auf Kanaan, die später so viele Menschen lieben und üben lernten.

Daß die Audienz wirklich sein sollte, wurde später bestätigt, da der Herr mir auf meine Bitte um drei erbetene Zeichen unmißverständlich antwortete: Erstens bekam ich die außergewöhn-

liche Zusage für eine Privataudienz beim Papst, zweitens wurde mir das Reisegeld auf wunderbare Weise geschenkt, und drittens erhielt ich eine Einladung aus Rom, wo ich niemand kannte, als Gast in einem Hause dort zu wohnen. Gerade um diese drei menschlich nie zu erwartenden Geschehnisse hatte ich Gott als Bestätigung gebeten.
Rom, und insbesondere die Vatikanstadt, wurde nun im Mai 1953 wirklich das Ziel meiner Reise. Wie verloren in den Menschenmassen, die zum Petersdom strömten, saß ich mit der mich begleitenden Schwester auf einer Steinbank gegenüber dem Vatikan. Wir sangen laut Glaubens- und Siegeslieder hinüber. Sie gingen in dem Lärm der Menge unter, und doch stiegen sie auf zu dem, der jedes Gebet erhört und jeden Glauben mit Sieg krönt.
Der Morgen der Audienz kam. Mein Herz war schwer und voll Furcht. Doch als wir in den Vorräumen des Vatikans saßen, fiel alle Schwere, alle Angst von mir ab. Ich wurde unbeschwert wie ein Kind – so brachte ich unbefangen eine halbe Stunde später Papst Pius XII. mein Anliegen: Im Namen unseres Herrn Jesus bat ich darum, daß der letzten Bitte Jesu Raum gegeben würde und sich diejenigen, die an Jesus glauben und Ihn lieben, die Hand über die Mauer der Konfessionen reichen möchten. Papst Pius gab als Antwort, daß die Einheit der Gläubigen in

der Institution der katholischen Kirche gegeben sei. Ich aber brachte noch einmal meine dringliche Bitte vor. Ich legte ihm erneut ans Herz, wie sehr Jesus darauf wartet, daß vom Fundament des Wortes Gottes her Liebesbande zwischen evangelischen und katholischen Brüdern geschlungen würden, damit der Liebe Jesu Bahn gemacht würde. Darauf antwortete der Papst: „Will das der Heiland wirklich?"
Daß Jesus das wirklich will, hat sich nun vor aller Augen gezeigt. Der Zeitpunkt ist gekommen, daß die Jesus-Liebenden sich aus allen Konfessionen sammeln und einen – alle, die dem Glauben an Jesus und Seinen Geboten in Wahrheit treu bleiben. Denn heute fangen sowohl in der evangelischen als auch in der katholischen Kirche die Fundamente an zusammenzubrechen, indem man das Wort Gottes und Seine Gebote nicht mehr achtet. Es beginnt eine Auflösung bisher gültiger Werte in den Kirchen und gläubigen Kreisen. Heute geht es nicht mehr um eine Scheidung zwischen den Konfessionen. Nein, die innere Scheidung verläuft quer durch alle Kirchen hindurch. So haben sich heute die wahren Gläubigen aus verschiedenen Konfessionen in der Liebe Jesu mehr gefunden, stärken sich gegenseitig und werden im Geist eins als Gemeinde Jesu, die bereitet wird auf Sein Kommen, auf die Hochzeit des Lammes. Dies wird sich noch konkreter in der kommenden

Verfolgungszeit unter Leiden vollziehen. Die offizielle ökumenische Bewegung aber hat mehr und mehr einen unbiblischen Weg eingeschlagen, ja, ein antichristlicher Geist hat sich in ihr breitgemacht; andere Religionen, sogar antichristliche Ideologien werden mit einbezogen. Die verschiedensten offiziellen Zusammenschlüsse dienen dazu, einer antichristlichen Einheitskirche Bahn zu machen.

Hatte sich damals dieser Gang nach Rom, der mich so viel kostete, gelohnt? Der Same eines verborgenen Gehorsams- und Leidensweges geht erst hinterher auf – oft Jahre später. Doch er geht immer auf. Bei Gott gibt es kein „Umsonst". Er hat verheißen, daß Leiden Frucht bringt. Zuerst schien es allerdings so, als wäre alles umsonst gewesen. Mein Gang zum Papst wurde bekannt; ein Sturm der Entrüstung aus Kreisen der evangelischen Gläubigen brach gegen mich auf mit der Behauptung, wir Marienschwestern wollten katholisch werden, was niemals meine Absicht war. Es ging mir immer nur um die geistliche Einheit der Liebe, wobei jeder seinem Kreis oder seiner Konfession weiterhin verantwortlich dient. Die Gegnerschaft, die Zerrissenheit in Seiner Gemeinde wurde also größer als zuvor. Aber danach, als Gottes Stunde da war, öffneten sich ständig neue Wege für den Auftrag, quer durch alle Länder und Konfessionen die Ihn Liebenden zu stärken, zu sammeln

und aufzuerbauen, nämlich die Braut des Lammes, deren Heimat Sein Herz ist, die es aus aller Welt zur Liebeseinheit treibt.
Der Herr gab mir im Laufe der Zeit immer wieder die Gnade, Schriften und Lieder zu schreiben, die von der Liebe zu Jesus sprachen, die bräutliche Seelen zur Liebe zu Ihm entfachten und die zur Versöhnung und Liebe untereinander aufriefen. Neben den evangelischen taten sich nun auch katholische Buchhandlungen für die Schriften auf – in vielen Klöstern wurden und werden sie gelesen, so daß Liebesbande zwischen denen geschlungen werden, die in der Liebe zu Jesus stehen.
Und das nicht allein. Wer kann verstehen, daß die Zweigstationen unserer Marienschwesternschaft, unsere „Wiegen", wie wir sie nennen, in den Zentren der verschiedenen großen Konfessionen liegen: inmitten der anglikanischen, der orthodoxen und der katholischen Kirche – in England, Griechenland und Italien –, dazu im lutherischen Skandinavien und im konfessionell so vielfältigen Amerika? Wenn nun aus den verschiedenen Ländern die Briefe unserer Schwestern kommen, sie von ihren Diensten schreiben, ist dies bei ihnen allen gleich: Ihre Häuser sind Treffpunkte für Gläubige aus allen Kreisen und Konfessionen. So heißt es etwa in einem Bericht aus unserem Haus auf dem Ölberg: „Die letzten Tage kamen Gruppen sowie Einzelbesucher aus

der Schweiz, aus Finnland, Dänemark und Holland, aus Japan und Neuseeland – Judenchristen und Christen, Glieder der Heilsarmee, arabische Baptisten, katholische Ordensleute und anglikanische Geistliche ... Oft waren wir eine bunt gemischte Gemeinde, die sich bis in den späten Abend hinein im gemeinsamen Feiern und Anbeten Jesu einte."

Und wenn unsere Schwestern abends vom Dienst in unserem Rüstzeitenhaus ins Mutterhaus kommen und berichten, dann ist es bei jeder Rüstzeit in den letzten Jahren das gleiche Wunder: eine Liebeseinheit schon nach kurzer Zeit trotz größter Verschiedenheit! Es gibt Rüstzeiten, bei denen im Kreis der Teilnehmer, die alle Jesus als ihren Erlöser bekennen, kaum eine der bekannten Freikirchen und Kreise, ja auch der großen christlichen Konfessionen fehlt. Unter ihnen, die mit ihren sehr verschiedenen Meinungen, Auffassungen und Gepflogenheiten von allen Himmelsrichtungen herbeigekommen sind, wirkt der Heilige Geist eine wundersame Einheit unter Gottes Wort beim gemeinsamen Beten, Anbeten, Feiern und bei der Tischgemeinschaft, denn alle sammeln sich um Jesus. Unsere Gäste sagen immer wieder, daß sie dabei einen Vorgeschmack des Himmels, ein Ahnen von der Hochzeit des Lammes erfahren, wo alle vereint in Liebe am Tisch des Herrn sitzen werden. Ich selber wurde dabei oftmals an meine

Romreise erinnert mit allem Sinnlosen, das sie in sich schloß – und mein Herz staunt, zu welch wunderbarem Ziel Gott alles hinausführte.
Als jene Reise damals beendet war, erlebte ich etwas von Gottes Vergelten. Denn als ich zuhause mein enges Zimmer wieder beziehen wollte, hatten mir die Schwestern als Überraschung daneben einen kleinen Gebetsraum hergerichtet. Das Glasfenster, das eine Schwester gearbeitet hatte, zeigte das Bild der Heiligen Dreieinigkeit – und die Heilige Dreieinigkeit war es, die sich nun in meiner Stille herniedersenkte. Ich schrieb in mein Tagebuch:

„Ewigkeitsstille lagerte in der Kapelle. Die Heiligkeit Gottes nahm den Raum ein, und ihre Gegenwart war wie mit Händen zu greifen."

Während bisher meine Liebe vornehmlich auf Jesus ausgerichtet war, erfüllte mich nun die Liebe zur Heiligen Dreifaltigkeit, zu Gott-Vater, Sohn und Heiligem Geist.
Damals schrieb ich eine Reihe Anbetungslieder, gebeugt vor Gottes Heiligkeit:

„Vater und Sohn auf höchstem Thron,
heiliges Dunkel um sie wohnt,
schwebend inmitten die Taube.
Heiliges Schweigen lagert im Raum,
Cherub anbetend küssen den Saum
von den drei heilgen Gestalten." *

* Freudenquell Jesus Nr. 138,1

Eine unaussprechliche Liebe Gottes lag darin, daß Er mir nach diesen Reisen, welche für die Liebeseinheit der Seinen unternommen waren, nun als Dreieiniger Gott, als Ursprung und Ziel aller Liebeseinheit, so nahe kam.

ES GEHT UM ISRAEL!

Aber noch eine andere Reise war in meiner stillen Zeit als Plan zur Ausreifung gekommen. Sie galt nicht unseren christlichen Brüdern in den verschiedenen Kreisen wie die Versöhnungsreisen – diese Reise galt unserem älteren Bruder Israel. Die Vorgeschichte begann im Sommer 1954. Damals hatten wir noch keinen Gebetsgarten, auch noch kein Kanaan; aber nördlich von unserem Mutterhaus an der Stelle, wo heute das Haus „Gottesgüte" steht, hatten wir ein kleines Stück Kiefernwald gepachtet, wohin Schwestern sich zum Gebet zurückziehen konnten. Eines Tages überraschten mich meine Töchter zu meiner großen Freude mit einer kleinen selbsterbauten Hütte dort, so daß ich für meinen Gebetsdienst im Sommer eine stille Bleibe hatte.
Während ich den ersten Tag in dieser Hütte zubrachte, kam mir – ganz entgegen dem Kirchenjahr – in dieser sommerlichen Zeit das Wunder

„Gott ist Mensch geworden" in neuer Weise nahe. Jesus, seit Seiner Geburt schon unter dem Kreuzesschatten stehend, ein Kind des Leidens und der Schmerzen, bewegte mein Herz. Ohne zu überlegen, schrieb ich eine Reihe von Weihnachtsliedern nieder über das Jesuskind als das Kind der Schmerzen.
Dieser so spürbar gegebene innere Eindruck ließ mich nicht mehr los: Jesus als Kind schon unter dem Kreuz, verfolgt, gehaßt, ausgesetzt den Strömungen des Bösen um sich herum – dies Kind wollte unsere besondere Liebe bis Weihnachten werden. Es sollte uns tiefer in die Reue bringen, uns, die wir jeder Last, jedem Kreuz zu entfliehen suchen.
In dies innere Erleben hinein wurde mir später – kurz vor Weihnachten – plötzlich vom Heiligen Geist das Leiden Gottes um Sein auserwähltes Volk nahegebracht. Israel ist das Volk Seiner besonderen Liebe, das war es einst, das ist es noch heute. Denn es steht im Blick auf Israel geschrieben: „Gottes Gaben und Berufung können ihn nicht gereuen" (Röm. 11,29). Von dieser Erwählung zeugen Israels schwere Leidenswege, weil solche Leidenswege Gott nur Seine Auserwählten führt, die Er sich bereiten will im „Ofen des Elends". Und doch hat sich Israel als Volk noch nicht Gott und Seiner Liebe zugewandt. Denn Israel ist noch nicht zu seinem Messias Jesus gekommen, obwohl Er zu ihm gekommen

ist und Sein Leben für Sein Volk dahingegeben hat.
Wer Jesus liebt, kann nicht mitansehen, daß Er bis zur Stunde noch umsonst auf die Liebe Seines Volkes wartet. Das ist etwas von Seinem Leiden heute. So trieb es mich für diese Not ins Gebet. Zu Weihnachten, dem Fest der schenkenden Vaterliebe Gottes, pflegen wir Ihm immer unsere besonderen Bitten für das kommende Jahr aufzuschreiben. Als dringlichste Weihnachtsbitte im Gedenken an Jesus als das Kind der Schmerzen hatte mir der Geist Gottes diesmal ins Herz gegeben: „Erwecke einige aus Israel, Deinem Volk, die Dich lieben wie eine Braut und einst bei Dir in der Gottesstadt sein werden, auf deren Toren die Namen der zwölf Geschlechter Israel stehen! (Offb. 21,12). Und bitte: eine Reise nach Israel!"
Meine erste Bitte war Ausdruck dessen, was sich mir in den Monaten der Stille ins Herz gebrannt hatte. Es war das Leiden Gottes, daß nicht nur vor zweitausend Jahren das kreuzgezeichnete Kind in Seinem Volk keine Aufnahme fand, sondern daß Israel bis heute noch nicht zu seinem Messias, zu Jesus heimgefunden hat. Doch die zweite Bitte kam aus dem Wissen, daß wir Christen mit schuld daran sind, wenn Sein Volk die Liebe Jesu nicht fassen kann – sonderlich wir Christen im deutschen Bereich. Unfaßbar Grauenvolles haben wir Seinem Volk angetan, statt

ihm besondere Liebe und Ehre als dem auserwählten Volk Gottes zu erweisen. Nicht nur war es als „Sein Augapfel" durch Schmach und Verachtung angetastet worden, sondern ihm war Unmenschliches an Leiden in den Konzentrationslagern zugefügt worden, frevelhafter Mord war an Millionen geschehen. Keiner vermag auszusagen, welche Schuld unser Volk sich damit aufgeladen hat.

In meinem Herzen brach ein tiefer Reueschmerz darüber auf, daß ich mich in der Stunde der größten Not Seines Volkes zu wenig bemüht hatte, Wege zu finden, meinen jüdischen Brüdern Liebes zu tun. Dieser Schmerz wurde zu einem leidenschaftlichen Schrei: „Wie können wir Wunden, die wir geschlagen haben, wieder heilen? Wie können wir – soweit das überhaupt möglich ist – noch etwas gutmachen?"

In einer Gebets- und Fastenwoche brachte mich der Herr zu starkem Flehen für Israel. Durch Seinen schöpferischen Geist, der dem ruft, was nicht in uns ist, daß es sei, erweckte Gott nun eine große Liebe zu Israel, Seinem Volk, in meinem Herzen. Wohl hatte mich der Heilsplan Gottes mit Seinem auserwählten Volk immer beschäftigt, so daß ich selbst in der Zeit von 1935 bis 1944 – alles dabei wagend – darüber öffentlich Vorträge gehalten hatte. Nun aber war eine ganz neue Liebe entzündet worden. Gottes Geist hatte mir mit diesem inneren Geschehen einen

Auftrag gegeben, in den die ganze Schwesternschaft mit hineingenommen wurde: den Auftrag für und an Israel. Durch die Stunden, in denen ich darüber zu meinen Töchtern im Februar 1955 sprach, brach Reue unter ihnen an. Sie hatten ja zumeist als Kinder oder Jugendliche noch das Regime des „Dritten Reiches" miterlebt. So hielten wir in den darauffolgenden 15 Jahren, solange wir nur deutsche Schwestern waren, unser Frühstück stehend und schweigend, um unserer deutschen Schuld willen an Israel und um dabei seiner segnend zu gedenken. Heute, da wir viele Schwestern aus anderen Nationen unter uns haben, geschieht dies Gebet auf andere Weise.

Durch die unter uns geschenkte Reue umgingen wir nun nicht mehr aus Scheu um der Schuld unseres Volkes willen die Häuser in unserer Stadt, wo Juden wohnten. Wir versuchten, sie zu besuchen, wobei uns anfangs – was nach allem Geschehen nicht anders sein konnte – spürbare Zurückhaltung entgegenkam. Aber Gott schenkte uns als Zeichen Seiner Vergebung, daß man uns dann nicht nur die Häuser öffnete, sondern wir von da an laufend bis zum heutigen Tag jüdische Gäste aus allen Ländern empfangen durften. Die ganze Schwesternschaft war zugleich mit Liebe zu Israel von Gott beschenkt worden – wir lebten nun mit Seinem Volk und für es.

Was während der stillen Monate der Abgeschiedenheit sich bei mir innerlich vollzogen hatte, sollte nun realisiert werden und seine Wirkung nach außen haben. Gott schenkte die Erhörung meiner Bitte: „Eine Reise nach Israel." Eines Tages wurde ein Brief unter der Tür meines Zimmers durchgeschoben. Ich traute meinen Augen kaum – er kam aus Israel. Es war eine Einladung in dieses Land, die damals noch notwendig war, um als Deutscher ein Visum beantragen zu können. Das Visum zu erhalten, war selbst mit solcher Einladung noch nicht selbstverständlich. Wenig deutsche Personen hatten bis dahin die Möglichkeit eines Besuches in Israel gehabt. Doch Mutter Martyria und ich erhielten ohne weiteres die Papiere als eine Bestätigung für die Reise. Daraufhin bekamen wir auch auf unerwartete Weise das Geld dafür geschenkt. Es schienen alle Wege geebnet für uns, im Herbst 1955 nach Israel zu fahren.

Aber acht Wochen vor der Abreise wurde ich schwer krank, mein Leben war in Gefahr. Das war Bereitungszeit für meinen Auftrag. Die Reise sollte noch weitreichende Bedeutung haben, darum mußte sie mit Leiden untermauert sein. Doch dann kam ich wieder soweit zu Kräften, daß wir die Fahrt wagen konnten. Und wir erfuhren auf Schritt und Tritt, daß der Herr selbst diese Reise geplant und alles vorbereitet hatte.

Ich kann nicht sagen, wie bewegend es für mich war, als ich meinen Fuß zum erstenmal auf den

Boden des Heiligen Landes setzen durfte – auf die Erde, die von den Füßen Jesu, des Gottessohnes, betreten worden war. Und nun sollte ich Sein Volk, das aus den Nationen heimgekehrt war, dort in seinem Leben kennenlernen, Sein Volk, das meine Liebe geworden war.

Als ich körperlich noch sehr elend in Israel ankam, stürzte ich am zweiten Tag und war durch eine Fußverletzung fortan am Gehen gehindert. Sollte der Herr mich nach Israel geführt haben, daß ich die Wochen dort an ein Krankenzimmer gefesselt sei? Nein – im Gegenteil! Gott hatte gerade mit diesem Unfall geplant, mich in kurzen Wochen durch ganz Israel zu bringen. Er hatte sich dafür einen Reiseführer, der Israel gut kannte, ersehen. Mutter Martyria lernte bei einer Einladung eine Dame kennen, die eine Israel-Kennerin war. Als sie von meinem Unfall hörte, bot sie sich an, mich in ihrem Wagen, in dem ich liegen konnte, ungefähr eine Woche lang zu allen wichtigen Orten Israels und zu den heiligen Stätten zu fahren. So hatten wir durch meine Fußverletzung nicht nur einen sehr guten Reiseführer, sondern kamen an Orte und Stätten, die wir ohne Auto nie erreicht hätten.

Durch diese wunderbare Führung Gottes ergaben sich Kontakte mit israelischen Menschen auf Straßen und Plätzen, wo das Auto hielt. Da unsere Reiseführerin verschiedene Sprachen, auch Iwrith, das Neu-Hebräisch, beherrschte, hörten wir in Gesprächen mit Israelis von ihren Leiden, Hoffnungen und Freuden. Zutiefst war unser Herz immer neu bewegt: Durch unsere Schuld als Deutsche war unermeßliches Leiden über die Juden gekommen; ihr Untergang war geplant. Doch Gottes Eingreifen machte dies zunichte. Er brachte durch die schweren Leiden Seinen wunderbaren Plan zur Ausführung, nämlich daß Sein Volk sich aufmachte, in sein Land heimzukehren, wie es in der Heiligen Schrift ja für die letzte Zeit prophezeit ist (Hes. 38,8). Für diese Zeit der Heimkehr hatte der Herr verheißen, daß das Land, ja selbst die Wüste, aufblühen werde.

Seit der Zerstreuung Seines Volkes hatte dies Land zweitausend Jahre verlassen und wüst dagelegen. Nun aber fuhren wir durch Israel, das Land, das erneut Seinem Volk gehörte, und sahen überall fruchtbare Obstplantagen und Felder. Wir durften damit Zeugen der wunderbaren Erfüllung der Verheißungen Gottes für dies Land am Ende der Zeit sein. Das blühende Land sagte davon, daß der wiederkommende König, der zu Seinem Volk kommen wird, nicht mehr fern ist. Dann „werden sie den sehen, in welchen sie gestochen haben, und um ihn klagen, wie man klagt um ein erstgeborenes Kind" (Sach. 12,10). Sollte das unser Herz nicht zutiefst bewegen! Meine Liebe zu diesem Land Gottes und zu Seinem Volk wurde immer brennender. Ich ver-

stand besser, daß Gott dies Volk so sehr liebt, und war voll Dank, daß Er mir etwas von Seiner Liebe zu Seinem Volk Israel ins Herz gegeben hatte. Voll Dank war ich auch, daß wir führenden Menschen aus Israel begegneten und uns vor ihnen mit weinenden Herzen unter unsere Schuld als Deutsche an Israel beugen konnten.
Ständig spürte ich, wie Gott bei allen Begegnungen die Regie führte. Es ging ja um Israel, das Volk Seiner Liebe, und um einen neuen Auftrag, den Gott gegeben hatte. Einmal hielt unser Auto auf einer Straße in Haifa. Da trat ein kleiner Junge an das Wagenfenster, erzählte uns fröhlich, daß er „Gideon" hieße, und fragte freimütig: „Wer seid ihr? Woher kommt ihr?" Plötzlich sagte er: „Ihr müßt zu uns nach Israel kommen und uns helfen, wir können euch gut brauchen!" Es war uns dabei eigenartig zumute. Rief Gott uns durch dieses Kind zu Seinem Volk in Sein Land Israel? Hatte Er hier einen Auftrag für uns – für uns Deutsche, die wir hier kaum wagen konnten zu sagen, daß wir aus dem Land ihres Grauens kämen? Doch wie Gott dem Jungen ein offenes Herz für uns Deutsche gegeben hatte, sollten wir es auch bei anderen Israelis finden – immer dann, wenn wir mit einem Herzen voll Schmerz kamen über die grauenvollen Wunden, die wir ihnen geschlagen haben, und sie um Vergebung baten.
Nach Hause zurückgekehrt, erhielten wir – nicht

mehr aus Kindermund, sondern von einflußreicher Seite – einen Ruf aus Israel: „Kommt zu uns – helft uns!" Gott wartete auf eine Tat als Frucht der Buße. Und so sandten wir zwei Schwestern nach Israel. Nachdem sie Iwrith gelernt hatten, konnten sie als Pflegerinnen in einem israelischen Krankenhaus Dienst tun. Auch wenn sie ihren Dienst aus Reue um unserer schweren Schuld willen ohne Entgelt taten, war es nur von Gottes Plan und Auftrag her zu verstehen, daß man unsere Schwestern als deutsche Schwestern überhaupt aufnahm.
Bei aller Liebe zu Israel riß dennoch die Trennung von den Schwestern an meinem Herzen. Denn es bedeutete für mich, daß zum erstenmal aus unserer kleinen Schwesternfamilie – beide geistlichen Töchter waren schon durch die Bibelkreise von Kindheit an mit uns verbunden – zwei Glieder herausgelöst wurden, um in ein fernes, schon damals kriegsbedrohtes Land zu gehen. Und doch war es mir ein großes Gnadengeschenk Gottes, als wir endlich im März 1957 die beiden Schwestern nach Israel aussenden konnten. Der Herr hatte meine „Weihnachtsbitte" von 1954 bestätigt – einer unserer Aufträge durfte fortan sein, für Israel aus Reue und Liebe zu leben und damit unserem Herrn Jesus Christus ein Anliegen Seines Herzens zu erfüllen.
Nach der Heimkehr von der ersten Reise brann-

te das Feuer „Israel" weiter in mir und trieb mich zum Schreiben – zuerst eine kleine Schrift über „Israel – Gottes Frage an uns" und später das Buch: „Israel, Mein Volk", das dann in verschiedene Sprachen übersetzt wurde. Es drängte mich, durch diese Schriften aufzurufen, unsere schwere Schuld an Gottes auserwähltem Volk zu erkennen, sonderlich als Christen in unserem Land. Zugleich lag es mir am Herzen, Israel von Seiner Erwählung und dem wunderbaren Ratschluß Gottes über ihm zu sagen, von den Verheißungen und den sich jetzt anbahnenden Erfüllungen. Und Gott schenkte Gnade, daß dies Buch bei uns in den Gemeinden großen Eingang fand, auch bei Juden, die dadurch zum Glauben ihrer Väter zurückfanden.
Doch mein Herz kam nicht zur Ruhe über Israel. Liebe sucht – besonders wenn sie von der Reue gespeist wird – nach immer neuen Wegen. Schon vor der Reise nach Israel hatte mich der Heilige Geist gedrängt, ein Israel-Ruferspiel zu schreiben. Es war dann das erste Ruferspiel, das wir auf einem Evangelischen Kirchentag brachten, und zwar 1956 in Frankfurt. Obwohl es künstlerisch nicht modern war, schlug es doch sehr ein, daß Tausende daran teilhaben wollten. Die Kirche faßte – obgleich wir täglich spielten – den Strom der Besucher oft nicht, so daß ein zusätzliches Ruferspiel abends um 10 Uhr angesetzt werden mußte. Dies Israel-Ruferspiel wurde

noch auf weiteren Kirchentagen und in vielen Städten der Bundesrepublik gebracht. Es durfte dazu helfen – wie es uns verschiedentlich von Pfarrern gesagt wurde – vielerorts in den Gemeinden das Klima gegenüber Israel zu wandeln.
Tausende von Gästen hörten im Laufe der Jahre bei unseren Rüstzeiten von Israels heilsgeschichtlicher Bedeutung und erkannten als Deutsche unsere große Schuld: Sie nahmen an unserem Israel - Gebet am Freitag abend teil – und viel innere Umkehr im Blick auf Israel geschah.
Aber damit war der Israel - Auftrag nicht erschöpft. Gott zeigte mir 1959, daß ein Abrahamhaus in Jerusalem erstehen sollte, das uns auf dem Weg des Gebets und Glaubens gegeben würde. Für Sein geliebtes Volk sollte es eine Stätte sein, wo Wunden geheilt und Herzen wieder mit Vertrauen zu Gott erfüllt würden. Durch den Dienst im Abrahamhaus sollten sie bereitet werden auf die Stunde des Messias. Trotz großer Schwierigkeiten, ja Unmöglichkeiten gab der Herr, der Ja und Amen heißt, uns dies Haus im folgenden Jahr auf wunderbare Weise.
Es war Gottes Regie, daß die Einweihung dieses Hauses genau in die ersten Tage des Eichmann-Prozesses 1961 fiel. Ganz Israel war zutiefst aufgewühlt, da die furchtbaren Wunden der Jahre 1933 - 1945 in aller Öffentlichkeit neu aufbrachen. Israels Jugend erfaßte zum Teil erst damals

das Ausmaß unserer Schuld, weil viele Eltern es ihren Kindern bis dahin verschwiegen hatten, um sie zu schonen. Ich war zuerst wie verstört über die anscheinend so unglücklich zusammentreffenden Daten der Einweihung von „Beth Abraham" und des beginnenden Eichmann-Prozesses. Wir fürchteten, daß kaum Israelis zur Einweihung kommen würden. Wer würde das Haus von uns Deutschen und dazu Christen in dieser Situation betreten? Doch es kamen über hundert israelische Gäste, und Gott gab Gnade, daß ihre von Schmerz zerrissenen Herzen gerade durch unser Zusammensein etwas getröstet wurden. Sie spürten unsere Liebe zu ihnen – das half, ihre Ablehnung und ihren Schmerz zu lindern.

Als Gast an diesem Einweihungstag weilte der frühere Bürgermeister von Jerusalem unter uns. Als er eine Ansprache hielt, verstand ich, warum die weise Liebe Gottes es gefügt hatte, daß dieses Fest gerade in den Beginn des Eichmann-Prozesses fiel. Seine Worte lauteten: „Gerade jetzt in diesen Tagen, in welchen der schreckliche Prozeß geführt wird, verstehe ich diesen Gegensatz zwischen dem Mann, dessen Namen ich überhaupt nicht nennen will, speziell hier – und dieser Liebe, die ich bei Ihnen finde. Ich habe Ihre Gründe gehört. Ich habe den Ursprung, die Quelle auch verstanden. Der Ursprung ist Reue – Sühne – Buße ... Der Zweck ist Liebe, die Mittel

Glaube, Zuversicht, Vertrauen, Hoffnung. Das hat Sie zur Eröffnung dieses Hauses gebracht..."
Und ein jüdischer Schriftsteller sagte: „Wenn wir Juden in diesen Tagen in der Gefahr stehen, Haß mit Haß zu vergelten, dann haben Sie geholfen, diese Anfechtung zu überwinden. Es gibt nur eine Waffe gegen den Haß, das ist die Liebe. Wir danken Ihnen, daß Sie uns in dieser Stunde der Anfechtung vor dem Haß, dem Kollektivhaß bewahrt haben."
Wie vieles ist also aus dieser Stunde des Geistes, da der Herr uns Marienschwestern mit Israel verband, ausgeboren worden! So steht heute unser Abrahamhaus in Jerusalem als eine Stätte, in der laufend Israelis eine Zeit der Erquickung an Leib und Seele erleben können, besonders solche, die im Konzentrationslager gelitten haben. Zudem ist „Beth Abraham" ein kleines Strahlungszentrum als Stätte des Gebets.
Israel ist ein Stück unseres Lebens geworden, seine Freuden und Leiden waren die unseren. Wenn wir zum Beispiel von Zeichen eines neu aufbrechenden Antisemitismus hörten oder wenn Krieg über Israel hereinbrach, dann trieb es uns in besonderem Maße zum Gebet für Sein Volk – so beim Sechs-Tage-Krieg 1967 und im Herbst 1973. Es drängte uns, stärkende Grüße an israelische Gemeinden und den großen Kreis von Juden zu senden, die wir im Laufe der Jahre in Israel und hier kennengelernt hatten.

Immer wieder wurde ich nach Israel gerufen. Türen taten sich auf, so daß ich in Seinem Land Vorträge halten durfte. Sie wollten „die seltsame, unwahrscheinliche Geschichte unserer Entstehung" erfahren. Erstaunt und beschämt erlebte ich, wie die jüdischen Menschen, manche alt und krank, teils von weither herbeiströmten trotz schlechten Wetters. Weit über die Hälfte war durch „Mundfunk", wie sie es nannten, gekommen, also ohne jegliche Einladung. Ich erzählte ihnen unter anderem von Wundern Gottes, die auf unserem kleinen Kanaan geschahen, und sie folgten mit konzentrierter Aufmerksamkeit und spürbarer Wärme meinem Vortrag. Überströmend war ihr Dank. Sie sagten, Funken seien dabei auf sie übergegangen, ich hätte in ihr biblisches Land etwas von dem biblischen Geist zurückgebracht und manchen von ihnen den zerrütteten Glaubensmut wieder aufgerichtet. Ich empfand selber – obwohl ich vor säkularen Organisationen sprach: So kann nur das von Gott zu Seinem Eigentum erwählte Volk reagieren! Am Tag nach einem solchen Vortrag in Haifa fand ich in der Zeitung als Quintessenz des Berichtes die Aussage: daß man solche Wege des Glaubens an den lebendigen Gott in den Ministerien einschlagen müsse – dann würde es besser im Lande stehen.
Auch in den USA und Kanada waren es jüdische Kreise, die mich baten, zu ihnen zu sprechen in

ihren Synagogen, bei Rabbiner- und Studententreffen, ja sogar die Predigt für ihren Sabbatgottesdienst zu halten. Der Bußruf, ausgehend von eigener Reue und dem Schuldbekenntnis, erreichte die Herzen.

Doch weil das Leiden Gottes um Sein Volk so sehr in meinem Herzen brannte, war es mir schwer, daß alles, was ich für und über Israel schrieb, dort lange Zeit nur einzelne erreichte und aufs Ganze gesehen keinen Eingang fand. Meine Schriften konnten nicht in Iwrith erscheinen; nach den englischen und deutschen Schriften wurde kaum in den Buchhandlungen gefragt. Es war auch gefährlich, sich dafür zu interessieren – bei einer Buchmesse in Jerusalem wurde polizeiliche Bewachung für unseren Stand gestellt. Es war ganz gleich, über welches Thema ich auch immer schrieb – alles war wie ein Ruf mit wenig Widerhall. Das war auch meinen Töchtern in Jerusalem eine schwere Last; immer neu mußte der Glaubensfunke in ihnen geschürt werden.

Darüber vergingen Jahre. Um keine Niederlassung habe ich so viel Leid getragen wie um „Beth Abraham", unsere „Erstlingswiege"*. Wohl wollten wir Sühnedienst tun und konnten um unserer deutschen Schuld willen nicht einen Missionsauftrag im üblichen Sinn für Sein Volk haben. Unser Auftrag war und ist, aus Reue über

* „Wiegen" nennen wir unsere Auslandsstationen

unsere Schuld etwas von Israels Wunden zu heilen – und doch sind wir ja als an Jesus Christus Glaubende und Ihn-Liebende dort. Darum können wir nicht anders als bezeugen, wem wir gehören und was Er uns bedeutet. Unser Leben soll eines künden: „Wer macht so selig, Jesus, wie Du!" Nichts ist jedoch so schwer, wie mit dieser Botschaft allein zu bleiben.

Aber auch hier ist etwas vom Anbruch einer neuen Zeit spürbar; es zeigen sich Vorboten jener Stunde, auf die Gott seit 2000 Jahren wartet. Nie werde ich vergessen, was in meinem Herzen vorging, als ein namhafter Jude mit uns in unserem Zionssaal zusammen war. Er saß unserem großen Kruzifix gegenüber. Wir sangen und feierten – und als ich ihn fragte, ob er sich noch ein Lied wünsche, bat er um den Vers:

„O Jesu, höchste Schönheit,
Dich liebe ich allein,
Du faßt in Deinem Wesen
die Liebe göttlich rein.
Wer Dich einmal gesehen,
der ist verfallen Dir,
er muß allein Dich lieben,
Du allerschönste Zier!"

Ihm gegenüber, der in leitender Stellung in einem wichtigen Institut Israels arbeitete, waren mir damals die Tränen der Reue geschenkt worden, als ich ihn im Namen unseres Volkes um Vergebung bat. Manche einschneidenden Begegnungen folgten. Nun durfte ich Tränen der Freude weinen im Miterleben, wie ein – durch uns Deutsche – so leidzerquälter Sohn Israels kurz vor seinem Heimgang zu Jesus fand.

Da und dort – wenn auch so verborgen, daß nur die wartende Liebe es schon wahrnehmen konnte – brach langsam ein Neues an. Während und nach dem Sechs-Tage-Krieg griff man auf einmal nach meiner Schrift, die ich schon Jahre vorher in Israel geschrieben hatte: „Die Stunde des Messias"; das Tonband mit Textauszügen wurde vielen zugänglich gemacht und lebhaft aufgenommen. Mein Buch „Sinai heute" fand auf einmal großes Interesse – nun war ja der Sinai für alle Israelis von höchster Aktualität. Ein Buch, das ich nach dem Sechs-Tage-Krieg besonders für Israel schrieb, „Um Jerusalems willen", erreichte viele Herzen.

Übersetzer für Iwrith stellten sich ein – und nicht nur das: ein Jude selber war es, der „Realitäten" und den ersten Teil meiner Lebensgeschichte in dieser Sprache veröffentlichte. Der Bußruf „Wendepunkt", den ich angesichts der CSSR-Besetzung für unsere europäischen Länder geschrieben hatte, fand durch holländische Freunde plötzlich Eingang in der israelischen Presse. Neun israelische Tageszeitungen brachten den Text in sechs verschiedenen Sprachen. Ein im öffentlichen Leben führender Jude erzählte mir einige Monate später: „Von den Orthodoxen bis hin zu moderner Kibbuzjugend nahm man Ihre Worte auf; manche trugen das Zeitungsblatt in ihrer Rocktasche herum. Damit haben Sie Herzen in Israel erreicht."

So lag ein tiefer Sinn darin, daß Gott im Sommer 1954 in die Stille rief, statt daß ich in der Schwesternschaft wirken konnte. Er wollte auf diesem Weg der Zurückgezogenheit zum Gebet in mein Herz den Samen der Liebe zu Israel legen – aus der Reue geboren. Und all dies sollte daraus aufwachsen, worüber ich nur anbeten kann: Welch eine Tiefe und Weite der Allmacht und Güte umschließt doch Gottes Herz! Gering sind die Leiden im Gegensatz zu Frucht und Vergeltung, die Er gibt.

KANAAN - ANBRECHENDE KÖNIGSHERRSCHAFT JESU CHRISTI 1955 - 1957

4. MAI 1955 - EINE GOTTESSTUNDE

Schon einmal war an einem 4. Mai ein bedeutungsvoller Einschnitt für die Geschichte unserer Marienschwesternschaft geschehen – nämlich im Jahre 1949. Damals hatte Gott mir ins Herz gegeben, Ihm eine Kapelle zu erbauen, ein kleines Heiligtum, darin Ihm viel Dank und Anbetung zuteil werden sollte. Damit hatte Er endgültig meine Füße auf den „Glaubensweg" gesetzt, zu dem ich mich mit Mutter Martyria ein Jahr zuvor hingegeben hatte im Blick auf die Zukunft unserer Schwesternschaft und ihrer Dienste. Doch dieser Glaubensweg hatte mit dem unerwarteten Kapellen-Auftrag 1949 ein ungeahntes Ausmaß bekommen.

Es gibt Leiden, die man hernach, wenn sie zu einem guten Ausgang geführt haben, vergißt. Aber die Wirklichkeitshärten und Anfechtungstiefen dieser ersten Jahre auf dem Glaubensweg blieben mir lebenslang unauslöschlich gegenwärtig. Die Verantwortung für die Finanzierung des Baus damals lastete meist zentnerschwer auf mir, ließ uns doch Gott ständig wie am Abgrundsrand stehen. Immer neu schrie ich aus der Tiefe zum Vater um Hilfe, die dann meist erst in allerletzter Stunde und nach erneuter Reue und Buße unter uns eintraf. Der Vater schien auf diesen Glaubenswegen darauf hingezielt zu haben, das Letzte an Vertrauen aus meinem Herzen herauszuholen.

Sehr schwer waren mir diese Glaubenswege auch deshalb, weil für mich von jeher in Geldsachen alles klar geregelt sein und seine Richtigkeit haben mußte. Darum waren Schulden für mich undenkbar. Aber dies waren nur vordergründige Leiden. Was mich am meisten beschwerte, bestand darin, daß auf diesem Weg Gottes Ehre ständig auf dem Spiel stand. Behörden, Handwerker, Firmen, Presse, Geistlichkeit, Eltern unserer Schwestern, Freunde wie Gegner – wie viele Augen waren auf unseren Bauplatz gerichtet, der Gott verherrlichen sollte und durch den Er sich einen großen Namen vor ihnen allen machen wollte!

An Gottes Wundertun glauben oder zweifeln, ja vielleicht spotten würden viele – je nach dem Ausgang unseres Baues. Wenn alles in Schulden und Bankrott zur Verunehrung Gottes geendet hätte, wäre es meine Schuld gewesen, denn mir war der Auftrag Gottes gegeben worden an jenem 4. Mai 1949.

Wie oft hatte ich auf diesem Weg nur ausrufen können: Ich glaube, hilf meinem Unglauben! Und manchmal seufzte ich: Ach, wenn ich doch erst droben wäre, wo es eines nicht mehr für mich gibt: glauben zu müssen – da darf ich nur noch schauen. Vielemale findet sich in meinem Tagebuch in jenen Jahren der Niederschlag heißen Flehens:

> „Kein Geld, alles ist wie aus, und wir stehen mitten im Bauen. Tränen sind meine Begleiter: Doch Du trägst durch, läßt Deine Ehre nicht in den Staub gezogen werden."
>
> „Es kommt kaum Geld seit Wochen, doch ich will den Weg zu Ende gehen; ich will die Leiden durchgehen, es geht ja um Deine Ehre, einmal hat dieser Weg ein Ende."

Und wirklich: dieser Weg war inzwischen zu einem Ende gekommen, zu Seiner Verherrlichung. Denn seit 1952 standen ja tatsächlich Mutterhaus und Kapelle und seit 1954 auch „Jesu Werkhaus" vollendet und ohne Schulden da. Damals dachte ich, daß der Glaubensweg in dieser Weise beendet sei und ich keine Berge von Rechnungen mehr durch den Glauben „ins Meer versenken" müsse.

Dann aber, wiederum an einem 4. Mai 1955 – also sechs Jahre später – gab mir der Herr in den frühen Morgenstunden plötzlich den Auftrag für unser späteres Land „Kanaan" ins Herz. Welch großer, fast unglaublicher Auftrag! Ich lag gerade krank, als Mutter Martyria kam, um mir das Frühstück zu bringen. Da sagte ich ihr, was mir der Herr als Erleuchtung gegeben habe, und malte ihr etwas von dem zukünftigen „Kanaan" vor Augen. Mutter Martyria erzählte Jahre danach, wie ihr vor Schreck beinahe das Tablett aus den Händen gefallen sei. Denn ein Glaubensweg von unvorstellbar größerem Ausmaß als der, den wir hinter uns hatten, war nun eröffnet! Doch spürte ich, daß dieser 4. Mai eine Stunde Gottes war, eine Gnadenstunde, in der mir Gott nicht nur den großen, neuen Auftrag ins Herz gab, sondern auch den Glauben und die Hingabe – ich selber war zu solchem nicht fähig.

Die innere Bereitung für diese neue Wegstrecke war vorher in den Wochen stiller Abgeschlossenheit zum Gebet geschehen. In der Passionszeit dieses Jahres nämlich war ich darauf eingestellt gewesen, daß das Leiden Jesu mich wieder ganz einnehmen würde, wie immer in der Passionszeit in verstärktem Maß. Doch waren diese Tage und Wochen 1955 ganz anders verlaufen.

Eines Nachts war ich aufgewacht und der himmlische Vater war mir plötzlich so nahe gewesen, daß in meinem Herzen immer nur zwei Worte in großer Liebe klangen: „Mein Vater, mein Vater!" Ich schmeckte etwas von großer Seligkeit, Kind des Vaters im Himmel sein zu dürfen. Schon lange hatte ich eine kindliche Liebe zu Ihm als meinem Vater gehabt. Doch nun brach eine Liebe zu Gott-Vater auf, wie ich sie vorher nicht gekannt hatte, ein ungleich stärkeres Verhältnis der innigen Liebe des Kindes zum Vater wurde mir geschenkt.

So hatte der Vater sich mir durch Seinen Geist wie nie vorher verklärt. Er wollte nun mächtig und bestimmend in das Leben unserer Marienschwesternschaft einbrechen. Alle meine Töchter sollten viel mehr zu „Kindern" werden mit einer persönlichen Beziehung der Liebe zum himmlischen Vater. Und durch die Auferbauung „Kanaans" durfte für Ungezählte ein aufgerichtetes Zeichen gesetzt werden, daß Gott lebt, Gebet erhört, Wunder tut. Dies Zeichen sollte unübersehbar dastehen in der Brandung einer Welt, die weitgehend von Gott gelöst sein würde und inmitten einer Kirche, die unter dem Zeichen der „Gott-ist-tot-Theologie" oft nur noch eine entmythologisierte Bibel anbieten würde.

Einige Wochen später, an einem strahlenden Augusttag, gingen Mutter Martyria und ich mit allen Schwestern den eineinhalbstündigen Waldweg hinauf zur Burgruine Frankenstein, um von dort aus das uns nun verheißene Land „Kanaan" zu sehen.* Wir setzten uns an einen Wiesenabhang

* Dieses Geschehen ist veranschaulicht in einer Szene des Kanaan-Farbfilms „SO IST UNSER GOTT"

und sangen unser erstes Kanaanlied, das ich an diesem Tag geschrieben hatte:

„Kanaan, du schönstes Land,
das Gott, der Vater, hat genannt
das Land Seiner Erwählung.
Auf diesem Land Sein Auge ruht
und Seine Hand stets Großes tut,
es ist Sein Land, Seine Liebe."

Als wir dann die Ruine bestiegen hatten, lag tief unter uns, eingebettet zwischen Wäldern und den Ausläufern von Eberstadt, ein Gelände von Äckern und Wiesen, das in jeder Hinsicht uneinnehmbar war. Aber der Herr schenkte mir in dieser Stunde die Gnade, den Blick völlig von den Gegebenheiten zu lösen und allein auf Gott zu heften. Darum konnte ich der ganzen Schwesternschar die Wege und Pläne, die wunderbare Zielsetzung für „Kanaan" aus Gottes Herzen so aufzeigen, als läge dieses Land schon vollendet vor mir mit seinen Bewohnern, Häusern, Anlagen und Aufträgen.

So sagte ich hier meinen Töchtern alles, was der Herr mir für unser künftiges kleines Land „Kanaan" ins Herz gegeben hatte und was sie dann in ihrer Chronik aufbewahrten:

Das biblische Kanaan ist das Land der Verheißung, das gelobte Land – ein Land der Wunder Gottes. Wir werden unser „Kanaan" auch nur durch die Verheißungen Gottes, die wir im Glauben festhalten, bekommen. Es ist ein Land, das nicht auf den üblichen menschlichen Wegen, sondern durch des Vaters persönliches Eingreifen erworben wird. Dabei sah ich in viele fragende Augen meiner Töchter – und fuhr fort: Das biblische Kanaan sollte von Gott her ein Land der Freude und der Festgesänge sein. Die Heilige Schrift sagt: „Sie werden kommen und auf der Höhe zu Zion jauchzen ... Alsdann werden die Jungfrauen fröhlich im Reigen sein" (Jer. 31 12 u. 13). Mit Pauken und Drommeten feierte man in Israel oft viele Tage lang. So müssen auch alle Menschen, die später einmal zu uns kommen als Einzelgäste und als ganze Gruppen, mit hineingenommen werden in das Feiern, die Freude und die Festgesänge – keiner darf weggehen, er habe denn etwas davon erlebt. Wir können sicher sein, Gott freut sich am meisten, wenn Er uns glücklich sieht. Was muß das für Sein Herz bedeuten, wenn der himmlische Vater dann herniederschauen kann auf ein kleines Land der Feste und Feiern.

Ich sagte meinen Töchtern weiter, daß das Land, das der Vater Seinem Volk ausgesucht hatte, ein Land war, darin Milch und Honig floß. So würde auch unser „Kanaan" ein Land mit Kühen und Bienen sein – ein Land voll Fruchtbarkeit unter dem Segen des Herrn – ein „kleines Paradies" – ein schönes und gutes Land. Auch eine Quelle müßte noch gefunden werden.

Das biblische Kanaan war bestimmt zum Mittel-

punkt des Segens für alle Völker – und unser „Kanaan" wird auch ein kleines Strahlungszentrum sein für Jesu Liebesgemeinde aus aller Welt. Doch in dem Maß, in dem „Kanaan" zur „vielbesuchten Stadt" werden wird, muß auch für die Stille gesorgt sein zum verborgenen Gebetsumgang mit Gott. Der Innenhof und Gebetsgarten des Mutterhauses sollten dann nicht mehr für Führungen und all die Besucher offenstehen, denn wenn wir unseren Sendungsauftrag wirklich ausleben wollen, muß die Verbindung des Herzens mit dem Herrn in der Stille um so mehr gewährleistet sein.
Das biblische Kanaan bedeutet auch „heiliges Land". Darum sollte sich in unserem „Kanaan" später nichts Unheiliges halten können, alle Sünde immer von Gottes Licht gestraft und unter das Blut des Lammes gebracht werden. Die Lichtgemeinschaften müßten heilig gehalten werden, damit „Kanaan" und seine Bewohner mehr und mehr ein Zeugnis vom Wesen Gottes seien, alle Arbeit den Adel trage, daß sie für Ihn getan sei auf „Kanaan".
Jedesmal, wenn ich den Schwestern wieder einiges mehr über Gottes Kanaan-Plan klargemacht hatte, sangen wir darüber Glaubensverse, und die Freude brach sich Bahn. So mußte ich immer fortfahren, und die Stunden vergingen wie im Flug.
Das biblische Kanaan ist ein Land, für das der

Herr selbst Sorge trägt und dessen Schutzherr Er allein ist. So wird Er auch bei unserem „Kanaan" dafür sorgen, daß die Häuser gebaut werden und die großen Geldsummen dafür herbeikommen, auch daß unser Tisch immer wieder gedeckt sein wird; denn dies Land hat Er uns zum Erbe gegeben, und darum trägt Er persönlich dafür Sorge. Wir müssen das Land richtig durchdringen mit Gebet, so daß der Herr nach Seiner Verheißung den Segen dann herabschütten kann. Und wenn wir einmal einziehen und unser „Kanaan" bebaut ist, dann müssen die Verheißungen Gottes sich verwirklichen können als lauter „Realitäten".

Kanaan ist das Land, wo Jesu Auferstehung und Himmelfahrt sich ereignet haben. Darum singen auch wir so viel vom Sieg; und die Menschen, die einmal kommen, werden mit uns die Siegesfahne schwingen. Aber sie werden auch mit Jesus leiden lernen; denn Kanaan ist zugleich das Land, wo die Passion Jesu sich ereignet hat. Darum wird auch auf unserem kleinen „Kanaan" Jesus in Seiner Passion uns wieder nahekommen und die Menschenherzen auch durch die Passionsspiele erreichen.

Lange weilten wir oben auf dem Frankenstein. Glückselig über diesen Ausblick, was der Herr mit „Kanaan" vorhabe, sangen wir und „nahmen das Land im Glauben ein". Es war wie eine Taborstunde. Ganz gleich, wie viel oder wenig jede

einzelne meiner Töchter von diesem Gottesauftrag jetzt schon fassen und aufnehmen konnte, das spürten alle an diesem Tag, daß es eine besondere Stunde für uns war, die uns neu ausrichten und alle kommenden Jahre bestimmen würde.
Seit Beginn meines Glaubenslebens hatte ich dafür leben wollen, daß etwas vom Reich Gottes, vom Himmelreich aufleuchte, die Königsherrschaft Jesu Christi anbreche schon jetzt und hier. Dafür muß Gottes Herz schon vor Anbeginn der Welt geschlagen haben – bis heute. Daraufhin hatten alle Seine Wege mit Israel gezielt. Mit dem Ruf: „Tut Buße, das Himmelreich ist nahe!" hatte Johannes der Täufer Jesus angekündigt, und für Jesus war dies dann der Ruf geworden, den Er ausrichtete und später Seinen Jüngern zu verkündigen auftrug. „Dein Reich komme!", hatte Er sie gelehrt zu beten. „Über das Reich Gottes" sprach Er mit ihnen in den vierzig Tagen nach Seiner Auferstehung. Und: „Nun sind die Reiche der Welt unseres Herrn und seines Christus geworden" (Offb. 11,15), ist der Schlußakkord der ganzen Heiligen Schrift am Ende der Zeit.
Kann es einen schöneren Lebensinhalt geben, als dafür gelebt zu haben, daß ein Anbruch der Königsherrschaft Jesu Christi in dem Bereich, den Gott einem anvertraut hat, entstehe? Dies innere Ziel meines Lebens wollte Gott nun manifestieren, sichtbar machen – was auf Erden im-

mer nur schattenhaft möglich ist – in einem kleinen Land mit Gebäuden und Anlagen, mit einem kleinen Volk, das sich von Gott regieren läßt und nach Seinen Geboten lebt.

Doch dann hieß es von unserem „Tabor", der Burgruine Frankenstein, nicht nur mit unseren Füßen den Weg hinunter nach Darmstadt-Eberstadt zu gehen, sondern auch – was den Weg der Einnahme Kanaans betraf – hinabzusteigen in die Wüste der Wirklichkeit aller Schwierigkeiten. Es galt jetzt, den Glaubenskampf aufzunehmen und die dunklen Wege zu durchgehen, deren Ziel mir Gott gezeigt hatte.

Dabei ging es um eine solche Anhäufung von Hindernissen, daß es nur Gottes Gnade war, die mich angesichts dieser Fakten an der Einnahme Kanaans durch alle kommenden Jahre festhalten ließ. Es schienen die Tore Kanaans nicht nur durch eiserne Neins der Behörden fest verschlossen zu sein. Das Gelände war auch in Händen von über 20 Privateigentümern mit ihren Erbgemeinschaften. In einer von Inflation bedrohten Zeit wollte natürlich niemand solche Werte veräußern. Außerdem waren Eigentümer der Grundstücke die Stadt Darmstadt, die Kirche und das Land Hessen, für deren Entscheidungen lange Amtswege zu durchlaufen und Sitzungstermine abzuwarten waren. Und es erwies sich so gut wie aussichtslos, den Besitzern die Notwendigkeit eines Kanaan klarzulegen. Denn Kanaan ist von Gott in einer Zeit ins Leben gerufen worden, in der fast ausschließlich der sozialpolitische Maßstab für die Beurteilung der Notwendigkeit eines Werkes angelegt wird. Wie sollte jemand Kanaans soziale Bedeutung hinsichtlich der inneren Erneuerung der Menschen verstehen, anerkennen und befürworten?

Selbst wenn dies wunderbarerweise geschehen sollte, obgleich es menschlich gesehen eine hundertprozentige Unmöglichkeit war, was würde es uns nützen? Angenommen, Gott öffnete die Tore Kanaans, die Ländereien würden als Bauland freigegeben, sämtliche Grundstücksbesitzer wären bereit zu verkaufen – woher sollten wir das Geld nehmen?

War der Glaubensweg mit Kanaan nicht ein Gott-Versuchen, und mußte mich nicht Furcht befallen, das nun noch unvergleichlich größere Maß der Verantwortung dieser Glaubenswege zu tragen? Es war aber Gott selber, der mir den Auftrag gegeben hatte und das Anliegen als einen Brand ins Herz legte: „Gott muß verherrlicht sein." So schrieb ich in mein Tagebuch:

> „Kanaan muß angelegt werden, dann soll alles von Gott reden."

Der Vater, der Dreieinige Gott sollte in Kanaan ausstrahlen, so daß viele Ihm Ehre und Liebe geben müßten. Darum war ich gedrängt und konnte nicht anders, als auf das Glaubenswagnis, Kanaan zu erwerben und zu bebauen, einzugehen – sollte es mich auch viel mehr Leiden kosten als der bisherige Glaubensweg.

ZÜCHTIGUNG, MEIN BESTES BROT

In der Stille der kleinen Dreieinigkeits-Kapelle hatte ich vor Beginn des Kanaan-Auftrags erfahren dürfen, was es um die wahre Kindschaft unserem himmlischen Vater gegenüber ist. Nun sollte ich das als Realität erleben in der Auseinandersetzung mit den Behörden unserer Stadt bei der Einnahme Kanaans. In Not- und Mangelsituationen und auf Seinen Erziehungswegen lernt man den Vater kennen wie sonst nie. Das Ja zu Seinen Züchtigungen wirkt nämlich wie ein Schlüssel, womit sich das Vaterherz mit all Seinen Segnungen und Wohltaten aufschließen läßt, das uns „hernach" mit allem Guten um so mehr überschüttet. Weil der Vater das im Sinn hatte, konnte auch der Weg nach Kanaan nicht anders als mit Pflastersteinen der Züchtigungen gepflastert sein. * Die Züchtigungen des Vaters waren von der Art, daß Er, der doch den Auftrag gegeben hatte, nun scheinbar gar nicht für ihn stritt, denn Seine Wunder wurden selten. Ich sollte lernen, daß Gott, wenn Er scheinbar gegen uns steht, in Wirklichkeit für uns streitet. So wa-

* Siehe M. Basilea Schlink: „Immer ist Gott größer" ab S. 141
„Realitäten – Gottes Wirken heute erlebt" ab S. 157

ren die folgenden Jahre reich an Tränen und trieben mich dadurch wie nie zuvor in die Arme des Vaters, in denen ich zuletzt Seine Güte erleben sollte. Ein schwaches, weinendes Kind gehört in des Vaters Arme.

Die erste Glaubensprobe ergab sich durch die Planung einer großen Umgehungsstraße durch unser Gelände Kanaan. Mit dieser Straße stand und fiel alles für uns. Da gab es nur ein Entweder – Oder, entweder ein Kanaan oder eine Umgehungsstraße. Die Lage wurde immer aussichtsloser. Wie oft bei Glaubenswegen schien der Sieg einige Male ganz nahe, ja sogar da zu sein. An einem Tag ließen wir im Dank dafür, daß Gott unsere Gebete im Blick auf die Umgehungsstraße erhört hatte, sogar 10 Minuten lang unsere Glocke läuten. Dann aber traf uns die Nachricht wie ein Schlag, daß die Straße doch gebaut werden sollte. Es hieß, sie habe strategische Wichtigkeit und die höchste Regierungsstelle in Bonn habe unseren Antrag endgültig abschlägig entschieden. Ich schrieb:

> „Ich weiß, das kann mein Vater nicht, uns, Seine kleine Herde, den Widersachern preisgeben, erst alle Verheißungen geben, den Magistrat überwinden, Tausende ihre Blicke auf Sein Tun richten lassen und dann alles zurücknehmen, uns sozusagen täuschen, in allen Nöten in die Irre führen trotz unseres Flehens. Das kannst Du nicht,

> denn Du bist Liebe und Treue. Ich bin fest überzeugt, daß Du uns Kanaan gibst und niemandem sonst. Du mußt erst Widerstände erwecken, weil wir es so nötig haben, bereitet zu werden. Je mehr Leiden, desto größere Frucht von Kanaan."

Im Blick auf den Ankauf der Grundstücke waren die Schwierigkeiten nicht zu zählen. Der eine Eigentümer wollte gerade auf Seinem Acker eine Tankstelle errichten, um eine gute Lage an der späteren Umgehungsstraße zu haben. Der andere hatte seine Verwandten in Amerika, weshalb er meinte, weder verkaufen noch tauschen zu können. Ein dritter war durch Erbstreitigkeiten blockiert, darum war es unmöglich für ihn, auch noch Land zu verkaufen – und so ging es fort. Dabei handelte es sich um ungefähr zwanzig Äcker und noch zwanzig Tauschgrundstücke!

Was die Stellung des Magistrats zu der Frage der städtischen Besitzungen im Kanaan-Gebiet anbelangte, so verliefen fast alle unsere Besuche ergebnislos. Nachdem endlich ein Sitzungstermin der Stadtverwaltung anberaumt war und wir für diese Sitzung im Glauben viel gebetet hatten, bekamen wir als einheitliches Resultat vom Oberbürgermeister, Bürgermeister und Magistrat einen Plan zugeschickt, in dem Kanaan bis fast auf die Hälfte verkleinert eingezeichnet war. Dies sei ihr endgültiger Beschluß.

Ich breitete unter Tränen diesen Plan vor dem Herrn aus und strich die Grenze mit einem Stift durch. Im Glauben klammerte ich mich an Gottes Auftrag und Seine Zusage, daß Er dennoch ein Amen daraus machen würde.

Zwei Drittel der Grundstücke waren staatlich, und von der Landesregierung bekamen wir diesbezüglich, sei es für Kauf oder Tausch, ein eisernes Nein. Ein großer Trost in diesen Jahren waren mir biblische Losungen, die der Herr mir von Zeit zu Zeit während meiner vielen Gebetskämpfe um Kanaan als Glaubensstärkung gab. Später ließ ich aus Dankbarkeit und zum Lobe Gottes Denksteine am Eingang Kanaans aufrichten, auf denen diese Worte eingegraben sind:

> „Fürchte dich nicht, du Würmlein Jakob, ihr armer Haufe Israel; ich helfe dir, spricht der Herr." Jes. 41,14
>
> „Getreu ist er, der euch ruft, er wird's auch tun." 1. Thess. 5,24
>
> „Siehe da, ich habe euch das Land, das da vor euch liegt, gegeben; gehet hinein und nehmet es ein." 5. Mose 1,8
>
> „Keiner wird zu Schanden, der dein harrt."
> Psalm 25,3 und andere mehr

Daß ich während all dieser schweren Wege Glauben halten konnte, ist mir rückblickend selber ein großes Wunder. Ich spürte: Das war nicht mehr ich, Gott selbst hatte mich gehalten inmit-

ten der quälendsten Stunden, in denen mir tatsächlich niemand mehr beistehen konnte. So gut gemeint die Stimmen von Nächsten und Freunden oft schienen, so waren sie doch die Hand des Versuchers zur Erleichterung: aufgeben – nachgeben – nicht mehr glauben und kämpfen müssen!
Wie oft schrie ich innerlich zum Herrn: „Was steht Dir bei mir, bei unserer Marienschwesternschaft im Wege, daß Dein Arm nicht mehr hilft?"
Und doch verließ mich die Gewißheit, diesen Weg gehen zu müssen, nie ganz. Im tiefsten Grund meines Herzens wollte ich auch keinen anderen Weg gehen. Es war mein Weg, auf dem ich meinen Vater verherrlichen durfte. So schrieb ich:

„Ich will mich Dir verschreiben,
durch Dein Blut treu zu bleiben
Dir und dem Glaubensweg voll Nacht.
Ich will jetzt bei Dir stehen
und einst Dein Antlitz sehen,
dann schauen, was ich hier geglaubt."

Einige Male während dieser Jahre unterbrach der Vater Seinen Züchtigungsweg. Wie wenn schwarze Wolken für einen Augenblick die Sonne durchbrechen lassen, so ließ Er ganz plötzlich Sein Antlitz strahlen und uns Sein Herz wieder erkennen in Seiner ganzen Güte und Barmherzigkeit. Für solche Augenblicke hatte Gott sich auch manchmal besondere Daten vorgenommen. Einmal war es unser zehnjähriger Geburtstag als Marienschwesternschaft. Drei bittere Neins waren vorausgegangen, abschlägige Bescheide von höchsten Instanzen unserer Stadt und des Staates. Meine Töchter waren ganz verstört, doch spürte ich, daß wir jetzt erst recht dem Vater ein Dankfest bereiten sollten. Da schickte Er uns mitten hinein, nämlich zu Beginn der Nachmittagsfeier, die Nachricht, daß die Stadtverwaltung uns das Gelände als Interessengebiet zuerkannte und ihre Bebauungspläne zurückzog. Der Oberbaudirektor überbrachte diese Nachricht sogar persönlich, und sie konnte der ganzen Festversammlung verkündigt werden, die mit uns tief bewegt war. Viele trugen so das Zeugnis weiter, wie Gott sich als Vater erzeigt hatte.

Andere Lichtblicke und Tröstungen gab der Vater uns, indem Er uns plötzlich für besondere Notsituationen jeweils einen namhaften Helfer und Mitstreiter erweckte, die wir doch keinerlei Macht und Einfluß hatten. Streckenweise war dies der damalige Bürgermeister von Eberstadt – dann ein früherer Hochschullehrer von mir, der inzwischen Kultusminister eines anderen Bundeslandes war – zwei einflußreiche Vertreter unserer Kirche und vor allem der Oberbaudirektor. Die schönste und größte Tröstung jedoch sparte der Vater für unseren 12. Geburtstag auf, wovon ich später noch berichten werde.

Wenn uns wieder ein Streifen Land oder ein Gebiet zugesprochen war, hieß es zu bezahlen. Die Kassennot auf diesem Glaubensweg war fast ununterbrochen gleich groß. In meinem Tagebuch steht dazu:

„Mein Vater, Du wirst uns nicht verlassen, wir sind doch Deine Kinder, wenn auch Sünder. Wir sind doch Deine besonders bedürftigen Kinder, richtige Waisen, haben keinen Menschen, keine Kreise, Institutionen hinter uns, sind nur auf Dich, Deine Güte angewiesen. Wir setzen alle unsere Hoffnung auf Dich. Solltest Du uns da enttäuschen und zu Schanden werden lassen? Mein Vater, wir leben doch, um Dich und Deinen Namen groß zu machen, Dein Lieben und Dein Leiden zu offenbaren. Solltest Du nicht aus der Fülle Deines Reichtums geben, wessen wir zum Leben bedürfen, wie es doch ein irdischer Vater seinem Kind tut, das ihn liebt? Du kannst nicht anders, Du bist lauter väterliche Güte."

„Wie steht die Kasse?" das war jeden Tag für mich die Frage. Obwohl ich nicht viel von Kassensachen verstand, wunderten sich meine Töchter immer wieder über meine diesbezüglichen genauen Kenntnisse. Das kam daher, weil dieser Glaubensweg mit unserer Kasse mich Herzblut kostete. So konnte es geschehen, daß unsere Kassenschwester verstummte, wenn sie bei Tisch plötzlich einen Gesamtüberblick über die Kassenlage geben sollte, weil das aus dem Stegreif schwierig war, ich aber dann für sie eintrat. Jahrelang hatte ich die Liste aller für einen Monat fälligen Rechnungen in meinem Zimmer hängen. Jeden Tag flehte ich im Angesicht unserer großen Kassennot aus tiefstem Herzen zum Vater um die ausstehenden Summen, denn immer neu war das Geld zur Begleichung der Rechnungen nicht da. Wenn es dann kam, strich ich jede bezahlte Rechnung durch und schrieb daneben meinen Dank an den Vater.

Aber im Blick auf das Geld mußte Gott noch tiefer schürfen. So heißt es in meinem Tagebuch:

> „Es ist mir wie ein Schwert im Herzen. Wir gehen diesen Glaubensweg, der so dunkel ist, damit Dir Ehre werde. Doch das Umgekehrte erleben wir: Nicht nur hier in Darmstadt, sondern überall im Lande geht das Gerücht um, wir hätten große ausländische Geldspender und wüßten nicht mit unserem Geld wohin! Sieh an meine Tränen, sieh an, daß alle Bauten nur für Dich – zu Deiner Ehre – gebaut werden sollen."

Später, in der Zeit des Aufbaus Kanaans, als wir in größter Geldnot waren, kam die Nachricht, öffentliche Institutionen bezahlten wegen Landpreiserhöhung benachbarten Landverkäufern den Aufpreis nach. Das hieß für uns, wenn wir auch rechtlich nicht dazu verpflichtet waren, in der Nachfolge Jesu und gemäß der Bergpredigt ebenfalls Nachzahlungen zu geben. Bei etwa 20 Grundstücksverkäufern war das eine sehr hohe Summe. Nie vergesse ich, wie ich damals in dieser ausweglosen Lage zu Gott schrie: „Mein Vater, wir versinken – erbarme Dich doch!"

Diese Züchtigungswege waren als erstes nötig für mich selber, damit ich im Vertrauen zum Vater bewährt würde. Solche Züchtigungsleiden sind aber nur ein kleiner Preis, den wir einbezahlen, um befreit zu werden von dem, was nicht in Sein Reich paßt. Unvorstellbar ist, was Gott uns dafür ausbezahlt an Herrlichkeit für alle Ewigkeit. *

Weiter waren die Züchtigungen nötig, weil Kanaan ein Ausstrahlungszentrum der väterlichen Liebe und Wundermacht Gottes werden sollte. Viele sollten sich später einmal auf Kanaan zu Züchtigungswegen dem Vater neu hingeben lernen und Sein Herz dabei finden; darum konnte nicht genug davon in die Erde Kanaans gelegt sein.

Aber diese Wege waren noch aus einem anderen Grund nötig. Kanaan sollte erbaut werden in einem Zeitalter, da die ganze Welt gekennzeichnet ist von Aufruhr und Revolutionen. Oft sah ich im Geist die vielen geballten Fäuste vor mir, die heute drohend gegen unseren Vater erhoben sind. Ich hörte unzählige lästerliche, an-

* Siehe M. Basilea Schlink: „Wen Gott liebt..." Durch Wüstenwege zur Freude

klagende Worte aus dem Mund vieler, auch Gläubiger, die gegen Gott nur Vorwürfe haben. Mir war der Schmerz im Herzen über solche Worte der Bitterkeit, ob sie hinausgeschrien oder nur in Gedanken behalten werden wie: „Das soll ein Gott der Liebe sein? Wo ist nun Gott? Wie kann Er solches zulassen? Ich kann nicht mehr glauben ...", oder die Aufschreie der Empörung, die Ihn direkt höhnen und verlästern. Weil dem Vater im Himmel solches angetan wird, sollte auf diesen Wüstenwegen nach Kanaan, auf den Wegen des Glaubens, der Enttäuschungen und Leiden der Liebe Gottes Vertrauen geschenkt werden, damit dann vor aller Welt offenbar werden konnte: Gott ist treu, Gott ist Liebe. Keiner kann mit solcher Herzensüberzeugung „Vater, mein Vater" sagen und von Ihm und Seiner Liebe Zeugnis ablegen wie der, der in tiefster Not unter Seinem Züchtigen dennoch Vertrauen gelernt und dann Sein Helfen erfahren hat.

UNGEWÖHNLICHE ANFECHTUNGEN

Viel kann unsere Seele ertragen, wenn die innere Klarheit über die Richtigkeit eines Auftrages oder Weges unangefochten bleibt. Das weiß Satan, und darum sucht er durch seine wirksamste Waffe, die Anfechtung, diese Gewißheit in Frage zu stellen. So erfuhr ich: Je hartnäckiger die Uneinnehmbarkeit Kanaans wurde, desto stärker wurden die Angriffe des Feindes. Mir war im Winter 1956, als ob mein ganzes Lebenswerk dem Tod geweiht vor mir läge, ein welkes Blatt, das sterben und nicht mehr aufstehen würde. Hatte es überhaupt noch Sinn, für Kanaan zu glauben und darum zu kämpfen? So schrieb ich in mein Tagebuch:

> „Die Passionsspiele sind ohne Gehalt und Kraft – mit um ihretwillen haben wir ein Kanaan bauen wollen, und dafür kämpfen wir auf ‚Leben und Tod'! Aber in Wirklichkeit lebt Jesu Leiden kaum in unser aller Herzen. Hätte ich das vor einem Jahr erkannt, so hätte ich nicht ein Kanaan mit der Jesu-Ruf-Kapelle gewollt. Ich stehe vor lauter Trümmern ... Unsere Passionsspiele waren in diesem Jahr schlechter besucht als das letzte Jahr. Unzählige bewußte Christen waren gewarnt, meine Schriften zu lesen, weil sie in gewissen Kreisen auf dem Index stehen, und werden damit auch zurückgehalten werden, zu unseren Ruferspielen zu kommen. Es ist mir, als gähnte der Tod mich an und kündete vom Untergang der mir von Jesus gegebenen Aufgabe ... War es Größenwahn, das weiträumige Land, all die Häuser zu planen?"

Eine andere Stimme sagte mir: Wie lange wird es dauern, bis dieses Kanaan erbaut und dann

bebaut ist, die Häuser stehen, die Gärten angelegt sind! Bis dahin mag schon ein Krieg ausgebrochen sein und kann der Auftrag Kanaans gar nicht mehr ausgeführt werden.
Es kam ein Fragen in der Schwesternschaft auf, ob wir uns auf die Hälfte des Landes beschränken sollten, ob das Ziel nicht zu hoch gesteckt sei, ob wir viel lieber „nicht groß werden", nicht so viele Häuser und Land haben sollten. Kanaan, alles Leben hier würde leicht einen betriebsmäßigen Charakter bekommen und damit nicht mehr anziehend sein. Auch Freunde sagten, ich solle den unnüchternen Plan des „großen Kanaan" fallen lassen, der unser ganzes Werk zu einem Fiasko führen würde.
Hatte ich mich wirklich geirrt? Die Anfechtungen tobten in meiner Seele. Wenn es nicht der Herr gewesen war, der mir den Auftrag Kanaans gegeben hatte, dann wollte ich sofort den Kampf um Kanaan fallen lassen. Jedoch im tiefsten Herzen hieß es: „Wehe, wenn du jetzt im Glauben nicht durchhältst und diesen Züchtigungs- und Leidensweg nicht im Gehorsam zu Ende gehst! Es ist der Herr – es ist Sein Auftrag. Gott will Kanaan als einen Anbruch des Himmelreichs auf Erden." Zur Bestätigung gab der Herr mir die Losung: „Deine Ohren werden hören hinter dir das Wort sagen also: Dies ist der Weg, den gehet, sonst weder zur Rechten noch zur Linken" (Jes. 30,21).

So wich ich nicht, sondern hielt mich im Glauben daran, daß die Anfechtungen mir gewiß dazu dienen sollten, tief gedemütigt und bereitet zu werden für den späteren Auftrag Kanaans.

Den Angriffswaffen des Feindes galt es, die stärkeren Abwehrwaffen Gottes entgegenzusetzen und den Anfechtungen mit einem „Dennoch des Glaubens" zu begegnen. Darum schrieb ich in dieser Zeit einen Freundesbrief, worin ganz Kanaan, seine Anlagen und die geplanten Häuser beschrieben und sogar schon in Skizzen gezeichnet waren. Alles, was der Herr mir klargemacht hatte, legte ich in diesem Brief nieder.

Aber diese Kanaan-Proklamation in unserer Situation herauszugeben, war wie ein Wahn, und alles in mir sträubte sich dagegen. Mir war, als müßte ich damit über mich selbst hinwegspringen. Und auch Mutter Martyria meinte, daß es unmöglich sei, einen solchen Brief jetzt zu veröffentlichen, wo Kanaan uns endgültig verschlossen schien. Doch immer wieder ließ mich der Eindruck nicht los: Dem Vater soll später, wenn Kanaan einmal verwirklicht ist, die Ehre und Anbetung darüber werden, daß dies Land nicht durch natürliche Begebenheiten erworben und gestaltet wurde, sondern allein durch Gottes Eingreifen und Wunder. Diese Ehre aber kann dem Vater nur zuteil werden, wenn wir jetzt, wo es menschlich völlig unmöglich erscheint, den Glaubensmut haben, vor allen Menschen durch den Freundesbrief zu bezeugen: Kanaan ist wohl noch verschlossen, doch Gottes Verheißung steht darüber, und darum glauben wir, daß Kanaan dennoch wird. Proklamieren wir jetzt Kanaan nicht, wird später auch nicht Gottes Ehre kund werden.

Unter Schmerzen wurde der Brief verschickt, und die Anfechtungen blieben, obwohl Mutter Martyria und ich beim Beten über die entscheidende Frage, ob wir diesen Rundbrief veröffentlichen sollten, Losungsworte bekamen, die uns meinen inneren Eindruck bestätigten: „Seid allezeit bereit zur Verantwortung jedermann, der Grund fordert der Hoffnung, die in euch ist" (1. Petr. 3,15) und: „Der in euch angefangen hat das gute Werk, der wird es auch vollenden . . ." (Phil. 1,6).

Neue Anfechtungen kamen hinzu. Es war mir nicht mehr selbstverständlich, im Glauben daran festzuhalten, daß Gottes Ratschluß sei, einen Anbruch vom Himmelreich, einen Vorgeschmack vom Paradies unter uns zu schaffen. Enttäuschungen an meinen Töchtern, die in dieser Zeit gerade auf einen Höhepunkt gekommen waren, ließen mir dies mein Glaubensziel fast zusammenbrechen. Es kam solch innere Nacht über mich, daß ich nur noch weinte und klagte in meinem Herzen: Sie haben nicht gewollt! Es ist, als ob bei uns alles Erglaubte wie zerstört ist. So viel geistliche Trägheit, Ichbezogenheit, Selbstgerechtigkeit und Lieblosigkeit war unter ihnen, die Gottes Aufträge blockierte. Ich mußte an Franziskus von Assisi denken, als ihm durch das Verhalten seiner geistlichen Söhne sein ganzes Werk zusammenbrach und sein Leben in den folgenden Jahren nur noch voller Tränen war, weil er vor den Trümmern seines Lebenswerkes stand. So war auch für mich die Enttäuschung, daß Gottes Auftrag durch das Verhalten meiner Töchter zerbrochen schien, unsagbar groß.

Trotz aller Gerichte, die so greifbar und anhaltend waren, da Er uns mit allen Mitteln züchtigte, wollte eine Reihe von ihnen doch nicht den Weg der Reue und Buße einschlagen. Einzelne mußten wir bitten zu gehen, weil sie ein abgestorbenes Glied geworden waren, oder sie gingen von sich aus von uns. Die Liebe zu Jesus war bei ihnen erloschen, und sie waren nicht bereit umzukehren. Solche Lücken in unserer Schwesternfamilie schlugen Mutter Martyria und mir große Wunden. In jenen Monaten tiefster Anfechtung wünschte ich, die Leitung der Marienschwesternschaft abgeben zu können. Aber das ließ Gott nicht zu. Der Herr half mir, die Enttäuschungen zu überwinden, indem Er mir Seine unendliche Geduld zeigte, die Er auch mit mir hat. So schenkte Er mir aus Gnaden neue Hoffnung nach Seiner Verheißung: „Ich, der Herr, schaffe es" (Jes. 45,8). Und Er stärkte mich, im Glauben durchzuhalten.

MORIJA - GOTT PRÜFT

Die tiefste Entscheidung im Leben eines Christen fällt nicht bei seiner Bekehrung, nicht bei schmerzlichen Verlusten oder Züchtigungen, sondern in einer sogenannten „Morija-Stunde". Dafür ist uns Vater Abraham als Vorbild gegeben. Auf dem Berg Morija war das Entscheidende nicht das an sich schon unsagbar schwere Opfer eines Kindes – auch nicht dieses Kindes, auf das Abraham 25 Jahre gewartet hatte. Das größte Opfer, das er auf Morija zu bringen hatte, war das Opfer der Verheißung Gottes. Der Herr hatte ihm seit so langer Zeit versprochen, daß durch seinen Sohn, den Er ihm im Greisenalter als ein Wunder noch geben würde, alle Geschlechter auf Erden gesegnet sein sollten. Abraham wurde geprüft, ob er an Gott irre würde dann, wenn anscheinend Gott gegen Gott steht, weil Seine Verheißung und Seine Handlungsweise sich total widersprechen.

In solcher Lage, wenn wir an Gott selbst enttäuscht werden, will etwas in uns zerbrechen. Wo diese Prüfung jedoch bestanden wird, geschieht letzte Willensvereinigung mit Gott, das Höchste, was Er uns schenken kann. Dem aber müssen unzählige Hingaben des Willens im Alltag auf dunklen Wegen vorausgegangen sein, wo wir Gott und Sein Handeln nicht mehr verstehen konnten. Solch einen Eckstein wollte der Herr durch unsichtbare Kämpfe in den Jahren des nach außen hin sichtbaren Kampfes um Kanaan in mein Leben legen.

Gott hatte mir in jenen Jahren eine Verheißung gegeben, die für mich das Höchste und Seligste, was ein Mensch von Gott erlangen kann, in sich schloß. Lange hatte ich mich innerlich darauf vorbereitet, all Sein Führen zielte darauf hin. Diese besondere Stunde Gottes schien sich in den Septembertagen 1956 zu erfüllen. Gottes Heiligkeit kam mir nahe, wie ich sie noch nie erlebt hatte – und dann erfuhr ich, was Morija in sich schließt: die Verheißung begraben müssen. Es dünkt mich mit die größte Gnade meines Lebens, daß ich an jenem 27. September 1956 bei dieser Enttäuschung nicht mein Vertrauen zu Gott verlor, an Ihm nicht irre wurde.

Gott schenkte es, daß ich in jener dunkelsten Stunde, die mich mehr kostete als alle anderen schweren Wege in meinem Leben, Ihm ein Ja sagen konnte. Zeichenhaft dafür, daß ich dennoch an Seiner Liebe festhielt, legte ich die Worte „Ja-Amen" aus kleinen Steinen an dem Platz, wo ich viel gebetet hatte, in die Erde. Und Er ließ mich das Wort, wenn auch mit blutendem Herzen, niederschreiben: „Mein Vater, ich verstehe Dich nicht, aber ich vertraue Dir." Auf dies Wort sind später besonders viele Echos aus aller Welt gekommen. Es brachte Ungezählten in dunklen

Stunden Hilfe nach dem Gesetz im Reich Gottes: Soviel etwas gekostet hat, soviel wirkt es.
Weil Gott mir damals die tiefste Willensvereinigung mit Seinem mir gänzlich unverständlichen Willen schenkte, wurde mir dieser dunkelste Tag in meinem Leben zu meinem größten Gnadentag. Später erkannte ich, daß Gott Seine Verheißung erfüllt hatte – nur ganz anders, als ich es verstehen konnte. Vieles, was der Herr mir später auch auf dem Weg der Einnahme des verheißenen Landes Kanaan als Erfüllung geschenkt hat, stand in Beziehung zu diesem „Morija-Erleben".
Zunächst folgten gerade in den Jahren 1956 bis 1959 viele kleine „Morija-Erlebnisse", da Verheißungen für Kanaan immer wieder hinfällig wurden und statt eines Ja von Behörden, das Erfüllung gebracht hätte, wir von höchster Stelle ein entschiedenes Nein bekamen. 1958 lag gleichsam unser ganzes Werk vor meinen Augen begraben, besonders als ich damals im Krankenhaus vor dem Tod stand und alle unsere Aufträge wie dem Tod geweiht schienen. In dem allem half mir zum Durchglauben immer dies mein eigentliches und schwerstes „Morija-Erleben", bei dem das Lied entstanden war:

„Ich preis den Namen, der Ja und Amen,
auch wenn mein Herz Ihn nicht versteht."

Und mein Bekenntnis war immer neu, daß Gott

Liebe ist und bleibt, wie ich es Ihm in diesen dunkelsten Stunden so vielmal sagte:

„Ich preis den Segen, der kommt aus Wegen
der Leiden und der tiefsten Nacht.

Dein Herz ist Güte, Dein Will nur Liebe
und gut die Wege, die Du führst."

Seinen Willen zu preisen, half mir, diese Stunden zu durchstehen.
Doch dann erfuhr ich auch etwas davon, was Abraham nach bestandener Prüfung gesagt wurde: „Nun weiß ich, daß du Gott fürchtest" (1. Mose 22,12), und wie unaussprechlich danach Gottes Herabneigen und Überschütten ist.
In der Nähe des Ortes, wo ich dies Morija erlebte, steht heute unser Morija-Denkmal mit der Inschrift: „Morija heißt: Gott sieht dich, Mensch, in deiner Angst und Pein. Morija heißt: Gott prüft dich, Mensch, Gold wird im Feuer rein. Morija – Gott liebt den, der ganz zum Opfer ist bereit. Morija – Gott gibt Seinen Sohn, nimmt selbst auf sich dein Leid."
Weil ich weiß, was von einer „Morija - Stunde" abhängt und wie der Feind alles daran setzt, in solchen Prüfungen zu erreichen, was ihm bei allen anderen Versuchungen nicht gelungen ist, schrieb ich darüber später an meine geistlichen Töchter:

„Wer Gott als dem auch rätselhaften Gott in

seinem Leben noch nicht begegnet ist, der kennt Ihn nicht. Wer Gott als dem rätselhaften Gott in seinem Leben nicht standgehalten hat, der hat noch nicht seinen Glauben an Ihn bewiesen. Kennt Ihr in Eurem Leben den für uns rätselhaften Gott, dessen Tun nicht mehr zu verstehen ist, der anscheinend in die Irre führt und unseren Glauben zuschanden werden läßt, der das Ende unserer Glaubenswege für unsere Sicht zu einer einzigen Enttäuschung macht?

Glaubt mir, wer in des Himmels Herrlichkeit einstmals eingehen will, der muß durch größte Enttäuschung, die für uns tiefe Nacht bedeutet, hindurchgehen. Solche Nacht ist wie ein Irrgarten, weil wir fern von Gott sind und Ihn nicht fassen und verstehen können, weil keine Antwort mehr von Gott kommt.

Wer einst für alle Ewigkeiten Himmel schmecken will, der muß um seiner Sünden willen hier auf Erden für kurze Zeit eine Wegstrecke tiefster Dunkelheiten durchgangen haben. Unser Herr Jesus Christus durchlitt das für uns, als Er am Ende Seines Leidensweges am Kreuz schrie: ‚Mein Gott, mein Gott, warum hast du mich verlassen?' Er durchlitt dies grauenhafte Leiden schuldlos. Wir, die wir zu Ihm gehören,

müssen als Sünder für unser Teil auf unserem Lebensweg einen Schatten solcher Nacht erfahren – sind aber nie ganz verlassen. Denn Jesus ist bei uns in dieser Not. In solchen Leiden gehören wir nahe zu unserem Herrn Jesus Christus.
Solch enttäuschende Erfahrungen in unserem Leben sind der Prüfstein, ob wir Gott in Wirklichkeit vertrauen, ob wir unseren Willen Ihm ganz und gar ausgeliefert haben. Hier zeigt sich, ob Gott mit uns machen kann, was Er will, indem wir Ihm dann dennoch weiter unseren Willen zu Füßen legen, Ihn, unseren Vater, lieben und im Vertrauen Seinen Weg, den Er uns führt, als gehorsame Kinder zu Ende gehen.
Dann werden wir erleben, daß Sein Herz wirklich Liebe ist und Er aus Nacht jedesmal wieder zum Licht führt. Auf solche Wege tiefster Prüfung folgt ein unaussprechlicher Lohn."

Über unserem kleinen Kanaan sollte später groß geschrieben stehen: „So ist unser Gott"! Unter diesem Ausruf sollte eine Festschrift mit vielen Farbaufnahmen – unsere Jubiläumsfestschrift nach 25 Jahren Marienschwesternschaft – in die Welt gehen.

„So ist unser Gott" würde einst das Zeugnisdokument heißen, das als Farbfilm von Kanaan durch die Länder gehen sollte. Aber damit wir wirklich ausrufen könnten, wie unser Gott ist, mußte Er während der grundlegenden Jahre, in denen Kanaan erbaut wurde, gewissermaßen alle Seiten Seines Wesens offenbar machen und mich Ihn umfassend erleben lassen: Ich durfte Ihn erfahren in Seinem Erbarmen und Vergeben, im Züchtigen, Führen und Erziehen – in Seinem Wunderwirken und den Beweisen Seiner Allmacht – in Seinem Reden und Schweigen – in Seiner Vaterschaft, Geduld und Treue –, ja daß Er durch und durch „Vater der Liebe" ist. Doch eine entscheidende Erfahrung von Gottes Sein und Wesen, die ebenso zu Seiner Liebe gehört, stand noch aus.

1957 war ich wieder einmal zu Stillen Tagen auswärts in einem ländlichen Ort, wo uns Freunde von Zeit zu Zeit ihr kleines Haus zur Verfügung stellten. Weil ich dort schon Stunden, in denen mir Gott sehr nahe war, erlebt hatte, war ich auch diesmal auf Seine Gegenwart und eine Zeit ungestörten Gebets eingestellt. Nun aber empfing mich in meinem Zimmer vom ersten Augenblick an eine völlig andere Atmosphäre. Gottes Nähe war zum Fürchten und Erzittern. Ich traute mich kaum zu atmen. Mir war, als wäre die Luft mit Gottes Zorn geladen. Eine neue Seite des Wesens Gottes, von der ich erkenntnismäßig wohl bisher gewußt hatte, aber die mir wenig existentiell gewesen war, ging mir nun auf: der zürnende Gott.

Ich wußte immer schon, daß Gott-Vater zu Seinem großen Schmerz uns, Seine Menschenkinder, nicht allein durch Sein Lieben, Sein Wohltun, Sein Mahnen von der Sünde wegbringen und zu sich heimziehen kann, sondern daß Er oft Sein Gericht, Seinen Zorn auf uns herabfahren lassen muß. Aber jetzt erfaßte ich, wie Gottes Herz von Schmerzzorn wie geladen war, gemäß dem, was die Heilige Schrift uns in der Offenbarung von der „letzten Zeit", dem Zornzeitalter Gottes, sagt. Auf einmal wurden meine Augen geöffnet für diese Wesensseite Gottes, die in vielen Bibelstellen des Alten wie Neuen Testamentes über den Zorn Gottes bezeugt ist. Sie gelten zumeist für die letzte Zeit, in der sich Gottes Zorn wie ein Lavastrom über die Menschen ergießen wird und im Gericht die Erde in Flammen aufgehen läßt (Offb. 15,1 u. 2.Petr. 3,10). Ich erfaßte zutiefst, wovon die Heilige Schrift spricht, daß die ganze Erde dann erzittern wird, daß Menschen sich nicht mehr an Jesus als ihren Heiland wenden, sondern sich sogar vor dem Zorn des Lammes bergen wollen (Offb. 6,16). Sie werden bitten, daß die Berge über sie fallen, weil der sich entladende Zorn Gottes so schrecklich ist.

Ich spürte etwas davon, wie der Schmerz Gottes um Seine verlorenen Menschenkinder überstark, wie ein reißender Gebirgsstrom ist. Mir war, als ob in Gottes Herzen gleichsam ein Aufschrei wäre, wie wir es aus Jesu Mund einmal hören: „Ihr habt nicht gewollt!" (Matth.23,37) Sie wollen nicht – sie wollen nicht heimkehren, sie wollen nicht Kinder des Vaters sein – sie wollen sich nicht erlösen lassen durch das Opfer Seines Sohnes – sie wollen nicht das Licht, sondern die Sünde, die Finsternis. So kommen sie um in Sünde und im Grauen der Hölle.

Es war mir wie ein ahnungsweises Vorauserleben der Stunde, wenn der Schmerzzorn des Vaters die Erde erzittern lassen wird und Zornesblitze über sie dahinfahren aus dem Herzen Gottes. Denn heilig, dreimal heilig ist Gott in Seinem Schmerz und in Seinem Zorn, der erst beendet sein wird, wenn alle Welt vor Jesus die Knie beugt.

Dabei ergriff mich in ungekannter Stärke das Leiden Gottes um uns, Seine Menschenkinder, für die Er in unendlicher Liebe da ist, und doch wird Er von kaum einem Seiner Kinder entsprechend wiedergeliebt. Mein Herz war voll von diesem Gottesleid. Da brachen plötzlich Klagemelodien aus mir hervor, die ich nie vorher gekannt hatte. Meine Stimme, die von Natur schwach ist, wurde von einer übernatürlichen Kraft getragen, und ich konnte nicht anders, als – erfaßt von diesem übergroßen Gottesschmerz – stundenlang Sein Leiden in Melodien zu beklagen, wie der Heilige Geist sie mir eingab.

Doch folgten auf diese Tage des erfahrenen Gottesleides und Schmerzzornes über unsere Welt noch ganz andere Tage, die ich – selbst in weitem Abstand davon – nur als erschrecklich bezeichnen kann. Denn Gott schüttete über mich selbst etwas von der Gewalt Seines Zornes aus, womit Er mich innerlich wie zu Boden schleuderte. Diese Gotteserfahrung war ganz anders als alles, was ich bisher erlebt hatte. Ihm als dem züchtigenden Gott zu begegnen, hatte Er mich üben lassen durch lange Jahre. Doch diesmal kam der Herr zu mir, dem Sünder, in heiligem Zorn. Er war mir wie ein Fremder geworden im ehernen Schweigen und Zürnen. Furcht überfiel mich. Ich war wie verworfen von Ihm, so daß mein Herz vor Schmerz schier versteinert war.

Ein Todesgrauen umgab mich, das wie mit Händen zu greifen war. Es war, als ob ich etwas von dem Zorn über die Sünde als solche und über mich als Sünder während dieser Tage schmekken mußte.

Dieser Zorn verfolgte mich, wohin ich auch ging. Konnte ich es in meinem Zimmer nicht mehr aushalten und ging in den Wald, so verfolgte mich Sein Zorn auch dort. Es war mir, als ob das Zürnen Gottes sich in diesen Wochen auch über die Natur entladen hätte, denn es hatte sich ein mächtiger Sturm aufgemacht, der all die Wochen anhielt. Die hohen Stämme der Tannen im Wald knickten und zerbrachen. Man mußte dort gewärtig sein, jeden Moment erschlagen zu werden. So tat ich, wie die Heilige Schrift sagt: „Gehe hin in deine Kammer ..., verbirg dich einen kleinen Augenblick, bis der Zorn vorübergehe" (Jes. 26,20), denn Gottes Zorn schien mir so groß, daß er mich nur vernichten konnte.

Inzwischen ist mir klar, daß ich dies alles erleiden sollte, damit ich später schreiben könnte von den kommenden Zorngerichten, die sich bald über die Erde entladen werden, weil es letzte Zeit ist. Das war nur möglich, wenn ich diesen Zorn selber geschmeckt hatte. Damals aber wußte ich noch nicht – es war 1957 –, daß schon so bald die Sünde unserer Menschheit sich gen Himmel türmen und Gottes Gericht herabziehen würde. Ich ahnte nicht, daß die Dämonen in Kürze wie noch nie losgelassen und die Menschheit verführen würden, so daß diese bis in die Kirche hinein der Gotteslästerung und aller Unmoral verfallen würde. Daß ein Jahrzehnt später das Verbrechertum die Erde sintflutartig überschwemmen würde, weil man Gottes Gebote – gleichsam die steinernen Tafeln des Sinai – heute aufs neue zerbrochen und somit der Hölle Bahn gemacht hatte, konnte man damals kaum ahnen.

Dennoch schrieb ich schon 1957 in mein Tagebuch:

> „Die Botschaft vom Schmerzzorn Gottes über die sündige Menschheit der Endzeit ist die Botschaft der Stunde schlechthin, weil wir den Gerichten Gottes entgegengehen."

Bereits drei Jahre später begann ich deutlicher zu verstehen, was der Herr mit der Erfahrung Seines Zornes in meinem Herzen hatte vorbereiten wollen. Denn von 1960 ab hatte ich über das Thema „Das Ende ist nah" zu schreiben – aus einem inneren Muß heraus, das Er wirkte. Nun konnte ich von diesen auf uns zukommenden furchtbaren Dingen und dem Zorn Gottes, der sich entladen wird, schreiben, weil der Herr mir diese kommenden Gerichte und Seinen Zorn als Ausfluß Seiner Heiligkeit im Mai 1957 so nahegebracht hatte. Durch das Erleben in jenem Jahr war ich auch fähig, nun all die grauenhaften Tatsachen, die in den kommenden Jahren anfingen, unsere Welt zu prägen, ganz anders vom Blickpunkt der Leiden und des Schmerzzornes Gottes her zu sehen. Das machte mich willig, etwas von Seinen Gerichten vorzuerleiden und darüber zu schreiben, um noch retten zu helfen.

Von diesem persönlichen Erlebnis des zürnenden Gottes her konnte ich aber auch wie nie zuvor ermessen, was Gnade ist. Nur wer Gerichte geschmeckt, wer etwas vom Zorn Gottes erfahren hat, weiß, was Gnade ist. Das allein läßt uns ahnen, was es bedeutet, daß Jesus für uns zum Sühnopfer wurde und darum der Zorn Gottes alle jene, die wahrhaft an Jesus glauben, nicht vernichten kann. Nur von daher konnte ich in all den Schriften, die ich von nun an beauftragt war zu schreiben, bezeugen, daß die Gnade Gottes noch größer ist als das Gericht, sofern wir umkehren und Jesus unsere Sünden jetzt bringen, ehe es zu spät ist.

Wie brennend dieser Ruf ist, zeigt sich von Tag zu Tag mehr, denn inzwischen haben sich die Vorgerichte Gottes in unserer Welt erschütternd gehäuft als ein Fanal dafür: Der Tag des Herrn kommt, er steht vor der Tür. Keiner kann ihm entgehen. „Ein erbarmungsloser Tag voll von Grimm und Zornesglut" wird es sein (Jes. 13,9). Ach, daß wir heute noch Seine Stimme hörten!

JAHR DES TODES – BEGRABEN SEINER VERHEISSUNGEN UND AUFERSTEHUNG 1958 – 1959

SCHLAG AUF SCHLAG

Das Jahr 1958 sollte in noch anderer Weise als zuvor eine Prüfungszeit werden, ja ein Todesjahr, um zu erweisen, ob ich wirklich an des Vaters Liebe in dunkelsten Stunden festhielt.

Zuerst traf mich die große Enttäuschung im Blick auf die Erwerbung Kanaans. Denn das Ergebnis eines jahrelangen Einsatzes innerlich wie äußerlich, von uns und auch von maßgebenden Persönlichkeiten war das endgültige Nein von Seiten des Landes Hessen. Man wollte uns das staatliche Gelände weder verkaufen noch verpachten. Hiermit war der Auftrag Kanaans so gut wie begraben – zum wievielten Male?

Ich hatte also die Gelegenheit in diesem Jahr, dem Vater im Himmel unter Schmerzen mein Ja zu geben. Wiederum war meine Antwort:

> „Mein Vater, ich verstehe Dich nicht, aber ich vertraue Deinen Wegen, die immer richtig und gut sind. Der Du Tote zum Leben erwecken kannst, Du kannst auch die über Kanaan stehende Verheißung, die wie erstorben ist, neu zum Leben erwecken."

Dann kam der zweite Schlag. Unsere Geldnot wurde so groß wie wohl kaum in den Jahren zuvor. Wir standen vor der Notwendigkeit, den Bau des Rüstzeitenhauses „Jesu Freude" einstellen zu müssen. Nur unter großem Bangen, doch keinesfalls in Schulden zu geraten, konnte die Arbeit langsam weitergeführt werden.

Aber die Wasser der Trübsal schwollen erst richtig an, als die Macht der Krankheit, ja die Macht des Todes in unsere Schwesternschaft einbrach. Bis dahin hatte der Herr uns in den Jahren zuvor in dieser Beziehung große Güte widerfahren lassen. Kaum eine aus der Schar unserer damals sechzig jungen Schwestern war krank geworden. Und wenn es doch einmal geschah, wurde durch Handauflegung und Gebet Heilung oder in einzelnen Fällen durch den Arzt Hilfe geschenkt.

Des Vaters besondere Güte erlebten wir mit unserer Schwester Angelika. Sie war nach ihrem Einsatz als Flakhelferin nach Kriegsende todkrank heimgekommen. Der Arzt hatte, als sie bei uns eintrat, ihr nur noch zwei Jahre Lebenszeit gegeben. Nun aber lebte sie schon zehn Jahre unter uns – buchstäblich immer neu als ein Wunder Gottes.

Doch Ende des Jahres 1957 wurde alles anders. Zuerst hatte sich unsere Schwester Margaretha im Herbst 1957 plötzlich schwerkrank niedergelegt – Diagnose: Krebs. Wir beteten und glaubten, daß der Herr ein Wunder tun könnte und sie, die ja erst 33 Jahre alt war, noch heilen würde. Doch der Herr half nicht. Er brachte uns in einen Kessel von schwersten Anfechtungen. Einerseits rangen wir uns im Gebet immer wieder durch zum Glauben, daß Gott noch ein Wunder der Heilung täte, was auch Schwester Margarethas Hoffnung und Glaube war. Andererseits sahen wir, daß es mit ihr immer mehr dem Tod entgegenging. Der Herr holte sie nach einem halben Jahr des Leidens im Mai 1958 heim.

Als ich zum erstenmal eine meiner Töchter auf dem Totenbett liegen sah, krampfte sich mein Herz zusammen. Schwester Margaretha war noch so jung gewesen, innig von uns geliebt. Unsere Marienschwesternschaft war nicht eine große, kaum übersehbare Schar, sondern eine Familie, besonders auch dadurch, daß eine ganze Reihe von Schwestern uns von Kindheit her bekannt waren. So waren sie im doppelten Sinn unsere geistlichen Töchter, denen unsere besondere Liebe gehörte und die uns liebten. Darum traf uns das ins Mark, daß eine junge Schwester aus unserer glücklichen geistlichen Familie von uns ging.

Schmerzerfüllten Herzens ging ich von Schwester Margarethas Totenbett zu Schwester Angelika, um ihr diese leidvolle Nachricht zu bringen – nicht ahnend, daß mich am selben Tag ein zweiter Schlag zutiefst treffen sollte, denn Schwester

Angelika antwortete, in meinen Worten gesagt: „Und nun folge ich." In der vorhergehenden Nacht war sie halb erblindet, das klare Anzeichen bei ihrer Nierenkrankheit, daß der Tod nahte.

Die zweite junge Schwester innerhalb eines Jahres, nach der der Tod griff. Schwester Angelika war voll sprühenden Lebens, so daß ihr nichts so fremd war wie der Tod. Als eine unserer führenden Schwestern, dazu Bildhauerin, Gestalterin und Leiterin der Ruferspiele stand sie im Blickfeld unserer Schwesternfamilie. Meine Töchter fragten mich, ob mit ihrem Heimgang der Auftrag der Ruferspiele endgültig hinfalle. Ich antwortete, daß ein Auftrag Gottes nicht an eine Person gebunden sei; aber vorstellen konnte ich mir auch nicht, wie alles weitergehen sollte. Es folgten leidvolle Monate an diesem so schmerzensreichen Krankenlager, bis Schwester Angelika ein halbes Jahr später, im Dezember 1958, heimging.

Es war nun, als ob der Tod bei uns in diesem Jahr nicht aufhörte, seine Ernte zu suchen. Noch andere Schwestern wurden schwer – und eine von ihnen lebensgefährlich – krank, wodurch weitere Schwestern hätten bereits angesteckt sein können. Ständig kam eine neue Hiobs-Nachricht über Erkrankungen, mit einer Heilung half Gott in keinem Fall. Mein Herz war voller Wunden und Schmerzen unter diesen vielen

Schlägen Gottes. Ich konnte mich nur unter Seine gewaltige Hand beugen und gab Gott unter Tränen mein Ja.
Aber nicht nur den Kranken wurde auf unsere Bitte hin keine Hilfe, auch die Hilfe für Kanaan blieb weiterhin aus troẞ des Auftrags Gottes dafür. Verheißungen schienen sich nicht zu erfüllen. Auch unser Auftrag mit dem Rüstzeitenhaus „Jesu Freude" starrte mich wie ein totgeborenes Kind an. Gott hatte mir doch schon 1954 in der Stille dieses Haus aufs Herz gelegt. Menschen sollten zu stillen Zeiten gerufen werden, um unter dem Wort Gottes in Seinem Licht offenbar zu werden. Sie sollten in diesem Haus auf dem Weg der Reue zur bräutlichen Liebe zu Jesus und in die kompromißlose Nachfolge kommen, in das kindliche Abhängigkeits- und Vertrauensverhältnis zum Vater geführt werden. Doch nun geschah das für mich ganz Unerklärliche im Blick auf diesen von Gott so klar gegebenen Auftrag: Zu einer der ersten Rüstzeiten im neuen Rüstzeitenhaus „Jesu Freude" mit seinen 50 Zimmern kamen nur sechs bis sieben Anmeldungen. Und dieses Haus war doch unter vielen Opfern erbaut worden. Vorher, als wir noch in schrägen Dachzimmern von „Jesu Werkhaus" und in Notquartieren unsere Gäste unterbringen mußten, hatten wir oft weit mehr Anmeldungen gehabt, als zu bewältigen waren. Aber gerade jetzt, wo für diesen Auftrag endlich an-

dere Möglichkeiten gegeben waren, schien alles zu stagnieren.
Nicht anders war es mit der in Planung befindlichen großen Jesu-Ruf-Kapelle. Aus Gehorsam gegen Gott hatte ich dem Oberbaudirektor die Notwendigkeit dieses großen Baues klarzumachen versucht. Doch unsere Ruferspiele, die damals noch in der kleinen Mutterhauskapelle stattfanden, waren – nachdem wir vorher manchmal ein Ruferspiel dreimal an einem Tag bringen mußten – gerade in dieser Zeit häufig halb leer. Einmal brachten die Schwestern ein Passionsspiel nur für etwa 20 Menschen. Das alles lag wie eine drückende Last auf Mutter Martyria und mir, von der Notlage mit dem Geld ganz zu schweigen.

IM ANGESICHT DES TODES

Noch war der Leidenskelch nicht ausgetrunken. Im Dezember 1958 griff der Tod nun nach mir selbst. Schwerkrank mußte ich ganz plötzlich ins Krankenhaus gebracht werden und lag dort wie eine an Leib, Seele und Geist vom Tod Gezeichnete. Es war Weihnachten – im Mutterhaus ein Weihnachten voll tiefer Traurigkeit im Gegensatz zu unseren früheren Weihnachtsfesten. Denn

vom Krankenhaus bekam Mutter Martyria am Heiligen Abend die Nachricht, daß für mich akute Lebensgefahr bestehe.
So war gleichsam tiefe Nacht über die Schwesternschaft hereingebrochen. Mutter Martyria und die Schwestern standen ja nicht nur im persönlichen Schmerz, mich zu verlieren. Durch Seine Berufung hatte Gott mir bisher für unser Werk innerlich und äußerlich die entscheidenden Initiativen gegeben. Als nun die Nachricht über meinen gefährlichen Zustand kam, war es Mutter Martyria und allen Schwestern, als ob der Herr damit unserem Werk den Todesstoß gäbe. Und ich fragte mich: Sollte ich heimgehen, ohne die Erfüllung zu erfahren, daß Kanaan Wirklichkeit geworden war – sollte ich heimgehen zu einem Zeitpunkt, wo nahezu alle Hoffnungen, Verheißungen und Aufträge unvollendet, ja in Trümmern lagen? Sollte ich durch den Tod von einem Werk scheiden, das unter der Verheißung Gottes stand, ohne daß sich diese Verheißung erfüllt hatte?
Auf meinem Krankenlager zogen an mir wie Ankläger alle Aufträge vorüber, die nun nicht hinausgeführt waren. Das Lebenswerk, das mir aufgetragen war, die noch junge Marienschwesternschaft, war auf dem mir für sie gezeigten Weg noch sehr der Führung bedürftig. Kanaan mußte nicht nur erbaut werden, sondern seine Sendung wenigstens noch eine Zeitlang ausgeübt

haben vor der kommenden Notzeit. Alles starrte mich unvollendet an.
Sollte ich jetzt heimgehen, wo meine geistlichen Töchter noch nicht zu dem ersehnten inneren Ziel geführt waren? Gerade in diesem Jahr hatte ich erneut an ihnen große Enttäuschungen erlebt, was mir unsagbaren Kummer brachte. Eine besondere Gerichtszeit im Sommer 1957 und die schweren Monate der Todeskrankheit Schwester Margarethas brachten viel unbußfertiges Wesen unter uns und manche Verhärtung ans Licht. Trotz der harten Schläge Gottes blieben einige der Schwestern innerlich nahezu unerreichbar! Und sollte ich jetzt heimgehen, wo es unmöglich zu sein schien, daß wir als Marienschwesternschaft – und später als ganze Kanaangemeinde – etwas vom Anbruch des Himmelreiches, so wie Jesus es mit Seinem Kommen auf diese Erde verheißen hat, darstellten? Hier brachen für mich die schwersten und schmerzlichsten Anfechtungen auf.
Wochenlang lag ich damals in größter Schwäche im Krankenhaus, an Seele und Geist gequält, weil in großer Gottverlassenheit, in innerer Nacht und in Anfechtungen über alle bis dahin unerfüllten Verheißungen.
Ich schrieb in mein Tagebuch:

> „Kanaan öffnet sich nicht, Jesu-Ruf-Kapelle, Franziskushaus wurden nicht, Ruferspielauftrag wie unmöglich gemacht, da

Schwester Angelika, die Spielgestalterin, starb. Meine eigene Kraft ist zerbrochen, alles liegt zerstört. Doch Buße schenkte mir der Herr – so gab Er mir das Größte, und die Sendung wird leben aus dem Untergang."

Gott wollte mich mit dieser Todeskrankheit auf Züchtigungswegen in die „Hochschule des Glaubens" führen, um mir ein „Ja-Vater" zu entlocken, das mehr kostete als alles bisher und Ihm darum kostbarer sein würde. Darum mußte ich nun auch noch die Todeskrankheit durchleiden und damit den totalen Zusammenbruch auf allen Gebieten meines Lebens. Es war letztlich die Erfüllung meiner Bitten all der Jahre vorher, daß Gott durch immer neue Willenshingabe in meinem Leben verherrlicht werde. Ich wußte, daß dem Herrn mehr als tausend Anbetungsgebete, die wir Ihm zu Seiner Ehre bringen können, unsere Willenshingabe bedeutet. Ich wußte, daß ein „Ja-Vater", in dunkler Stunde gesprochen, dem Vater das kostbarste Gebet ist, besonders wenn Sein Wille uns größtes Leiden bringt und wir Ihn nicht verstehen können.

Wohl jedesmal neu, wenn wir auf einen dunklen Züchtigungsweg geführt werden, steht der Vater fragend und bittend vor uns: Mein Kind, willst du Mir jetzt auch noch vertrauen – wirst du nun auch noch glauben, daß Mein Herz Liebe ist? Willst du Mir dein Ja zu Meinem Tun, Meiner Führung, Meinen harten Schlägen, die du nicht verstehst, weiterhin geben? Willst du Mir deine Willenshingabe neu schenken? Dann wirst du innig mit Mir vereint werden, denn dein Mir hingegebener Wille ist gleich einem Schlüssel zu Meinem Herzen, ja zu dem himmlischen Reich droben.

„O Wille Gottes, hehr und groß,
entsprungen aus des Vaters Schoß,
du seist nun hoch gepriesen.
O Wille Gottes, hehr und groß –
aus Deiner Hand ich nehm mein Los,
du Wille, der nur Liebe." *

Wunderbares bringt solche Willensvereinigung. Sie bringt Wesensvereinigung mit Gott, dem Herrn, sie ist die tiefste Liebesvereinigung der Seele mit Gott – das sollte ich nach dieser Zeit erfahren.

Ja, auf diesem Weg wurde Fundament für unseren Kanaan-Auftrag gelegt. Es ging dem Herrn bei Kanaan darum, daß es ein Strahlungszentrum und Ort der Verkündigung, wer der Vater ist, würde mit einem Zeugnis, das Vollmacht hat. Darum bedurfte es Größeres an Hingabe des Willens als bisher. Da genügten nicht die ersten schweren Glaubenswege im Blick auf den Erwerb Kanaans und die völlige finanzielle Unmöglichkeit der Durchführung dieses großen Auftrags.

* Freudenquell Jesus Nr. 220

Es mußte ein Jahr des Todes durchgangen werden. Denn das ganze Kanaan sollte einst aussagen, wer der Dreieinige Gott ist, und eine weltweite Sendung sollte später von hier ausgehen. Darum mußten andere Leiden in das Fundament Kanaans gelegt, stärkere Beweise der Hingabe meines Willens an Ihn, den Vater, in dunkler Nacht gegeben werden. Es mußte Ihm ein Ganzopfer gebracht, nämlich alles an Verheißungen für Kanaan Gott zurückgegeben werden. Nur daraus konnte die Frucht wachsen, daß einstmals dem Vater auf Kanaan auch von seinen Besuchern auf dunklen Wegen Glauben geschenkt, Er in Wahrheit geliebt würde. Es mußte der Weg so dunkel sein, voller Anfechtung und Pein – weil es um einen großen Auftrag ging.

„... NICHT STERBEN, SONDERN LEBEN!"

Nach meiner Heimkehr aus dem Krankenhaus Ende Januar 1959 war ich bis in den März hinein durch meine Herzkrankheit ständig dem Tode nah. Zugleich ließ mich der Herr immer neu in großer Gottverlassenheit und weiterhin in schweren Anfechtungen wegen unerfüllter

Verheißungen. Er führte mich innerlich durch ein Tal des Todes, denn ich konnte durch die Erkrankung der Herzkranzgefäße kaum mehr sprechen, nichts mehr tun, auch nicht schreiben, weil ich zu schwach war. Von meinen Töchtern war ich wie abgeschnitten. Bei allem Sehnen, droben ganz bei Jesus zu sein, war ich durch meinen bedrohten Zustand immer wieder in großer Not im Blick darauf, daß ich in manchem nicht überwunden hatte und vielleicht jetzt heimgehen müsse. In dieser Zeit halfen mir zum Durchhalten drei Sätze, die in diesen dunklen Wochen, als ich noch kaum schreiben konnte, als Bekenntnis in meinem Tagebuch festgehalten sind:

„Ja, Vater, Dein Wille geschehe!" – „Ich vertraue Deiner Vaterliebe!" – „Ich will leiden".

Welch eine Stunde war es darum für mich, als der Herr mir gerade in den Tagen, als der Tod mir noch einmal greifbar nahe gerückt war, durch Seinen Geist die innere Gewißheit gab: Ich werde gesund werden. In mir brach ein wahrer Osterjubel auf: Ich sollte wieder leben und wieder aufstehen, um meine Aufträge zu Ende zu führen. Dies Geschenk war mir schier unfaßbar: Gottes Verheißungen werden sich doch noch erfüllen! Kanaan wird noch erstehen und etwas vom Himmelreich aufstrahlen lassen und darstellen zu Seinem Ruhm. Ich war überglücklich:

Ja, Er wird alles und damit auch mich selber vollenden, alles zum Ziel hinausführen. Mein Leben wird nicht wie ein abgerissener Faden plötzlich aufhören. Wie sollte ich solches Wunder Seiner Güte fassen, die ich mich schon ganz zum Sterben hingegeben hatte! Mein Herz war ein einziger Dank- und Lobgesang.
Und tatsächlich, im April schenkte mir der Herr Besserung. Ich konnte wieder sprechen und schreiben. Es war gleichsam ein Auferstehen aus dem Tode. Höchste Gnade schien es mir, ein Werk vollenden zu dürfen, größte Gnade, wenn der Herr auch mich noch vollenden würde, ich noch einmal zu Seiner Ehre und Ihm zur Freude Sein Bildnis ausstrahlen könnte.
Gott hatte mir während meiner schweren Krankheit sehr real gezeigt, was bei mir noch herausgeläutert werden müßte. Nun würde Er – dessen war ich gewiß – durch Sein heiliges Blut und auf Züchtigungswegen, auf dem Weg der Reue und des Glaubenskampfes mehr und mehr zu Seiner Verherrlichung an meiner Verklärung und Vollendung arbeiten. Ja, daß ich noch einmal viel gutmachen, noch viel lieben dürfte, auch meine Gegner, meine Feinde lieben – das war mein Gebet. Mein ganzes Herz war nun von dem einen leidenschaftlichen Wunsch erfaßt: Gott muß verherrlicht werden! Dafür allein hat Er mir das Leben noch einmal gegeben.
So machte Er mich wieder gesund und gab neue

Kräfte und Aufträge. Alles, was ich während der letzten Monate begraben hatte, erhielt ich nun in erhöhtem Maß und in verklärter Weise wieder.
Es war im Mai 1959 – ich lag im Garten, um mich nach der schweren Krankheit zu erholen, freute mich all des Grünens und Blühens. Da schenkte mir der Heilige Geist aus Gnaden ein neues Feuer zum Schreiben. Es war, als wollte der Herr in zwei Wochen nachholen, was in den Monaten meiner Krankheit nicht getan worden war. Denn ich schrieb nun Tag für Tag, beinahe von morgens bis abends, viele Texte für Anbetungsfeiern und kleine Schriften.
Einige Wochen später hatten wir ein fröhliches Zusammensein. Da kamen auf einmal meine Töchter mit einem geistlichen „Erntewagen" gefahren. Er war vollgeladen mit 20 neuen Schriften, die malerisch mit schönen Umschlägen mich von allen Seiten grüßten. Die Schwestern, die den Wagen zogen, sangen: „Erntewagen – aus Leidenstagen werden Schriften heimgebracht." Und wir alle sangen: „Ja, preist die Leiden, die bringen Freuden hier und dort in Ewigkeit."
Nun hatte Gott im Entwurf das geschenkt, was mir schon so lange als Glaubensziel im Herzen brannte, nämlich die Gestaltung von Festen und Feiern, die künftig in der Jesu-Ruf-Kapelle viele Herzen mit hineinnehmen sollten in die Anbetung, was dann tatsächlich geschah. Denn hinfort waren die großen Feste des Herrn nie mehr

nach dem Gottesdienst vormittags zu Ende. Nun wurden sie nachmittags weitergefeiert in der großen Gemeinde und abends noch im Schwesternkreis. Bei diesen Feiern werden die Herzen derer, die ein Sehnen in sich tragen, Gott zu verherrlichen, schon vorlaufend mit hineingenommen in das „Rufen um den Thron", das der Anbetungschor immer neu anstimmt in vielerlei Weisen. Darauf antwortet die Gemeinde jedesmal, indem sie mitsingt, mitbetet oder sich still hineinnehmen läßt in das Rühmen Seines Namens und das Beugen vor Seiner Glorie und Majestät.

„Jesus, König sondergleichen,
Jesus, alle Schmach muß weichen,
Ehre, Ehre wird Dir nun.
Haupt, gekrönt mit vielen Kronen,
König, Herrscher vieler Thronen,
groß ist Deine Herrlichkeit.
Himmel künden Deine Ehre,
ohne End' Dein Lob vermehren.
Anbetung Dir, dem Lamm!"

Damals ahnte ich noch nicht, welche Bedeutung solche Anbetungsfeiern einmal haben sollten als Gegenmacht gegen eine ungeheuerliche Welle der Blasphemie, der häßlichsten Gotteslästerung, wie sie etwa 13 Jahre später um sich griff.

Neue Lieder wurden mir nach meiner Gesundung im Lauf der Monate geschenkt und – woran ich selber nie gedacht hätte – sogar die Melodien. Eines Tages nämlich, als die Vögel um die Wette sangen und alles um mich grünte und blühte, schrieb ich ein Lobpreislied auf unseren Schöpfer nach dem andern, und ich wurde getrieben, die Melodien dazu gleich auf mein kleines Diktiergerät zu singen.

„Es ist mir, als wäre ich in ein ganz neues Stadium eingegangen", schrieb ich – „als ob mein Herz weiter geworden wäre."

Und an meine Töchter:

„Gibt es etwas Größeres, als dem Herrn Anbetung und Ehre bringen zu dürfen? Das ist wahrhaftig ein himmlisches Tun. Im Himmel wird uns eine heilige Leidenschaft erfassen und ständig umtreiben wie die vier Wesen vor dem Thron, Preis und Anbetung zu geben dem Vater, dem Lamm, dem Heiligen Geist ... Ehre, Ehre muß Ihm werden! Das muß der eine Klang eurer Herzen sein. Eure Seele ist geschaffen und erlöst, zu kreisen um Ihn, wie die vier Lebewesen am Thron ohne Ende kreisen um Ihn, um Gott allein ..."

Doch nicht genug damit. Gott verstärkte auch meinen bisherigen Schreibauftrag, indem Er nun Gnade gab, größere Schriften zu schreiben, die dann in viele Sprachen übersetzt durch die Lande gehen sollten: Gott zu verherrlichen und Menschen zur Liebe zu Ihm zu entfachen.

Groß war mein Dank, als mir geschenkt wurde,

über „Maria – Weg der Mutter des Herrn" zu schreiben, und in den ersten Rezensionen namhafte evangelische Theologen äußerten, daß dieses Buch biblisch fundiert und gerade für unseren evangelischen Raum notwendig sei. Was ich für diese Schrift vom Herrn erbeten hatte, geschah, indem sie stetig bestellt und gelesen, auch in andere Sprachen übersetzt wurde. Doch brachte mir dies Buch auch viel Schmach ein von Kreisen, die von ihrer antikatholischen Einstellung her gegen das biblische Verständnis der Mutter Maria stritten.

In diesen Wochen entstand auch die Schrift „Buße, glückseliges Leben", durch die viele zu neuem Leben durchbrachen. Das war mir große Freude, weil doch Buße als etwas Glückseliges die Erfahrung meines Lebens geworden war. Mit einem Brief an Mutter Martyria 1935 hatte dieser Weg begonnen.* „Wo ist ein Gott, wie Du bist, der Sünde vergibt..." Uns beide hatte damals die Buße, unser Leben ändernd, ergriffen – dann unsere Jugendkreise und später unsere Töchter. Viele unserer Gäste, für die der Begriff Buße, wie sie sagten, weithin noch mit Traurigkeit und Gesetzlichkeit verbunden gewesen war, erlebten nun, wie Buße alles wandeln kann und wie sie glückselig macht, Lösungen und Versöhnungen in Familien, Gemeinden, Dörfern,

* „Buße, glückseliges Leben" Seite 7 - 11

Städten, ja zwischen Gliedern verschiedener Nationen bringt.
Daß gerade eine Schrift „Buße, glückseliges Leben" so weite Verbreitung fand, zeigt, daß nichts so teuer und wertvoll ist wie die Reue. Darum rief ich meine Töchter auf:

> „Wir müssen sie uns etwas kosten lassen, ernstlich und anhaltend um sie beten, bis wir diesen Schatz wieder neu erlangt haben, besonders, wo unser Herz hart geworden ist. Denn fehlt einem Menschen die Reue, so fehlt ihm alles. Hat er Reue, so hat er alles, was er braucht, weil Reue die Gnade von Gott herniederzieht. Glaubt, der Weg zur Freude, zu einem wahrhaft glücklichen Leben führt über die Reue. Die Reue ist die Brunnenstube der Freude und Liebe zu Jesus. Wo der Quell des Herzens Reue ist, geht ein Freuden- und Liebesstrom von ihm aus."

OSTERN WIE NIE ERLEBT

Es war, als ob Jesus nach meiner Gesundung kein Ende finden könnte, mir nach dem schweren Todes-Leidensjahr Gutes zu tun. Ich erlebte einen Vorgeschmack davon, wie es droben sein

wird, wenn der Herr, wovon Sein Wort spricht, uns hernach tröstet und uns um so mehr Gutes tut.
Es war am Gründonnerstag 1959, dem 12. Jahresfest unserer Marienschwesternschaft – da erklang plötzlich ein Jauchzen und Singen durchs Mutterhaus. Hatte ich nicht Kanaan in dem schweren Todesjahr begraben müssen? Hatten wir nicht von höchster offizieller Stelle der hessischen Regierung das Nein in Händen? Was war geschehen? Ein Telephonanruf meldete uns, daß der Regierungspräsident schriftlich erklärte: Das staatliche Gelände auf „unserem Kanaan" wird an uns verkauft. Keiner konnte es verstehen – Gott hatte eingegriffen! Es war ein Wunder geschehen, aus dem Nein war ein Ja geworden.
Welch ein Ostern 1959 – ein Auferstehungstag für Kanaan! Gerade in dem Augenblick, als ich selber wie vom Tode erstanden war, erstand unser Kanaan-Auftrag zu neuem Leben. Kanaan als Signal des Anbruchs des Himmelreichs sollte sich doch erfüllen, die dunklen Glaubenswege sich lichten, die Enttäuschungen sich lohnen. Meine Töchter waren glückselig und wie träumend. Ich selber konnte in jener Stunde nur weinen, die Wunden der Enttäuschung und aller Leiden um Kanaan waren zu tief geschlagen. Ich konnte kaum fassen, daß dies Wunder Wirklichkeit geworden war, weil Kanaan uns so oft schon

in die Hand gegeben und dann immer wieder genommen worden war. Doch diesmal gab uns der Herr das Land endgültig. Zutiefst erschüttert über solche Gnade Gottes schrieb ich damals in mein Tagebuch:

> „Gott hielt Sein Wort! Mein Vater, Du bist treu, Du bist Ja und Amen. Mein Herz weint vor Glück ob Deiner Gnade für uns böse Kinder, daß Du mich nicht enttäuscht hast. Wie bist Du so gut! Ich kann es nicht fassen, daß Du uns Kanaan schenktest, Deine Verheißung einlöstest. Ich bin es nicht wert, mein lieber Vater."

Als ich mir dann auf dies Geschehen hin ein biblisches Losungswort im Gebet erbat, da war es eines, das schon oft mein Trost war, das Wort über das Ziel der Wege Gottes:

> „Vom standhaften Ausharren Hiobs habt ihr gehört und von dem Ausgang (aus dem Leiden), den der Herr ihm bereitet hat; erkennet daraus, daß der Herr reich an Mitleid und voll Erbarmen ist."
>
> Jak. 5,11 (nach Menge)

Ja, das war der Vater, der aus meinen Leiden um Kanaan, allen unerfüllten Verheißungen einen Ausgang bereitet hatte.

Kanaan wirklich unser – das hieß, dann würde der Herr auch das Weitere tun und es erbauen lassen; dann würde der Herr auch das Geld dafür geben. Ja, dann tat Er gewiß noch das Größte, warum ein Kanaan überhaupt sein sollte: daß hier auf einem kleinen Land Gott verherrlicht, die Vaterliebe gepriesen und durch ein Leben der Versöhnung in Liebe und Freude etwas vom Himmelreich ausgestrahlt würde. Das wollte der Herr nun schenken, so wahr Er uns Kanaan auf diesen bitteren Glaubens- und Leidenswegen gegeben hatte. Darum allein hatte Er durch soviel Demütigungen geführt, um uns niedrig zu machen, damit Er auf Kanaan verherrlicht würde und wir Ihm nicht die Ehre nehmen. Der Herr hatte gesorgt, indem Er diesen Weg durch so viele Züchtigungen führte, daß uns jeder eigene Ruhm verging. Eines nur jauchzte in meinem Herzen: Gnade ist es, Gnade, unfaßbare Gnade.

ZURÜCKGESCHENKTES LEBEN UND NEUBEAUFTRAGTSEIN 1959 - 1962

„DIE STÄTTE SEINER FÜSSE HERRLICH MACHEN ..."

Mit dem Geschenk unseres Kanaan hatte dies „Gutes-Tun" noch immer kein Ende. Unter den neuen Aufträgen, die Gott mir gab, war einer, der mir selbst größten Segen einbringen sollte, und zwar im eigentlichen Kanaan, im Heiligen Land. Mit diesem Auftrag hatte Er schon vor meiner Todeskrankheit leise bei mir angeklopft, so fernliegend er mich auch dünkte. Nun aber rief der Herr erneut dazu, die Stätten, wo Er gelebt und gelitten hatte, aufzusuchen und durch Liebe und Gebet mitzuhelfen, daß sie geistlich lebendig werden.

Die Gedenkstätten des Erdenlebens Jesu, die Stätten Seiner Leiden, Seiner Liebe – wessen Herz sollte nicht von ihnen angezogen werden! Wer möchte nicht heute zum Beispiel den Weg durchs Kidrontal, das fast unverändert daliegt, auf Jesu Spuren gehen, da die Tränen unseres Heilands hier auf die Erde fielen? Wer Jesus liebt, den drängt es, Ihm auch an den Stätten Seines Leidens Dank und Ehre zu geben – sofern er eine Möglichkeit dazu hat. Und wer Jesus liebt, den schmerzt es, daß diese Orte viel mehr von schaulustigen Touristen besucht werden als von wahren Pilgern mit liebendem Herzen.

Die Stätten, die Sein Fuß betreten hat, liegen zum Teil geistlich tot da – und doch sind es Orte, an denen Jesus Seine Wunder getan, wo Er gebetet hat, Orte, die Sein Seufzen und Flehen gehört haben. Es bewegte mich innerlich, wie sehr der Herr gerade an diesen Stätten darauf wartet, daß Menschen sich hier im Gebet neu dazu hingeben, mit Ihm im Alltag in Liebe das Kreuz zu tragen. Wenn viele Tausende aus aller Welt Seine Stätten besuchen, wartet der Herr auf Anbetung aus innerstem Herzen als ein Echo auf Seine Liebestat für uns. Es war mir wie eine Klage Jesu, daß die Seinen den Stätten Seines Erdendaseins gegenüber so gleichgültig sind, daß sie so wenig heilig gehalten werden.

Doch was konnte ich tun – auf welche Weise sollte ich dafür eintreten? Ich war zwar aus der Todeskrankheit wieder zu neuem Leben erstanden und hatte wie ein Wunder von Stunde zu Stunde die Kraft bekommen, wieder arbeiten zu können. Eine Reise ins Heilige Land war aber vom Arzt nur „auf eigene Verantwortung unter Lebensgefahr" gestattet. Doch ich wußte: Gehorsamsschritte auf einen Ruf Gottes hin sind unanfechtbar, wenn sie bestätigt sind. Das war in diesem Fall durch Mutter Martyria und anderweitig geschehen. So schenkte der Herr mir auch im Blick auf diesen Auftrag die Gewißheit: „Ich werde nicht sterben, sondern leben", das heißt: Er wird mich alles ausführen lassen und mich durchtragen. Und so geschah es auch. Als ich mich, heimgekehrt von meiner Reise ins Heilige Land, dem Arzt vorstellte, war sein Verwundern groß: Ich war gesünder als vorher.

Gott rührte nicht nur mein organisches Herz an, als ich 1959 nach Alt-Jerusalem und zu den heiligen Stätten in der Umgebung kam – Er setzte vor allem dort mein Herz geistlich in Brand. Betrat ich eine der Stätten Jesu, war mir Jesus so lebendig gegenwärtig in dem, was Er einst an dieser Stätte getan hatte, wie Er hier geliebt oder gelitten hatte, daß das Einst mir zu einem Heute wurde.

Ich durfte im Geist miterleben, was hier geschah: Seine Schmach im Lithostrotos, der Stätte der Dornenkrönung – Seine Anfechtungen in Gethsemane – Sein Leiden im Kidrontal, da man Ihn als Gefangenen wie ein gebundenes Lamm zur Schlachtbank trieb. Mein Herz weinte und klagte, daß man dem, durch den die Welt geschaffen ist, die Hände in frevelhafter Vermessenheit band. In der „Eleona-Grotte", dem Ort auf dem Ölberg, wo unser Herr Jesus Seine Reden über die Endzeit gehalten haben soll, trieb der Geist Gottes mich sehr, darüber zu schreiben. In meinen Tagebuchnotizen aus dieser Stunde heißt es:

> „Belehre mich über die Endzeit, um Deine Gläubigen dafür zu bereiten. Heiliger Geist, komme über mich als Geist der Erleuchtung. Laß mich Deine verborgenen Wege erkennen, gib Schriften mit der Botschaft, daß das Ende naht, für dieses und unser Land ..."

Ich ahnte nicht, in welcher Weise Gott dies Gebet in kommenden Jahren erfüllen würde.

So kam mir der Herr an jeder Seiner Stätten nahe und schenkte Lieder und Betrachtungen über Jesu Lieben und Leiden. Schwer findet man normalerweise an diesen Stätten bei dem Pilgerstrom einen stillen Platz, um länger zu verweilen und zu beten. Doch weil Gott dafür einen Auftrag gegeben hatte, ebnete Er wunderbar die Wege. In Gethsemane konnte ich mehrere Stunden allein in der Kirche sein und Sein Leiden beklagen, wie es mir der Geist Gottes in freien Melodien ins Herz gab. Auch wenn die Kirche geschlossen wurde, konnte ich bleiben. Der verantwortliche Franziskaner-Pater dort, der mein Singen über die Leiden Jesu innerlich aufgenommen hatte, gab mir jederzeit Einlaß in die Kirche, ebenso zu den Felsen hinter der Kirche, um dort zu beten.

Auf Golgatha, wo man sonst wegen Lärm und Unruhe kaum einige Minuten beim Altar – der Stelle des Kreuzesfußes – knien konnte, durfte ich lange ungestört allein sein. Das Geschehen

von Golgatha kam mir dort so nahe wie nie zuvor.
Der Heilige Geist trieb mich so stark, daß ich trotz meiner körperlichen Schwäche den Wegen Jesu – ob im Kidrontal oder auf der Via dolorosa – innerlich mich tief beugend und auch zum Teil äußerlich kniend folgte. In mir war tiefste Freude, mit Jesus auf Seinen Wegen gehen zu dürfen. So könnte ich fortfahren zu bezeugen, wie jede Stätte auf dieser ersten eigentlichen „Heilig-Land-Reise" immer ein Erleben nicht gedanklicher, erkenntnismäßiger Art, sondern eine Begegnung mit dem Herrn einschloß. Ich spürte, daß während dieser Reise das Eigentliche für den neuen Auftrag in der Offenbarung Seiner Gegenwart an Seinen Heiligen Stätten geschehen war. Alles andere würde daraus wie von selber erwachsen, wie Frucht aus Samen erwächst. Und so geschah es.
Ein Weg war nun gezeigt, was an den Heiligen Stätten zu tun sei. Eines floß aus dem andern: Aus den Liedern, Worten und Betrachtungen, die ich zumeist während dieser Reise niedergeschrieben hatte, wurde ein Buch für die Pilger, „Heiliges Land-heute". Daraus entstanden wiederum kleine Hefte und Verteilschriften, die in verschiedenen Übersetzungen zu vielen Tausenden in den folgenden Jahren an den Stätten Jesu verteilt, auch in den Hotels den Touristen gegeben wurden. Pilger meldeten sich, um unter

unserer Führung ihre Heilig-Stätten-Fahrt zu haben – und ich leitete eine erste Pilgerfahrt, aus der dann viele wurden, die unsere Schwestern übernahmen.

Die Pilger wurden innerlich so sehr erfaßt, daß sie wiederum andere ansteckten. Jemand schreibt: „Am See Genezareth stießen mehrere Gruppen zu uns, um die geistliche Botschaft mitzubekommen – auf dem Berg der Seligpreisungen kamen Hippies zu uns, voll innerem Hunger – auf Golgatha wurden viele zu Tränen bewegt über das Leiden Jesu – auf dem Karmel sangen alle spontan unsere Lieder mit – unsere Schriftenkoffer wurden im Nu leer. Überall an den Stätten sah ich einzelne Touristen mit dem ‚Heilig-Land-Buch', auch wie sie daraus beteten, und wo wir Anbetungslieder sangen, knieten auch die anderen mit nieder ..."

Aber das war dem Herrn nicht genug. Ihn verlangte auch nach Zeichen der Liebe, die immer zu jedem reden könnten – auch ohne Pilgerführer und wenn Kirchen und Stätten geschlossen sind. So stellten wir Tafeln her für die heiligen Stätten, die von Seiner Liebe und von Seinem Leiden künden. Sie sollten den Blick wegziehen von dem Überangebot an Sehenswürdigkeiten und Souvenirs auf das Eigentliche. Wo Menschenstimmen schweigen, sollten sie die Steine der Gebäude zum Reden bringen – und taten es auch.

„Jesu trauriger Blick über die Sünde des Petrus will auch uns in unserer Sünde treffen und uns zum Weinen über sie bringen. Soviel wir in Reue über das, was wir mit unserer Sünde Jesus antaten, weinen, soviel werden wir Ihn dann auch lieben."

Kirche vom Hahnenschrei

„Herrlichkeit Gottes sollen jene sehen, die in größter Not und Ausweglosigkeit Jesus Glauben schenken, gewiß, daß Er immer größer ist als jede Not, selbst größer als der Tod."

Lazarusgrab

„Die Verklärungsgnade Jesu kam, als Er sich anschickte, in Nacht und Tod zu gehen. Als Glieder am Leibe Jesu werden wir der Verklärungsgnade, die Er uns erworben, nur auf dem gleichen Weg teilhaftig, dem Weg der Erniedrigung und der Läuterung."

Tabor

Dieses Unterfangen erregte den Feind sehr. Nachdem wir zum Beispiel eine Tafel auf der Via dolorosa an einer Hauswand mit Erlaubnis des Besitzers angebracht hatten, entstand eine Art Aufruhr in der Jerusalemer Altstadt. Die Menge schrie durcheinander, die Polizei führte uns ab, entfernte die Tafel wieder, und der Gouverneur von Jerusalem verbot uns, nachdem er die Schwestern und mich verhört hatte, jeglichen

weiteren Versuch, eine Tafel in seinem Revier anzubringen. Die heiligen Stätten selbst waren als historische Orte geschützt. Auch waren sie in Händen von Orthodoxen oder Katholiken, die damals begreiflicherweise nicht gerade darauf bedacht sein konnten, daß evangelische Schwestern an ihren Gemäuern und Eingängen zu den Heiligtümern Tafeln anzementierten.
Aber wenige Jahre später waren unsere Tafeln an fast jeder heiligen Stätte – sogar im Gethsemanegarten – angebracht. Gott hatte selbst dafür gesorgt, daß dem Auftrag, den Er gegeben hatte, Bahn gemacht würde und Herzen willig wurden. Wie wir dann hörten, wurden die Tafeln an den jeweiligen Stätten der innere Aufruf für viele Pilger und Touristen zu einer entscheidenden persönlichen Begegnung mit Jesus. Das war Gottes Plan. „Durch diese Tafeln sind mir die kalten, toten Steine lebendig geworden" – „Für mich waren sie wie der rote Leitfaden durch alle Stätten Jesu" – „Ich habe eine Lebenswende dadurch erfahren ...", schrieben uns Pilger. Von da an wiesen viele Pilgerführer auf die Tafeln hin, Hüter der heiligen Stätten wünschten nun selbst, daß sie angebracht würden, und nahmen sie in Schutz.
Mein Verlangen, Jesus an Seinen Stätten zu erfreuen, wuchs noch mehr: Wie, wenn einige meiner Töchter auf dem Ölberg, an der Stätte Seiner Leiden und Seiner Wiederkunft für im-

mer wohnen könnten? Wenn sie von hier aus viel an den heiligen Stätten singen und beten und unter den Pilgern wirken könnten? Und wenn auf unserem künftigen Kanaan unserem Herrn Jesus ein ständiges Gedächtnis gesetzt werden könnte für Seinen Weg der Liebe und der Leiden? Ich weiß noch wie heute, daß ich damals gerade durch Samarien fuhr, als mir dies plötzlich als Auftrag Gottes im Herzen brannte. Ja, Kanaan sollte einmal einen „Leidensgarten Jesu" bekommen, einen großen Gebetsgarten, damit die Menschen, die nach Kanaan kommen, all Seiner Leiden für uns gedenken lernten und Ihm viel Dank, Liebe und Anbetung gebracht werde.

Alles dies erfüllte der Herr. Der „Leidensgarten Jesu" entstand Jahre später und wurde für Ungezählte eine Stätte des Gebets und ein Aufruf Seiner Liebe. Aber auch das Haus auf dem Ölberg machte Er zu einem „Ja und Amen". Schon 1962 zogen einige unserer Schwestern dort ein. Ein kleines geistliches Zentrum entstand mit dem weiten Blick auf die ganze Stadt Jerusalem, wo viele Pilger und Besuchergruppen aller christlichen Konfessionen und Länder seitdem einkehren und mit unseren Schwestern zusammen beten und feiern. So ist unser Herr!

Als ich 1959 nach Hause zurückgekehrt war, gab Gott mir als Auswirkung dieser Reise mit dem besonderen Erleben des Leidens Jesu den Text für die sogenannte „Karnacht".* Ich hatte dem Herrn vorher die inständige Bitte gebracht:

> „Schenke mir etwas für meine Töchter, daß sie Dich in jeder Karnacht auf Deinem Leidensweg durch alle Stationen recht begleiten können. Schenke mir etwas, was anschaulich ist und ihre Liebe zu Dir entzündet, Dir in den Stunden der Karnacht wirklich Trost und Anbetung zu bringen."

So stand in meinem Tagebuch.

Nun sprach ich auf Tonband – unterbrochen von Liedern und Gebeten – viele Stunden über den ganzen Leidensweg Jesu. Der Herr half mir, Sein Leiden lebendig zu beschreiben. Er gab mir ins Herz, um die Liebe zu werben, die Er als Antwort auf Seine Leiden erwarten kann. So wurden meine Töchter durch das Feiern dieser Karnacht Jahr um Jahr mit Jesu Leiden vertraut wie nie vorher. Desgleichen auch unsere Rüstzeitgäste auf Kanaan, die einen Teil der Karnacht in ähnlicher Weise begehen.

Damit war meine Bitte erhört, daß Jesus, besonders auch in Seinen Leiden – ob an Seinen Leidensstationen in Jerusalem, ob in unserem Mutterhaus und Rüstzeitenhaus –, sich mehr den Herzen Seiner Gläubigen offenbaren möchte und mehr Dank und Liebe empfinge.

* Anbetendes Gedenken der Leiden Jesu in der Nacht vom Gründonnerstag zum Karfreitag – Text auch als Buch erschienen mit dem Titel »Ich will hier bei Dir stehen«

Bei all diesen neuen Aufträgen erfuhr ich es wie zum Greifen, daß auf Stunden der Gottesferne, ja gleichsam der Gottverlassenheit wiederum Gnadenstunden Seiner Herabneigung und Seines Nahens zu uns folgen. Nach Stunden tiefsten Leides schenkt Er Zeiten seligster Freude, nach großer Krankheitsnot Ströme des Lebens. Der Herr ist wahrlich ein Vergelter! Ich durfte jetzt etwas davon erleben, daß die in den schweren Monaten beinahe stündlich vollzogenen Willenshingaben zu unverständlichen Führungen Gottes dann einem Strom der Gnade Bahn machten.

ERFÜLLT DIE WELT MIT GOTTES RUHM

Mit am tiefsten in der Heiligen Schrift berühren mich Worte, in denen Jesus davon spricht, daß Er den Vater verherrlichen wolle oder – im Gebet am Ende Seines Erdenlebens – daß Er Ihn verherrlicht habe. Wenn ich für etwas gelebt haben möchte – an meinem kleinen Teil –, dann dafür. Darum hat jeder unserer verschiedenen Sendungsaufträge, wenn man bis zu seiner Quelle zurückgeht, allein darin den Ursprung: dem Herrn Ehre und Liebe zu bringen.

Die Liebe zu Gott drängt auch dazu, Zeichen und Denkmäler zu setzen, die andere aufrufen, Ehre und Liebe dem zu geben, der allein der Liebe und Ehre wert ist. Als einen Ausdruck dafür hatte ich schon 1952 die Errichtung eines Kruzifixes im Wald hinter unserem Mutterhaus, am Platz „Jesu Ruh", veranlaßt. 1956, als ich in Aeschi in der Schweiz war, wurde mein Herz angesichts der Schönheit der Almen, Wiesen, Seen und Schneeberge neu von dem Wunsch erfüllt, einen Ausdruck zu finden für die Liebe und den Dank zu Gott, meinem Vater, der liebend für uns, Seine Menschenkinder, solch wunderbare Schöpfungswelt erschuf. In mir brannte es: „Ich möchte am liebsten überall Kapellen bauen, Ihm Denkmäler setzen" – so schrieb ich damals an meine Töchter.
Doch den nächsten Schritt zur praktischen Ausführung hatte ich bisher nicht gesehen, und was der Herr mir ans Herz gelegt hatte, wurde nicht zur Tat. Nun aber – nach meiner Todeskrankheit – war das Verlangen, Gott zu verherrlichen, in neuer Leidenschaft in mir auferstanden. Da war es, als ob der Herr mich fragte, wo denn die Denkmäler seien, die ich Ihm errichten wollte. Das trieb mich, koste es, was es wolle, Wege zu finden, um unserer Welt, ehe sie dem Verderben entgegengeht, noch hier und da durch aufgerichtete Zeichen Anregung zum Lob Gottes zu geben.

1960 wurde mir eines Tages als Gruß einer Schwester eine kleine Tafel aus gebranntem Ton hingelegt, auf der das Wort eingraviert war: „Gott ist Liebe." Als ich diese Tafel in der Hand hielt, durchfuhr mich plötzlich ein Gedanke: Solche Tafeln in größerem Format wären wie kleine Denkmäler, um als Zeichen Menschen auf den Herrn aufmerksam zu machen. Man könnte ein Gotteswort, einen Liedvers darauf schreiben und sie überall an schönen Orten in der Natur anbringen, daß Menschen zum Lobpreis Gottes aufgerufen würden. Damit war ein nächster Schritt gezeigt.

Ein bewegender Tag war es, als ich im Sommer 1960 mit Mutter Martyria und einigen Töchtern zur ersten Lobpreisfahrt startete. Unser Auto war wie eine fahrende Lobpreiskapelle – dort entstand das Lied, das wir ohne Unterlaß durch die bayrische Berglandschaft in all ihrer Schönheit der Schöpfung sangen:

„Gott muß verherrlicht sein,
drum wir nun benedein
die Schöpfungswunder groß.
Das ist ein herrlich Los,
Lobsänger Ihm zu sein. *

In spontan entstehenden Versen und Melodien jauchzte ich dem Vater meine Dankgesänge zu.

* Freudenquell Jesus Nr. 156,4

So fuhren wir als die „erste Lobpreissängerschar von Kanaan" in die Gegenden und zu den Orten, an denen der Herr mir in den vorhergehenden Jahren Seine Schöpferherrlichkeit offenbart und schon Lieder geschenkt hatte. Dort wollten wir die Tafeln als Dankgeschenk anbringen.
Doch bald mußte ich erfahren, daß dieser Auftrag wie fast alle bisherigen Aufträge Gottes mich vor schier unüberwindliche Probleme stellte. Das muß so sein, weil göttliche Aufträge ja Ihn verherrlichen sollen. Und Gott kann sich am meisten verherrlichen und Seine Taten tun, wenn wir mit unseren Möglichkeiten am Ende sind. Dem Lobpreisauftrag schien, ehe er recht begonnen hatte, von den Schwierigkeiten her, die sich bei seiner Durchführung ergaben, ein Ende gesetzt zu sein.
Die schönsten Aussichtspunkte sind fast nie Privatbesitz – manchmal stehen sie sogar unter Naturschutz. Und von den jeweiligen Behörden dafür Genehmigung zu bekommen – so wurde mir gesagt –, sei aussichtslos. Unsere ersten Unternehmungen, Tafeln anzubringen, waren überdies sehr dramatisch. An einem vielbesuchten Touristenort im Ausland war uns wohl die Genehmigung gegeben worden – aber es entstand ein solcher Aufruhr im Ort, daß man uns zuletzt sogar die Luft aus den Autoreifen ließ, um einen Denkzettel zu geben. So waren die ersten Ver-

suche sehr entmutigend, und über dem Auftrag stand für mich nach menschlichen Überlegungen ein „Unmöglich".

Doch „der Glaube bricht durch Stahl und Stein" – besonders wenn es darum geht, für Gottes Sache zu eifern. Ich wußte, bei Gott gibt es kein „Unmöglich". Außerdem war ja meine Bitte eine Bitte in Jesu Namen, denn was liegt Jesus mehr am Herzen, als daß der Vater verherrlicht und Menschen gerettet werden!

Letzteres sollte auch gerade durch den Lobpreisauftrag geschehen. Denn wir wollten bei solch einer Lobpreistafel oder einem Denkmal einen „Ruferkasten" anbringen, aus dem jeder sich einzelne Worte, kleine Schriften und Aufrufe mitnehmen könnte. Welche Möglichkeiten, Menschen zu Jesus zu rufen durch diese Ruferkästen, übers Land verstreut, an vielen Ausflugspunkten angebracht, wo Hunderte, manchmal sogar Tausende sich im Sommer einfinden! Die Herzen meiner Töchter waren in Brand gesetzt. Wir sangen viele Glaubenslieder und frei gedichtete Glaubensverse und brachten unsere konkreten Anliegen dem Herrn.

Dabei stellten wir „Glaubensziele" auf, die wirklich nur Ziele für den Glauben waren; denn die Gegebenheiten dafür, zum Beispiel in der Schweiz, dem Land voll größter Schöpfungsherrlichkeit, waren deprimierend. Dennoch baten wir den Vater im Himmel und dankten Ihm schon

im Glauben, daß Er es tun würde: 40 Lobpreisstätten an den schönsten Aussichtspunkten der Schweizer Berge! Später zeigte sich, daß unser Glaube viel zu klein gewesen war! Gott beschämte uns: über 100 Lobpreistafeln riefen einige Jahre später auf, Gott in den Schweizer Bergen Ehre zu geben. Sie hatten die schönsten und höchsten Berge wie das Jungfraujoch erreicht und rühmten durch ihre Inschriften in Wort und Lied, wer Gott, der Schöpfer, ist.
Auf der Roßfeldalm, oberhalb Berchtesgaden, hatte es mich bewegt, daß hier Gott so viel gelästert worden war – es war ja der Berg, von dem ein Teil Besitztum Adolf Hitlers gewesen war, eines Menschen, der Gott haßte und von Millionen sich selbst vergöttern ließ. Um so mehr war ich davon erfaßt, Gott, dem Schöpfer, gerade hier ein Denkmal zu setzen, das Ihm Ehre gibt. Zu meiner Freude konnte es später auch errichtet werden. In jener Stunde lagen vor mir die österreichischen Bergketten in ihrer majestätischen Größe, und es klang in meinem Herzen, was ich vor Jahren hier schon einmal niedergeschrieben hatte:

„Dir zu Füßen liegen Welten,
großer König, vor dem Schelten
Deines Mundes Berge fliehn;
Du bist groß und hoch erhoben,
alle Höhen Dich nur loben,
Du bist einzig, ewig, groß." *

An diesem Tag brannte mir der Herr ins Herz, daß Er vor allem auf eine Lobpreisschar warte, auf Menschen, die sich dafür verzehren, daß Gott verherrlicht werde. Solche Lobpreisschar würde mithelfen, das kommende Verderben noch aufzuhalten. Denn überall, wo Gott Zeichen gesetzt werden, wo Er in Wahrheit angebetet und Ihm die Ehre gegeben wird, wird Satan noch zurückgehalten, sein Werk ganz auszurichten.

Wer dachte damals daran, daß sieben oder acht Jahre später die „Gott-ist-tot"-Theologie durch die Lande gehen würde, wie sie weithin in den Gemeinden heute tatsächlich praktiziert wird? Wer dachte, daß Gott uns Menschen bald so dahingeben müßte in unsere schändlichen Lüste, weil wir Ihm, dem Schöpfer, die Ehre verweigern? (Röm. 1,18ff). Wer hätte sich damals die Tatsache vorstellen können: Statt dem Herrn in Gottesdiensten Anbetung und Ehre zukommen zu lassen, werden Gottesdienste in Diskussionsklubs gewandelt, bei denen Menschen ihre Meinung proklamieren. Und wer hätte geahnt, daß bald die lästerlichen Musicals, in denen Jesus als Clown verhöhnt wird, in Kirchenräumen und vor sogenanntem christlichem Publikum Applaus ernten würden?

Oder wer sprach in jener Zeit schon von Umweltverschmutzung? Wer konnte sich vorstellen, in wie kurzer Zeit unsere damals zumeist

* Freudenquell Jesus Nr. 171

noch sauberen Flüsse und Seen vergiftet wären und Millionen von Fischkadavern an die Ufer schwemmen würden, daß gutes Trinkwasser zu einer Rarität werden und man bei uns flaschenweise „Wasser von Norwegen" kaufen würde? Wer dankte täglich für die reine Luft, als es noch keinen Smogalarm in den Großstädten gab – und wer konnte unsere herrlichen Wälder mit ihrer jubilierenden Vogelwelt als schon dem Tod geweiht ansehen? Und doch wies mich der Herr schon damals auf Offenbarung 14,7 als ein Wort von weitreichender Bedeutung für unsere „letzte Zeit". Ich ließ es als Wandmosaik im Altarraum unserer Ehre-Gottes-Kapelle, der zweiten Lobpreiskapelle im Berner Oberland / Schweiz, anbringen und sprach bei der Einweihung über diesen Text: „Fürchtet Gott und gebet ihm die Ehre, denn gekommen ist die Stunde seines Gerichtes! Und betet an den, der Himmel und die Erde und das Meer und die Wasserbrunnen geschaffen hat."

Noch wurde dies „Gebot der Stunde" von den wenigsten erkannt. Aber im Blick auf das Kommende gab mir der Herr ins Herz, daß in verschiedenen Ländern Lobpreisstätten errichtet und gemeinsame Lobpreisfahrten unternommen werden sollten, um die Zeit zu Seiner Ehrung auszukaufen.

Ich schrieb damals:

„Diese Fahrten werden zugleich Einheitsfahrten sein, da sich Evangelische und Katholische im Lob des Schöpfers und in der Anbetung einen werden."

Und so geschah es einige Jahre später.

Doch auch bei diesem Auftrag blieben die inneren Anfechtungen für mich nicht aus, und Fragen verfolgten mich: Ob die Tafeln, für die so viel Kraft, Zeit und Geld verwendet wird, dementsprechend etwas an den Herzen ausrichten? Mir kam auf einmal alles so sinnlos vor – auch im Blick auf die Ruferkästen mit ihren Blättern und Kurzbotschaften oder einzelnen Worten, nachdem diese Kästen verschiedentlich zerstört worden waren. Außerdem war ich weiterhin im Zweifel, ob sich überhaupt für diesen Lobpreisauftrag in dem Maße, wie es nötig war, Menschen zum Einsatz bereit fänden. Eine Tagebuchnotiz spricht von meinem brennenden Anliegen:

„Es müßte jetzt eine Aktion durchgeführt werden. Alle unsere Freunde müßten überall Tafeln setzen und Ruferkästen anmachen. All das, was unsere Schwestern bisher getan haben, ist zu wenig. Hilf mir, einen zündenden Freundesbrief zu schreiben als Aufruf für den Lobpreisdienst."

Dieser Freundesbrief ging bald danach hinaus. Aber er brachte mir Enttäuschung, denn er fand keinen Widerhall. Ich erlebte, wie schwer es ist, Verständnis für den bis dahin so gut wie ganz unbekannten Lobpreisauftrag zu wecken, ja, daß er zum Teil bekämpft wurde. Man erwartete Dienste der „Nützlichkeit" von uns. Diese Einstellung, die uns von Anfang an, nämlich seit dem Bau der Mutterhauskapelle, zu schaffen gemacht hatte, erfuhren wir neu beim Bau der kleinen Lobpreis-Kapelle in Aeschi/Schweiz im Jahre 1962. Selbst Freunde erhoben ihre Stimme dagegen, Gott Kapellen zu bauen – man sollte doch besser Krankenhäuser errichten. Ich erlebte, wenn man Geld zum Dienst für Menschen ausgibt, sind die Menschen einem wohlgesinnt und dankbar. Aber wenn man Geld ausgibt zur Verherrlichung Gottes, stehen auch solche, die in der bewußten Nachfolge Jesu sein wollen, dagegen auf als gegen etwas, was Verschwendung sei trotz Jesu Wort in Markus 14,6-9.

In mein Tagebuch schrieb ich:

> „Der Auftrag der Gebets- und Rufertafeln an den heiligen Stätten, der Lobpreisauftrag – alles bedeutet Kampf gegen Bollwerke. Unsere Aufträge scheinen vielen töricht, sinnlos, weil sie nicht zuerst vom Dienst am Menschen bestimmt sind, sondern von dem Streben, Gott Ehre und Verherrlichung zu geben."

> „Unsere Aufträge, wie sie auch heißen, sind unserer Christenheit fremd . . . Aber wie soll das vielfach verlorene, so kostbare Gut unserer Kirche, Gott Anbetung und Lobpreis zu bringen, uns wieder lieb und

zugänglich gemacht werden, wenn keiner da ist, der den Preis dafür bezahlen will, keiner es wagt, viele gegen sich zu haben und für einen Narren gehalten zu werden?"

Als wir dann an den Bau der Lobpreis-Kapelle in Aeschi oberhalb des Thuner Sees gingen, war es, als ob der Feind raste. Er ahnte wohl, daß diese Kapelle eine Stätte des nie endenden Lobgesangs werden würde. Denn hier sollten einmal Tausende in Gruppen und als Einzelbesucher aus vielerlei Ländern während ihrer Ferien einkehren. Darum versuchte der Feind, den Bau zu verhindern durch Anschuldigungen, daß wir eine Sekte seien, und durch die Mobilisierung einer Kette von erbitterten Widersachern und Widerständen. Der bereits überall bekanntgemachte Einweihungstermin für das Himmelfahrtsfest am 31. Mai 1962 schien unhaltbar, denn die Behörden verweigerten auf Grund falscher Hinweise über uns die Bauerlaubnis. Doch Gott redete überwältigend durch Sein Wort zu mir: „Ihr aber seid getrost. Tut eure Hände nicht ab, denn euer Werk hat seinen Lohn" (2. Chron. 15,7). So glaubte ich gegen jede Vernunft, daß Er es hinausführen werde:

„Weil die Tränen für die Aeschi-Kapelle schier nicht endeten, soll es auch eine Kapelle nie endenden Lobgesanges werden, der durch die kommende Verderbenszeit hindurchreicht. Du wirst Dein herrliches Werk vollenden, weil Leiden in Herrlichkeit endet, so auch dieses."

Im letzten Augenblick griff Gott ein. Er tat das erste Wunder: Wir bekamen plötzlich wie über Nacht, dreieinhalb Wochen vor dem Einweihungstermin, die Bauerlaubnis! Und Er tat das zweite Wunder: In diesen dreieinhalb Wochen wurde die Kapelle erbaut und bis zum festgesetzten Termin einweihungsfertig.

Seitdem ist diese Kapelle ein aufgerichtetes Zeichen dafür: Wenn die ganze Hölle dagegen tobt, daß Gott Ehrendenkmäler gesetzt werden: Gott ist der Größere! Kein menschliches Nein kann gegen Ihn etwas ausrichten, königlich führt Er Sein Werk hinaus. Obwohl die Lobpreis-Kapelle in Aeschi nach außen so klein und unbedeutend und nicht bequem zu erreichen ist, wurde sie dennoch ein von Tausenden besuchter Ort des nie endenden Lobpreises. Ungezählte werden hier erweckt, Gott Ehre zu geben – öfters führt ein erbetenes Beichtgespräch zum wahren, fröhlichen und befreiten Lobpreis.

So zahlt sich aus, was in diese Kapelle an Opfern, Schmach, Leiden und Glauben hineingelegt wurde – auch an Geld, auf dunklen Glaubenswegen erbeten. Ja, es gilt, daß wir nicht sparen sollen an dem, was zum Ruhm Gottes dient.

Doch wo waren die Herzen, die aus Liebe zu Gott die Lobpreisstätten über die ganze Welt ausbreiten würden? Es bedurfte noch eines langen Weges, bevor sich der Lobpreisauftrag durchsetzte. Ich konnte diesen Auftrag nur durchhalten und weitertreiben, indem ich mich allen Gegenstimmen verschloß und allein auf Gott hörte in dem Wissen: Weil Gottes Gedanken höher und anders sind als Menschengedanken, sind Seine Aufträge natürlicherweise in den Augen der Menschen töricht. Darum mußte ich im Gehorsam gegen Gott absonderliche Wege gehen, die nicht geachtet werden. Ich hatte diese Wege zu gehen, und wenn eine Welt gegen mich stand.

So schrieb ich als geistliches Vermächtnis nieder:

„Meine lieben Töchter, jeder Auftrag Gottes, jede Stunde des Geistes, die ja eine Gnadenstunde göttlicher Herabneigung und Offenbarung ist, muß bezahlt, ja meist teuer bezahlt werden. Darum werdet nicht irre, wenn dunkle Stunden kommen, wo es schier zu schwer wird, den Auftrag hinauszuführen, wo große Widerstände sich erheben, schwerste Anfechtungen kommen, ob solch ein Auftrag überhaupt vom Herrn ist. Im Gegenteil, Anfechtungen sind der Beweis, daß ein Auftrag Offenbarung Gottes war, ein Auftrag des Heiligen Geistes. Gnaden müssen von unserem ganzen Sein und Wesen absorbiert, verarbeitet werden, fruchtbar gemacht werden. Solches geschieht, wenn wir einen Auftrag ausleiden – nicht zuletzt durch Anfechtungen. Gott braucht immer uns selber, wenn Er Seine Gnaden durch uns anderen zuleiten will. Es ist nicht damit getan, daß ein Mensch für sich selbst begnadet wird. Viele Menschen, die begnadet wurden, brachten keine Frucht, sondern wurden im Gegenteil Menschen zum Ärgernis und Anstoß. Warum? Weil sie diese Gnaden nicht verarbeitet haben, weil sie sie wie einen Raub für sich genommen haben, nicht den Weg gehen wollten, auf dem die Gnaden fruchtbar werden – den Weg durch Züchtigung, Anfechtungen und Leiden. Geht diesen Weg! Dann vermehrt sich die Gnade hundertfältig."

Weil dieser Lobpreisauftrag von Gott war und darum göttliches Leben in sich trug, setzte er sich dennoch durch, zuerst bei unseren Kanaanfreunden, dann bei vielen anderen. Denn wo Gott einen Auftrag gibt, ebnet Er zuletzt auch die Wege, ruft Er die Menschen, um ihn hinauszuführen. Und Gott gibt „erfüllte Stunden", da Sein „Ja und Amen" sich Bahn bricht wie ein Strom.

So wendete sich auch beim Lobpreisauftrag das Blatt. Ein Stadtausschuß für Parkanlagen in den USA schrieb: „Es ist uns eine Ehre und ein Vorrecht, in unseren Parks solche Lobpreistafeln zu haben."

Ein Oberrevierförster im Odenwald genehmigte gleich mehrere Lobpreisstätten auf einmal, denn er hatte sie schon in der Schweiz und im Schwarzwald mit Begeisterung kennengelernt. Ein Häuptling in Ghana versprach, die Tafel, die er selbst anbringen half, bekanntzumachen und vor jeglichem Unfug zu schützen. Auf Helgoland – wie vielerorts – sagte ein Ladenbesitzer, er müsse jetzt Postkarten von der Lobpreisstätte anfertigen lassen, so oft würden Bilder davon verlangt.

„Die Tafeln sind erfüllt von der Liebe Jesu, und es ist oft, als verschlüge es den Menschen den Atem, wenn sie sie entdecken" schrieb eine Kanadierin. Und ein Missionar aus Argentinien: „Wir haben einen Ausflug gemacht zu einem ‚Naturfenster', 1200 Meter hoch, eine Touristenattraktion. 50 Christen waren am Fuß des Berges zusammen, 35 kletterten mit an die Spitze, um die Tafel anzubringen; danach priesen wir den Herrn für alle Seine Werke. Wir hoffen damit fortfahren zu können und die Nationalparks und andere herrliche Plätze in Latein-Amerika mit dem Lob Gottes zu erfüllen."

„Wohin ich auch komme, ob nach Gethsemane oder La Verna, Assisi, der Schweiz oder dem Odenwald – immer begegnen mir die Tafeln mit dem Gotteslob" heißt es im Brief einer Diakonissenoberin. Und ein Forstbeamter in Arizona sagte: „Ich bin für dieses Gebiet zuständig und werde für mein Revier jegliche Genehmigung erteilen. Diese Lobpreistafel will ich haben – und wo kein Felsen ist, um die Tafeln anzubringen, lasse ich einen herbeischaffen."

Hunderte von Lobpreisstätten in vielen Ländern und Sprachen haben den schönsten Aussichtspunkten und meist besuchten, auch historischen Stätten ein Gottessiegel aufgedrückt, von den skandinavischen Fjorden bis zu den Paulusstätten in Griechenland und vom einsamen Himalaja bis zum Grand Canyon (USA) mit täglich an die 20000 Besuchern in den Sommermonaten. Für jeden Brief, der die Nachricht enthielt: Hier ist wieder eine Tafel gesetzt, dankte mein Herz voll Freude: Dem Herrn ist wieder ein Zeichen mehr gegeben, das Menschen auf Ihn aufmerksam macht und zu Ihm hinruft, auch durch den Inhalt der Ruferkästen.

Wie sehr sich unsere Freunde mehr und mehr im Glaubensgeist und Eifer unter Opfern einsetzten für Gottes Ehre, ist nicht auszusagen. Trotz großer Widerstände wurden sie nicht müde, bis die Lobpreistafeln angebracht waren; und wenn sie wieder abgerissen wurden, nahmen sie das Werk von neuem in Angriff. Viele unserer Freunde wurden so sehr von diesem Auftrag entfacht, Gott Ehre und Anbetung zu geben, daß es 1973 in der Bundesrepublik bereits ca. 600 Lobpreisstätten gab und über 120 in der Schweiz. In Kurorten sammeln sich während der Saison wöchentlich Gäste an Lobpreisstätten zu Andachten. In England ließ eine Stadtverwaltung an einer Felsenklippe am Meeresufer, wo viele sich das Leben nahmen, eine solche Stätte errichten, damit dem Tode gewehrt und Gott die Ehre gegeben würde. Und in der Tat erreichten uns schon mehrfach Nachrichten, daß durch Lobpreisstätten, die doch „für Gott" errichtet sind, Menschen vor dem Selbstmord bewahrt wurden.

Gott die Ehre geben, Ihn anbeten ist unsere Urbestimmung. Die Schöpfungsordnung und damit -harmonie bleibt nur dann bestehen, wenn die Geschöpfe Gott mit ihren Huldigungen ohne Unterlaß umkreisen, gleich der Huldigung und Ehrung der Morgensterne, die Ihm nach der Erschaffung der Welt zujauchzten und Ihn umgaben wie ein Sternenreigen die Sonne.

Groß ist das Vorrecht, schon hier auf Erden sich dafür einzusetzen, daß unserem Herrn im weiten Raum Seiner Schöpfung durch Zeichen Anbetung gebracht werde. Sie gilt ja dem Herrscher aller Himmel, des Weltenalls, dem Allmächtigen, dem Schöpfer-Gott, der voller Weisheit, dessen Verstand unausforschlich ist, dem Einen, Allgewaltigen, von dem alles kommt, was ist, zu dem alles zurückkehrt. Welch ein seliger Auftrag ist mir darum der Lobpreisauftrag geworden, allein um Ihn zu kreisen und Ihn zu verherrlichen; wie reich hat der Herr mein Leben damit gemacht!

BERUFEN, VOR KOMMENDEM VERDERBEN ZU WARNEN

Das Leben, das der Herr mir nach meiner Todeskrankheit mit Seinen neuen Aufträgen noch einmal geschenkt hatte, mußte „am Ende der Zeiten" gelebt werden. Wohl zeichnete sich zu Beginn des neuen Jahrzehnts – 1960 – die neue Ära noch kaum ab. Doch im Laufe der folgenden Jahre wurde mancher beunruhigt, denn nun setzten die Auflösung von Gottes Geboten, Demoralisierung, revolutionäre Strömungen und der Abbau von innerer Substanz in Teilen der Kirche ein. Dennoch ahnte damals kaum jemand, daß so überaus schnell, nur einige Jahre später, der große Abfall quer durch die Reihen aller Christen beginnen würde. Zu jener Zeit war alles scheinbar noch verhältnismäßig ruhig.

In jenem Winter war ich wieder in der kleinen Dreieinigkeitskapelle, wohin ich mich zu Wochen der Stille und des Gebets zurückgezogen hatte. Da gab mir der Herr – mir selbst unerklärlich – plötzlich ein verzehrendes Brennen ins Herz, zu warnen, zur Rettung zu rufen. Der Heilige Geist trieb mich ständig zu schreiben. Es ging um das Buch „Das Ende ist nah". Des Vaters Liebe, die wußte, was die Menschheit in den nächsten Jahrzehnten erwartet, wollte auch

durch diesen Ruf locken, daß die vor ihr liegende Zeit ausgekauft würde. Jesus will bei Seiner Wiederkunft den Seinen als der Bräutigam begegnen und sie zu sich holen in unnennbare Freude und Herrlichkeit für alle Ewigkeit. Er verlangt danach, ihnen nicht als Richter begegnen zu müssen, der zu solchen, die eigentlich zu den Seinen gehören, nur das vernichtende Urteil sprechen müßte: „Ich kenne euch nicht!" Sie sollen nicht das Furchtbare erleben müssen: Die Tür ist verschlossen – es ist zu spät! Denn kein Verzweiflungsschrei wird dann den Urteilsspruch Gottes mehr wandeln können.
Das alles stand mir vor Augen und drängte mich, den Ruf weiterzugeben, weil ich spürte: Es ist „letzte Zeit", eine Lawine ist ins Rollen gebracht; der Abfall und die antichristliche Zeit sind nah, damit schwere Gerichte Gottes, die die Menschheit heimsuchen werden. Es geht eilends auf den Tag des Herrn zu. Nach dieser Erkenntnis folgten lange, dunkle Wochen, da ich in der Stille allein mit Gott, abgeschieden von Menschen, vom „Ende, das nah ist" schrieb. Zuerst mußte ich selber durchleiden, was ich aussagte. Ich mußte erneut innerlich etwas erfahren von dem Leiden Gottes, Seinem Schmerzzorn über die Menschheit, die nach Seinem Bilde erschaffen und von Seinem eingeborenen Sohn erlöst ist, nun aber in der Sünde schier ertrinkt. Wie ich schon schrieb, kam mir nun zugute, was der

Herr in jenen Wochen 1957 vorbereitet hatte, als ich den Zorn Gottes schmecken mußte, um fähig zu werden, ihn zu künden. Doch auch jetzt, während des Schreibens, galt es, etwas von dem Grauen der Gerichte, denen unsere Menschheit entgegengeht, zu durchleiden – und dem sintflutartigen Anstieg der Sünde über der ganzen Welt ins Auge zu sehen.

Während dieser Zeit – im Winter 1960 / 61 – schrieb ich:

> „In meinem Herzen ist ein Abgrund von Leid, als hätte ich geliebte Menschen begraben. Das Grauen unserer Zeit reißt an meinem Herzen, das Leiden Gottes um eine abgefallene, von der Sünde durchtränkte Welt, die doch Seine Schöpfung ist. Ich werde wie gepeitscht, am Buch ‚Das Ende ist nah' zu schreiben – es füllt wie ein tiefes Meer der Leiden den Grund meiner Seele aus. Noch nie habe ich eine Schrift unter soviel Leid geschrieben ..."

Aber ich schrieb sie auch wider meine Vernunft, die mir sagte: Wer soll diese Schrift lesen? Diejenigen, die immer schon gegen meinen Weg und Auftrag standen, werden jetzt erst recht sagen: „Seht die Schwärmerin, die Unglücksprophetin mit ihrer Schwarz-Weiß-Malerei, die vom nahen Ende sagt!" Meine Bücher werden noch mehr „auf den Index" gesetzt werden. Doch die Liebe Gottes behielt den Sieg – die Liebe Gottes, die um ihre Menschenkinder leidet, besonders auch um die Seinen. Durch den Heiligen Geist trieb sie mich, Menschen zu locken, zu rufen und zu warnen, damit Gläubige sich für Kommendes bereiteten.

Ich hoffte damals, diese schwere Botschaft zu bringen würde einmaliger Auftrag sein. Doch ich sollte es anders erleben. Das wurde schon an Weihnachten 1960 deutlich. Damals klang immer wieder ein triumphierendes Weihnachtslied durch unser Mutterhaus. Es war das vertonte Jesaja-Wort: „Uns ist ein Kind geboren, ein Sohn ist uns gegeben, und die Herrschaft liegt auf seiner Schulter" (Jes. 9,5). In diesem Jahr hatte Gottes Geist uns ein Weihnachtsgeheimnis besonders erleuchtet: Jesus, als Kind auf dieser Erde geboren, ist schon der verborgene kleine König, auf dessen Schulter die Herrschaft liegt. So hatte es mir der Herr in der Stille gezeigt: Im Jesuskind, dem kleinen König, ist bereits verborgen der wiederkommende König – größte Freuden- und Siegesbotschaft in einer Zeit, in der Satan immer mehr zur Macht kommt. Diesem König werden alle Reiche der Welt gehören, wenn Er wiederkommt in Herrlichkeit!

Am zweiten Weihnachtstag war unser Weihnachtssaal von Anbetung und Huldigung des kleinen Königs Jesus erfüllt: „Krönt Ihn, krönt Ihn zum Herrscher aller Welt!" Plötzlich, nachdem das Lied verklungen war und wir darüber sprachen, auf welche Weise Jesus Ehre gegeben werden könne, kam das Gespräch auf die Einweihung unserer Jesu-Ruf-Kapelle, die im Mai 1961 stattfinden sollte. Da hieß es: Wir müssen bei der Einweihung der Jesu-Ruf-Kapelle ein Ruferspiel über das Kommen des Königs Jesus in der Endzeit haben! „Bitte, Mutter Basilea, schreiben Sie doch eines, wir beten dafür!" „Dann müßt Ihr morgen auf das weihnachtliche Feiern verzichten und in Gruppen dafür beten; ich will mich zurückziehen und sehen, ob Gottes Geist mir einen ersten Entwurf gibt." Ich spürte Sein Drängen – jetzt war die Stunde.

Am nächsten Abend kam ich wieder in unseren Zionssaal, und unter großem Dank hörten wir miteinander das erbetene Verkündigungsspiel vom Tonband. Gott hatte es aus Gnaden gegeben; Sein Geist hatte sich wirklich herabgesenkt: Von morgens bis nachmittags hatte ich das Ruferspiel aufs Band diktiert und die Melodien gleich dazu gesungen – es war mir als ein Wunder in kurzen Stunden geschenkt worden.

So beglückend dieser Abend für uns alle war, so war zugleich eine große Last auf meine Schulter gelegt: Ich spürte, daß hinter beidem – dem Buch „Das Ende ist nah" sowie dem neuen Ruferspiel verwandten Inhalts – nicht ein einmaliger, sondern ein bleibender Auftrag für mich stand. Durch ihn wurde ich gedrängt, laufend zur jeweiligen Zeitlage das sogenannte „Wort zur Stunde" zu bringen. Ein solcher Auftrag aber heißt, schon im voraus am Leiden und am Gericht über die Sünden unseres Volkes und – weil die Sünden bald weltweit würden – der ganzen Welt und auch der Kirche teilzuhaben. Ein prophetischer Auftrag heißt: sich verzehren im Vorschauen, Vorleiden und Vorauserleben dessen, was dann als Botschaft weitergegeben werden soll.

Alle neuen Aufträge nach meiner Gesundung brachten mancherlei Leiden und Anfechtungen mit sich, Kampf und Schmach, weil sie menschlich gesehen töricht waren. Doch dieser Auftrag schloß ein noch größeres Maß von Last und Leid in sich. Jede Herausgabe eines „Wortes zur Stunde" mußte „bezahlt" werden. Zu dem, was ich dabei auszukosten hatte, gehörte auch, daß ich mich mit viel Material über den Abfall und den Sündenpfuhl beschäftigen mußte, wobei ich die Finsternis schmerzlich spürte.

Mit diesem Auftrag war ich in besonderer Weise einsam und unverstanden von seiten vieler christlicher Kreise. In unserer Kirche ist die Botschaft von der letzten Zeit ohnedies wenig verkündigt worden, und die Offenbarung des Johannes wird zum Teil als „legendär" und nicht als biblische Botschaft bezeichnet. Die pietistischen Kreise haben zwar dieses Erbe verwaltet und immer wieder die Zeichen der Zeit zu deuten versucht. Aber vielfach hat eine mißverstandene Bekehrungs- und Entrückungslehre ungezählte Christen um so schläfriger und sicherer gemacht. Neu entstandene erweckliche und charismatische Kreise, denen die biblische Wirklichkeit der Geistesgaben wieder aktuell geworden war, schrieben wohl über die Gabe der Prophetie, fanden jedoch zumeist keinen Zugang zu dem Ruf: „Es ist letzte Zeit!" Er schien ihnen zu düster und dem heutigen Menschen nicht zumutbar zu sein.

Selbst unter unseren Freunden und Rüstzeitgästen war es schwer, mit dieser Botschaft durchzudringen. Wenn ich einmal über Texte sprechen konnte, die dieses Thema nicht zum Inhalt hatten – wie leicht waren dann die Herzen zu erreichen. Und welche Wände und Widerstände mußten oft durchstoßen werden bei dem Ruf dieser Botschaft, die Jesus selbst so oft gebracht hat und von der die ganze Heilige Schrift durchzogen ist. Darum kostete es mich innere Kämpfe, dem Vorschlag meiner Töchter zuzustimmen, wenn öfter durch einen Großversand eines der Hefte aus der Reihe „Wort zur Stunde" mit diesem Thema an viele hinausging. Ich wüßte nicht, was mehr gegen meine Natur ginge, besonders da es mir schwer war, als Frau diese „Worte zur Stunde" geschrieben zu haben und verteilen zu lassen. Aber ich spürte, daß es sein sollte.

Und nun sollte fortan dieser Auftrag mein Leben

prägen! Ihn durchzutragen, konnte allein eine größere Liebe zu Gott helfen, die in mir das Mitleiden Seines zutiefst betrübten Herzens über das Grauen der Sünde bewirkte (1. Mose 6,6). Und es bedurfte einer größeren Liebe zu den Menschen, die in grauenhaftes Verderben rennen, um immer neu zu rufen, zu warnen, zu locken und die Nackenschläge nicht zu achten, die mir diese Botschaft einbringen würde. Nur die Liebe zu Gott und den Menschen, die der Herr mir auf meine Bitte hin mehr gab, hielt mich, dem aufsteigenden Verzweiflungsschrei meines Herzens nicht nachzugeben: Ach, nur einmal nichts wissen, hören, schreiben von diesen furchtbaren Dingen! Doch blieb mir dieser Auftrag. Und weil der Herr sich ihn für mich erdacht hatte, fügte Er es so, daß ich von allem Zeitgeschehen beinahe besser unterrichtet war als die Schwester, die täglich die Zeitung liest, um die ganze Schwesternschaft zu informieren. Es war, als ob der Herr mein Herz zu einer Auffangstation für die großen Nöte unserer Zeit gemacht hätte.

Mit den Jahren gab es – wie es mir der Herr gezeigt hatte – wirklich eine ganze Ruferserie „Wort zur Stunde".* Als die Schrift „Heute – eine

* Die Wichtigsten daraus: „Heute – eine Zeit wie nie"
„Welt im Aufruhr" „Mitmenschlichkeit"
„Zum ersten Mal, seitdem es Kirche Jesu Christi gibt"
„Umweltverschmutzung und dennoch Hoffnung"
„Kurz vor der Weltkatastrophe – Bedrohung und Bewahrung"
„Kurz vor der Christenverfolgung – Liebe will leiden"

Zeit wie nie" 1962 entstand, schrieb ich:

„Ich sehe konkret und unabwendbar das Verderben kommen. Wir leben im Zornzeitalter Gottes, der Endzeit, da die Menschen verschmachten werden vor Furcht vor den Dingen, die noch kommen werden. Das Grauen umschleicht mich. Die Luft ist geschwängert vom Verderben und Grauen, wie es noch nie die Erde sah ... Wie furchtbar ist es mir, daß meine Töchter ein so unvorstellbares Grauen erwartet ... Es ist ein Wettrennen der uns aufgetragenen Sendung mit dem Verderben ..."

Mir lag am Herzen, daß meine Töchter diese Zeitlage nicht mehr verdrängen möchten, sondern durch Leidenshingabe bewältigen. Jetzt schon sollte ihnen Jesus so aufstrahlen, daß sie die Angst vor der Zukunft überwinden und dann getrost und stark sein können, wenn die Drangsalszeit beginnt. Ich schrieb ihnen viele Trost- und Stärkungsworte aus der Heiligen Schrift auf und später ein Büchlein zur Bewältigung der Angst und Übung im Vertrauen. Von diesem inneren Erleben waren Weihnachten 1961 und 1962 geprägt.

Gerade letzteres war ein richtiges Trost-Weihnachten. Die Gegenwart des Herrn, der als das Jesuskind auf unsere dunkle Erde kam, um zu retten und die Finsternismächte zu besiegen, war uns tröstlich nahe. Wir sangen viel eines der damals entstandenen Lieder:

„Liebstes Kind, Du kommst ins Dunkel,
bringst Dein Licht der finstern Welt,
die in mitternächtger Stunde
dem Gericht und Tod verfällt.

Doch Dein Licht, das leuchtet heller
als der Sünde Nacht und Not,
triumphierend führst zum Siege
Du die Welt aus ihrem Tod." *

Später wurden jene Lieder, das Büchlein zur Überwindung der Angst und weitere Trostschriften veröffentlicht.** Ich war dankbar, daß ich mit der Botschaft vom „Wort zur Stunde" nicht nur warnen und aufschrecken mußte, sondern in Ängsten und Nöten stärken und trösten durfte. Weil ich von all dieser Not im voraus etwas durchlitten hatte, konnte ich davon schreiben, was in diesen Zeiten – wo der Trost rar sein wird – noch helfen kann. Bei meinen geistlichen Töchtern erlebte ich, daß eine starke Zuversicht, ja, eine tiefe innere Freude unter ihnen aufbrach in der Gewißheit, daß sie während kommender Trübsal den Vater erleben werden wie noch nie.

Auch andere Echos sagten mir: Die Hingabe dazu, vor kommendem Verderben zu warnen – was mir das Schwerste war –, ist nicht umsonst.

* Freudenquell Jesus Nr. 42

** Siehe auch M. Basilea Schlink: „Wir bergen uns in Deine Hand" – „Der niemand traurig sehen kann"

War ich wirklich „Unglücksprophetin", wie meine Widersacher mich nannten? Nein, das konnte nicht sein, weil ich auf meinen inneren und äußeren Wegen mein Leben hindurch bisher eine andere Wahrheit erfahren hatte: Nach dunklen Zeiten der Gerichte und Züchtigungen bricht das Licht auf, nach Leiden die große Freude, weil bei Gott nie das Leid das Letzte ist; denn Gott ist Liebe, Gott ist ein Vollender. Ja, das Toben der Hölle heute kündigt gerade an, daß das Kommen des Himmels nahe ist. Und wenn des Antichristen Wüten auf dem Höhepunkt sein wird, erklingt schon der Jubelruf durch alle Himmel: „Nun sind die Reiche der Welt unseres Herrn und seines Christus geworden" (Offb. 11,15). „Die Hochzeit des Lammes ist gekommen" (Offb. 19,7). Das durfte ich darum jedesmal auch im „Wort zur Stunde" den Menschen nahebringen. So schrieb jemand: „Ich streiche mir immer mit leuchtendem Gelb an, wo etwas vom Himmel, von Jesu Wiederkunft und Herrlichkeit geschrieben steht – und in Ihrer Reihe ‚Wort zur Stunde' ist bei mir seitenweise alles nur gelb! Mein Herz schlägt höher in Vorfreude bei diesem Ausblick ..."

Nach dem „Jahr des Todes" sollte auch das auferstehen, was der Vater schon nach jenem „Morija - Erleben" mich hatte erfahren lassen: ein Vorgeschmack des Himmels. Nun konnte ich ihn auch anders vermitteln. Viele Himmelslieder hatte ich damals und im Lauf der Jahre geschrieben, auch kleine Schriften über den Himmel, aber ich hatte nicht den Eindruck, daß dafür schon unter allen meinen Töchtern oder unter unseren Gästen und Freunden viel Aufnahmebereitschaft vorhanden war. Als ich diese Lieder 1956 zu schreiben begann, war das Echo in meinem Tagebuch:

> „Ich erbitte mir heute, daß später, wenn diese Himmelslieder gesungen werden, der Himmel dann herniederkommt. Bitte tue das Wunder und laß den Himmel, wenn von ihm gesungen wird, auch wirklich herabkommen, auf daß an den Seelen geschieht, was sie in den Liedern singen. Du weißt, wie schwer es mir oft ist, die Lieder zu schreiben, weil sie mich Zeitvergeudung und nichts Rechtes dünken. Doch heute ist der Himmel da, und ich sehe, sie sind von Dir, wie Du es auch verheißen hast. So erhöre mein Gebet und sage Ja und Amen."

Dann, nachdem das schwere Jahr 1958 durchgangen war, begann der Herr auch dies Gebet zu erhören. Denn bald brach sich der Strom der himmlischen Freude Bahn. Er erfaßte meine geistlichen Töchter, und es konnte nicht anders sein, als daß „Himmelsfeste" begannen, wie wir sie bisher nicht gekannt hatten. Wo der Himmel herniederkommt, da muß man feiern, denn es steht geschrieben: „Ihr seid zu dem Berge Zion ... dem himmlischen Jerusalem herangetreten und zu vielen Tausenden von Engeln, zu einer Festversammlung und zur Gemeinde der im Himmel aufgeschriebenen Erstgeborenen ..." (Hebr. 12,22 u. 23a). Droben im Himmel gibt es Feste und Feiern, und der Himmel ist erfüllt von Anbetung und Huldigung.

Daß es bei meinen Töchtern nun eine andere Resonanz für den Himmel gab, kam wohl auch daher, weil bei vielen eine tiefere Reinigung geschehen war. Auch sie hatten in den Zeiten Seiner Heimsuchungen etwas von Seinem Zorn geschmeckt und den heiligen Gott neu fürchten und lieben gelernt. Und so war es nach den göttlichen Gesetzen „natürlich", daß eine Basis für Himmelsfeste gegeben war. Ein ausländischer Pfarrer drückte es später einmal so aus: „Mir scheint, das Feiern ist ein besonderes Charisma, das Ihnen auf Kanaan geschenkt ist. Darum zieht es mich besonders hierher. Freude und Festfeiern ist Himmelreich. Und dabei habe ich gespürt: so viel Reue, so viel Freude."

Bei diesen Himmelsfesten gab es nichts Organisiertes, kein Programm. Wir kamen zusammen und begannen zu singen und konnten nicht anders, als den zu besingen, der die Krone des

Himmels ist, unseren Herrn Jesus. Wir gaben Ihm Anbetung in vielen Liedern. Unser Herz wurde dann immer mehr davon erfaßt, auszusagen und zu singen, wer der König des Himmels ist – Jesus, das Lamm Gottes auf allerhöchstem Thron. Wir gaben Ihm Ehre in freien Melodien und rühmten Ihn auf immer neue Weise. Dann begannen wir von dem zu singen, was die Seinen droben im Himmel erwartet. Die Freude brach sich Bahn und übermannte auch traurige Herzen. Unser Zionssaal war bald wie von Himmelsglanz erfüllt. Wenn wir, den Himmel herbeisehnend, sangen: „Eia, wärn wir da...", hätten wir das Lied, obwohl es fast 30 Verse hatte, am liebsten zweimal gesungen, weil die Freude des Himmels nie auszurühmen ist.

Das Lied war in dunkelster Stunde geschrieben worden, als unsere Schwester Angelika kurz vor ihrem Tode unsagbare Schmerzen litt und ich im Mitleiden nicht wußte, wie ihr noch Trost zu bringen sei. Da ging ich von ihrem Krankenbett in mein Zimmer und betete, und dabei ließ mir der Herr den Himmel aufstrahlen. Ich schrieb einen Vers nach dem anderen dieses Liedes nieder und eilte zu ihr, um ihr vom Himmel zu singen. Auf einmal war es, als ob die Schmerzen wichen. Schwester Angelikas Antlitz wurde immer mehr vom Freudenglanz erfüllt, ja sie sang in ihrer Schwäche sogar noch mit. Der Himmel war herniedergekommen.

Jahre danach sangen das Lied viele, nicht nur unsere Töchter. Ich denke an ein Himmelsfest in unserer Jesu-Ruf-Kapelle mit einer großen Schar unserer Rüstzeitgäste, besonders mit vielen Jugendlichen. Zu diesem Himmelsfest ging ich mit etwas bangem Herzen, denn morgens in der Bibelstunde hatte ich schonungslos die Wahrheit über die kommende Zeit aufgezeigt. Ich hatte gesprochen vom Todeszeitalter, in das sie hineingeboren sind, da sie von allen Seiten nach Leib, Seele und Geist vom Verderben bedroht sind. Dabei hatte ich aufzeigen müssen, wie die dämonischen Mächte immer stärker vordrängen und wir der Verfolgungszeit entgegengehen, die auch noch das Blut von Märtyrern unter ihnen kosten kann. Aber ich hatte ihnen auch gesagt, daß sie die auserwählte Generation sind, die vielleicht schon erfahren darf, wo hinaus dies alles führt: zur Erscheinung der Herrlichkeit Jesu Christi – daß unsere Zeit davon sagt: Der kommende König ist nah! Ich konnte ihnen künden: Wenn sie zu den Jesusliebenden und Überwindern gehören, sind sie dem ganz nahe, worauf Geschlechter geharrt haben durch zwei Jahrtausende: der Wiederkunft Jesu zur Entrückung, dem Tag größter Freude und Herrlichkeit.

Es ist kaum zu sagen, was auf diese Stunde hin am Abend beim Himmelsfest aufbrach: eine Glückseligkeit, wie wir sie in diesem Maß kaum jemals in den Jahren vorher erlebt hatten. Die Jugendlichen hatten nach der Bibelstunde des Vormittags die kommende Trübsal konfrontiert. Sie hatten den Ruf zur Umkehr gehört und dem Herrn das „Ja-Vater" gegeben. Und nun wurde ihnen in dem Maß der Hingabe zum Leiden die Freude geschenkt, weil Leid und Freude sich entsprechen, wenn wir bereit sind, ja zum Leiden zu sagen. Es brach in ihnen die Sehnsucht und Glückseligkeit im Blick auf den Himmel auf. Voll überströmender Freude sangen sie mit uns Himmelslieder und schwangen grüne Zweige in Huldigung für Jesus, den König des Himmels, ihre große Liebe, Ihm Lieder der Ehrung und Anbetung singend. Ja, das Himmelsfest hatte wirklich den Himmel herniedergebracht. Solche, die am Morgen sich noch durchringen mußten und irgendwie unter dem Druck dieser schweren Zeit standen, hörten am Ende des Festes am Ausgang der Jesu-Ruf-Kapelle nicht auf zu singen – über ganz Kanaan klangen die Himmelslieder weiter. Und Himmelsfeste von solcher Auswirkung haben wir dann noch wiederholt erlebt.

Welche Freude war es mir, daß nun die Himmelsfeste um sich griffen. Zuerst, als wir nur ein Himmelsfest im Jahr hatten, das sogar in unserem Jahresplan angezeigt war, schrieb jemand: „Wir wollen gern kommen, aber erklären Sie uns doch bitte, was Sie unter Himmelsfesten verstehen? Wir können uns nichts darunter vorstellen." Dann aber wurden die Himmelsfeste die Krönung der Rüstzeiten und die Sehnsucht des Jugendkonventes. Als wir einmal aus Raummangel den männlichen Jugendkonvent nicht eingeladen hatten, betete ein Junge, Gott möge es mir doch ins Herz geben, sie alle noch einzuladen, bis dies – durch Gottes spürbares Eingreifen – tatsächlich geschah. Ein andermal kam von auswärts ein Anruf: „Wir feiern heute abend ein Himmelsfest, wie wir es auf Kanaan erlebt haben."

Ein Pfarrer, der mit einer fernstehenden Gemeinde per Omnibus zu uns gekommen war, sagte später, obwohl schon Wochen vergangen seien, hätte das Himmelsfest auf Kanaan seinen Glanz noch nicht verloren. Seine Gemeinde singe immer mit neuer Bewegung: „Jerusalem, du hochgebaute Stadt"!

An meine Töchter schrieb ich einmal:

> „Denkt an den Himmel, und Euer Leiden wird auf einmal klein werden. Denn es ist nicht wert, verglichen zu werden mit des Himmels Herrlichkeit, die an Euch für alle Ewigkeit offenbart werden soll. Wenn Ihr das Wort Himmel hört, wißt Ihr, daß die Freude, der Ihr entgegengeht, ewig ist. Und Ihr wißt damit zugleich, das Leiden, in dem Ihr steht, hat ein Ende. Bitte, lebt mehr im Himmel, beschäftigt Euch mehr

mit dem Himmel! Er ist es wert, er ist Eure ewige Heimat, wo Ihr immer sein werdet. Das wird Euch das Kleine klein machen und groß allein das, was ewig groß und wichtig ist. Singt vom Himmel, feiert mitten im Dunkel der Zeiten Himmelsfeste. Die Hölle verscheucht man nur durch den Himmel. Der Himmel ist stärker als die Hölle, weil in ihm Jesus Christus der Herr ist. Selig sind, die hier weinen, sie werden lachen. Darum, wenn Ihr ein Stück Himmel schmecken wollt, so gebt Euch hin zum Leiden."

Das sagte ich meinen Töchtern immer wieder und habe es selbst erfahren: Der Gedanke an den Himmel, das Singen vom Himmel, die Beschäftigung mit dem Himmel hat große Macht. Dies läßt nicht nur unsere Leiden klein werden und versinken vor des Himmels Herrlichkeit, die uns bald erwartet. Wo der Himmel nahe kommt, so erfuhr ich es seit 1956, wird auch die Sehnsucht zu einem leidenschaftlichen Begehren: „Laß mich in das himmlische Wesen verklärt werden, daß ich einst in den Himmel passe. Laß mich mit den himmlischen Tugenden, das heißt mit den Wesenszügen Jesu geschmückt werden", denn nur Vollendete, Überwinder, Selige werden das Ziel der Herrlichkeit erreichen.

So schwer es mir auch war, „Unglücksprophetin" zu sein, von Gericht und Leid, von der Wirklichkeit der Sünde und Dämonie unserer Zeit zu sprechen, so dankbar war ich, daß ich zugleich von der Himmelsherrlichkeit, dem Kommen des Bräutigams, dem wir entgegengehen, sagen durfte. Der Herr hatte mir in Seiner großen Liebe unter Seinen neu gegebenen Aufträgen ja nicht nur den einen, sondern auch den anderen Auftrag gegeben, war es doch Jesu ureigener Doppelruf: „Tut Buße – das Himmelreich ist nahe!"

... AUF DASS KOMME DAS PARADIES

Unter allem Leidvollen bei meiner schweren Krankheit 1958 war mir am bittersten gewesen, ein bestimmtes Herzensanliegen zu begraben, dessen Erfüllung mir der Herr verheißen hatte. Seit der Gründungszeit hatte Er mir als Glaubensziel für unsere Marienschwesternschaft vor mein inneres Auge gemalt, daß ein „Stück Paradies", Anbruch des Himmels, unter uns dargestellt werde. Das hatte sich jedoch noch nicht erfüllt.
Weil aber der Herr in dieser Vergeltungszeit nach meiner Todeskrankheit in Seiner Liebe alles nicht nur wiederherstellen oder zurückschenken, sondern weit überhöhen, vermehren wollte, ließ Er mich nun auch davon etwas erfah-

ren. Er stellte mir vor Augen die Wirklichkeit Seines Wortes: „Wo aber die Sünde mächtig geworden ist, da ist doch die Gnade viel mächtiger geworden" (Röm. 5,20) – Jesus ist ein mächtiger Erlöser! Denn was allmählich begann, Kanaan auszumachen, war letztlich nicht das kleine Land mit seinen Anlagen und Häusern – es gibt schöner gelegenes Land, es gibt andere Häuser, die auf dem Weg des Glaubens erstanden sind. Nein, was Jesus verherrlicht auf Kanaan, sind vor allem die Menschen, die dort leben unter Seiner Versöhnung und versöhnt untereinander – und als Kern davon die Schar unserer Schwestern, die nach langen Erziehungswegen Gottes ein Zeugnis von der Erlöserkraft Jesu sein dürfen. Wenn der Apostel Paulus von den Gliedern seiner Gemeinden schreibt: „Ihr seid meine Freude und meine Krone", kann ich das inzwischen auch von meinen Töchtern sagen.

Schon in der Anfangszeit, damals auf dem Steinberg, war meine größte Bitte gewesen, daß sich unter uns die Verheißung Gottes erfüllen möchte: „Der Herr hat Zion erwählt und hat Lust daselbst zu wohnen ... Hier gefällt es mir wohl" (Psalm 132,13-14). Das zu erfahren, schien mir allein Anbruch des Himmelreiches, ein Strahl vom Paradies zu sein. Davon durfte ich nun nach den vielen Enttäuschungen tatsächlich etwas im Kreis meiner Töchter erleben. Durch unsere „Lichtgemeinschaften", bei denen wir uns immer wieder

der Wahrheit stellen, unsere Sünde zugeben und damit die züchtigende Hand Gottes annehmen, machte sich der Herr Bahn, unter uns zu wohnen – Er, der in zerschlagenen und gedemütigten Herzen Wohnung macht (Jes. 57,15).

Ich erinnere mich an die große Freude und Dankbarkeit, die mich erfüllte, als ich einmal von einer langen Reise zurückkehrte. Meine Töchter waren in unserem Zionssaal versammelt, mich zu empfangen. Als ich eintrat, war es mir, als träte ich in einen hell erleuchteten Saal – nicht um seiner Beleuchtung willen, sondern weil inneres Strahlen von meinen Töchtern ausging. Jesus, die helle Sonne, grüßte mich in ihnen.

Aber nun ließ der Herr mich nach meiner Todeskrankheit wissen, daß nicht nur auf dem kleinen Kanaan ein Vorgeschmack vom Himmelreich und Paradies verwirklicht werden sollte, sondern daß ich Sorge tragen möchte, auch in anderen Ländern kleine „Paradiesstätten", Außenstationen zu gründen. Und als erstes sollte dies geschehen im Zentrum der Welt, in Jerusalem. Viele solcher Stätten wünschte der Herr; kleine Kanaan – Strahlungszentren von Liebe, Friede und Freude – einen ganz kleinen Vorgeschmack dessen, was das große Hochziel unseres Herrn in Seiner Heilsgeschichte mit der Menschheit ist, Seine Königsherrschaft aufzurichten.

Wenn die Braut des Lammes das neue Jerusalem bilden wird, so ist es folgerichtig, daß schon auf Erden die Braut Jesu nur dafür leben kann, wo immer sie ist, eine Abschattung des himmlischen Jerusalem für ihren Bereich zu erglauben. Das hatte ich für Kanaan ständig tief im Herzen getragen, und nun sollte es auch der Charakter unserer Außenstationen sein, unserer „Wiegen", die wir manchmal auch „Paradiesstätten" nannten. Darum stand als Glaubensziel vor mir: Sie sollten etwas widerspiegeln von der Lichtklarheit, der Durchsichtigkeit der Gottesstadt, weshalb jede Schwester ganz im Lichte leben sollte und sich der Wahrheit über ihre Sünden stellen. Gottes lichte Gegenwart möge sich dort niederlassen, die alles, was Ihn vertreibt, verzehrt, doch mit Seinem verklärenden Licht den durchstrahlt, der dem Licht standhält – das war mein Wunsch.

Es sollte von den „Wiegen" etwas von dem Glanz Seiner Stadt, die strahlende Freude ausgehen. Ja, Jauchzen und Singen, wie es die Gottesstadt droben ausmacht, sollte als Abschattung in den „Wiegen" zu finden sein. Ein Zeichen sollten sie dafür sein, daß aus den Reuetränen, dem Weinen, das Lachen, die große Freude kommt. Alles sollte dort in großer Liebe um Jesus, um den Vater und den Heiligen Geist kreisen, nicht nur beim Anbeten, sondern im alltäglichen Leben, wie die Wesen am Thron und alles, was im Himmel lebt, um Gott kreisen. Liebeseinheit unter den Schwestern, Friede und Versöhnung sollte in ihren Häusern herrschen und andere mit anstecken. Dies Bild der „Wiegen" – „Paradiesstätten" stand vor meinem inneren Auge.

Je mehr unsere Welt in den verschiedenen Erdteilen und Völkern wie ein brodelndes, tobendes Meer wird, das ständig mehr Sünde und Schmutz auswirft, um so mehr braucht Gott kleine Inseln Seiner Heiligkeit, das heißt Seiner heiligen Gegenwart. Dazu sollten auch unsere Außenstationen, unsere „Wiegen", mit dienen. Von solchen Inseln gehen dann Lichtstrahlen und Gotteskräfte aus, werden ständig Liebesseile ausgeworfen, die die Menschen herbeiziehen zu ihrem Retter Jesus Christus und sie zur Begegnung mit der Liebe Gottes bringen. Immer wieder sollten Seelen, die wie am Ertrinken sind, nach diesen Liebesseilen greifen und nicht nur Gläubige im Glauben gestärkt und vertieft, sondern Verlorene noch gerettet werden.

Diese Inseln Seiner Heiligkeit werden – wenn sie auf Reue und Buße aufgebaut sind, das heißt, wenn wir gedemütigten Herzens bleiben – selbst nicht vom Toben des Meeres verschlungen werden. Die Finsternis wird sie anfechten und mag ihnen Leiden bringen, aber sie wird sie nicht vernichten, wie Jesus von Seiner Gemeinde sagt: „Die Pforten der Hölle sollen sie nicht überwältigen" (Matth. 16,18).

Ich wußte nun: Wenn auch diese „Wiegen" wie winzige Punkte sind in ihren Ländern – solange sie aber in Liebe brennen, werden die Auswirkungen weithin in ihrem Land zu spüren sein. Und es werden sich in jedem Land wiederum diejenigen zusammenfinden, die diese Berufung im Herzen tragen: „Dein Reich komme!" Menschen werden entzündet werden, nach den Gesetzen des Himmelreiches zu leben, weil sie täglich neu eingehen durch die Tür zum Himmelreich, die da Buße heißt. Sie werden bereit, sich selber zu sterben, damit durch sie das Reich der Liebe, Gottes Reich anbreche.
Ich war voll Dank, daß Gott solche Gedanken – wahrlich „Gedanken des Friedens und nicht des Leides" – hegte für mein mir noch einmal geschenktes Leben und bald danach auch zu verwirklichen begann. Denn schon 1961 gab Er uns in dem damals noch zerteilten Jerusalem unser „Beth Abraham" in der Neustadt und 1962 das Morijahaus, den Vorläufer unseres heutigen „Beit Gaudia Dei", auf dem Ölberg, diese zwei ersten „Wiegen" – und das in Seinem Land!

BERG SINAI – HÖHEPUNKT MEINES LEBENS 1963 – 1969

WOCHEN DER STILLE AM SINAI

1963 – ein ganz besonderes Jahr für mich: Der Sinai kam mir nahe. Schon lange hatte mich durch einen inneren Ruf Gottes der Gedanke bewegt, dorthin zu fahren zu einer Zeit der Stille, um mir vom Herrn Wegweisung geben zu lassen im Blick auf Seine Pläne für unseren Auftrag, unsere Sendung. Nun, da die Verwirklichung dieses Planes ins Auge gefaßt wurde, brachen Fragen auf: War es wirklich Gottes Ruf und Wille? Konnte dies nicht ebensogut in meinem Gebetsraum auf Kanaan geschehen? Unaufhörlich stiegen aus meinem Verstand heftige Anfechtungen auf. Alles in mir wehrte sich gegen diesen Ruf, wenn der Geist Gottes mir auch immer wieder das Wort ins Herz gab: „Meine Gedanken sind nicht eure Gedanken, und eure Wege sind nicht meine Wege" (Jes. 55,8) – sie sind höher und anders, von unserem kleinen Verstand nicht zu ergründen.

Warum sollte es sich der Herr nicht erdacht haben können, daß ich Ihm gerade dort in der Stille und Einsamkeit der Wüste, der völligen Weltabgeschiedenheit Seines heiligen Berges begegnete? Wenn Er nun gerade dort mir einen neuen, die Völker umspannenden Auftrag geben wollte? Ich gab mein Ja. Freude und Erwartung begannen sich in meinem Herzen auszubreiten.

Dann aber kam eine Reisebeschreibung über den Sinai in unser Haus. Durch sie wurden die Anfechtungen nicht nur erneut entfacht, sondern noch größer. Denn es hieß darin: Keine Stille ist dort zu finden, viel ungeistlicher Lärm von Touristengruppen in der Klosterfestung – keine Einzelzimmer – Verlassen des Katharinenklosters als einzelner kaum möglich wegen Gefahr durch Beduinen . . . Also hatte die Reise keinen Sinn, denn die Gebetsstille sollte ja die Hauptsache während des Sinai-Aufenthaltes sein – und das gerade schien ausgeschlossen. Außerdem las ich von Weltreisenden, daß es für sie kaum eine so anstrengende Reise gegeben habe wie die auf den Sinai. Damit war mir die Reise eigentlich von vornherein verwehrt, da ich kränklich war. So wurde ich innerlich lange durch zermürbende Anfechtungen geführt, denn gerade in jenem Sommer ging es mir gesundheitlich sehr schlecht. Dazu erschienen uns die hohen Reisekosten nicht zu verantworten.

Ich fürchtete mich jedoch, Gott entgegenzustehen, falls es dennoch Sein Wille war. Oft genug hatte ich erlebt, wie aus menschlich gesehen sinnlosen, törichten Wegen große Aufträge Gottes herausgeboren wurden. Ich wußte, daß die göttliche Torheit gerade die göttliche Weisheit ist. So war ich wie in einer Mühle der Anfechtungen. Doch gerade das wollte Gott. Einer Gottesbegegnung gehen immer dunkle Zeiten der Anfechtung voraus, die uns auslöschen, damit Sein Licht hereinbrechen kann, das sich nicht mit dem Licht unseres gefallenen Verstandes vermischt. Und es gab – im Bilde gesprochen – keinen anderen Weg, um auf Seinen heiligen Berg zu gelangen, als den Weg durch die Wüste der Anfechtungen, der mich demütigte und niedrig machte, um dem großen Gott begegnen zu können.

Dann aber bestätigte der Herr Seinen Ruf, indem Er mir für den Auftrag das überwältigende Wort als biblische Losung gab: „Ich bin der Gott deines Vaters. Fürchte dich nicht, nach Ägypten hinabzuziehen, denn daselbst will ich dich zum großen Volk machen. Ich will mit dir hinab nach Ägypten ziehen und will dich auch wieder heraufführen" (1. Mose 46,3-4). Damals gehörte der Sinai zu Ägypten.

Tatsächlich bekam ich das Visum für die Einreise nach Ägypten, obwohl mir jeder Kenner sagen konnte, daß dies für mich als Autorin des Buches „Israel, Mein Volk" und wegen unseres Hauses „Beth Abraham" in Jerusalem unmöglich sei.

Am 8. Oktober brach ich auf, sehr elend, ja fast krank, zur Fahrt nach dem Sinai. Doch da geschah das Wunder: Der Herr rührte mich am Tag des Reiseantritts an. Neues Leben durchströmte mich nach Leib, Seele und Geist. Ich konnte die Reise drei Tage und Nächte hindurch – beinahe ohne Schlaf – gut überstehen, weil Gott mir Auferstehungskräfte gegeben hatte. Auf der Autofahrt von Suez durch den Wüstensand, viele Stunden lang, grüßten mich die Berge, deren Felsgestein in den verschiedensten Farben in der heißen Sonne glänzte. Ewiges Schweigen lagert in dieser Wüste, da man keinen Laut vernimmt, keinem Menschen begegnet, außer in der Oase Raphidim. Als wir dann zum Sinai kamen, war ich tief bewegt von der Erhabenheit Gottes, die dort auf den Wüstenbergen aus Granit und Gneis lagert. Diese Berge stehen ehern gleich den Geboten Gottes, die Er hier Seinem Volk gab.

Wir traten ins Kloster – eine kleine Stadt mit Häusern und Kapellen, von einer hohen Mauer umgeben, am Fuße des Moseberges inmitten der gewaltigen Wüstenberge des Sinai-Massivs gelegen. Griechisch-orthodoxe Mönche leben hier schon seit dem 6. Jahrhundert. Das Kloster hat einen Gästeflügel. Eine Frage bewegte mich: Wird der Herr als ein Wunder mir ein Einzelzimmer, einen stillen Raum bereitet haben? Die mich begleitende Marienschwester sprach mit dem Gästepater und bat um ein Einzelzimmer für mich. Er wehrte solch ein Ansinnen ab, da es im Gästeflügel nur Mehrbettzimmer gäbe. Da plötzlich, während des Gespräches, wendete Gott seinen Sinn; ich wurde in ein Dreierzimmer geführt, um es allein zu bewohnen. Das hatte mir der himmlische Vater bereitet und mir damit Seinen Ruf, etliche Wochen in der Stille auf dem Sinai zu sein, bestätigt. Ich war von Seiner Liebe zutiefst berührt. Auch hatte dies Zimmer gerade den Blick auf den Moseberg, der jeden Morgen bei Sonnenaufgang mit seinen in rötlichem Glanze scheinenden Felsen in mein Zimmer grüßte.

Gott hatte mir in Seiner Güte noch einen zweiten Ort der Stille bereitet: den Söller des Hauses. Dort konnte ich mich beinahe immer allein aufhalten und den ganzen Tag beten und schreiben. Dabei war ich von den riesigen Felsenbergen umgeben, mit dem Blick nach Westen, wo im Schutz der Felsenriesen eine weite Wüstenebene vor mir lag. Es war dies die sogenannte „Raha-Ebene", die einst zum Schauplatz besonderen Handelns Gottes geworden war. Denn hier hatte das Volk Israel bei der Bundesschließung und Gesetzgebung Gottes auf dem Sinai gelagert.

So war ich nicht dem lauten Treiben in der Klosterfestung ausgeliefert. Alle Anfechtungen waren wie weggewischt. Gottes Verheißungen hatten sich als Erfüllung manifestiert im greifbaren Geschehen und erfüllten sich während der Zeit immer wieder. Nach einer strengen, uralten Ord-

nung durften Touristen damals nie länger als drei Tage im Kloster bleiben. Doch Gott durchbrach diese Ordnung und ließ mich eine Ausnahme-Erlaubnis für einige Wochen bekommen von höchster Stelle – eine weitere Bestätigung, daß es Sein Ruf war, auf den Sinai zu fahren.
Gottes gnädige Hilfe erlebten wir auch bei dem Risiko mit der Verpflegung, weil man dort nichts kaufen, nichts selbst kochen und bei der Hitze nichts aufbewahren kann. In unserem Reisegepäck hatten wir nicht für Wochen Verpflegung mitbringen können. Aber Gottes Fürsorge überraschte uns immer neu: Prächtige Weintrauben wurden uns eines Tages von einem Mönch von Raphidim gebracht, und – was sonst nie üblich war – die Mönche des Klosters gewährten uns freundlicher Weise, daß wir von ihrem Brot bekamen. Touristen wollten Reste ihres Proviants nicht wieder zurücknehmen, ein Beduine brachte Eier und etwas Fleisch, und so deckte uns der Vater, oft auf sehr wunderbare Weise, jeden Tag den Tisch.
Alle Wege ebnete der Herr, denn Er hatte sich erdacht, daß ich dort in der Wüsten-Einsamkeit eine Gottesbegegnung wie nie zuvor erleben sollte.
Sinai – der heilige Berg Gottes, da Gott in einen Ehebund mit Menschen, mit Seinem Volk eingegangen war (5. Mose 5,2).
Sinai – der Berg, auf dem Mose dem Herrn hat-

te begegnen dürfen und Er mit ihm geredet hatte.
Sinai – der Berg, da Gott Seinem Volke und damit der Menschheit Seinen Willen durch Seine Gebote kundgemacht hatte.
Berg heiliger Offenbarung – konnte ich anders dorthin kommen als durch ein Vorbereitungsjahr, in dem ich durch körperliche Leiden und Krankheiten, durch schwerste Anfechtungen des Geistes und durch viele Nöte der Seele gegangen war?
Der Herr begann bereits in den ersten zwölf Tagen mit mir zu reden; so wurde mir der Berg zum „Sinai heute". Zunächst erlebte ich ihn als den Ort, an dem Gott Seine Gebote gab, um an ihnen als dem göttlichen Maßstab für unser Leben unsere Sünde offenbar zu machen. Die Losung der Brüdergemeinde am 13. Oktober 1963, dem ersten Tag meines Aufenthaltes dort, war aus 3. Mose 19,18: „Du sollst deinen Nächsten lieben wie dich selbst", und der kirchliche Wochenspruch hieß: „Und dies Gebot haben wir von ihm, daß wer Gott liebt, daß der auch seinen Bruder liebe" (1. Joh. 4,21). Diese Gebote Gottes, die mir an sich ja so vertraut waren, fuhren in mein Herz hinein wie eine neue Offenbarung. Tränen der Reue aus tiefstem Herzen waren die Antwort im Blick auf alle Übertretungen dieser Gebote, wo ich gegen die Liebe in meinem Leben gehandelt hatte. So war mir ge-

wiß: Ehe du den heiligen Berg, den Moseberg, besteigen darfst, mußt du deine Sünden neu dem Herrn hinlegen, damit das Blut des Lammes sie wegnehme. Ich mußte also zuerst innerlich hinabsteigen, immer tiefer, dann konnte mich der Herr emporreißen. Das tat ich dann auch im Geist für alle meine Töchter.

Dann kam der gnadenreiche Tag – es war gerade mein Geburtstag –, an dem die Besteigung des Moseberges stattfinden sollte. Es war ein Tag, da Gott Seine Gnaden überreich wie kaum zuvor in meinem Leben über mich ausgoß. Ein strahlender Tag – nicht zu heiß – kein Sturm. Der Moseberg lag klar, in vollkommener Schönheit vor mir, als ich früh um 6 Uhr auf einem Kamel die erste Wegstrecke dem Gipfel entgegenritt. Ein Strom von Glückseligkeit kam über mich. Es war, als ob der Herr mich droben, wo die kleine Mosekapelle steht, erwartete. Mein Herz konnte es kaum mehr erwarten, dort auf dem Gipfel des Moseberges in der Stille zu Gott zu kommen. Trotz meines kranken Herzens flog ich schier die grobgehauenen, ungefügen Granitstufen der steilen Bußtreppe hinauf, auf der mein Weg nach dem Kamelritt die letzte Dreiviertelstunde zum Gipfel des Moseberges führte.

Oben auf dem heiligen Berg der Gottesoffenbarung breitete sich vor meinen Augen ein Meer von mächtigen Felsenbergen in Urgewalt der Schöpfung aus. Es überwältigte mich die Majestät und Herrlichkeit der unzähligen Bergriesen, die sich gleich einem Kranz rings um den Sinai lagern. Und ich erfuhr hier etwas von dem, was Gottes Name Jahwe aussagt: „Ich bin da..." „Ich will vor deinem Angesicht alle meine Güte vorübergehen lassen" (2. Mose 33,19). Der Herr neigte sich hernieder als der Gott, der mit einem Menschenkind, einem Sünder, einen Bund eingeht, weil das Blut des Lammes die Sünden bedeckt.

Was der Herr mir nun auf dem Gipfel des Moseberges schenkte, war eine Wirklichkeit. Als Geschenk des Geistes, der dem ruft, was nicht ist, daß es sei, gab Er mir eine Liebe zu den verschiedenen Völkern, die Er zu Seiner Ehre geschaffen hat, wie ich sie vorher nicht gehabt hatte. Sie wurde mir geschenkt, weil Gott mir einen Auftrag für die Völker geben wollte, dessen Voraussetzung die Liebe ist.

Er erfüllte mich mit dem Geist des Mitleids, des Erbarmens mit den Völkern, die vor dem Untergang stehen, weil sie die Gebote Gottes nicht mehr halten. Ich war gedrängt, sie Ihm von nun an jeden Tag im Gebet zu bringen, damit noch Rettung aus dem Sündenverderben dieser Zeit geschehe. So schenkte Er durch diese in mir erweckte Liebe die Glut, alles für sie zu tun, was der Herr mir zeigt und was in meinen Kräften steht. Vor allem sollte das Rettungsseil der Liebe – das sind ja Seine Gebote, die uns vor dem Unheil bewahren wollen – ihnen zugeworfen werden.

Die Völker lebten fortan in meinem Herzen, und ich mußte mit ihnen leben, für sie leben, sie lieben und für sie leiden. Ohne dies Geschehen wäre es mir nicht möglich gewesen, meine Töchter bald in verschiedene fremde Länder herzugeben für Völker, die sie ablehnen werden und wo ihr Leben bedroht sein wird. Nun gab mir der Herr die Ausrüstung, mich für die Völker priesterlich in den Riß zu legen aus erbarmender Liebe zu ihnen. Es war ein Gnadentag und ein großer Tag für unsere Sendung.

Aber zugleich schenkte mir der Herr eine neue Gabe des Glaubens für den großen Auftrag an den Völkern. Dieser hätte mich sonst erdrückt, weil ich meine völlige Unfähigkeit und die Unmöglichkeit, solch einen Auftrag auszuführen, bis in jede Faser meines Herzens spürte.

Das Größte auf dem Gipfel des Moseberges war jedoch die Begegnung mit dem Herrn selbst. Der Herr war da. Welch ein Geschehen umschloß dieser Tag: die besondere Gnadenstunde der Herabneigung Gottes – und damit verknüpft der gewaltige Auftrag, den Er gab!

Um dies alles zu versiegeln, krönte der Vater das Erleben dieses Tages sichtbar und real mit einem eindrücklichen Naturgeschehen. Als ich gegen Abend etwa dreiviertel des Abstieges zurückgelegt hatte und mich noch einmal kurz auf einen Felsenvorsprung setzte, um auszuruhen, wölbte sich plötzlich über dieser Stelle ein mächtiger

Regenbogen in aller Schönheit, vollkommen an beiden Enden bis zur Erde herabreichend. Noch war keine Regenzeit. Doch war es Gottes Bestätigung: Der Bund ist geschlossen, der Auftrag gegeben. Der Sinai war mir zu einem „Sinai heute" geworden. Gott hatte „alle Seine Güte an mir vorübergehen lassen" und mir Sein Wesen enthüllt, „barmherzig, geduldig und von großer Gnade und Treue."

War dieser Tag der ersten Moseberg-Besteigung der Höhepunkt meines Aufenthaltes am Sinai, so schlossen die Wochen dort vieles ein, was im Zusammenhang mit dieser heiligen Stunde stand. In der Stille des Gebets hatte Gott einerseits Sein Licht rückwärts auf die Jahre meines Lebens im Blick auf allen Kampf und alle scheinbare Sinnlosigkeit geworfen. Er ließ sie mich jetzt im Licht der ewigen Ratschlüsse Gottes sehen, die zu wunderbarem Ziel führen.

Der Vater warf Sein Licht aber vor allem auf unseren weiteren Weg und Auftrag – also in die Zukunft hinein. Er schenkte es mir, unsere Regel niederzulegen. Er ließ mich eine Art Auslegungsgebote zu den Geboten der Heiligen Schrift schreiben als Hilfe, diese für die Alltagssituationen, für die sie gelten sollten, konkreter zu nehmen, um sie in der Nachfolge Jesu auszuleben. Meine Töchter waren glücklich, als sie später dies für sie kostbare kleine Buch in Händen hielten. Auch für unsere Dornenschwestern, den weiteren Kreis um die Marienschwestern, schrieb ich eine Regel; und für die Schar der Kanaanfreunde, Männer und Frauen im In- und Ausland, die den geistlichen Auftrag Kanaans in ihrer jeweiligen Umgebung ausleben wollen, entstanden die sogenannten Kanaangebote. Sie wurden später von Freunden aus aller Welt in verschiedenen Sprachen herausgegeben, ja als Parolen im Rundfunk durch den Äther gesandt.

Nur Gott konnte zu jener Zeit übersehen, daß die ganze Völkerwelt vom darauffolgenden Jahr ab mehr und mehr in die Zeit der Gesetzlosigkeit, der Mißachtung Seiner Gebote eintreten würde. Es bekamen ja in der zweiten Hälfte der sechziger Jahre die Stimmen Macht, die Gottes Gebote nicht nur in Frage stellten, sondern sie selbst bis in christliche Kreise hinein mehr oder weniger auflösten. Darum brannte mir Gott auf dem Sinai diesen Auftrag so stark ins Herz. Und Er gab die auslegenden Parolen für Seine Gebote, um weithin noch einmal den Ruf laut werden zu lassen, was es um die Herrlichkeit und Unantastbarkeit Seiner Gebote ist. Bald verstand ich es!

Doch nachdem ich den großen Auftrag Gottes und unsere Auslegungsgebote als Kanaan-Regel empfangen hatte, brachen dort auf dem Sinai nach den Gnadentagen Tage tiefer Leiden an, in denen ich unsagbar um die Völker litt. Ich erlebte im Geist, wie sie dem Grauen der antichristlichen Zeit und der Zerstörung entgegengehen. Und da hinein hatte Er meine Töchter durch Seinen Geist als eine priesterliche Schar gerufen. Sie sollten einmal willig sein, in „Wiegen" – unseren Außenstationen –, bedroht durch Kriege, einsam auf dunklen Glaubenswegen ihren Auftrag auszurichten. So mußte ich jetzt schon vorerleben, was dieser Völkerauftrag an Opfern mit sich bringen würde.

Nun verlangte der Herr mehr als das Überwinden meiner natürlichen Schwäche auf diesem Punkt, nämlich meine menschliche Besorgnis um die zumeist noch jüngeren Schwestern, die, vor schwere Aufgaben in fremden Verhältnissen gestellt, weithin sich selbst überlassen sein würden. Dies war ein Durchkämpfen auf ganz anderer Ebene. Damals schrieb ich in mein Tagebuch:

> „Ich erleide jetzt schon den Schmerz der ‚Wiegen', der Außenstationen, die Gott geben wird hinein in das Grauen der immer antichristlicheren Völker, wo meinen Töchtern Verfolgung droht. Ich muß in Qual alles vorausleiden. Ich erlebe den großen Schmerz, meine Töchter mir vom Herzen zu reißen, sie allein in fremde Länder zu senden."

Diesen Schmerz trug ich überall mit hin – ob ich auf dem Söller war oder in meinem Zimmer oder in der kleinen Märtyrerkapelle oder wenn ich

den Gang allein durch die Wüste zum Aaronshügel, dem Ort der Sünde des goldenen Kalbes, machte.
So war mir der Sinai zum Berg größter Gnade und Glückseligkeit, aber auch tiefster Leiden und Schmerzen geworden, bis dahin, daß ich an einem mir unvergeßlichen Tag, am 8. November 1963, in der kleinen Märtyrerkapelle in der Klosterfestung dem erschrecklichen Gott des Sinai, der ein heiliges Feuer ist, begegnete. Ich erfaßte etwas von der Realität des Wortes: „Schrecklich ist es, in die Hände des lebendigen Gottes zu fallen" (Hebr. 10,31). Ich erlebte, wie Seine Heiligkeit den Sünder richtet, vor Seiner göttlichen Majestät mußte ich erzittern und erbeben. Ich erfuhr, daß der Mensch vor Ihm, dem gewaltigen, großen Gott, wie ein Staubkorn ist. So schrieb ich in dieser Kapelle:

„O Gott, Du großer, uns unverständlicher,
ewiger, heiliger Herr und Gott,
Du bist der Ferne, uns nie erreichbare
Gott in der Wolke, in Feuer gehüllt,
schleuderst von Dir die Menschenkinder-
Blitze Dein göttliches Auge zuckt.

Wer kann entfliehen vor Deinem
großen Zürnen,
Gott, o Du Ferner, doch zornig mir nah!
Wer von uns könnte Dein Herz
noch erreichen,

schrecklicher Gott, der im Feuer nur da!
Graun und Entsetzen läßt
die Seele erbeben,
Gott!, welch ein Wort – vor Dir Welten
vergehn!"

In ganz neuen Dimensionen erfaßte ich aber auch, was es um den Gnadenstuhl ist: daß wir unter der Bedeckung des Blutes Christi vor den dreimal heiligen Gott treten können, ohne vernichtet zu werden.

Als Abschluß dieser besonderen Sinai-Zeit bestieg ich am 13. November 1963 zum letzten Mal den Moseberg, da ich am 14. zur Heimreise aufbrechen mußte.

Würde der Herr auf alles Geschehen dieser Wochen noch ein weiteres Siegel drücken? Er tat es! Genau wieder am 13. November – 1972 – neun Jahre später, machte sich eine merkwürdige „Expedition" auf den Weg hinauf zum Moseberg bis unweit der Stelle, wo das Gehege den jäh aufragenden heiligen Berg umgeben haben muß. Verwundert mögen die beiden Kamele zugesehen haben, wie zwei meiner Töchter unter Mithilfe eines israelischen Guide und zweier Beduinen mit Bohrgerät, Eisen und Zement eine große Tafel an der Felswand anbrachten: unser Sinai-Denkmal. Hier, fast am Ende des Kamelpfades, mit dem Blick auf den Gipfel – in der Gegend etwa, wo der Aufstieg zu Gott für Mose begonnen haben muß –, steht nun geschrieben:

The Lord our God made a covenant
with us in Horeb. Deuteronomy 5:2

Blessed are they
whom God encounters here,
to make the covenant of love
with them,
to unite Himself with them,
to take them into His Heart and Being,
on His path,
the path of His commandments.

(Der Herr, unser Gott,
hat einen Bund gemacht
mit uns am Horeb. 5. Mose 5,2

Selig, wem hier Gott begegnet,
um mit ihm den Bund der Liebe
zu schließen, sich ihm zu vereinen
und ihn in Sein Herz und Wesen
zu nehmen, auf Seinen Weg,
den Weg Seiner Gebote.)

Jahrelang hatten wir gebetet, daß dem Herrn hier ein Zeichen gesetzt werden dürfte – und jahrelang stand über diesem Vorhaben das Wort: „Unmöglich!" Hier war jeder neue Vorstoß gescheitert – ob schriftlich, trotz Befürwortung mit imposantesten Stempeln, oder mündlich durch meine Töchter, Freunde, Pilger und andere Ver-

mittler. Ein eiserner Riegel schien dieses Tor zu verschließen; jeder sagte uns, er sei nie wegzuschieben. Doch ausgerechnet nach dreimal drei Jahren, wieder am 13. November, dem Tag meines letzten Aufstiegs zum Gipfel – und wir wissen ja, daß Gott auch unsere besonderen Daten in Seinem Herzen der Liebe trägt –, tat sich das verschlossene Tor als ein Wunder auf.
Es wurde wie vom Himmel dirigiert: plötzlich waren die „zufälligen Ratgeber" für die Erlaubnis zur Stelle, und in kurzer Zeit war die Erlaubnis selbst gegeben. Es fügte sich alles wunderbar mit dem Flug unserer Schwestern aus Jerusalem, mit der Bereitschaft der Helfer – und selbst der Brennstoff für das Bohrgerät, der erst dort beschafft werden konnte, weil als Fluggepäck nicht zugelassen, erfuhr noch ein Vermehrungswunder. So unmöglich es Jahre hindurch war, so selbstverständlich schien es jetzt, so daß der israelische Guide, der half, sagte: „Das war doch eine große Sache, die wir da machen durften – und daß bis heute noch niemand vorher auf diesen Gedanken gekommen ist?!" Die Inschrift der Gedenktafel vom Bund Gottes mit Seinem Volk mag Urtiefen bei den Gliedern Seines Volkes berühren.
Der Herr versiegelte das Geschehen jener Wochen auf dem Sinai nicht nur später durch diese Tafel. Er gab auch an jenem 13. November 1963, als ich Abschied zu nehmen hatte, das Wort zur

Bestätigung, daß Er es war, der mich zum Sinai gebracht und dort mit mir geredet hatte:
„Du wirst sein Zeuge zu allen Menschen sein von dem, was du gesehen und gehört hast" (Apg. 22,15).

VÖLKERREISEN SINNLOS?

Nach meiner Rückkehr vom Sinai sah mich eine andere Wirklichkeit an als die, die der Herr mir dort mit dem Völkerauftrag vor Augen gestellt hatte. Unser Sendungsauftrag war gleich einem untergehenden Schiff. Neue Schmähschriften, die inzwischen über uns veröffentlicht worden waren, hatten bewirkt, daß kaum noch nach unserem Schrifttum gefragt wurde. Es kamen nur ganz wenig Anmeldungen zu den Ruferspielen. Der Kreis unserer Rundbriefempfänger hatte sich auf Grund unserer Bitte, sich neu anzumelden, auf die Hälfte reduziert. Das alles hatte natürlich auch eine Rückwirkung im Blick auf Gaben für unseren Dienst. Und ausgerechnet in dieser Situation sollte nun unsere Kanaanbotschaft in die Welt hinausgehen, hin zu den Völkern?
Selbst unter meinen Töchtern erwarteten mich Enttäuschungen, wie ich sie nie zuvor erlebt

hatte und die Mutter Martyria und mich zutiefst bekümmerten. Auf dem Sinai hatte ich gedacht: Welch eine Freudenzeit sollte es geben, wenn ich mit all dem geistlichen Segen heimkehren würde. Ganz neue Feiern sollten unser Jahr durchziehen. An allen Gnaden, die mir Gott gegeben hatte, sollten meine Töchter teilhaben. So müßten auch die Schwestern, die damals schon in Jerusalem arbeiteten, an diesem Weihnachtsfest im Mutterhaus sein, um alles lebendig übermittelt zu bekommen. Doch nun, da wir alle beisammen waren, kam es so anders. Das Geschenk vom Sinai schien mir wie zerbrochen, und voll tiefem Schmerz über diese Enttäuschungen hielt ich nach Weihnachten eine Woche lang das „Sinai-Kapitel" im Kreis meiner Töchter, das ich mir als die schönste Festzeit aller Jahre vorgestellt hatte. Nun mußte ich mir jedes Wort abringen, es war lauter Nacht in mir.
Dazu kam, daß ich nicht nur von Gegnern umgeben war, sondern es den Anschein hatte, als sei ich auch von Freunden wie vergessen und als ob selbst Gott, der mich so Großes auf dem Sinai hatte erleben lassen, nur schweigen würde. Doch Gottes Hand, die in dem allem wirkte, ließ mich nicht untergehen. Wenn ich auch nichts an spürbarem Trost empfand, lag er darin, daß sich Seine Verheißungen bald „ereigneten". Sie nahmen Gestalt an in Geschehnissen, die stärker als jede andere Bestätigung redeten.

Das begann mit der Passionszeit 1964, in der ich schrieb:

> „Jetzt ist in mir nur noch ein verzehrendes Eifern, die Welt mit dem Ruf der Endzeit, der Bereitung vor ihrem Untergang, vor dem Kommen Jesu zu erfüllen."

Die Dunkelheit der anbrechenden Welt-Mitternachtsstunde legte sich mir wie eine Zentnerlast aufs Herz, und damit erfaßte mich ein Brennen, daß doch noch Menschen herausgerettet würden. Ich begann, unter viel inneren Leiden das Buch „Und keiner wollte es glauben" zu schreiben, die Botschaft des Sinai. Denn hier ging es um den einen Aufruf, zu den Geboten Gottes zurückzukehren, wovon Sein oder Nichtsein für jedes Volk abhängt. Darin, daß dies Buch über die Gebote geschenkt wurde, verwirklichte sich der Auftrag des Sinai, wurde er zum Geschehnis.

In diesem Frühjahr 1964 traf mich ganz unerwartet und plötzlich der Ruf Gottes: Du sollst nach den USA fahren, die Stunde dazu ist gekommen. Doch dieser Gedanke schien mir wider jegliche Vernunft, denn zu dem Zeitpunkt hatten wir noch kaum eine Verbindung dorthin. Aber Gottes Gedanken sind höher als unsere. Durch Seinen Geist, der mich weiter zu dieser Reise antrieb, wurde ich gemahnt, diesem Auftrag Gottes nachzukommen. Und als Mutter Martyria und ich den Herrn um eine Bestätigung baten,

bekamen wir das Wort: „Ihr werdet meine Zeugen sein" (Apg. 1,8).
Eine sichtbare Bestätigung Gottes, daß nun der Völkerauftrag als erstes in Amerika zu einem tatsächlichen Dienst werden sollte, erlebte ich in den nächsten Wochen. Auf einmal, was bisher nicht geschehen war, kehrte ein Besucher nach dem anderen von dort in unserem Mutterhaus ein. Und die meisten sprachen dann von sich aus Einladungen zu einem Dienst in ihrer Gemeinde oder einem Kreis aus. Da wir bis dahin in den USA fast ganz unbekannt waren, war es ein Wunder vor unseren Augen, daß sich im Laufe des Sommers 1964 die Planung einer achtwöchigen Vortragsreise ergab. Gottes Geist war am Werk. Der Auftrag brannte wie Feuer in mir. Ich schrieb:

> „Die Gebetsglut ist so übermächtig in meinem Herzen, das brennende Flehen für Amerika ist mein ständiges Gebet."

Menschlich war das nicht zu verstehen. Denn ich konnte in diesem Auftrag keinen Sinn erkennen, fühlte mich nicht befähigt dazu und hatte keine Kraft. Große Reisen sollten die nächsten Jahre meines Lebens mitbestimmen? Was vielen anderen Wunsch und Erfüllung gewesen wäre – Reisen in andere Länder und Erdteile –, war mein Kreuz. Das Kreuz aber ist uns gegeben, um daran zu sterben. Als ich Ende Vierzig war, in meinen besten Jahren, war ich in die Stille gegangen um Jesu willen. Jetzt, wo ich über Sechzig und meine Kraft verbraucht war, hatte ich lange, sehr anstrengende Reisen zu machen. Warum? Damit alles aus menschlicher Unfähigkeit geschehe, so daß, was getan würde, allein von Ihm sei.

So habe ich in großer Armut des Geistes und Schwachheit des Leibes diese erste Völkerreise angetreten, meiner Unfähigkeit bewußt. Denn ich bin sprachunbegabt, und in Schule und Studium hatte ich alte Sprachen gelernt und nur eine ganz kurze Zeit englisch; völlig ausgeschlossen war für mich, Vorträge frei in Englisch zu halten. Würde ich Übersetzer finden, solche, die im rechten Geist übersetzten? Auch fühlte ich mich den vielen Vorträgen in den Colleges bei den Studenten mit ihrer liberalen Theologie nicht gewachsen, zumal ich als Schwester keinen großen Anklang finden würde. Doch im innersten Herzen wußte ich: So will es Gott gerade; denn Er offenbart sich durch die Kleinen und Unfähigen. Es war richtig, daß diese Reise für mich eine „Sterbereise" werden sollte; das Leben sollte aus dem Sterben heraus unsichtbar zu anderen überströmen.

So reiste ich Ende Oktober 1964 nach Kanada und den USA. Diese erste Völkerreise brachte viele Enttäuschungen. Zumeist waren die Kreise für unsere Botschaft nicht offen. Unsere Tracht war natürlich ungewohnt und löste Vorbehalte aus, besonders in evangelikalen Kreisen. Be-

greiflicherweise wurden auch Widerstände spürbar, weil wir Deutsche waren. Dazu kam, daß die Kontaktperson, die für Kanada meine Dienste eingeleitet und organisiert hatte, dem nicht gewachsen war. Dadurch erwiesen sich uns gemachte Zusagen bezüglich angesetzter Veranstaltungen als utopisch.
Ständig lastete die Finsternis der Großstädte auf mir, in denen ich zu sprechen hatte, angefangen mit Toronto/Kanada, und dann von der Ostküste der USA bis zur Westküste Abend für Abend – in New York, Washington D.C., Philadelphia, Baltimore, Richmond, Minneapolis, St. Paul, Chicago, Dubuque (Iowa), San Francisco, Los Angeles ...
Meine Vorträge waren festgelegt an Colleges verschiedener Glaubensrichtungen, in lutherischen, presbyterianischen, freikirchlichen, katholischen und anglikanischen Gemeinden, bei Pfarrer- und Jugendversammlungen, in Synagogen, beim Oberrabbinat und in jüdisch-christlichen Kreisen, bei Diakonissen, Retreat-Zentren und in Abteien, bei „Prayer-breakfasts", „christlicher Modeschau" und Fernseh-Interviews...
Die Dienste lagen in pausenloser Folge fest – teils bedingt durch Unkenntnis bei der Vorbereitung, teils durch die täglich hinzukommenden Bitten und Anfragen im Lande selbst. Es war auch bei den Vorträgen dann zumeist ein Kampf, die Hektik zu durchstoßen, die in der vorher fest-

gelegten, abwechslungsreichen Programmfolge lag. Man war vielerorts – weil das in den USA so üblich ist – nur auf eine kurze Botschaft am Ende des Abends eingestellt, die durch die Zeit der Übersetzung noch auf die Hälfte reduziert wurde, und rechnete nicht mit einem längeren geistlichen Vortrag. Doch das hatten wir vorher nicht erfahren. So stand für die Ansprache nicht genügend Zeit zur Verfügung, damit Herzen sich Gott öffnen könnten, still würden und wirklich hörten. Darum war kaum eine Möglichkeit, daß sich die Botschaft entfalten und die Hörer dem Herrn darauf antworten konnten.
Immer wieder fragte ich mich, ob der Ruf durchgestoßen sei. Zwar waren der Dank und die Echos sehr herzlich, die nach den Vorträgen zu mir drangen, aber die Stimmen meiner Anfechtung waren viel lauter. Bei meiner restlosen Erschöpfung begleitete mich außerdem immer die Sinnlosigkeit dieses Auftrags wie mein Schatten. Ich sagte mir oft, wieviel sinnvoller es wäre, wenn diese Reisedienste von Schwestern gemacht würden, die jünger und unverbrauchter sind, die die Sprache beherrschen, keinen Übersetzer nötig haben. Durch einen Herzschaden war ich damals zumeist so schwach, daß ich bei den Vorträgen vor Elendsein kaum einen Gedanken fassen konnte. Doch der Herr hat dies jedesmal vor den Hörern verborgen.
Eines allerdings geschah: Unser Schrifttum wur-

de in den USA viel mitgenommen. Aber auch damit war ein nicht geringes Glaubenswagnis verbunden gewesen. Zu jener Zeit hatte noch kein amerikanischer Verlag die Veröffentlichung meiner Schriften übernommen. So waren außer einigen in England erschienenen Büchern die Schriften mit schlechten Übersetzungen auf Kanaan hergestellt und in großen Mengen per Schiffsfracht vorher überall hingesandt worden. Das geschah trotz der negativen Voraussage einzelner amerikanischer Gäste, daß für diese Art von Schrifttum dort wenig Bedarf sei – und zudem war es in finanzieller Hinsicht ein ganz unsinniges Unterfangen. Doch waren wir nun bei dem großen Interesse am Schrifttum dankbar, dies im Glauben gewagt zu haben.

Am meisten aber legte sich mir innerlich die Last auf, in diesen Großstädten meinen Auftrag auszurichten, den mir der Herr auf dem Sinai gegeben hatte. Sehr stark spürte ich dabei: „Finsternis bedeckt die Völker und Städte, Gott ist ausgeschaltet, Wohlleben ist alles." Das schrieb ich damals in mein Tagebuch. Täglich empfand ich, daß ich wenig ausgerichtet hatte; von einem weitreichenden Eingang der Botschaft war nicht die Rede. Bei allen Enttäuschungen auf dieser Reise wurde ich durch die mittragende Liebe in Briefen von Mutter Martyria gestärkt.

Traurig kehrte ich heim, dem Herrn so schlecht gedient zu haben. Aber auf der Rückreise, als mein Herz voll Trauer war, erbat ich mir im Gebet noch einmal ein Bibelwort, das über dieser hinter mir liegenden Reise stehen möchte. Da war es wieder das Wort, das ich zweimal für die Amerika-Reise bekommen hatte wie auch für die Sinai-Reise: „Ich bin Gott, der Gott deines Vaters. Fürchte dich nicht nach Ägypten hinabzuziehen, denn daselbst will ich dich zu einem großen Volk machen" (1. Mose 46,3). Es überwältigte mich, daß es zugleich das Wort für den Berg Sinai war, wo ich den Völkerauftrag empfangen hatte.

„Zu einem großen Volk machen!" – auf welchem Fundament? Auf dem Fundament des Sterbens und Leidens. Damals konnte ich nicht ahnen, was jetzt vor meinen Augen steht, daß in Phoenix/Arizona wirklich ein kleines „Canaan in the Desert" (Kanaan in der Wüste) entstanden ist, daß englischsprachige Rüstzeiten bei uns stattfinden, wofür Jahr um Jahr eine Anzahl Amerikaner über den Ozean fliegen, um zwei Wochen auf Kanaan mitzuerleben. Sie tragen dann die Botschaft wieder nach Amerika. Ich konnte auch nicht ahnen, daß sich bald ein Verlag in den USA für meine Schriften auftun und unsere Botschaft Ungezählte in Amerika erreichen würde. Und ein zweiter Verlag folgte, der sich sehr einsetzte und bis zu sechs meiner Bücher in einem Jahr herausgab. Wir erlebten nun: Wenn Gott anfängt zu vergelten, dann tut Er es überströmend, wie ich es schon nach meiner schweren Krankheit erfahren hatte. Wer Gottes Herz noch nicht kennen sollte, der könnte es an solchen Fakten kennenlernen! Er geht nur deshalb so hart mit den Seinen um, wie uns manchmal dünkt, damit Er, wenn Er erreicht hat, was Er wollte, den Strom Seiner vergeltenden Liebe um so gewaltiger über uns ergießen kann.

Wer hätte gedacht, daß an amerikanischen Colleges die Broschüren der Reihe „Wort zur Stunde" zu Tausenden verteilt werden würden, auch bei einer großen internationalen Studentenkonferenz dort – daß amerikanische Sender unsere Botschaft und Lieder für Millionen ausstrahlen würden – daß unser Liederbuch „Freudenquell Jesus" mit all seinen Liedern englisch erscheinen und vielerorts im Land daraus gesungen würde! – Wie sollte ich damals ahnen, daß wenige Jahre später erste Brüder für unsere Kanaan-Franziskusbruderschaft aus den USA kommen würden, auch Marienschwestern aus Amerika und Kanada, die wiederum hier unermüdlich an Übersetzungen und Rundfunksendungen für ihr Land mitarbeiten?

Eine Amerikanerin sagte in ihrer Ansprache beim Jesu-Liebe-Fest auf Kanaan: „Wir 30 Amerikaner hier sind nur Vertreter von vielen Hunderten, die sich sehnen, heute auch hier zu sein. Durch die Besuche der Mütter in den Vereinigten Staaten und durch die vielen Bücher, die nun dort veröffentlicht sind, ist das Lied Kanaans von einer Küste zur anderen in unserem Land gesungen worden ... In sehr wenigen Jahren wurde die Sendung Kanaans bekannt, sozusagen als ein neuer Weg – und doch als ein ganz alter Weg, weil es der Weg Jesu ist. Und das haben wir in Amerika erfahren."

Selbst in Kanada, wo während meiner Reise alles besonders sinnlos schien, ging der Same nach Jahren wunderbar auf. Meine Töchter schrieben unter vielem anderen etwa von einem zweiwöchigen Reisedienst: „Wir haben 4500 Menschen erreicht, 2500 Bücher und 10000 Kleinschriften wurden verlangt – und es war zu wenig, Eilpakete mußten nachgesandt werden."

Ja, rückschauend kann ich im Blick auf diese Reise nur Gottes wunderbare Erfüllung des Auftrags nach all den Jahren anbeten. In den Sinnlosigkeiten, auf die wir im Gehorsam gegen Gott eingehen, liegt der größte Sinn. Was an verborgenen Hingaben, an Gehorsams- und Glaubensakten gesät wurde, ersteht eines Tages als Frucht für das betreffende Land, das um des Verkündigungsauftrags willen zu durchreisen war. Das habe ich auf meinem ganzen Weg als Gesetz Gottes erfahren.

So gab ich immer neu dem Herrn zwischen den nun folgenden Reisen meine Hingaben:

„Ich tu's so gern für Dich,
was Du mich heißest tun,

ich folge Deinem Ruf
und will nicht eher ruhn,
Dein Auftrag sei erfüllet.

Ich tu's so gern für Dich,
herzliebster Jesu mein,
was würd ich lieber tun,
als Dir mein Leben weihn,
Dir, dem ich alles danke!" *

IM ZEICHEN UNSERER DEUTSCHEN SCHULD

Wie sollte die Botschaft von der Reue, die Himmelreich aufschließt, von der Bedeutung der Gebote Gottes, vom Anbruch der Endzeit, von Seinem Leiden heute, von der Glückseligkeit der Liebe zu Jesus und von Seiner Herrlichkeit in die Länder gebracht werden, die leidgetränkt waren durch unsere deutsche Schuld der Jahre 1939-1945 und außerdem noch hinter dem eisernen Vorhang lagen? Gott wußte es. Seit dem Aufenthalt am Sinai trug ich schon den Plan im Herzen, in Länder wie Polen und die CSSR zu fahren wie damals nach Israel, um dort, wo immer der Herr mir Gelegenheit geben würde, mich zu beugen unter diese unsre große Schuld.

* Freudenquell Jesus Nr. 247

Doch lag es mir am Herzen, daß hinter dieser Reise, die ich gewissermaßen als Vertreterin vieler Christen unseres Volkes machte, nicht nur Mutter Martyria mit der Schar meiner Töchter stand, sondern auch der ganze Kreis unserer Kanaanfreunde. Darum schrieb ich ihnen vorher einen Gebetsaufruf:

„Wie sollten wir – beladen mit der schweren Schuld unseres Volkes – in diese Länder gehen, ohne neu Wunden aufzureißen, wenn sie uns sehen als Vertreter des Landes, das ihnen Grauen und Terror brachte? Nur ein Herz, das weint über das, was wir angerichtet haben, kann ihre Herzen erreichen. Nur aus einem solchen Herzen heraus kann das Wort Gottes, das wir ihnen zu bringen haben, glaubwürdig verkündigt werden ... Es wäre nicht wieder gutzumachen, wenn wir denen, die nicht nur Geschlagene vom letzten Weltkrieg sind, sondern unter neuer Bedrängnis stehen, nicht den Trost, die Hilfe des Evangeliums brächten. Wir bitten Sie herzlich, begleiten Sie uns auf diesem Gang. Beten Sie, daß der Herr uns durch unsere Reue noch Vergebung schenken könnte für die schwere Schuld unseres Volkes, daß dort ein so grauenhaftes Blutbad an wehrlosen Frauen und Kindern, der Intelligenz von Polen und den Juden angerichtet wurde ... Wir

> wagten es nicht, diese Länder zu betreten und dort die uns aufgetragene Botschaft hinzutragen, wenn Gott nicht den Auftrag gegeben hätte – aber wir können ihn nicht ausrichten, es sei denn Sie beten!"
>
> (Kanaan-Ruf Nr. 35)

So konnten diese Reisen auch nur im Zeichen des Kreuzes und des Leidens stehen und – wie schon gesagt – „Sterbereisen" sein. Um diese Zeit bekamen Deutsche für jene Länder so gut wie kein Visum, geschweige denn christliche Schwestern in Tracht. Doch als am politischen Horizont das starke Wetterleuchten eines Kriegsausbruches stand, erhielten wir das langbeantragte Visum für Polen und die CSSR. So war dies ein deutliches Zeichen, daß ich trotz der Kriegsanzeichen fahren sollte. Und tatsächlich: am selben Tag – eine Stunde, nachdem ich am 5. Juni 1967 mit einer Schwester die Grenze nach der CSSR passiert hatte – brach der Krieg in Israel aus. Nun war ich hinter dem Eisernen Vorhang und konnte während der ganzen Wochen keinerlei Nachricht mehr vom Mutterhaus bekommen, wie es mit den Kampfhandlungen stand, ob meine Töchter in Israel noch am Leben waren oder nicht und wie es unseren vielen lieben Freunden in Israel ergehen mochte. Das war mir sehr schwer, und doch wollte ich gerade auch dieses Opfer in die Reise legen – denn wie viele Menschen hatten durch uns Deutsche hier in der

Kriegszeit oft lange oder für immer nichts über Tod und Leben ihrer Nächsten erfahren.
Die Sinnlosigkeit des Auftrags sperrte aber gerade hier – im Bilde gesprochen – ihr Maul auf wie kaum je. Die Kreise, die ich antraf, waren sehr klein – durch die kritische politische Situation noch kleiner als sonst –, und es war kaum geistliches Leben zu finden. Meine Einstellung zu Israel fand natürlich kein Verständnis und gefährdete uns noch mehr. Ein einziger größerer Dienst wäre unter katholischen Schwestern gewesen, von denen ein paar Hundert mich mit großem Verlangen erwarteten. Aber durch ein Versehen dessen, der dies Treffen vorbereitet hatte, warteten sie ohne mein Wissen an einem falschen Tag. So kam dieser Dienst nicht zustande. Ich konnte nur sagen: „Mein Vater, ich verstehe Dich nicht, aber ich vertraue Dir", und gab Stunde um Stunde meinen Willen neu dem Willen Gottes hin. So elend wie in diesen Tagen, daß ich mich nur mühsam aufrecht hielt, war ich noch selten in meinem Leben gewesen, und ich hatte den Eindruck, von Gott und Menschen wie verlassen zu sein.
Unvergebene Schuld, Blutschuld unseres Volkes starrte mich auf Schritt und Tritt an – Massengräber – Schuld- und Mahnmale – Stätten und Statistiken des Grauens – Zeugenberichte von Gequälten aus jener Zeit – Verlustlisten ganzer Sippen – Wunden, die noch brannten, waren

das, was mich Tag und Nacht von allen Seiten umgab.

Nie hätte ich den schweren Gang zu diesen leidgeprüften Menschen machen können, wenn nicht Gott in Seiner großen Gnade uns seit der Erweckungs- und Entstehungszeit der Marienschwesternschaft den Weg der Reue und Buße geführt hätte. Welche Gnade Gottes: Aus der Erkenntnis unserer persönlichen Schuld Gott und Menschen gegenüber hatte ich das Geheimnis der alles verwandelnden Reue entdeckt. Von daher hatte ich unsere Schuld als Deutsche am Volk Israel und unseren Nachbarvölkern erfaßt, und nun durfte ich hier an den Stätten des damaligen Grauens und unter den Überlebenden jener Zeit erneut etwas davon erfahren, welche Macht in der Reue liegt. Sie wandelte tiefe Bitternis der Herzen in Vergebung. Unser Schmerz der Reue wirkte Linderung für die Wunden anderer. Ich sah viele Augen weinen, aber nun aus einem Bewegtsein darüber, daß wir uns an den besonderen Gedenkstätten unserer Schuld beugten. Mancherorts legten wir Gedenkzeichen nieder mit Texten wie etwa:

> „Gott sei gnädig uns Sündern, errette uns von den Blutschulden." Psalm 51
>
> In tiefer Scham und großem Schmerz gedenken wir all der Opfer, die durch deutsche Hand hier so qualvoll litten und umkamen. Evangelische Marienschwesternschaft.

Tief bewegte es mich, als mich beim Besuch der alten Synagogen in Prag, die nur noch als Museum besichtigt werden, die jüdischen Betreuer umstanden, um von mir zu hören, wie ich die Lage Israels ansehe. Ein neues Hoffnungslicht ging spürbar in ihren Herzen auf.
Wir besuchten die Stätte des Warschauer Ghettos, das Gefängnis Paviak und Auschwitz. In Theresienstadt und Lidice begegnete ich verantwortlichen Persönlichkeiten dieser Orte, die unseren Besuch mit innerer Anteilnahme aufnahmen. Sie haben ebenso wie in Auschwitz unsere Sühnezeichen in ihre Museen gebracht, jeweils dorthin, wo Tausende von Menschen hinkommen.
Bei meiner Rückkehr erwartete mich Mutter Martyria an der Grenze, um mir sobald wie möglich mitzuteilen, daß die Kampfhandlungen in Israel als Sechs-Tage-Krieg beendet und unsere Schwestern alle noch am Leben seien. Eine einschlagende Granate, durch die unsere Schwestern auf dem Ölberg hätten zu Tode kommen können, war in ihrer Wirkung gedämpft worden durch eine Truhe mit Decken genau über ihnen – die Häuser standen beide noch. Und der Brief, den ich noch vor meiner Abreise für israelische Freunde geschrieben hatte mit dem Hinweis auf Gottes Verheißungen für sie, war in der ersten Kriegsnacht unter Trommelfeuer von Schulkindern statt Postboten noch ausgetragen

worden und hatte viel Trost gebracht. Nur wer alles in Wochen völliger Ungewißheit Gott zum Opfer gebracht hat, weiß, welche Glückseligkeit es bedeutet, vom Vater alles noch einmal zurückgeschenkt zu bekommen.

Nach ein paar Jahren ging auch Same von dieser Reise auf. Ein Vortrag, den ich in Freiburg vor katholischen Oberinnen gehalten hatte, wurde „drüben" in einer Zeitschrift abgedruckt – und somit viel mehr Schwestern zugänglich, als ich bei meinem fehlgeschlagenen Vortrag während der Reise jemals erreicht hätte. Solange die Grenzen noch offen waren, kehrten viele Freunde von dort bei uns ein. Vielen ist Kanaan Ort der Umkehr zum Herrn und geistliche Heimat geworden.

Weitere Reisen unter dem Zeichen unserer deutschen Schuld, die Gott Mutter Martyria und mir aufs Herz gelegt hatte, waren später vielfach verbunden mit dem Anbringen von Sühnetafeln durch unsere Schwestern an Stätten, die davon besonders gezeichnet waren. Solches geschah in Dänemark, Norwegen, Finnland, Jugoslawien, Griechenland und an früheren deutschen Konzentrationslagern und hatte seine Auswirkungen.

Zum Beispiel in Karasjok im Norden Norwegens, wo nach dem Rückzug der deutschen Besatzung 1944 in diesem Gebiet nur „verbrannte Erde" blieb und allein die alte Kirche erhalten ist, wurde bei der Einweihungsfeier der Sühnetafel gesagt: „Wir versprachen, der Tafel einen würdigen Platz zu geben, und uns wurde klar, daß kein Platz besser sein würde als der neben der alten Kirche. Hier haben wir selbst Vergebung empfangen, und hier möchten wir als Geschwister im Licht der Liebe vom Himmel zusammenstehen." Artikel über diese Einweihungsfeier mit Fotos des anwesenden Bischofs und maßgeblicher Persönlichkeiten, außerdem auch Berichte und Bilder vom Besuch unserer Schwestern dort gingen als Zeichen der Versöhnung durch die großen christlichen und weltlichen Zeitungen Norwegens, um weitere Versöhnung zu wirken.

Auf dem Berg Sinai hatte ich unter anderen bei den kleinen Auslegungsgeboten auch dies für uns als Kanaanregel niedergeschrieben und hätte nicht gedacht, daß sich dieses Wort auch auf unsere Schuldbeziehung anderen Nationen gegenüber auswirken würde, wie es nun geschah:

> „Versöhne dich!
> Mit keinem Menschen seist du je entzweit!
> Gehe hin zu dem, gegen den du etwas im Herzen hast oder er gegen dich, und laß die Liebe siegen."

Nach meinem Erleben auf dem Sinai folgten nun tatsächlich immer neue Reisen in verschiedene Länder, in die ich eingeladen wurde. Da war es ein Bischof der Südindischen Kirche, der einmal drei Stunden auf Kanaan verbracht hatte und nun Hauptinitiator und Träger der Reise nach Indien wurde. Diese Indienreise 1969 führte mich mit der mich begleitenden und übersetzenden Schwester wiederum durch evangelische und katholische Colleges und Seminare. Es fanden außerdem Meetings statt, bei denen ich Hunderte von jungen Theologen erreichte, Pastoren und kirchliche Mitarbeiter, Studentinnen und Frauen, christliche Lebensgemeinschaften, aber auch Tausende von Hindus.

Jener Bischof hatte schon Monate vor meinem Kommen eine ganze Gebetskampagne in Bewegung gesetzt und erwartete Großes von Gott. Um auch die Stadtoberhäupter, von denen einer ein Hindu war, und alle Verantwortlichen mit der Botschaft zu erreichen, veranstaltete er einen öffentlichen Empfang für mein Kommen. Gott tat nach seinem Glauben, mehr als tausend Menschen füllten den Saal, darunter viele Hindus. Und Gott gab mir nicht nur die Botschaft für diesen Empfang, von dem ich vorher nichts gewußt hatte, sondern Er ließ wunderbarerweise genau

für diese Stunde mein Buch „Immer ist Gott größer" in Tamil, dem dortigen indischen Dialekt, fertig werden, wonach dann alle Hände griffen.
Abgesehen von Gottesdiensten und vielerlei Diensten hatte der Bischof auch eine große Freiversammlung eingeleitet. 2000 Stühle waren im Freien aufgestellt, viele Neonröhren erhellten das Gelände. Überall war Lautsprecheranlage. Plakate hatten in der ganzen Stadt eingeladen, und für den Abend war alles bis ins kleinste einzigartig organisert. Von 3000 Zuhörern waren zur Freude der Gläubigen die Hälfte Nichtchristen. Von ihnen kamen dann rund 300, darunter viele Hindus, nach vorne und bekannten sich damit öffentlich dazu, Jesus, dem Gekreuzigten, ihr Leben geben zu wollen, Sünde und Satan abzusagen. Welches Glück und welche Dankbarkeit brach aus ihnen hervor! Das Verlangen dieser Inder, das Kindlich-Strahlende all der Frauen, die gesegnet werden wollten, die Unmittelbarkeit und Unberührtheit der Jugendlichen erquickten mein Herz.
Der himmlische Vater hatte unsere Kasse vor meiner Reise gesegnet, und unsere Freunde hatten uns die Hände gefüllt, um da, wo es am nötigsten war, auch materielle Not lindern zu helfen. Die Frau des Bischofs widmet sich besonders den obdachlosen Witwen und dem Elend der Frauen dort. So ließen sich der Bischof und seine Frau nicht davon abbringen, daß ich bei

meinem Aufenthalt dort als Pate ihres Altersheimes den Grundstein dafür mit legen sollte.

In mehrfacher Hinsicht war das Erleben in jenem indischen Bezirk bewegend für mich. Zum ersten sah ich hier, was das Ausleben der Bitte Jesu vermag: „... daß sie alle eins seien". Denn die innere Aufgeschlossenheit in diesem Bezirk war kein Zufall. Früher war hier viel Streit gewesen, auch zwischen kirchlichen Mitarbeitern. Nun aber – das merkte ich schon, als die etwa 40 Pfarrer und Mitarbeiter mit ihren Frauen mich zusammen am Flugzeug abholten – war eine wirkliche Liebeseinheit und Verbundenheit unter allen zu spüren. Hier war also nicht nur viel gewirkt und großartig organisiert worden, sondern es war der Boden bereitet durch versöhnte Christen, so daß Gott durch sie auch Heiden rufen konnte. Zum anderen aber war es mir auch eine Stärkung, einmal erleben zu dürfen, daß der Auftrag, den Gott mir am Sinai gegeben hatte, auf so viel offene Herzen traf.

Doch im übrigen war die Indienreise – auch durch die große Hitze – geprägt von Erschöpfung, so daß ich meist kaum wußte, was zu sagen, wenn ich zu sprechen hatte. Und sie war geprägt von der Erfahrung des Mitleidens mit dem Leiden Gottes in diesem großen Land. Ich war erschüttert von der Armut und von der Götzenknechtschaft des Heidentums. Aber am schmerzlichsten war die Erfahrung, daß auch hier viele Christen

durch Uneinigkeit und Lauheit oder durch den Einfluß moderner Theologie nicht Salz und Licht für die heidnische Finsterniswelt sein konnten.
Um so wunderbarer ist es mir rückblickend, daß eine Reihe einflußreicher, lebendiger Christen Kanaanfreunde geworden sind. Sie eifern für ihr Volk und Land und setzen alles daran, die Botschaft von der täglichen Reue und Buße, von der Versöhnung und der bräutlichen Liebe zu Jesus zu leben und zu verbreiten. Laufend werden seitdem meine Bücher in indische Sprachen übersetzt und dort im Land in Telugu, Tamil, Malayalam herausgegeben, auch in Hindi und Kannaresisch, dazu eine Reihe Kleinschriften und unsere Kanaanworte. Auf unsere englischen Rundfunksendungen, die im ostasiatischen Raum ausgestrahlt werden, kamen gerade aus Indien viele lebendige Echos von Gottfernen und -nahen, und auch Sendungen in indischen Dialekten begannen.

Mitte der sechziger Jahre soll – nach Aussage des „Schwarzen Papstes", des Gründers der Satanskirche in den USA, – das neue satanische Zeitalter begonnen haben. Wie bei einem Dammbruch stürzte tatsächlich eine Sturmflut von Dämonie über die Länder herein. Hemmungsloser Lebensgenuß und Ausleben der Triebe wurde Ideal für viele, die Massenmedien verdarben die Leitbilder von Millionen, und ihre Programme gaben, zum Teil unter dem Deckmantel von Kunst oder Forschung, Anschauungsunterricht in Brutalität, Mord, verwilderter Sexualität und Mißachtung des werdenden Lebens.

Böses, was sich früher nur am Rande der menschlichen Gesellschaft halten konnte und schwer geahndet wurde, durfte sich offen behaupten, ja wurde gefördert und gefeiert. Gewissensnot wurde als Symptom ungesunder Gehemmtheit behandelt, der Mensch als Objekt seiner Triebe von Verantwortlichkeit und Sündenbewußtsein befreit. Wissenschaftler, Juristen, Mediziner und Theologen gaben die Parole aus: „Recht und Gesetz müssen den veränderten sittlichen Vorstellungen der Gesellschaft angepaßt werden." Damit war der Erdrutsch der Moral nicht mehr aufzuhalten. Eine Lawine war ins Rollen gebracht – die furchtbarste, die es gibt, die Lawine der Sünde. Sie würde unter ihrem Sturz die Menschen und Völker begraben, denn Sünde hat zerstörende Kraft in sich. Sie bringt den Menschen immer Verderben – wie sich auch bald zeigen sollte.

In mir war wie ein verzweifelter Schrei: Eine Verbrechergeneration wird heranwachsen! Bald wird das Leben der Menschen und Völker von Gewalttaten und Verbrechen, von durch Sünde ausgelösten Krankheiten des Leibes und der Seele geprägt, die Menschen weithin zerstörte und vielfach vom Tod gezeichnete Persönlichkeiten sein.

Vor meinen Augen stand das Bild der ins Ungeheuerliche angewachsenen Sündenlawine, die mit Macht herniederstürzt, und mein Herz wurde von tiefem Schmerz und innerem Weinen ergriffen: Sünde, dies todbringende Übel, hat die Menschen, die Völker erfaßt – Sünde, die jede Freude, jeden Frieden nimmt – Sünde, die schon junge Menschen, die normalerweise von lebendigem Wirken und schöpferischem Tun erfüllt sind, zu lebensmüden Herumlungernden, zu vegetierenden Schmarotzern, ja zu Verbrechern absinken läßt – Sünde, die Verheerung anrichtet, hinter der Satan steht, der nur ein Ziel hat: Zerstörung, Vernichtung eines Menschenlebens, eines Volkes, der Völker.

Mir selber war in den Jahren nach meinem Sinai-Aufenthalt für mein persönliches Leben das Grauen der Sünde wie nie zuvor aufgegangen. Das merkte ich zum Beispiel, als ich eine meiner ersten Schriften wieder in die Hand nahm: „... er kämpfe denn recht". Dies Buch hatte ich vor Jahren als Hilfe für den Glaubenskampf wider die Sünde geschrieben und war nun ganz betroffen darüber, wie wenig schlagkräftig alles war. Nachdem ich inzwischen etwas mehr von der Furchtbarkeit der Sünde, der Macht Satans und der Pein der Hölle erfaßt hatte, spürte ich, daß dies Buch neu geschrieben werden mußte.
Noch ganz anders als zuvor wußte ich nach dem Erleben am Sinai, daß wir angesichts der Heiligkeit Gottes zu leben haben. Ich erfaßte tiefer, daß Sünde immer Gottes Zorn herausfordert und daß Jesus unsere Sünde darum so qualvoll ausleiden mußte. Ich hatte auch anders als vorher vor Augen, daß nach dem martervollen Leiden Jesu um unserer Sünde willen unser Sündigen besonders schwer vor Gottes Heiligkeit wiegt. Nun verstand ich besser, warum Jesus von uns solch ein kategorisches, schonungsloses Vorgehen gegen die Sünde kraft Seiner Erlösung fordert. Jesus sagt: „Ärgert dich aber dein Auge, so reiß es aus! ... Es ist besser, daß eines deiner Glieder verderbe, als daß dein ganzer Leib in die Hölle geworfen werde" (Matth. 5,29).

Er weiß, daß Sünde uns hier ein Stück Hölle bringt und uns nach diesem kurzen Leben in das reale Reich der Finsternis verdammt, in dem „ihr Wurm nicht stirbt und ihr Feuer nicht verlischt" (Mark. 9,46), in dem man den zweiten Tod erleiden muß, das heißt ständig sterben muß und doch nicht sterben kann. Jesus sagt uns so viel von den Schrecken der Hölle, weil Er uns liebt, uns davor warnen möchte, das Grauen der Sünde zu verharmlosen.

So schrieb ich in der Zeit der Auflösung der Gebote Gottes anstelle von „... er kämpfe denn recht" ein neues Buch „So wird man anders". Das qualvolle Gottesleid um die Sünden Seiner Menschenkinder und ihre furchtbaren Auswirkungen für Zeit und Ewigkeit saßen jetzt tief in meinem Herzen und erzeugten immer neue Schmerzen. Oft war es mir, als könnte ich von all den Perversitäten nichts mehr hören, solches Leiden bedeutete mir, daß die Menschen, die doch nach dem Ebenbild Gottes geschaffen waren, immer mehr zu Entarteten wurden, gestempelt von Schmutz, Haß und häßlichsten Leidenschaften.

Das ließ mich angesichts unserer Jugend im Laufe der Jahre immer mehr klagen: Die Jungen, Starken liegen niedergemäht am Boden, und zwar nicht als Helden, die ihr Leben gaben zur Rettung eines bedrohten Vaterlandes. Sie sterben an der Lust, am Sex, am Rausch, sich selbst vergiftend. Satan und Sünde haben sie ins Verderben gebracht, ihre Persönlichkeit zerstört, sie zu Irren, zu Verbrechern gemacht, sie sind krank an Leib und Seele, zu Millionen dem Tod ausgeliefert.

Ich lernte mit dem Propheten Jeremia klagen und ausrufen: „Ist denn keine Salbe in Gilead oder ist kein Arzt da? Warum ist denn die Tochter – sind die Söhne – meines Volkes nicht geheilt?" (Jer. 8,22). Die Salbe, die Jesus heißt, ist doch da! Aber wo waren solche, die noch klagen und weinen konnten in Mitleiden und tiefster Betrübnis? Wo taten sich noch Gläubige angesichts der lawinenartigen Zunahme des Rauschmittelgenusses zusammen, um Gott um Hilfe anzuflehen und Wege zur Rettung zu suchen?

Schon zu Beginn dieser neuen Ära fragte ich mich Tag für Tag: Was kann ich tun, wie noch retten? Ich bat Gott, mir zu zeigen, wodurch ich Ihm in dieser Stunde meine Liebe erweisen könnte. Er möge mich solche Menschen finden lassen, die auch aufs tiefste von diesem Leiden Gottes um unser Volk und unsere Jugend ergriffen und darum bereit waren, den letzten Einsatz zu geben.

Im Herbst 1964 schrieb ich in der ersten Nummer unserer Zeitschrift „. . . in alle Welt" über diesen furchtbaren „Erdrutsch der Moral". Daraus entstand ein Flugblatt mit dem Aufruf „Was tun?" Wir begannen Handzettel zu drucken, um sie als Warnruf vor Kinos zu verteilen, in denen schmutzige Filme liefen. Es folgte – besonders ausgelöst durch die grauenhaften Filme wie „Das Schweigen" und „491" – ein Flugblatt „Stop" und ein „Offener Brief", den jeder gebrauchen konnte, um ihn, mit Unterschriften versehen, an einflußreiche Persönlichkeiten und Verbände zu senden.

Jeden Morgen in der Frühe beteten wir nun das sogenannte „Notzeitgebet" im Schwesternkreis, und eine ganze Reihe Freunde tat es mit uns. Es waren Gebete, die ich schon 1962 geschrieben hatte und die nun – im Blick auf die neuesten Fakten erweitert – höchste Aktualität bekommen hatten.

Im Herbst 1964 wandten dann Mutter Martyria und ich uns an alle christlichen Frauenverbände unseres Landes mit der Bitte, daß wir doch gemeinsame Wege suchen müßten, hier einen Damm zu bauen. Daraufhin reihte sich, wie vom Himmel eingefädelt, eine Fügung an die andere: Das „Weiße Kreuz", dessen Aufgabengebiet christliche Sexualethik und Seelsorge ist, schickte uns die Einladung zu einer Tagung mit diesem Thema, Kontakte wurden geknüpft mit Kreisen, die beunruhigt waren über diese Entwicklung. Anläßlich einer Ruferspielfahrt in Bayern und Norddeutschland sammelten wir Unterschriften zu unserem „Offenen Brief" – anderswo taten es unsere Kanaanfreunde. Die insgesamt 50000

Unterschriften, die zusammenkamen, ließen wir im folgenden Frühjahr unserem Bundespräsidenten zugehen.
Schließlich, während ich auf meiner Amerika-Vortragsreise war, kam es Anfang Dezember 1964 zu einer Tagung in unserem Rüstzeitenhaus „Jesu Freude". Aus der Reihe der durch Mutter Martyria eingeladenen Verantwortlichen und Interessierten entstand die Aktion SORGE UM DEUTSCHLAND, die sich nicht nur als notwendiger Informationsträger verstand, sondern den priesterlichen Dienst des Gebets und den Rufer- und Warndienst als Auftrag hatte. So wurde etwa vom Vorstand der Aktion das Buch „Und keiner wollte es glauben" als „Positionslicht im Nebel der Zeit" an alle evangelischen Bischöfe unseres Landes geschickt und beschlossen, dieses so viel wie möglich zu verbreiten, da es half, die geheime Strategie Satans im Licht Gottes vielen aufzudecken.
Ausgehend von unserem bisherigen „Offenen Brief" wurde im Vorstand ein Aufruf erarbeitet und an prominente Persönlichkeiten mit der Bitte um Befürwortung geschickt. Und einige, auch leitende kirchliche Persönlichkeiten, erklärten sich dazu bereit. Dieser Aufruf SORGE UM DEUTSCHLAND wurde dann in Mengen verbreitet und der Presse übergeben, um unser ganzes Volk noch einmal zu erreichen.

„... Durch Mißachtung des Willens Gottes

stehen wir heute mitten in der Auflösung aller sittlichen Ordnungen ... Bedrohung fordert den Zusammenschluß aller Verantwortungsbewußten. Der Flut muß Einhalt geboten, ein Schutzwall muß errichtet werden! Menschen im Gehorsam gegen Gott können einen Damm bilden! Es gilt, der Zerstörung unseres Volkes mit allen Kräften entgegenzutreten, ehe es zu spät ist... Im Wort der Heiligen Schrift leuchten mitten in Unklarheit und Verwirrung die ewiggültigen Maßstäbe auf, die Gebote Gottes... Wo Menschen sich täglich neu am Wort Gottes orientieren, entsteht Klarheit und Erneuerung... Jeder, dem die Erneuerung unseres Volkes am Herzen liegt, schließe sich mit uns zusammen zur Aktion SORGE UM DEUTSCHLAND ..."

In kurzen Wochen bekamen wir Tausende von Unterschriften dafür. Die Aktion SORGE UM DEUTSCHLAND breitete sich aus. Ehrenamtliche und – bei anwachsender Arbeit – auch hauptamtliche Mitarbeiter stellten sich ein. Rundbriefe gingen hinaus, thematische Aufrufe, Vortragsabende wurden gehalten, Tagungen zielverwandter Bewegungen besucht, eine Ärztetagung durchgeführt. Auf Kanaan hielten wir Rüstzeiten der Aktion für Interessierte mit Bibelstunden über das priesterliche Eintreten für unser Volk, für die Gemeinde. Auch war mir, als sollten wir angesichts aller Rebellion gegen Gott, alles Aufbäumens gegen Seine Gebote öffentliche Zeugnisgottesdienste abhalten, um darin vor der sichtbaren und unsichtbaren Welt zu rühmen und auszurufen, wer unser Gott ist, Vater, Sohn und Heiliger Geist. Auf Kanaan und in verschiedenen Städten konnte das verwirklicht werden. Es entstanden auch einzelne Gebetskreise für die SORGE UM DEUTSCHLAND hin und her im Land.

Zwar konnte von einem spürbaren Erfolg nicht die Rede sein, weil – entsprechend unserer endzeitlichen Situation – die Mächte der Finsternis bereits zu stark dominierten. Und doch ist gewiß, daß die Verbreitung der Verteilblätter, Plakate, der Handzettel gegen Filme und Sexmessen und vor allem die vielen Gebetseinsätze dafür nicht vergeblich gewesen sind. Dem Vordringen der Finsternis und der Macht der Sünde wird durch jedes Gebet, durch jedes Opfer und jeden Einsatz auf irgendeine Weise gewehrt, es werden Menschen noch wachgerufen.

Die Lawine der Sünde jedoch war als Ganzes nicht mehr aufzuhalten. Das bedeutete, daß die Sünde sich bald bis zum Himmel türmen und ein Gericht Gottes herausfordern würde, wie die Welt noch keines sah. Die Zeit des großen Schmerzzornes Gottes war im Anzug. Bald wird Gott nur noch Sünde sehen, und Er, der die Liebe ist, wird nicht mehr anders können, als

darauf in Seinem Schmerzzorn mit verzehrendem Feuer und tödlichem Gericht zu antworten. Das sah ich im Geist vor mir. Den Sinai mit Seiner Botschaft von Gottes Geboten brachten wir Menschen ins Wanken und bald zum Sturz, wie es ein englischer Theologe formulierte: „Das mächtige Ereignis am Sinai hat seine Schrecken verloren." Doch – das war mir damals gewiß – sobald das geschieht, würde – im Bilde gesprochen – der Sinai auf uns Menschen stürzen, uns darunter begraben; denn Gott ist heilig. Was aber ist Seinem Herzen schwerer und schmerzlicher, als wenn sich die Menschen von Seinem Geist nicht mehr strafen lassen wollen, so daß Er dann richten, Seinen Zorn herniederfahren lassen muß!
So klagte es in dieser Zeit immer wieder in meinem Herzen, und eines Tages floß mir diese Klage in die Feder:

„O großes Gottesleid! Die Zeit ist nahe, da Gott, der die Welt doch so liebte, daß Er Seinen eigenen Sohn für sie dahingab, mit Blitzen des Gerichts schlagen und verderben, Millionen hinmähen muß. Das Herz der ewigen Liebe bricht im Zürnen – darf nicht mehr gnädig sein, nicht mehr sich erbarmen, nur Zornesblitze auf die Erde, auf Seine Welt noch schleudern.
O fremdes Tun der Gottheit! Schon einmal mußte Gott sich selbst als Gott der Liebe, des Erbarmens gleichsam verleugnen, bei

dem Gericht der Sintflut – dann konnte Gott schon nicht mehr zürnen und ließ den Regenbogen Seiner Gnade leuchten über dieser Erde, weil Sein Herz vor Erbarmen bricht.

Doch nun ist letzte Zeit – die Welt ein Sündenbabel, und der Empörergeist zu Gott gen Himmel schreit aus vielen Millionen Seelen. Ach, der die Liebe ist, muß zürnen sondergleichen, und der erhalten will, muß nun verderben, und der nur Gutes Seinen Menschenkindern möchte tun, Er kann's nicht mehr – Er muß nun Grauen, Qualen, Tod zu ihnen senden.

Die Äcker werden keine Früchte hinfort mehr bringen, obwohl in Seiner Liebe Er sie dazu setzte – die Wälder keine Freude, keinen Schatten und kein Holz mehr geben, denn sie werden nicht mehr sein. Das Gras, verdorben, ist dem Vieh kein Futter, und Häuser, Städte sind zerstört, darinnen Menschen wohnen sollten. Nur Tod, Leichengeruch und Grauen bedeckt noch die Erde, weil vorher sie die Sünde ganz bedeckte.

O betet an die harte Liebe Gottes, da Gott sich selbst nun tiefstes Leid antut und straft und zürnt, daß durch Gericht doch eine neue Erde noch und noch ein neu Geschlecht erstehe.

Die schwerste Stunde für den ewigen Gott ist nahe nun gekommen. Wer steht Ihm bei und trägt mit Ihm – faßt Seine Qual ins Herz, bejaht das Grauen und das Gericht? Er schaut sich um, ob Er wohl eine Seele fände, die kann verstehen, welch abgrundtiefes Leid heut Gottes Herz erfüllt. Der wird es verstehen, der Kind ist, seinen Vater liebt.

Jetzt ist die Zeit der großen Gottesnot! Geht nicht vorüber an dem Leid, das keinem gleicht! Es ist der Vater doch, der euer Vater ist, und ist in solcher Qual."

So erlebte ich innerlich etwas davon voraus, welch eine Heimsuchung Gottes dies frevelhafte Tun unter uns herausfordern würde. Ja, damit die Sünde sich auf Erden nicht verewige, würde Gott keine andere Möglichkeit mehr haben, als unaussprechlich zu strafen. Wie Gott zu Jesajas Zeiten geklagt hat auf dessen Frage: „Woher rührt das Rot an deinem Gewand? Deine Kleider sehen aus wie die eines Keltertreters...", so war mir, als klage Er heute wieder über unsere Welt: „Die Kelter habe ich getreten, ich allein... Ich habe sie in meinem Zorn niedergetreten und in meinem Grimm zerstampft..." (Jes. 63,2 u. 3). Doch fragt der Herr ja gerade in diesem Zusammenhang nach solchen, die „Ihm beistehen". „Als der Herr das sah, mißfiel ihm sehr, daß nirgends mehr Recht vorhanden war, und weil er sah, daß

kein Mann zur Rettung da war und er sich verwunderte, daß niemand sich ins Mittel legte, mußte sein eigener Arm ihm helfen, und seine Gerechtigkeit mußte seine Stütze werden..." (Jes. 59,15b u. 16). Dafür wollte ich leben, „Ihm beizustehen", und Gott gab Gelegenheit.
Die Sturzflut der Gesetzlosigkeit und Sünde breitete sich über immer weitere Gebiete aus, so daß die Aktion SORGE UM DEUTSCHLAND sich immer mehr einer veränderten Lage gegenübergestellt sah.
Die Zeit der Schüler- und Studentenunruhen war inzwischen ausgebrochen, und daraus ergab sich für die Aktion die vordringliche Notwendigkeit, denen, die hier im Kampf der Geister an vorderster Front standen, biblische Orientierung zu geben, nämlich der Jugend an Schule und Universität.
Erste Konferenzen im Rahmen der Aktion SORGE UM DEUTSCHLAND fanden auf Kanaan statt, und es war erstaunlich, wie viele kamen und was an der Jugend geschah. Die sich mehrenden Jugend-Konferenzen waren darum in unseren Rüstzeithäusern kräfte- und zeitmäßig nicht mehr zu bewältigen. Da schenkte es der Herr als klare Führung, daß sich für den Geschäftsführer der Aktion SORGE UM DEUTSCHLAND, dem der spezielle Auftrag für diese Jugend damals von Gott aufs Herz gelegt worden war, Wege ebneten, die Arbeit als „Offensive junger Christen"

eigenständig und in eigenen Häusern in Bensheim an der Bergstraße weiterzuführen.
So ergab sich 1969 gewissermaßen eine Gabelung der Aktion. Sie ging einerseits über in die „Offensive junger Christen" als Zentrum der Entscheidung und Zurüstung für junge Menschen, und andererseits blieb Kanaan mit den Kanaanfreunden für diesen Dienst der Gebetsrückhalt und unterstützte ihn durch unser Schrifttum. Weiterhin blieb die priesterliche Verantwortung als Christen in unserer Zeit ja ein zentraler Punkt unseres Rufer-Dienstes.
Doch nicht nur der Erdrutsch der Moral ging weiter, angesichts dessen „Gottes Herz tief betrübt" war, wie es von Ihm in den Zeiten vor der Sintflut in der Heiligen Schrift heißt, (1.Mose 6,6) – was mußte es Ihm erst bedeuten, außerdem noch Seine Kirche, das Haus Gottes, nun in solch weitgehendem Maß abfallen zu sehen! Es war inzwischen die „Gott-ist-tot"-Theologie ausgerufen worden. Und auf den großen Evangelischen Kirchentagen wurde sie feilgeboten. Als ich 1965 das Vorbereitungsheft für den Kölner Kirchentag las, schrieb ich: „Der Kirchentag wird zum Podium Satans." Sollten wir trotzdem hinfahren und wie in den Vorjahren unsere Ruferspiele dort bringen? Es krampfte sich einem das Herz zusammen, wenn man an die Tausende von Christen dachte, die mit innerer Erwartung und Hunger zum Kirchentag kommen würden, viel-

fach nicht ahnend, was ihnen geboten werden würde. Gott gab uns aber Gewißheit, daß wir diesmal noch den Dienst unserer Ruferspiele tun sollten.

In Köln waren Mutter Martyria und ich dann erschüttert, wie der Jugend, die in großen Scharen unter den Zuhörern saß, der Weg freigegeben wurde zu Sünden, die die Heilige Schrift unter Gottes Strafgericht stellt, wie sexuelle Freizügigkeit toleriert und Gottes Gebote aufgeweicht wurden. Typisch dafür war, daß eine Abendveranstaltung Lesungen von Bert Brecht gewidmet war. Da wurde durch eine Sängerin in die Herzen des Publikums hineingesungen, wie „süß" die Sünde sei. Ostentativ verließen wir den Saal. Denn dies Geschehen war ein Symptom dafür, daß der Einzug Satans in unsere Kirche von kirchlichen Kreisen nicht nur geduldet, sondern bewillkommnet und applaudiert wurde. So erntete auch Dorothee Sölle mit ihrer „Gott-ist-tot"-Theologie ihren ersten Applaus auf diesem Kirchentag. Nach unserer Heimkehr sagte ich unseren Töchtern, daß es mir war, als hätte ich in Köln die Totenglocken für unsere Kirche gehört. In mir war ein Brand des Gebets und ein unaussprechlicher Schmerz.

Ich schrieb:

„Es ist Nacht geworden. Statt Jesus bringt man von Satan inspiriertes Gedankengut. In meinem Herzen ist nur noch ein verzweifeltes Klagen, daß solches Jesus angetan wird. Der große Abfall ist da. Und nach einer Reihe von Jahren folgt das Gericht, denn sie wollen nicht hören. Sie wollen die Sünde und verführen die Jugend und alle, die noch unentschlossen sind."

Nur eines erfüllte mein Herz: Es muß doch ein Gegenruf ertönen! Wohl war mir klar, daß wir nie mehr an einem Kirchentag teilnehmen würden, aber nur fernbleiben war nicht genug. So schrieb ich darüber einen Rundbrief: „Ein Wort zum Deutschen Evangelischen Kirchentag in Köln", und später als „Wort zur Stunde" die Broschüre „Mitmenschlichkeit". Nachdem die Entwicklung unserer Kirche in dieser Weise zunahm, konnte ich nicht anders, obgleich es mich viel inneren Kampf kostete, als 1970 in einem weiteren Wort zur Stunde: „Zum ersten Mal, seitdem es Kirche Jesu Christi gibt", von biblischer Sicht her dazu Stellung zu nehmen.

Ich war Gott dankbar, daß solche Schriften ein Licht unter den Irrlichtern unserer Zeit sein konnten. In diesen Leiden war es mir ein Trost, daß ich überhaupt Sein Licht und Seine Wahrheit den Menschen, die so irre geführt werden, noch bringen und Ihm damit dienen durfte, ungeachtet des Kampfes, der dadurch heraufbeschworen wurde. Aber ich erbat mir auch, daß dadurch von den Gott Liebenden die große Klage angestimmt werden möchte: Den lebendigen

Gott, den Ewigen, durch den die Welt geschaffen ist, durch den alles sein Leben empfangen hat und erhalten wird, dessen Geschöpfe wir sind, erklärt man für tot! Der Mensch, der sich losgelöst hat von Gott, dem Leben selber, wird als Folge nun lebendig tot sein, tot in Sünden!
Damit wir in diesem Leiden ganz bei Jesus stehen, schrieb ich im Gedanken daran, daß Jesus heute wieder eine Gethsemane-Stunde durchleidet wie damals am Ölberg, wo angesichts des Tobens der Finsternis die Seinen Ihn verließen, ein „Ölberggebet". Wir haben es dann an Abenden gebetet und Jesus Lieder der Liebe, der Beugung und des Trostes gesungen – was auch Freunde und Rüstzeitgäste, die es mit uns taten, in ihren Alltag übernahmen:

„Herr Jesus,
wir wollen anstimmen die große Klage über Dein Leiden heute: Deine Kirche, die den Auftrag hat, das Evangelium zu bezeugen, wird zum Ort des Diskutierens, die Gläubigen zu Revolutionären, die Beter zu Empörern, die Gottliebenden zu Mitmenschlichen ...

Laßt uns klagen, laßt uns flehen
und vom Schlafe nun aufstehen,
laßt uns bringen Ihm die Liebe,
daß Er nicht mehr so betrübet.
Lasset uns im Opfer glühen,

Berichtigung:

Durch den Verknüpfungssatz auf Seite 527 wurde der Eindruck erweckt, bei dem an dieser Stelle genannten Pfarrer habe es sich um einen Anhänger der in den sechziger Jahren um sich greifenden „Gott-ist-tot"-Theologie gehandelt. Das entspricht weder den Tatsachen noch unserer Meinung.

Die schließlich zur Trennung führende tiefgreifende innere Verschiedenheit im Blick auf den Auftrag der Schwesternschaft hatte andere Ursachen.

Wir bitten, diesen Fehler zu entschuldigen.

Verlag Evangelische Marienschwesternschaft
Darmstadt-Eberstadt

in der Schändung bei Ihm knien.
Hier hast Du mein ganzes Leben
Dir zum Opfer übergeben..."

Doch sollten wir auch noch ganz persönlich in Berührung kommen mit dieser Theologie durch einen ihrer Anhänger. Führungsgemäß erfüllte sich, was Superintendent Riedinger mir schon bei seinem letzten Segen gesagt hatte, daß wir keinen geistlichen Vater mehr bekommen würden. Dennoch war es notwendig geworden, für die sonntäglichen Gottesdienste, für Seelsorge unter den männlichen Gästen und vor allem für die Arbeit der Aktion SORGE UM DEUTSCHLAND einen Theologen auf Kanaan zu haben; und ein Pfarrer aus unserem Freundeskreis war bereit zu kommen. Wir wußten wohl, daß er bei einem bekannten Bultmannschüler studiert hatte; doch da er Kanaanfreund geworden war und uns sagte, wie sehr ihm am Herzen lag, in die Liebe zu Jesus hineinzuwachsen, glaubten wir, daß wir einen gemeinsamen Weg unter der Führung des Geistes Gottes in Lichtklarheit und Liebeseinheit gehen könnten.
Aber bald wurde die Not einer tiefen inneren Verschiedenheit im Blick auf den Auftrag, den Gott uns gegeben hatte, spürbar – vor allem unseren Ruferdienst betreffend. Für uns völlig überraschend erklärte der Pfarrer seinen Austritt aus der Aktion SORGE UM DEUTSCHLAND,

die sein Hauptauftragsgebiet war. Und als wir im Gespräch daraufhin gewahr wurden, daß die Verschiedenheit unserer Auffassungen und Aufträge längst nicht mehr formal, sondern fundamental war, sahen Mutter Martyria und ich klar, daß eine Trennung unumgänglich war, die natürlich Schmerzen und Wunden mit sich brachte und nachzog.
Als direkte Ablösung gab uns der Herr in Seiner Güte einen anderen Pfarrer für Kanaan – Pfarrer Douwes und seine Frau, die Dornenschwester ist. Sie sind Holländer, verließen ihr Vaterland, ihre Gemeinde und erwachsene Söhne. Auch überwanden sie in großer Liebe die nationalen Vorbehalte uns Deutschen gegenüber, die wir im letzten Krieg an Holland so schuldig wurden. Unser Kanaanpfarrehepaar lebt nun mit uns unter der Kanaanregel vom Wandel im Licht und in der Versöhnung. Sie teilen Glaubenswege mit uns und sind uns mit all unseren Aufträgen herzlich verbunden.

Aus der Zeit der Braunschweiger Kinderjahre

Haus
in der
Gaußstraße

2 jährig

7 jährig

18jährig –
im Kasseler
Fröbelseminar

mit Erika Madauss
in der Kasseler Zeit

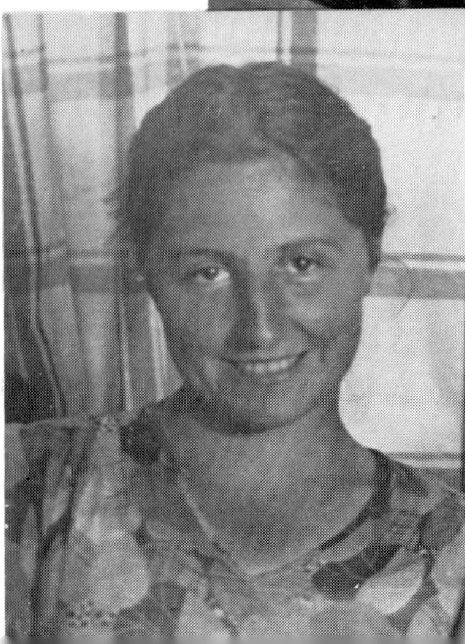

als Studentin
in Berlin

Eltern Schlink 90jährig

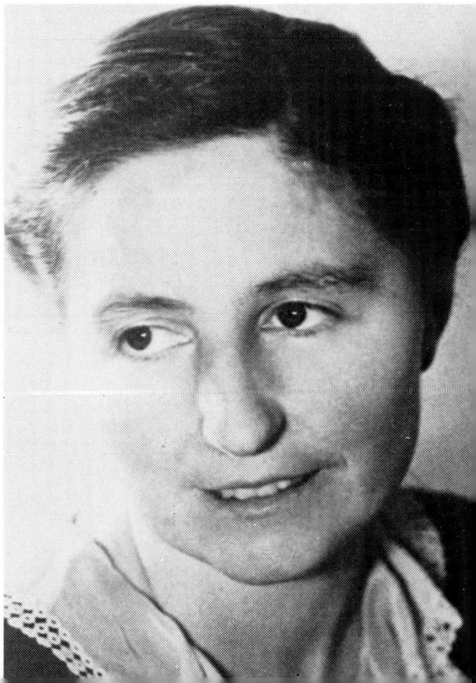

36jährig –
im Reisedienst der
Muhammedaner-
Mission

links: nach der Zerstörung
Darmstadts 1944

links unten: Elternhaus
auf dem Steinberg,
Heim der MBK-Kreise
und Wiege der
Marienschwesternschaft

1960

mit
Mutter Martyria
1956

1959

mit Mutter Martyria 1974

links die 4 Kanaanzweige:

Marienschwestern

Dornenkranz- und Dornenschwestern

Kanaan-Franziskusbrüder

Kanaanfreunde

KANAAN
DA-AU 230

Leben und Dienst auf Kanaan

Beth Avraham,
Jerusalem

Beit Gaudia Dei,
Jerusalem

USA

in New York 1964

links: Sinaiaufenthalt 1963 mit Völkerauftrag – Tafel am Sinaimassiv

Einzelbilder:

Schwestern, die unsere „Wiegen" – ausländische Niederlassungen – begannen

England

Italien

Dänemark

Griechenland

„Völkerschwestern" aus 10 Nationen

Aus den Jahren 1968 - 1970

Gemeinsame Stunden mit den Töchtern

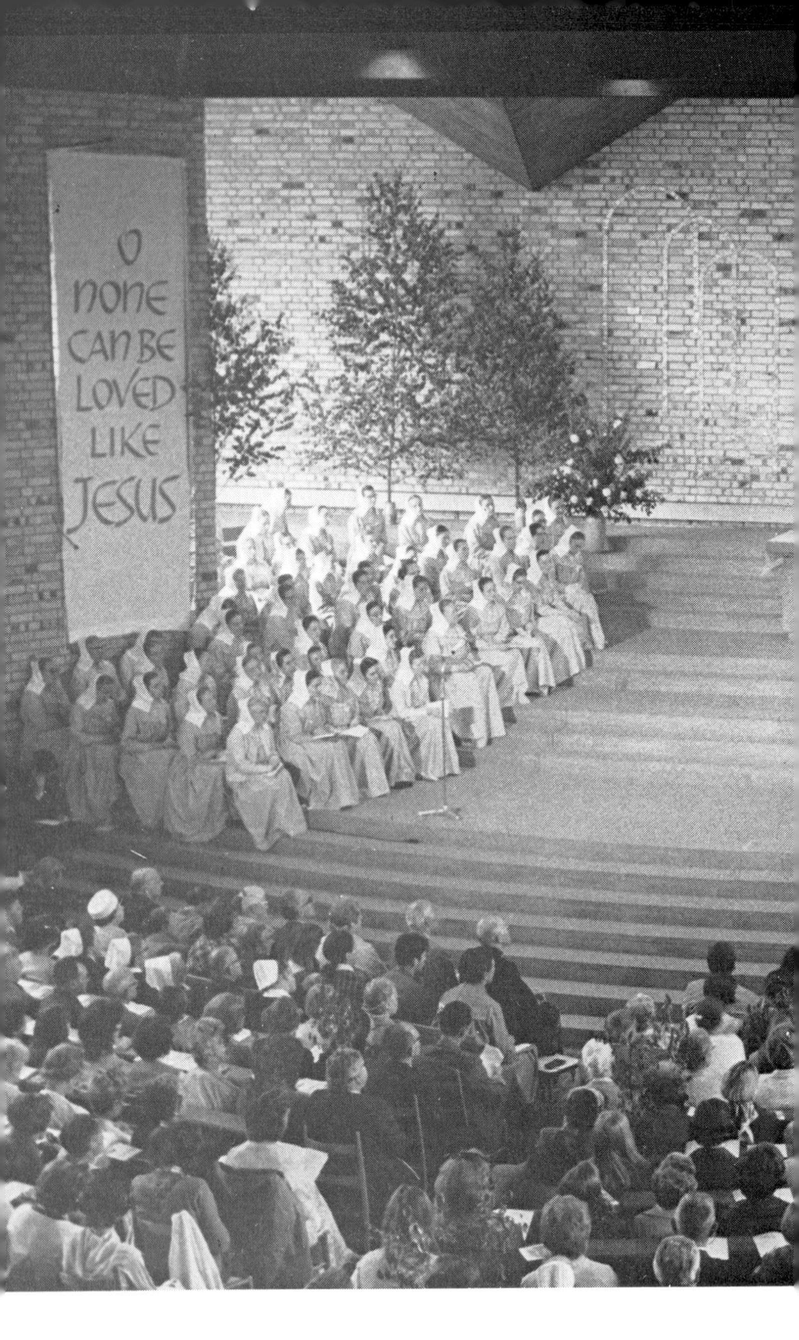
O
NONE
CAN BE
LOVED
LIKE
JESUS

Jesu-Liebe-Fest 1972, 25jähriges Jubiläum der Marienschwesternschaft

KANAAN - LETZTE FUNDIERUNG UND VOLLENDUNG 1960 - 1973

NUR NOCH EIN BAUABSCHNITT

Seit 1955 lebte Kanaan in meinem Herzen, das Land der Verheißung, für das mir der Herr den Auftrag gegeben hatte. Es sollte, wie am biblischen Kanaan als Vorbild gezeigt, die Ehre Gottes groß machen. Der Herr sollte auf Kanaan aufstrahlen als der Lebendige, als der Gott, der Gebete erhört, der Wunder tut. Alles auf Kanaan, Bewohner, Häuser, Pflanzen und Tiere, sollten von Ihm künden und ausrufen: Wer ist wie Gott! Hier sollte Gott geliebt werden – hier sollten alle, die zusammen wohnen, Ihn ausstrahlen unter dem Wort: „So wir im Lichte wandeln, wie er im Licht ist, so haben wir Gemeinschaft untereinander ..." (1. Joh. 1,7).

Wie auf einem Kampfschauplatz waren die Wogen der „Glaubensschlachten" hin- und hergegangen. Die Glaubenssiege hatten sich nur als vorläufig erwiesen, die Niederlagen gaben den Eindruck, das Letzte zu sein. Was wir bereits bedankt und gefeiert hatten, mußten wir oft wieder hergeben, bis das, was ich im Jahr des Todes 1958 an Verheißung begraben hatte, endgültig auferstand: Ganz Kanaan war unser!

Die Jahre 1960 - 1966 brachten nun das Entscheidende: die Gestaltung Kanaans, Einfriedung, Errichtung der Häuser, Anlage und Bepflanzung der Hügel, des Sees, Bau des Brunnens, des Monumentes am Eingang und Anlage von „Jesu Leidensgarten". All das schien mir damals eine fast nicht zu bewältigende Aufgabe, sollte doch die Anlage von Kanaan – so hatte der Herr es mir ins Herz gegeben –, das damalige Geschehen des Lebens und Leidens Jesu uns heute nahebringen und lebendig machen. Überall sollten Plätze und stille Ecken zur inneren Besinnung sein. Alles sollte zum Gebet locken: „Jesu Leidensgarten", eine „Bethlehemgrotte", ein „Berg der Seligpreisungen", ein „See Genezareth", ein „Jordan" und ein „Jakobsbrunnen". Aus Liebe zu Jesus war es mein Verlangen, daß alles auf Kanaan an Ihn erinnere, wie Luther in anderen Worten ausgedrückt hat: „Wollte Gott, ich könnte die Herren und Reichen bereden, daß sie die ganze Bibel inwendig und auswendig an den Häusern vor jedermanns Augen malen ließen – das wäre ein christlich Werk."

Könnte ich die Wege Gottes, unseres Vaters, bei der Anlage Kanaans in den sechs Jahren genugsam rühmen! Was bedeutete es, ohne einen Gartenarchitekten oder Fachkräfte diese große Aufgabe neben dem Erbauen der Häuser hinauszuführen – nicht zuletzt zu finanzieren! Die

Kostenvoranschläge verschlugen uns fast den Atem, ob es um die Bauten ging oder den großen Brennofen für die Tonarbeiten der Monumente, die Erdbewegungen, den Straßenbau, und vieles mehr!
Etwas anderes bedrückte mich innerlich aber fast noch mehr als die Ausgaben, nämlich die Frage: Kannst du es verantworten, diese Summen – selbst wenn sie geschenkt würden – für solche Anlagen auszugeben? Dieser Gedanke brachte mir in den Jahren des Aufbaus und der Gestaltung Kanaans Anfechtungen über Anfechtungen. Ich hatte ja die Anlage Kanaans veranlaßt – darum lag auf mir die ganze Last der Verantwortung im Blick auf diesen Auftrag. Außer den mir seit langem bekannten inneren Kämpfen, ob ich mich geirrt hätte und nun Gottes Ehre in den Staub zöge, wurden Anfechtungen von außen an mich herangebracht: Vom rationellen Standpunkt aus wäre die Gestaltung Kanaans mit den großen Anlagen eine Verschwendung im Blick darauf, daß das Kanaangelände begehrtes Bauland sei. Und dieses Gelände sollte, statt notwendiges Wohngebiet zu werden, teilweise „nur für einen Gebetsgarten" verwendet werden!
Aber ich widerstand dem Teufel in diesen Kämpfen, bis er von mir floh – und nahte mich zu Gott, bis Er wieder nahe war: Konnte jemals zu viel Geld für Seine Ehre ausgegeben werden, zumal

wenn es um Denkmäler Seines Leidens ging, die Ihm Liebe und Dank einbringen sollten? Hatte ich vergessen, wie Maria verschwenderisch die Salbe, die viel Geld gekostet hatte, für Jesus vor Seinem Leidensgang ausgoß, um Ihm ihre Liebe zu beweisen? Die unverständigen Jünger sagten, daß das Geld besser den Armen gegeben würde – Jesus selbst aber war dadurch erquickt und getröstet worden. Daß viele angeregt und aufgerufen würden, Jesus ihre Liebe und ihren Dank zu geben, das war der Sinn auch bei den Kanaan-Anlagen. Und darum sollten sie sein!
Hätte ich in den Anfechtungsstunden sehen können, daß wenige Jahre später Tausende im Lauf eines Sommers, in Gruppen und einzeln durch „Jesu Leidensgarten" gingen und dadurch Großes an vielen Herzen geschah – ich wäre getröstet gewesen. Und hätte ich vorausgesehen, daß man sich einige Jahre später dafür einsetze, Gelder ausschließlich dem Menschen zu widmen zur Behebung sozialer Nöte, aber keine Glocken, keine Orgel, keine Steine für Gotteshäuser mehr nötig fand und damit Gott keiner Ehre und Anbetung mehr wert hielt – ich hätte gewiß keinen Zweifel gehegt im Blick auf diese „Verschwendung" zur Ehre Gottes. Erst recht nicht im Blick auf die gezielten Verhöhnungen und Lästerungen Jesu in Bühnenstücken, Filmen und auf Schallplatten, für die heute auch ungezählte Christen ihr Geld geben.

Doch schon damals beschämte mich der Vater und gab mir Trost: Er tat Wunder über Wunder. Von benachbarten Baustellen wurde uns Sand und Erde zur Anhäufung der Hügel – wie etwa des „Ölbergs" – kostenlos angefahren; auch die Raupenarbeiten zur Erdbewegung wurden uns umsonst gemacht. Und die vielen kleinen Tannen und anderen Bäume zur Bepflanzung von „Jesu Leidensgarten" bekamen wir zumeist geschenkt.

In kürzester Zeit konnte unsere Bildhauerschwester die Skulpturen dafür gestalten. Unser früherer Oberpolier aus der Zeit des Mutterhaus-Baues half selbstlos den Schwestern die kleinen Bauten und Mauern zu errichten. Die Bruchsteine dafür wurden uns geschenkt, Lastautos zum Transport überlassen. Die vielen Pflastersteine, mit denen das Seebecken ausgepflastert werden mußte, gab uns die Stadtverwaltung kostenlos, weil man gerade Asphaltstraßen anlegte und Kopfsteinpflaster übrig hatte. Ja, selbst den Zement zum Ausgießen der Fugen stiftete eine Firma, und so kam alles, aber auch alles herbei aus des Vaters Händen. Es fehlte nichts an allem Guten, das doch normalerweise viel Geld gekostet hätte. Mir war, als ob der Vater Seine Ehre darein setzen wollte und für diese Anlage, die ich in Angriff genommen hatte, um Seinen Namen zu verherrlichen und Seines Sohnes Leiden den Menschen nahezubringen, in allem sorgte.

So wurde aus Weinen Lachen, aus Glauben Schauen, aus Bitten Danken.
Der Herr hatte mich gelehrt, an allem anderen eher zu sparen als an Geld und Gut, an Zeit und Kraft, um Ihn zu verherrlichen.

VON UMWELTVERSCHMUTZUNG BEDROHT

Es gehört nicht viel dazu, sich vorzustellen, daß Satan rast, wenn ein Stück Land allein der Ehre Gottes geweiht ist. Er ist der Feind der Ehre Gottes und alles menschlichen Glückes. So kann er nicht mitansehen, daß auf einem kleinen Land Menschen in Frieden zusammen leben, dort alles grünt und blüht, die Erde ihre Früchte hervorbringt und die Vogelwelt dem Vater im Himmel zur Ehre jubiliert.
Darum versuchte der Feind Kanaan zu schädigen durch die Plagen, womit heute alle Welt geschlagen wird: durch Schädlinge! Und wenn Schädlinge auftreten, werden die entsprechenden Schädlingsbekämpfungsmittel eingesetzt, nämlich Gift – und das hat zur Folge Vernichtung der nützlichen Käfer, Sterben der Vögel, der Fische, Vergiftung des Bodens und des Wassers – und schließlich der Menschen.
Doch wo Satan zum Kampf antritt, ist dies für

uns eine Herausforderung, den Kampf des Glaubens gegen die Sünde intensiv aufzunehmen. Obwohl ich von Landwirtschaft nichts verstehe und man sich zu jener Zeit im allgemeinen noch kaum für Umweltverschmutzung interessierte, bekam ich eines Tages durch Gottes Geist innerlich eine große Unruhe. Ich rief unsere Schwestern zusammen und sagte ihnen, was der Herr mir ins Herz gegeben hatte: „Gift gehört nicht nach Kanaan. Gott hat andere Mittel, Ungeziefer zu vertilgen, als solche, die vergiften, was Gott wachsen ließ. Hier gilt es wieder neu, den Glaubensweg zu gehen, das heißt, die von Satan gesteuerten, nach Kanaan eingedrungenen Schädlinge durch den Kampf des Glaubens gegen die Sünde zum Unterliegen zu bringen. Danach werden wir das Eingreifen, die Wundermacht Gottes erleben, denn Er sagt in Seinem Wort: ‚Ich will den Fresser schelten' (Mal. 3,11), sofern wir nach Seinem Willen leben ..." Mit diesen neuen Glaubenskämpfen, wenn sie zum Sieg über die Schädlinge hinausgeführt sein würden, gab uns der Herr eine neue Gelegenheit, Ihn zu verherrlichen. Davon war ich ganz erfaßt.
Meine Töchter – vor allem die Gartenschwestern – sträubten sich anfangs gegen den Weg, jede Schädlingsbekämpfung mit Giftstoffen aufzugeben. Das ging gegen jede Vernunft. Aber der Herr überführte sie dann doch. Es wurden keine solchen Mittel mehr gespritzt. Die darauf-

folgende Prüfung war groß. Wenn man Glaubenswege einschlägt, wird es fast immer noch dunkler. Die „Fresser" stürzten sich in Scharen auf unser kleines Kanaan, so dicht am Wald gelegen: viele Sorten von Blattläusen, begünstigt durch die Trockenheit, zeitweise Kaninchen, dazu Kartoffelkäfer, Engerlinge, Raupen und anderes Ungeziefer. Die ganze Ernte stand in Gefahr. Die Heilige Schrift sagt: „Die Natur, die dir, ihrem Schöpfer dient, steigert ihre Kraft zur Züchtigung wider die Gottlosen und beruhigt sich wieder, um denen wohlzutun, die auf dich vertrauen" (Weisheit 16,24 nach Menge).

Der Herr also hatte zugelassen, daß Kanaan durch Ungeziefer heimgesucht würde, um uns zu züchtigen. Nun galt es, dieser Züchtigung standzuhalten, bis der Vater bei jedem von uns erreicht hatte, wozu Er sie geschickt hatte, und sich nicht selbst durch widergöttliche Mittel Seiner Züchtigung zu entziehen. Denn der Vater wollte uns auf diesem Weg tieferer Abhängigkeit von Ihm in ein innigeres Kindesverhältnis der Liebe bringen. Jedesmal würde uns neue Reue zur Erfahrung Seines Erbarmens und Seiner Hilfe führen. Und Gott schenkte Reue. Viele unter uns erkannten, auf welchen Punkten es umzukehren galt, und bekamen die rechte Einstellung zu diesen Plagen. So hatte der Feind das Umgekehrte erreicht, als er geplant hatte. Wir wurden wieder wach im Kampf gegen die Sünde, tra-

ten an zum Glaubenskampf, der immer Sieg bringt.
Abende lang waren wir beisammen und sangen unsere Glaubenslieder. Je trostloser Kanaan aussah, so daß den Besuchern gegenüber schon Gottes Ehre auf dem Spiel stand, desto mehr hielten Mutter Martyria und ich unsere Töchter an, jetzt gegen die von Gott aufgedeckte Sünde zu kämpfen, durchzuglauben und nur den Mut nicht zu verlieren. Singend zogen wir über unser heimgesuchtes Land, einzeln und gemeinsam hielten wir dem Herrn unsere besonderen Sünden und Fehler hin, auf die Er Seinen Finger gelegt hatte, entschlossen, nicht zu weichen, bis an diesen Punkten Lösung geschah. In vielen Lichtgemeinschaften und Einzelseelsorge gab Gott Licht in bisher verborgene Wesensschichten hinein, was oft sehr schmerzlich war. Wir nannten diesen Sommer „Entlarvungszeit", weil Gott so heilig unter uns aufdeckte. Etliche unter unseren Töchtern, die sonst sehr zur Verzagtheit neigten, lernten gerade in dieser Züchtigungszeit erst richtig Glauben halten und ganz persönlich im Glaubenskampf wider die Sünde ausharren.
Aber sie lernten auch, daß der Kampf des Glaubens „Werke" einschließt, wie das Neue Testament sagt. Nicht Werke des Verdienstes, aber Zeichen unserer Willigkeit. Das machte sich u. a. auch darin bemerkbar, daß nun alle mit Ent-

schlossenheit dem Ungeziefer auf den Leib rückten. In ihrer Freizeit holten unsere Schwestern die Engerlinge aus dem Boden, lasen Raupen und Ungeziefer ab von Bäumen und Gemüse und wo immer sie es fanden. Bei einer Kaninchenplage machten sie sich schon frühmorgens auf, um – wie es im Blick auf unsere Sünden gilt, die „kleinen Füchse zu fangen, die den Weinberg verderben" (Hohl. 2,15), – auch die Kaninchen „von Hand" zu fangen. Freilich konnte unser Einsatz keine wirkliche Hilfe bringen, ebensowenig wie unser Glaubenskampf uns frei machen kann. Wir konnten nur Zeichen unserer Willigkeit geben. Die Wende kam in diesem Sommer, wie auch später bei jeder weiteren Plage, allein durch den Herrn, wenn die Stunde erfüllt war.

Und diese Wende kam, Gott antwortete auf den Glauben, und zwar entsprechend Seinem allergütigsten Herzen. Jesu Sieg im Kampf des Glaubens gegen Sünde und Satan, der uns die Schädlinge schickte, wurde offenbar: Nach monatelanger Heimsuchung durch Trockenheit schickte Er noch Regen zur rechten Zeit, dazu viele Marienkäfer gegen die Läuse, Vögel gegen das Ungeziefer und Helfer, die mit uns den Kampf gegen das Unkraut aufnahmen. Der Vater änderte im letzten Augenblick die ganze Lage und ließ noch eine Prachternte gedeihen. Als das Erntedankfest kam, zogen unsere Gartenschwestern – wie einst die Kundschafter – mit Stangen über ihren Schultern, an denen die prächtigsten Erntefrüchte hingen, singend und voll Dank, überwältigt von der Güte Gottes durch die Häuser auf Kanaan. Es war unsere erste „Gnadenernte", wie wir sie nannten, denn unsere biblische Losung für jenen Sommer lautete: „Wo aber die Sünde mächtig geworden ist, da ist doch die Gnade noch viel mächtiger geworden" (Röm. 5,20).

Dieser Weg – Ende der sechziger Jahre begonnen – wiederholte sich von da ab Jahr um Jahr. Wie oft mußte der Vater sich wieder hart gegen uns stellen, um uns erneut wach zu rütteln, daß wir den Kampf gegen die Sünde aufnahmen! So ist nicht auszusagen, was an innerer Erneuerung durch diese freiwillig erwählte Abhängigkeit, die zum Glaubenskampf nötigte, in unserer Schwesternschaft geschehen ist im Lauf der Jahre. Es ist auch nicht genug dafür zu danken, wie von da an unsere Ernteerträge zunahmen, so daß wir von manchem Gemüse und auch von Früchten so viel bekamen, daß die Kanaan-Bewohner, vielfach noch unsere Gäste und sogar Bedürftige unserer Stadt mit davon essen konnten.

Als dann die Umweltverschmutzung in aller Welt so sehr zunahm, daß nun unsere ganze Erde existentiell davon bedroht und das Rad der Entwicklung nicht mehr zurückzudrehen ist, erfaßte ich erst, was Gott uns mit diesem Weg geschenkt

hatte: eine Lösung für unser Leben als Christen in der von Umweltverschmutzung gefährdeten Welt durch den Glaubenskampf gegen die Sünde – und damit eine tiefere, gereinigte Verbindung mit Gott, von dessen Gnade wir abhängig sind bei dieser Existenzbedrohung. Gnade gibt Er aber nur Menschen, die in der Reue stehen und gegen die Sünde kämpfen, die uns immer anklebt. Nur fußend auf dieser inzwischen jahrelangen Erfahrung, die wir auf Kanaan mit den Ernten ohne Gift und mit der Schädlingsbekämpfung durch Reue und Glauben gemacht hatten, konnte ich 1972 als „Wort zur Stunde" schreiben: „Umweltverschmutzung und dennoch Hoffnung".
Doch war dies noch nicht der letzte Kampfabschnitt, der zu Kanaans Fundierung für später zu bestehen war. Weitere Kämpfe standen bevor.

EPHESER 6 - KÄMPFE

Kanaan war inzwischen ein Land geworden, auf dem der Herr aus Gnaden ein wenig von Seiner Verheißung wahrgemacht hatte: „Hier will ich wohnen", und wo viele Besucher etwas von Seiner Gegenwart schmeckten. Sollte das nicht Satan herausfordern? Sollte er da nicht zu noch schwereren Gegenschlägen ausholen? Diese bekamen wir tatsächlich zu spüren. Es war etwa ein Dreivierteljahr vor dem Kanaan-Vater-Dankfest, das wir für den 10. Juli 1966 angesetzt hatten. Wir lebten mit allen Vorbereitungen und mit unserem Gebet auf dieses Ereignis zu – da erfolgte ein Großangriff der Finsternis.

Eine unserer jungen Schwestern sagte mir in jenen Wochen, daß sie seit ihrer Kindheit immer wieder grauenhafte Belästigungen durch Dämonen erfahren hätte. Sie sei von ihrem Großvater Satan verschrieben worden, das hielten ihr diese Geister immer neu vor. Sie war in den darauf folgenden Jahren sehr gequält worden, hatte aber dann gehofft, nach dem Eintritt in die Marienschwesternschaft frei zu werden. Doch hatte sie uns vor ihrem Eintritt nichts davon gesagt.

Nach einem grundlegenden Beichtgespräch mit ihr überkam mich ein großer Schmerz und Schrecken. Ich hatte in früheren Jahren über Blumhardts Kampf um Gottliebin Dittus gelesen. Für mich war es darum eine quälende Vorstellung, mit solchen Mächten konfrontiert zu werden. Durch Blumhardts Beschreibung wußte ich, daß es beinahe nichts Grauenhafteres gibt, als in einen Kampf gegen diese gefallenen Geister und Dämonen einzutreten, zumal wo sie einen Menschen befallen. Das schien mir die Aufgabe für einen Kreis von Männern, wie Blumhardt und seine Brüder, zu sein. Doch nun

war mir diese junge Schwester wie von Gott vor die Füße gelegt; ich konnte mich ihrer großen Not nicht entziehen. Gott forderte von mir, in den Kampf einzutreten, den ich gern hätte umgehen wollen: den Kampf mit den dämonischen Mächten.
Meine Furcht war nicht umsonst, denn es handelte sich hier um eine ganz schwere Bindung. Das wurde mir von Menschen, die etwas von diesen Kämpfen mit der Finsternis verstanden, bestätigt. Es folgten grauenhafte Monate. Alles Flehen, Beten und Fasten schien umsonst. Die dämonischen Mächte tobten nur um so mehr. Doch angesichts der Finsternismächte, die hier nicht weichen wollten, sang ich immer wieder:

„Nur Einer, Einer hat die Macht,
Jesus, Er hat den Sieg vollbracht,
hat Satans Macht bezwungen.
Jesus, Er lebt, der starke Held,
der heut den Feind schlägt aus dem Feld,
der hat sein Recht verwirket.

Der Kaufpreis voll bezahlet ist,
drum weichen muß des Satans List,
er hat sein Recht verloren.
Die Seel gehöret dem allein,
der gab sein eigen Leben drein,
auf daß die Seel errettet ..."

Dies und eine Reihe von weiteren Kampfliedern

und Kampfgebeten schrieb ich nieder* und rief einige Schwestern zu einem kleinen Gebetskreis zusammen, die diesen Kampf des Glaubens mit durchfochten. Doch alles schien umsonst; je mehr gebetet wurde, um so mehr rasten die Geister. Es war so furchtbar, daß ich Blumhardt verstehen konnte, der über seinen Kampf schreibt, wie unsäglich er dabei gelitten habe.

So lag auf mir eine Last, wie ich es kaum je erlebt hatte. Aus meinem zerquälten Herzen stieg der Schrei auf: Wo ist nun Jesus, der Sieger? Immer wieder rang ich mich im Gebet zum Glauben durch: Er ist doch der Sieger! Er hat erlöst! „Die Rechte des Herrn ist erhöht, die Rechte des Herrn behält den Sieg." Es gilt: „Er hat die Schlüssel der Hölle und des Todes." Es gilt: „Er hat der Schlange den Kopf zertreten." Es gilt: „Jesus Christus ist gekommen, daß Er die Werke des Teufels zerstöre." ** Alle diese Worte hielten wir im Gebet immer neu dem Herrn vor. Wir rühmten Seinen Sieg auf Golgatha, wodurch Satan kein Anrecht an diese Seele hätte.

Sollte ich mit dieser unendlichen Not ins Vater-Dankfest hineingehen? So wollte es Gott. Und ich schrieb in dieser Zeit:

„Das sollte ja mein Geschenk an Dich sein,

* Siehe auch „7 x um Jericho" und „Im Namen Jesu ist die Macht" – zwei Schriften mit Liedern und Gebeten für den Glaubenskampf

** nach Psalm 118,16; Offb. 1,18; 1. Mose 3,15; 1. Joh. 3,8

mein Vater: völliges Vertrauen, das Ja zu Deinen schwersten Wegen, die ich nicht verstehen kann ... Aber Kanaan kann doch kein Kanaan sein, kein Gottesland, keine Abschattung des Himmelreichs, kein Land, da der Herr wohnt, wenn Satan solche Macht hat über ein Menschenkind und wenn er triumphiert, indem er nicht weicht. Das kann nicht sein um der Ehre Jesu willen."

So flehte ich ohne Unterlaß und ließ nicht lokker: „Dein ist der Sieg, und darum wird es offenbar werden." „Und wenn es währt bis in die Nacht und wieder an den Morgen, so soll mein Herz an Gottes Macht verzweifeln nicht, noch sorgen ..."

Auf den Wegen nach Kanaan hatte ich glauben gelernt, wenn hundertmal der Glaube nicht zum Schauen wurde, sondern die Widersacher zu siegen schienen und der Kanaan-Auftrag wie zertrümmert vor mir lag. Immer neu hatte ich mich schweren Herzens durchglauben müssen. Nun aber mußte ich mich mit todwundem Herzen durchglauben. Hier hatte ich es mit der dämonischen Welt selber zu tun und nicht nur mit einer schweren Führung Gottes. Hier ging es um ein Menschenleben, das mir anvertraut war, ob es gerettet würde aus Satans Hand und Höllenmacht oder ob es ewig verloren wäre.

Was half mir durch, nicht müde zu werden? Das,

was Blumhardt aus seinen Erfahrungen in dem gewaltigen Kampf, der uns allen zum hilfreichen Vorbild gegeben ist, übermittelt hat: Diese Geister haben sich verraten, da sie sagten: Sein leidiges Beten, daß er nicht aufgehört habe, den Siegernamen Jesus auszurufen, hätte sie veranlaßt, den Kampf aufzugeben. So wußte ich eines: nur nicht den Glaubenskampf aufgeben, sondern weiterführen und den Sieg Jesu ausrufen, auch wenn es unzählige Male bisher nichts auszurichten schien. Dem durchhaltenden Glauben gehört immer der Sieg.

Und das Wunder geschah: Jesus erwies sich als das Lamm Gottes, das Satans Macht zerbrach. Satan mußte von dieser Seele weichen, sie wurde frei. Nach eineinhalb Jahren lag sie weinend zu Jesu Füßen, den sie in den Zeiten der dämonischen Beeinflussung – gegen ihr natürliches Empfinden – gelästert hatte, und brachte Ihm Tränen der Reue und der Liebeshingabe. Der Herr machte sie in den folgenden Jahren zu einer wahren Braut Jesu, die Ihm besonders innig verbunden wurde.

Doch in jenem Sommer war der Kampf noch nicht zu Ende. So mußte ich mit dieser schweren Last in das Vater-Dankfest hineingehen, ja mit der großen Enttäuschung, daß der Herr Jesus noch nicht meine vielen Gebete erhört hatte. Nun hieß es, Gott-Vater danken und Ihn anbeten, nicht in dem überströmenden Dank für erfahrene Hilfe in dieser Not, sondern auf dem Grund der Leiden. Ich wußte: Es sind die Lobgesänge in der Nacht, die dem Vater-Dankfest das Schwergewicht geben.

„Ein Lied will erklingen,
aus Tiefen besingen
den Willen des Vaters,
der heilig und groß;
und Seelen sich neigen,
dem Willen sich beugen,
anbeten die Ratschlüsse Gottes so hehr.

Von ferne wir stehen,
Gott stets nur nachsehen,
wie Er führt Verheißungen,
Pläne hinaus.
Anbetend wir schweigen,
demütig uns neigen,
bis wir es erfahren,
wo Gott will hinaus." *

VÖLLIG IN DER LIEBE

Es war Januar 1966. Ich hatte mich wieder zur Stille zurückgezogen, diesmal zu einer Gebets- und Fastenwoche für eine innere Erneuerung unserer Schwesternschaft. In diesen Tagen kam

* Freudenquell Jesus Nr. 222

mir das Buch eines Evangelisten in die Hände, der eine eigene Gemeinschaft gegründet hatte und nun über verschiedene christliche Gruppen schrieb. Ich kannte diesen Mann nicht, und er war noch nie bei uns gewesen. Als ich las, was er über unser Werk und mich geschrieben hatte, war es, als ob alle Wasserwogen über mir zusammenschlügen. Wohl waren in dieser Schrift auch andere Bewegungen in negativer Weise behandelt, ihnen waren aber zumeist weniger Seiten als uns gewidmet. Des Evangelisten besonderer Angriff galt unserer Marienschwesternschaft. Da las ich, daß mein Weg „teuflischen Charakters" sei. Der Verfasser schrieb in einer zweiten Schrift, die bald darauf erschien, daß ich die „Gemeinde Gottes zerreiße und zerstöre", den Namen Gottes „beschmutze und verlästere". Er führte als Beweis jedesmal dazu Ereignisse und Namen an, die entweder aus der Luft gegriffen oder völlig verdreht, mißgedeutet und damit reine Verleumdungen waren. Er sprach weiter von Irrlehre bei uns und daß ein falscher Geist sich einschleichen konnte, weil ich mich dem Hochmut öffnete. Der Hochmut sei immer Grund allen Abfalls gewesen.

Zur Begründung seines Urteils „dämonisch" führte er auf: „katholisierende Tendenzen", unsere „geistlichen Spiele", das „viele Beten und auch Fasten", unser „Weg der Buße und der Armut, des Gehorsams", meine „Aufrufe", die

„Geistesgaben der Weissagung, Sprachen", und daß missionarische und nicht diakonische Dienste im Vordergrund bei uns stünden. Weiter war zu lesen: „Paulus schreibt: ‚Wenn jemand nicht arbeitet, der soll auch nicht essen.' Was macht die Marienschwesternschaft? Statt daß die Marienschwesternschaft ihr täglich Brot mit ihrer Hände Arbeit verdient, treiben sie ‚fromme Kurzweil' mit Beten, Fasten, Theaterspielen (unsere Verkündigungsspiele) und dergleichen."
In jenen Wochen versuchte eine Bekannte von uns, dem Evangelisten die Wahrheit nahezubringen, und stellte ihm unter anderem vor Augen, wie der Herr uns auf Glaubenswegen Gebetserhörungen und Seine Wunder erleben ließ, auf welchen Wegen Gott ein „Kanaan" hat erstehen lassen. Seine Antwort war, der Teufel könne auch große Dinge tun!
War dieser Evangelist ein Einzelgänger, der sich in etwas hineingesteigert hatte? So sollte man meinen. Man würde auch annehmen, daß solch ein im Selbstverlag erschienenes Buch, in diesem Geist geschrieben, in bewußt christlichen Kreisen nichts ausrichten könnte. Doch dem war nicht so. Es standen viele Kreise dahinter, die schon jahrelang gegen unser Werk und mich eingestellt waren. Eine lange Geschichte des Kampfes, ja der Feindseligkeit, die schon während der Entstehung der Marienschwesternschaft begann, fand in diesem Buch ihre Krö-

nung. Denn diesmal berichtete man nicht nur in Form eines Rundschreibens an bestimmte Kreise über uns, sondern veröffentlichte all die Anklagen in einem Buch, das vom Verfasser und seinen Mitarbeitern planmäßig dem christlichen Buchhandel zugeleitet und außerdem an Prediger, Pfarrer und christliche Werke geschickt wurde. Prospekte darüber wurden verbreitet.
Ein führender Mann der Bekenntnis-Bewegung schrieb mir bald darauf: „Ich habe das Buch in diesen Tagen von bekannten und unbekannten Leuten mehrfach zugesandt bekommen, und zwar mit dem Hinweis, mich von Ihnen zurückzuziehen." Dieser Pfarrer hatte zum Verteilen bei einer großen Kundgebung 25 000 Exemplare meines Berichtes über den Kölner Kirchentag und 25 000 Exemplare der Broschüre „Mitmenschlichkeit" bestellt. Die geplante Verteilaktion sollte durch diese Warnung vor unserer Schwesternschaft unterbunden werden, was auf indirektem Wege auch tatsächlich erreicht wurde. Es war damit ein „Feldzug" gegen mich und unser Werk in Gang gekommen.
Meine Gebetswoche war zu einer Zeit der Tränen geworden. Aus den Kreisen, in denen nun dies Buch kursierte, hatte ich zuvor viele dankbare Leserechos bekommen, in denen bezeugt wurde, daß meine Schriften zu neuer Reue und Liebe zu Jesus, zu hingebender Nachfolge geholfen hatten. So brachte es mir unendliches

Leid, daß viele, die Jesus mit Ernst nachfolgen wollten, durch diese Schmähschriften innerlich verwirrt, ja daran irre wurden, ob der von ihnen eingeschlagene Weg der richtige sei.
Nicht lange Zeit vorher war ein anderes Buch herausgekommen, in dem es hieß: „Mit dem Darmstädter Maria-Wesen aber will der Hurengeist der Liebes- und Fruchtbarkeitsgöttin, im Bunde mit einem ständig gekreuzigten und blutenden Christus, ins evangelische Glaubensvolk eindringen. Es ist ein ‚Moloch-Geist'. Er verführt die Seelen zum Abfall und tritt den herrlichen Triumph und Sieg Christi mit Füßen."
Immer wieder sagten mir Gläubige, sie können es nicht fassen, daß solche Verleumdungen veröffentlicht würden. Doch beruhigten sie sich damit, daß auf die unglaublichen Argumente, die in diesen Büchern angeführt waren, keiner eingehen würde. Darum könnten uns diese Bücher auch nicht schaden. Ich aber wußte aus den Erfahrungen der letzten 20 Jahre, daß Lügen und Verleumdungen trotz unglaublicher, fast grotesker Argumente ein Gift sind, das eingeht. In den Herzen derer, die solche Bücher lesen, bleibt vieles haften. Wenigstens wird dadurch erreicht, ein Werk fragwürdig zu machen, daß man ihm nicht mehr traut. Ich hatte erlebt, daß solches Schrifttum Macht hat, den Ruf eines Werkes zu zerstören.
Schon zu Beginn des Weges unserer Marien-

schwesternschaft hatte ich erfahren, daß unrichtige Nachrichten, in Rundschreiben oder in Vorträgen weitergegeben, wie ein Lauffeuer durchs Land eilten. Doch durch dies neu erschienene Buch des Evangelisten war ein großräumiger Angriff gestartet, weil er und seine Mitarbeiter von der Notwendigkeit überzeugt waren, dies Buch bis ins Ausland hinein gezielt zu verbreiten. Es sollte erreicht werden, daß wir geächtet und unser Werk damit zerstört würde. Hier war etwas auf einen Höhepunkt gekommen von dem, was mich im Laufe der Jahre immer neu an schwersten Verleumdungen getroffen hatte. Wo Auszüge aus meinen Schriften oder Liedern in Zeitschriften, im Losungsbuch der Brüdergemeinde, in Kalendern oder sonst erschienen, wurden die Redaktionen hinterher zur Rechenschaft gezogen. Solche Verleger mußten fürchten, viele Bezieher ihrer Zeitschriften oder des Kalenders zu verlieren, wenn sie weiter etwas von mir abdrucken würden. Es war für mich demütigend zu wissen, daß jeder, der mit mir und unserem Werk in Berührung gekommen war, mit unter diese Schmach kam.
Das Buch des Evangelisten durchwanderte weiteste christliche Kreise. Freunde von uns bekamen Warnbriefe: Ich sei die größte dämonisch inspirierte Irrlehrerin – sie sollten jede Verbindung mit mir abbrechen, kein Buch mehr lesen. Ja, immer wieder wurde geraten, meine Bücher

zu verbrennen; selbst dort, wo das geistliche Schrifttum rar ist wie in der DDR, fielen meine Schriften solchen „Bücherverbrennungen" anheim.

In den Wochen und Monaten danach wollte mir fast das Herz brechen, wenn ich immer neue Nachrichten über die verheerenden Folgen, die das Buch des Evangelisten anrichtete, bekam. Ich schrieb:

> „Dämonisch gestempelt bin ich – unser Werk ist in Wirklichkeit neu begraben – wir sind durch den ‚Rufmord' so gut wie getötet. Mein Herz bricht schier vor all der Schmach und ist nur eine Wunde und krank vom Schmerz. Wir sind fast nur von Gegnern umgeben, kein Lichtblick nach dem furchtbaren Schlag."

Doch genauso oft oder noch mehr gab ich mich im Blick auf die Schmach, die mich durch das Buch getroffen hatte, zu Demütigungen hin:

> „Es soll mich demütiger machen, die priesterliche Liebe ausreifen lassen. – Ich schreie zum Herrn, daß Er alles, was nicht Liebe ist, in meiner Seele töte durch die vielen Schläge und Wunden, die mir eben geschlagen werden."

Der Herr schenkte es, daß ich letztlich im Frieden sein und mich beugen konnte unter Seine gewaltige Hand, die durch diesen Großangriff des Feindes unser Werk und mich traf. Obwohl es mir schwer fiel zu glauben, daß dieser Angriff unserem Werk und der uns aufgetragenen Botschaft letztlich nicht schaden könne, rang ich mich immer wieder zu dem Vertrauen durch, daß Gott alles zum Besten hinausführt.

Unter dem Zeichen dieses Buches des Evangelisten stand nun das Kanaan-Vater-Dankfest 1966 bevor, da Gottes Güte über Seinem Vollenden Kanaans gepriesen werden sollte. Und Gott prägte uns ein: Nicht das Fest war das Entscheidende, auch nicht die einzelnen Sendungsaufträge Kanaans – nein, eines war das Anliegen für das nun angelegte und bebaute Land Kanaan, daß es ein kleines „Königreich der Liebe" darstellte. Da der Herr den Auftrag, ein Kanaan zu erbauen, mir gegeben hatte, war es entscheidend, welchen Einfluß ich durch meine innere Haltung ausübte. So kam alles darauf an, daß ich im Blick auf diese Angriffe zur erbarmenden Liebe käme. Gott mußte bei mir zuerst die Liebe herausarbeiten. In meinem Herzen hieß es: „Nur geschmückt mit der völligen Liebe, der grenzenlosen Barmherzigkeit, der Fülle der Liebe zu Freund wie Feind stellst du ein Kanaan dar, bist du Bürger des Königreichs der Liebe." Wenn das nicht geschähe, würde Kanaan ein Zerrbild werden zur Unehre Gottes und nie ein kleines Königreich der Liebe sein. Nur als solches konnte Kanaan seinen Auftrag vollmächtig ausführen, würde es ein wahres Ausstrahlungs-

zentrum sein, würde „das Himmelreich nahe sein"; denn den Himmel macht aus, daß dort nur Liebende zusammen sind.
Die Liebe ist die Strahlungskraft, die den Bewohnern Kanaans den Freudenglanz bringt und damit von Kanaan die große Freude ausstrahlen lassen wird. Gott hatte darum einen klaren Plan, diese Liebe in mir zu erwecken, indem Er in dem Jahr der Vollendung des Aufbaus und der Gestaltung Kanaans sich ein Werkzeug erweckte, das gegen uns mit schweren Verleumdungen arbeitete. Es war Seine Liebesabsicht, daß dieser Züchtigungsweg mir zur Liebe verhelfe.
Auch schien sich für mein persönliches Leben damit ein Ring zu schließen. Mit dem Kampf um die Liebe hatte mein inneres Leben seinen Anfang genommen. Daran war ich in der Jugend gescheitert. Der Liebe teilhaftig zu werden war darum seit meiner Jugend die Bitte meines Herzens gewesen. Zum ersten Durchbruch der Liebe hatte mir der Herr geholfen, als Er mich vor einigen Jahrzehnten eine Zeitlang mit einem sehr schwierigen, hysterischen Menschen zusammenleben ließ, der mir viel Unrecht tat. Damals war ich durch ständiges Unrechtleidenmüssen verbittert – das Band zu diesem Menschen war zerrissen. Als der Herr mir aber meine Sünde zeigte, ich zur Reue kam und das Blut des Lammes über meine Bitterkeit anrief, erfuhr ich die erste Lösung: Ich überwand die Bitterkeit,

Liebe kam in mein Herz, das zerrüttete Verhältnis wurde geheilt.
Später schenkte mir der Herr immer neue Gnade, daß bei den vielen Schmähungen und Verleumdungen, die ich auf dem Weg der Marienschwesternschaft erfuhr, für Nichtvergeben oder gar Bitterkeit in meinem Herzen kein Raum war. Doch ich spürte, daß noch viel fehlte an der völligen Liebe. Ich spürte, wie sehr ich blutsmäßig die Enkelin eines Juristen war und daß Ungerechtigkeit und Unwahrheit für mich schwer zu ertragen waren. Das hemmte den Strom erbarmender Liebe.
Deutlich hatte ich dies drei Jahre vor dem Erscheinen dieses Buches gespürt. Wir waren als Marienschwestern nach Berlin gerufen worden, um ein Ruferspiel zu bringen. Durch Schmähschriften, mit denen man uns auch dort angriff, wurde vielen Menschen der Zugang zu unserem Ruferspiel verwehrt. Und als ich am anderen Morgen gebeten wurde, während des Gottesdienstes nach der Predigt noch zu der Gemeinde zu sprechen, verließen Gottesdienstbesucher ostentativ die Kirche, um kundzugeben, daß mein Wort für sie Irrlehre wäre. Während dieser Demütigung konnte mein Herz frohlocken, weil das ja Schmach um Jesu willen war. Doch zurückgekehrt ins Mutterhaus, erreichten mich weitere unwahre Aussagen über uns und Verleumdungen, und ich hörte, wie sehr alle Geg-

nerschaft neu entbrannt sei. Da erregte ich mich im Herzen über Unwahrheiten gerade solcher, die mit besonderem Ernst Jesus folgen wollen.

Als mich das auch während der Nacht noch umtrieb, zeigte mir der Herr sehr deutlich: Es ist Sünde, es ist dein Ich, dem das Unrechtleiden noch so schwer fällt. Das war die Wurzel, warum ich mich erregte und nicht schlafen konnte. Und doch hat Jesus uns gerade auf diese Lage und unser Verhalten darin hingewiesen bei Seiner Voraussage: „... Haben sie mich verfolgt, so werden sie euch auch verfolgen... Solches habe ich zu euch gesagt, daß ihr euch nicht ärgert" (Joh.15,20 u.16,1). In der Erkenntnis, mich wegen des Berliner Erlebens innerlich erregt zu haben, bat ich den Herrn, Er möge es mir doch schenken, daß ich bei solchen Verleumdungen ganz im Frieden bleiben könnte, selbst im Blick auf die schmerzliche Tatsache, daß durch Verleumdungen Menschenherzen vergiftet werden, Trennung in die Gemeinde Gottes gebracht und die Verbreitung der Botschaft Jesu gehindert wird.

Dies Gebet, das ich dem Herrn in den drei Jahren oft brachte, erhörte Er. Doch es ging Ihm um mehr – um die völlige Liebe. So sind meine Tagebücher und meine Lieder in den sechziger Jahren durchzogen von der Bitte um diese völlige Liebe zu meinen Gegnern; ist doch die Liebe das Größte, was Gott uns zuteil werden lassen kann. Denn Liebe ist das Herz Gottes. Zur Liebe sind wir geschaffen und von Jesus erlöst zu lieben, ja, unsere Feinde zu lieben, wirklich zu lieben. Ich wußte, diese Liebe wird uns nur dann geschenkt, wenn wir immer neu darum bitten und wenn wir fest daran glauben, daß wir durch Jesu Opfer zum Lieben erlöst sind. So sang ich immer wieder im Glauben:

„Ich bin erlöst, zum Lieben freigemacht,
ich bin erlöst, Du riefst: Es ist vollbracht!"

Wenn ich in jenen Jahren einen bestimmten Weg, den ich öfters ging, zurückzulegen hatte, war er diesem Bittgebet um die Liebe gewidmet, so daß jeder Schritt ein Schrei war:

„Vater, weil ich Dein Kind bin, mußt und wirst Du mich zur Liebe machen, da ich erwählt bin, Deine Züge zu tragen. Und mein Herr Jesus, weil ich zur Braut des Lammes gehören will, Deine Braut bin, wirst Du mich Dir ähnlich machen. Dazu hast Du Dein Blut vergossen. Und Herre Heiliger Geist, weil Du der Verklärer bist, wirst Du mich in das Bild der Liebe verklären."

Immer neu flehte ich so zu Gott im Bewußtsein, daß ich noch so wenig dieses Erbarmen hatte. Dabei stand mir Jesus vor der Seele, dessen Herz voll überströmender Liebe war, dessen erstes Gebet vom Kreuz herab nicht Seinen Freunden, sondern Seinen Feinden galt: „Vater, vergib ihnen." Jesu ganzes Wesen war Barmherzigkeit und Güte, und mit Seinem blutigen Opfer hat Er uns vom eitlen Wandel erlöst, damit wieder das Bild Gottes in uns gestaltet werden könnte. Ihn nicht zu enttäuschen, das war mein ganzes Verlangen.

Ich hatte so viele Wunder Gottes auf meinem Weg erfahren; sollte ich darum nicht auch an dies Wunder glauben, das zu wirken Gott wohl am meisten am Herzen liegt: daß wir Ihn als Seine Kinder in Seiner erbarmenden Liebe ausstrahlen? Diese Liebe umschließt auch unsere Widersacher und senkt ihre Strahlen hinein in streitende, rechthaberische Herzen. Diese Liebe liebt mit göttlichem Erbarmen die, die uns schmähen, Unrecht tun und verleumden, denn sie ist ein Strom der Liebe aus dem Herzen Gottes. Sie hat darum keine Grenzen und Schranken und bekümmert sich nicht um das, was ihr Ungemach und Schmach bringen könnte. Sollte ich nicht an das Wunder Gottes, für das Jesus Sein Leben in den Tod gegeben hat, glauben, daß Er uns durch Sein Blut zur völligen Liebe erlösen kann? Ich hatte immer erfahren: Was wir glauben – wenn wir uns auf feste Verheißungen Gottes stellen –, das werden wir erleben.

Allerdings müssen wir auch bereit sein, dafür die Erziehungs- und Züchtigungswege Gottes zu gehen. Der Glaube allein macht es nicht. Glauben und Züchtigungswege gehören zusammen, das hatte ich bereits auf dem Weg nach Kanaan erlebt. Denn wenn die Bibel sagt, daß wir im Glauben an Jesu Blut gereinigt werden, so sagt sie ebenso, daß wir Seiner Heiligung durch Züchtigung teilhaftig werden (Hebr. 12,10f). Wer nur an den Sieg Jesu glaubt, Sein Blut rühmt, aber nicht willig ist, sich vom Vater „beschneiden", züchtigen zu lassen, der erfährt kaum Sieg und kann keine Frucht bringen. Doch wer das Blut Jesu in Wahrheit in Anspruch nimmt, der ist auch willig, sich vom Herrn erziehen zu lassen, um „Seine Heiligung zu erlangen."

So benutzte Gott den schweren Schlag – das Buch des Evangelisten – gegen unser Werk und mich zur Erhörung meiner Gebete, daß Er mich mehr in das Bild Seiner Liebe gestalten wolle!

In den Jahren darauf – 1968/69 – führte der Herr mich in neue Lagen, um zu prüfen, wie es mit meiner Liebe bestellt sei. Mutter Martyria und ich erlebten leidvolle Enttäuschungen, ähnlich denen, wie sie der Apostel Paulus beschreibt: Solche, die ihm anfangs nahestanden und mit ihm zusammengearbeitet hatten, wurden später seine Gegner. Wir machten diese Erfahrung bei Freunden im In- und Ausland, gerade bei solchen, die wir sehr geliebt hatten. Sooft dabei schmerzliche Wunden geschlagen wurden, war es mir, als ob Jesus auf mich schaute: Wie werde ich mich jetzt verhalten? Bin ich voll Erbarmen, wie Er barmherzig ist; liebe ich, wie Er geliebt

hat; kann ich geduldig ausharren im Leiden, wie Er geduldig ausgeharrt hat?
Dabei hämmerte mir der Herr ins Herz: Es geht in deinem Leben um eines, um die Liebe. Nach nichts anderem fragt Gott, der Ewige und Heilige am Ende unseres Lebens. Alle unsere Werke, die nicht von Liebe gezeichnet sind, werden vergehen; es wird alles sterben, was nicht aus der Liebe getan ist. Die Liebe ist es allein, „die nimmer aufhört", sie ist ewig, unsterblich, weil sie göttliches Leben in sich trägt.
Von der versöhnenden Liebe zu künden, war nun im besonderen mein Auftrag bei unseren Rüstzeiten, in unserer Zeitschrift „... in alle Welt" und in meinem Schrifttum. Doch ich hatte diese Botschaft von der Versöhnung durch Jesu Liebe auch übers Meer zu tragen, zu Christen und Heiden, bis hin nach Indien. Die Botschaft von der versöhnenden Liebe war mein Leben geworden. Immer wieder wurde mir nach einem Vortrag gesagt: „Das ist d i e Botschaft, die wir brauchen. Denn bei uns, unter Christen und Heiden, herrscht viel Streit und Zwistigkeit, überall sind verbitterte Herzen." Ich durfte erleben, daß diese Botschaft, weil sie ein Lebenszeugnis und keine theoretische Lehre war, Herzen zur Versöhnung bereitmachte.
Gott hatte also Seinen Plan hinausgeführt und die Kampfmonate um die größere Liebe, die Feindesliebe, benützt, das große Kanaan-Vater-

Dankfest einzuleiten. In Kanaan, das ja ein kleines Königreich der Liebe sein sollte, mußte diese Botschaft an erster Stelle stehen: Die Jesusliebenden sind die Barmherzigen, denn wer Gott liebt, liebt auch seinen Bruder, ja seinen Feind. Die Einheit der Liebe mit Gott hat zur Folge die Einheit der Liebe mit dem Bruder. Selbst wenn der Bruder mir zum Feind wird, bleibt doch die versöhnende Hand des Jesusliebenden ausgestreckt.

So wurden all diese Erfahrungen und Kämpfe um die völlige Liebe ins Fundament Kanaans gelegt gerade vor seiner Vollendung und Einweihung.

DAS KANAAN - VATER - DANKFEST

Dem Vater sollte also am 10. Juli 1966 für die Vollendung Kanaans, für die Hinausführung Seiner Verheißungen von einer großen Gemeinde Dank und Lobpreis gebracht werden. Mit diesem Tag war ein Markstein in der Geschichte Kanaans gesetzt. Es war die Krönung aller Vater-Wege Gottes mit uns.

An diesem strahlenden Festtag lag das ganze Land Kanaan bebaut und angelegt vor unser aller Augen da. Über tausend Freunde waren gekommen, um den Herrn, der sich so wunderbar erwiesen hatte, mit uns zu preisen. Die Fahnen von zwanzig verschiedenen Nationen waren aufgepflanzt auf unserem kleinen „Berg der Seligpreisungen". Von so vielen Ländern, auch aus anderen Erdteilen, waren Festgäste angereist. Wunderbares war geschehen, was man jetzt vor Augen sehen konnte. Gottes Verheißungen hatten sich tatsächlich erfüllt. Auf Wegen des Glaubens, ohne menschliche Möglichkeiten und Macht, allein durchs Gebet war dies Land der Verheißungen eingenommen worden. Die fest geplante Umgehungsstraße, Siedlungen der Stadt und der amerikanischen Armee waren endgültig verlegt. Die Geldmittel zum Erwerb und zur Ausführung der Kanaan-Anlage waren durch Gottes Eingreifen zusammengekommen.
Was Gott hier getan hatte, offenbarte Sein Herz und Wesen der Liebe, der überströmenden, verschwenderischen Vatergüte. Sein großes Tun war es wert, daß Menschen von weither kamen, um mit in die Hymnen auf den „Vater der Güte" einzustimmen. So fand sich an unserem „See Genezareth" vor unserem „Berg der Seligpreisungen" eine zahlreiche und vielgestaltige Festgemeinde zusammen. Tatsächlich – ein kleiner See war auf Kanaan entstanden. Wer konnte fassen,

welches Wunder das bedeutete! Wer konnte ahnen, welche Glaubens- und Leidensstunden der Weg gebracht hatte, bis das Wasser da war! Denn Kanaan trug ja durch die Jahre seiner Erbauung hindurch etwas von Wüstencharakter an sich mit seinem sandigen, unergiebigen Boden in unserer niederschlagsarmen Gegend.
Nur im Glauben war damals ausgebaggert und das Seebecken von den Schwestern mit Steinen ausgepflastert worden. Denn vom Wasserwirtschaftsamt hatten wir die Auskunft bekommen, eine Bohrung in diesem Gebiet lohne sich nicht. Man könne bestenfalls Wasser zur täglichen Versorgung für einen Haushalt von vier bis fünf Personen bekommen. Was konnte es uns schon helfen, daß der Herr uns einen Hoffnungsstern hatte aufblinken lassen, indem Er einen uns bis dahin kaum bekannten Mann entzündet hatte, eine Bohrung auf Kanaan mit einzuleiten? Die Behörde hatte das Urteil gefällt, wenn es um die Wasserversorgung eines solchen großen Gebietes wie Kanaan durch eine Bohrung ginge, dann müßte dies ein Wunder sein, gleich einem „biblischen Ereignis".
Nun aber, an diesem großen Festtag – ein Posaunenstoß: Alle Augen wandten sich in eine Richtung, da man ein Wasserrauschen hörte. Die „Fontänen" der Beregnungsanlage stiegen hoch. Das Wasser strömte über die Wiesen und Felder. Von der anderen Seite her rauschte der

Vater-Brunnen, vor uns glitzerte der See. Tief ergriffen stimmten alle ein: „Großer Gott, wir loben Dich ..."
Wovon waren die Herzen so sehr bewegt? In der Festgemeinde waren viele unserer Freunde, die in den Jahren vorher nie hatten glauben wollen, daß dies „Wasser-Wunder" geschehen könnte. Und nachdem sie unseren Freundesbrief über unser Glaubensziel: „Wasser auf Kanaan" gelesen hatten, hatten sie mir gegenüber ihre Skepsis geäußert. Manche hielten dies Glaubensziel sogar für ein Gott-Versuchen. Darum war es Mutter Martyria und mir auch in den Jahren vorher die große Frage gewesen: Sollten wir unseren Freunden überhaupt davon sagen, sie in einem Brief zum Mitbeten und Glauben aufrufen, auch wenn dieses Glaubensziel nur wenige verstehen würden?
Wir hatten damals um eine Bestätigung gebetet, ob wir ein „Wasser-Wunder" im Glauben proklamieren sollten, ehe etwas davon in Sicht war. Wir baten um ein Losungswort, das vom „Wasser" sagte. Und wir hatten das Wort bekommen: „Ihr werdet mit Freuden Wasser schöpfen aus den Heilsbrunnen" (Jes. 12,3). Dies Wort hatten wir dann 1960 über den Freundesbrief gesetzt, der zum Mitglauben und Beten für Wasser auf Kanaan aufrief. Und nun, am 10. Juli 1966, schöpften wirklich unsere Freunde – während wir diesen Bibeltext sangen – „Wasser aus dem Brun-

nen". Sie tranken das frische Kanaan-Wasser das aus den kleinen Rohren am Brunnen fließt. Denn Gott hatte nach Jahren des Wartens, der Bereitung und Demütigung tatsächlich 1964 das „Wasser-Wunder" getan. Fünfundzwanzigmal soviel Wasser brachte unser Brunnen in der Stunde hervor als über 100 gleich große Brunnen dieser Gegend. Ein leitender Herr vom Wasserwerk bestätigte tief beeindruckt: „Hier ist ein Wunder geschehen!"

Ja, wir haben einen Gott, der Wunder tut. Das klang als Lobgesang vom „Berg der Seligpreisungen", der an diesem Tag unsere Naturbühne war. Von hier aus bezeugten die Schwestern unseren Gästen und Freunden in vielen Weisen all das, was der Herr in den Jahren bisher getan hatte. Von hier wurden die Großtaten Gottes ausgerufen. Die Einwohner Kanaans traten auf – alt und jung. Alles wetteiferte im Danken für die Güte Gottes, daß uns solch ein „Erbteil" Kanaan zuteil geworden war. Die Festgemeinde antwortete – das Lobpreisen, Feiern, Danken und Freuen währte mehr als drei Stunden, ohne daß man die Zeit wahrnahm.

Der Vater-Brunnen, aus dem unentwegt das Wasser hervorsprudelte, war mir ein sichtbares Zeichen dafür: So sprudelt aus dem Herzen Gottes Güte und Liebe ohne Unterlaß. Das hatte ich erfahren – ein Quell der Güte ist das Herz unseres Gottes. Und alle Chöre über die Vater-

Namen Gottes, die Sein Wesen kundmachten und die auf dem Brunnenrand als Zeichen des Dankes in Mosaiksteinen eingelegt sind, klangen den ganzen Tag über Kanaan. Die große Gemeinde stimmte mit ein: „Vater der Güte, der Liebe, der Gnade, Vater des Trostes, der Treue, des Erbarmens, der Geduld..."

Überall auf dem Kanaan - Gelände sah man Gruppen der Festgäste, wie sie sich erfreuten an dem, was hier geworden war. Ja, Kanaan, noch vor drei Jahren eine Art „Wüste" mit ungeordneten Sandbergen und verbrannten Rasenflächen, lag nun mit seinen Hügeln und dem See, mit seinen Brunnen, seinen Dank- und Denkmälern verwandelt als ein kleines „Prachtland" vor uns. Alles pries die Schöpferherrlichkeit Gottes: die saftigen Wiesen und Blumen, die angepflanzten Büsche und Bäume voll Schönheit. Die verschiedenen Häuser auf unserem Kanaan standen schuldenfrei da. Wer konnte diese Vatergüte fassen?

Es war, als ob des Vaters Güte sich auch in dem Wetter dieses Tages erzeigen wollte. Wir waren ganz auf gutes Wetter angewiesen, weil das Feiern zum großen Teil draußen im Freien am „Berg der Seligpreisungen" geschehen sollte. Und mitten im Juli war große Hitze zu befürchten mit brennender Sonne oder starker Gewitterregen. Der Vater gab das vollkommenste Wetter. Es war ein milder, warmer Tag – keine Hitze, keine

brennende Sonne, so daß alle draußen sitzen konnten. Noch vollkommener hätte es nicht sein können. Erst als die letzten Gäste abgefahren waren, setzte der Regen ein.
Als wir vormittags in der Jesu-Ruf-Kapelle den Festgottesdienst hatten, war es mir im Herzen, dabei Gottes Vater-Güte zu preisen, indem ich meinen Töchtern vor Gottes Angesicht und im Beisein der Gemeinde verschiedene Fragen vorlegte wie:

„Hat Gott uns all die Jahre jeden Tag den Tisch gedeckt und uns versorgt?"

„Hat der Herr im Blick auf Kanaan Sein Wort gehalten?"

„Hat Er sich als Vater erwiesen?"

Daraufhin standen sie auf und antworteten von ganzem Herzen mit einem „Ja, Amen". Unsere Töchter hatten ja miterlebt, vor wie vielen Unmöglichkeiten, Nöten und Abgründen wir gestanden hatten. Darum wußten sie, welch ein Erleben von Gottes Macht und Güte, von Seiner Durchhilfe das in sich schloß, wenn sie mit „ja" antworten konnten. Ein mächtiger Chor der Anbetung und des Dankes scholl als Echo zu Ihm empor.
Draußen vor der Jesu-Ruf-Kapelle war dieser Dank gleichsam in Stein gemauert – sechs Gedenksteine mit Gottesworten, die uns für den Bau Kanaans im Laufe der Jahre gegeben waren, sagten von unserem Dank für Seine Wunder,

Seine Hilfe auf dem Weg bis zur Erschließung Kanaans aus.
Wohin mein Auge schaute – mein Herz konnte nur staunen. Was hatte Gott getan! Ich mußte anbeten: Wir haben einen Gott, der da Wunder tut, einen Vater voller Güte, der nicht nur Verheißungen gibt, sondern sie erfüllt, dessen Name „Ja und Amen" ist.

ICH PREIS DEN NAMEN, DER JA UND AMEN

Schon seit Beginn unserer Marienschwesternschaft spielte ich abends oft bei offener Zimmertür auf dem Harmonium und sang meinen Töchtern ins Herz von der Liebe zu Jesus, von Seinem Leiden, von der Güte des Vaters, von der Herrlichkeit des Himmels. Sie kannten meine Lieblingslieder und warteten schon darauf, sie zu hören. In den Jahren nach dem Vater-Dankfest aber war es ein Lied, das ich immer wieder singen mußte. Es war ein Lied, das ich in dunkelster Stunde einmal niedergeschrieben hatte im Glauben und Vorausdanken, daß wir einen

Gott haben, der alle Wege herrlich hinausführt:

„Ich preis den Namen, der Ja und Amen,
ich preis die Wege, die ich mußt gehn
in dunkler Nacht, die mir gebracht
Frucht, Segen ohne Ende.

Ich preis den Namen, der Ja und Amen,
der führt zum Ziel, weil Gottes Will'
einzig nur Güte, Liebe ..."

Dies Lied bewegte mich darum so sehr, weil ich es auf manchen Gebieten meines Lebens nun nicht mehr nur im Glauben zu singen brauchte, sondern tatsächlich erfahren hatte: Er vollendet das Werk, das Er aufgetragen hat. Ich durfte etwas davon schauen, daß dieser Name Gottes gleichsam unter vielem geschrieben stand, was Er mir verheißen hatte.
Durch die anfechtungsreichen Glaubenswege für Kanaan, die der Herr so wunderbar zum Ziel geführt hatte, waren viele Menschen ermutigt worden, selbst Glaubensschritte zu tun. Beiläufig erzählten Missionarinnen aus dem Fernen Osten, wie sie in dunkelster Stunde, als ihre Kinderbaracken durch Hochwasser zerstört waren, unser Buch „Realitäten" bekamen und dann im Glauben darangingen, ein richtiges Kinderheim zu erbauen, das nun vollendet dastand. – „Ich bin dabei, ein Kanaan aufzubauen, ein Glaubenswerk für eingeborene Kinder," schrieb

ein Pfarrer aus Afrika. „Ich möchte solch ein Kanaan in England bauen helfen," ein anglikanischer Pfarrer. „Ein Stück Land für ein Kanaan habe ich schon," berichtete uns eine Schwester aus Indien ... Überall hatte Gott einzelne Herzen dafür erweckt, durch den Glauben die Königsherrschaft Jesu Christi auf Erden mehr sichtbar zu machen vor vielen Zeugen.

Und Gott hatte außer denen, die Seinen „Kanaan-Gedanken" für sich und ihre Länder aufnahmen, auch solche erweckt, die unseren Kanaan-Auftrag verwirklichen halfen. Nach Glaubens- und Leidenswegen spart es der Herr tatsächlich nicht erst für die jenseitige Welt auf, uns mit Gutem zu überschütten, sondern vergilt jetzt schon hundertfältig, wenn auch unter Verfolgung, wie Er versprochen hat. So gab Er uns für unser Kanaan geistliche und praktisch tätige Freunde. Er gab uns einen Arzt, der uns mit großer Liebe und Selbstlosigkeit half, einen Oberbaudirektor, einen Bürgermeister und einen getreuen Baupolier zu Freunden. Er gab Berater für fast alle Gebiete unserer vielfältigen Sendung, für die Ruferspiele, für die Druckmaschinen und fürs Tonstudio, für die Landwirtschaft und die Bienen, für Lobpreistafeln und Keramik. Er gab Wohltäter, die durch alle Jahre Gaben und Opfer gebracht und Kanaan mit erbaut haben. Und Er gab uns schließlich „Sendungsträger", die für ihr Land oder ihre Gegend, nachdem sie auf

Kanaan entzündet worden waren, „Botschafter an Christi Statt" wurden.

Außerdem hatte der Herr die kostbare Verheißung, die ich Ihm seit 1945 immer wieder vorgehalten hatte, auch in anderer Weise weiter eingelöst: „Ich will unter ihnen wohnen und will ihr Gott sein, und sie sollen mein Volk sein" (3. Mose 26,12).

Wie oft haben wir aus dem Munde unserer Gäste und Besucher gehört, daß sie trotz uns und aller unserer Schwächen auf Kanaan einen Anbruch vom Himmelreich und Paradies geschmeckt haben. Sie sind Gott begegnet, erneuert und glücklich geworden, Scharen von Menschen Jahr für Jahr – und zwar alle auf dem Weg der Reue, wie wir es selbst erfahren haben. Aus den verschiedensten und entlegensten Ländern der Welt kamen sie auf Kanaan zusammen. Die meisten gingen wieder in ihre Länder zurück voll Freude, weil sie durch Reue und Beichte neu die Vergebung Jesu erfaßten und befreit wurden von ihrer Sündenlast. Größere Liebe zu Jesus hatte ihre Herzen entzündet, Ihm nachzufolgen und für Ihn leiden zu wollen. Ja, Kanaan war die „vielbesuchte Stadt" geworden, da Jesusliebende aus allen Kreisen und Glaubensrichtungen sich treffen. Und viele kamen in dieser letzten Zeit noch zum Glauben und wurden Jesu Eigentum – auch viele Jugendliche. Wie sollte ich anders, als angesichts dessen wieder und wieder

zu singen: „Ich preis den Namen, der Ja und Amen..."
Aber nicht nur viele Besucher und Gäste hatte der Herr uns gegeben. Es vergeht kein Tag, an dem ich Ihm nicht dafür danke, daß Er mir Töchter gegeben hat, an denen bereits abzulesen ist, wie sich aller innere Kampf ausbezahlt. Mit Mutter Martyria habe ich in meinem Leben auf die innere Bereitung unserer Töchter viel Mühe verwandt und dafür gebetet. Aber nun hat der Herr auch göttliche Freude anbrechen lassen. Schwestern, die zu Depressionen neigten, sind fröhlich geworden, Hartgebundene frei, Disharmonische gelöst. Sicher brachten sie mir Enttäuschung und Anfechtungen. Doch sie sind mir vor allem große Freude geworden. Ihnen galt meine Liebe, und jede einzelne meiner Töchter ist mir wie ein Juwel. Alle sind sie ja durch Sein kostbares Blut von Jesus erlöst, von Ihm erworben, von Ihm gewonnen, und zwar zu Seiner Braut, zur Braut des Lammes, und alle Arbeit an ihnen ist nicht vergeblich gewesen.
Die innere Verbundenheit als „Familie", wie Mutter Martyria und ich sie von Anfang an mit unseren Töchtern hatten, war von Jahr zu Jahr fester und inniger geworden. Denn das Band der Liebe, das durch ständige gegenseitige Vergebung entsteht, ist das stärkste Band. Dies Vergeben ist mir deshalb nicht schwer geworden, weil ich mich immer selbst schuldig wußte. Wie

oft hatte ich in der Geduld versagt, in der demütigen Liebe und Güte und es meinen Töchtern dadurch nicht leicht gemacht. Darum danke ich ihnen, daß sie mir immer wieder mit so zarter Liebe begegnen.
Die Liebe und Verbundenheit untereinander in unserer großen Familie ist aber in dem Maß gewachsen, als sie Jesus gegenüber zugenommen hat. Was die früheren Jahre oft beschattet hatte, nämlich Gleichgültigkeit gegen Gottes Aufträge und daß man mehr mit sich selbst als mit den Anliegen Seines Reiches beschäftigt war, ist zumeist gewichen. Unsere Töchter leben mit in den Leiden und Freuden der Sendung, die Gott uns aufgetragen hat.
Beglückend sind unsere Tischgemeinschaften, bei denen von allem Wichtigen berichtet wird und von denen viel Inspiration und Ansporn für unsere Aufträge ausgeht. Freude liegt auf den Angesichtern, wenn wieder ein Sieg fürs Reich Gottes erfochten ist, wenn entsprechende Briefe aus unseren Außenstationen vorgelesen werden und von allen Seiten und Ländern die Sendungsnachrichten einlaufen. Hochbegehrt sind die gemeinsamen Morgenwachen und abendlichen Zusammenseins. Haben wir unsere Glaubens- und Sendungsabende, so setzen sich alle mit Beteiligung ihres Herzens im Gebet ein, daß Jesu Sieg bei diesem oder jenem Auftrag zum Vollzug käme.

Auch die monatliche Rücksprache mit meinen Töchtern ist mir ein Geschenk, weil ich dann an viel Kostbarem, das Jesus in sie hineingelegt hat, Anteil habe. Und welch gesegnete Stunden habe ich mit kleinen Gruppen meiner Töchter! Da gibt es kein Programm – das haben wir auch nicht, wenn wir im großen Kreis zusammen sind. Wem das Herz voll ist, dem geht der Mund über – so erzähle ich ihnen etwa von der Himmelsherrlichkeit, auf die wir zuleben dürfen. Dann wieder treibt es uns, den Vater zu besingen oder die Liebe Jesu. Dabei sind wir eine glückliche Familie – Kinder Gottes, des einen Vaters, Braut des Lammes, Geführte vom Heiligen Geist, vereint in der Liebe und wartend auf den Tag, an dem wir droben zusammen das Lamm Gottes anbeten dürfen.

Dies Leben mit meinen Töchtern war, seit ich Mutter der Marienschwesternschaft bin, Herzstück meines Lebens. Denn wo man liebt, da ist unser Herz. Deshalb hatte der Herr mir gerade auf diesem Punkt durch alle Jahre hindurch Gelegenheit zum Opfer gegeben. 1952 war es Sein Ruf in die Stille – einige Jahre später kamen zu meinen stillen Zeiten noch die vielen Reisen; und auch nach der Zeit der Reisen wußte ich, was davon abhängt, meinem Gebetsauftrag in der Stille treu zu bleiben. Darum galt es für mich von vornherein, den Jahreskalender so einzuteilen, daß – meist im Wechsel von Woche zu

Woche – die Zeit „allein mit Jesus" und die Zeit inmitten meiner Töchter mit allen Aufgaben zu gleichen Teilen eingeplant war. Dies „zweigeteilte" Leben hatte aber nicht zur Folge, daß die Töchter zu kurz kamen, sondern daß Gott die Zeiten, in denen ich bei ihnen war, um so mehr segnete.

Doch nicht nur dafür danke ich viel, daß der Herr mich im Blick auf unsere Marienschwesternschaft hier auf Kanaan etwas von Seinem „Ja und Amen" erfahren läßt, sondern daß Er es auch im Blick auf unsere Töchter in den „Wiegen" tut. Sie sind aus Liebe zu Jesus bereit geworden, Kanaan, Mütter und Schwestern zu verlassen und auch ihr Leben in diesen Ländern einzusetzen, wie sie es verschiedentlich schon unter Beweis zu stellen haben, auf daß „anbreche das Himmelreich". Die Sendungsanliegen, die Gott ihnen für ihr jeweiliges Land gegeben hat, sind ein Teil ihrer selbst geworden.

Wenn es mir jedesmal schwer fiel, wieder Schwestern in dieser bedrohten Zeit in andere Länder ausreisen zu lassen, so hat doch der Herr uns nicht nur Töchter für die „Wiegen" abverlangt, sondern Er hat uns auch wieder neue Töchter gegeben. Auch das gehört zu Seinem „Ja und Amen". In den letzten Jahren besichtigte ich mit Mutter Martyria unser Mutterhaus von allen Seiten, um zu beraten, wo noch etwas an Wohnraum herauszubekommen wäre oder ob wir wieder bauen müßten, was dann unbedingt nötig war. Denn über 50 Schwestern aus zehn Ländern sind innerhalb von sechs Jahren eingetreten, und dies in einer Zeit, in der unsere Jugend weitgehend ohne Ideale, in der Apathie des Wohlstands, ja sündenversklavt dahinlebt. Bewegend ist es für uns, wenn wir Jahr für Jahr am Abend der sogenannten „Rufschwesternfeier", dem Eintrittstag eines neuen Kurses, die Zeugnisse jeder Rufschwester hören, wie Jesus als der Bräutigam ihrer Seele in ihr Leben einbrach und sie in die Marienschwesternschaft berief – auch über Landesgrenzen und Ozeane hinweg.

Dasselbe gilt für unsere Kanaan-Franziskus-Brüder, deren Bruderschaftsgründung 1967 geschah. Unvergeßlich ist mir der Augenblick meiner USA-Reise, als ich von einem Pfarrer in Minneapolis zu weiteren Diensten abgeholt wurde und unterwegs im Wagen plötzlich der Aufruf und die Bitte vor mir stand, der Herr möchte auch für Brüder unseren Weg der Nachfolge und die Aufträge Kanaans öffnen. Dieser Ruf wurde stärker als die vielen Fragen, die im Blick auf die Verwirklichung in mir und Mutter Martyria aufstiegen. Und der Herr berief bald darauf die ersten vier Brüder, zwei aus den Vereinigten Staaten und zwei aus unserm Land. Er pflanzte sie ein in unseren inneren Auftrag, machte sie und weitere, die dazukamen, zu wirklichen Kanaan-Franziskus-Brüdern. So können sie sich einerseits in gesunder Eigenständigkeit als kleine Bruderschaft entwickeln; andererseits aber sind sie echte geistliche Söhne Kanaans, die sich nicht nur an allen unseren Aufträgen mit ganzem Einsatz beteiligen, sei es bei Garten-, Tonband- oder Jugendarbeit, sondern vor allem danach verlangen, aus den inneren Quellen zu schöpfen und zu leben, die Gott im Lauf der Jahre unter uns hat aufbrechen lassen.

Zur Großfamilie gehört auch der Kreis der Dornenkranzschwestern – Frauen, die im fortgeschrittenen Alter Jesu Ruf gehört und sich als Ledige oder Verwitwete aus Familie oder Beruf gelöst haben aus Liebe zu Jesus. Sie haben viele verborgene Opfer gebracht und die Leiden und Lasten unserer Sendung auf Kanaan in großer Treue mitgetragen, ihre Kraft oft bis zum letzten dafür verzehrt. Ihr Haus „Jesu Trost" im Süden Kanaans ist zum Heimathaus unserer Dornenschwestern geworden, und sie sind deren Kerntrupp. Denn zum Kanaanvolk gehören auch solche, die nicht immer auf Kanaan wohnen können. Schon seit der Erweckungszeit gab es Frauen, die – zumeist weil verheiratet – nicht Marienschwester werden konnten, es aber ihrem Herzen und ihrer Sehnsucht nach waren. Sie schlossen sich zur Dornenschwesternschaft zusammen und halten, vor allem durch zweimalige Rüstzeiten im Jahr, ganz enge geistliche Verbindung mit uns.

Im Blick auf unsere Dornenkranzschwestern und auf die Dornenschwesternschaft gilt mein Dank für Gottes „Ja und Amen" vor allem der inneren Erneuerung, die Er in den letzten Jahren gewirkt hat. Auch sie hatten Zeiten der Reifung und Bewährung durchlaufen. Und es ist mir Trost und große Freude, wie die Dornenkranzschwestern als Gebetsrückhalt und die Dornenschwestern zum Teil in vordersten Frontgebieten mitten in unserer dunklen Welt heute ihre Bastionen für unseren Herrn Jesus halten – wie sie kämpfen und leiden für Ihn. Dornenkranz- und Dornenschwesternschaft sind uns für Kanaans Auftrag unentbehrlich geworden. Sie sind vielfach Kern der Ruferdienste und Stützen der Kanaankreise. Ja, auch dafür bin ich voller Dank, daß der Herr so viel treue Kanaanfreunde erweckte, die im In- und Ausland mit uns dafür leben möchten, daß Kanaans Aufträge hinausgeführt werden und daß auf den Wegen der Buße da und dort Himmelreich anbreche.
Dazu aber hat der Herr mir noch viele andere innerlich verbunden, deren Länder und Sprachen ich nicht kenne, Freunde, Leser und Hörer. Ihre so unmittelbaren, herzlichen Echos kann ich immer nur wieder Gott zurückgeben und sagen: Ja, Sein Wort ist wahrhaftig, Er tut, was Er verspricht – Er heißt Ja und Amen.

Doch der Herr gab uns nicht nur geistliche und auch praktisch tätige Freunde, dazu die verschiedenen Wohltäter und Sendungsträger, sondern Er hatte ein besonderes Geschenk für unser Kanaan bereit, das für mich persönlich eine große Gabe Gottes in sich schloß. Er gab unseren Schwestern „Alteltern". Es waren meine Eltern, „die Alteltern Schlink" – so nannten meine geistlichen Töchter sie, und so unterschrieben meine Eltern jeweils ihre Grüße an die Schwestern. Kanaan und auch die Marienschwesternschaft waren die Liebe meiner Eltern geworden. Von der Vielzahl ihrer „Enkel" – unserer Schwestern – kannten sie jede einzelne, und in ihren Gebeten hatten Kanaan und die Marienschwestern, besonders die im Ausland, in den „Wiegen" lebenden, einen großen Platz. Auch gab es auf Kanaan kein Fest, keine Feier, wozu sich nicht meine Eltern, bis in ihr 90. Lebensjahr hinein, einstellten, wenn immer sie es gesundheitlich konnten. Ja, als bei meinem Vater gegen Ende seines Lebens durch die Beschwerden des Alters das Gedächtnis nachließ, war ihm trotzdem alles, was die Anliegen Kanaans und der Schwesternschaft betraf, um so lebendiger gegenwärtig. Er wuß-

te die ganz konkreten Fürbitte-Anliegen und brachte sie Tag für Tag in langen Gebeten vor Gott.
Diese Liebe zu Kanaan, zur Marienschwesternschaft war für mich ein Zeichen des Eingreifens Gottes, über dem ich immer neu singen mußte: „Ich preis den Namen, der Ja und Amen ..." Denn so war es nicht von Beginn der Erweckung und Entstehung der Marienschwesternschaft an gewesen. Für meine Eltern war mein Weg seit 1935 begreiflicherweise sehr schwer und völlig unverständlich. Denn damals begann ich meinen Schritt in die Fußtapfen der Armut Jesu zu setzen, was für meinen Vater als Hochschulprofessor und langjährigen Rektor natürlich schmerzlich war. Er hatte mich studieren lassen bis zur Promotion – und ich hatte bald danach alle „standesgemäßen" Stellungen ausgeschlagen.
Seit Beginn unserer Marienschwesternschaft bis unser Mutterhaus erbaut war, hatten meine Eltern das Opfer gebracht, unsere große Schwestern-Familie in ihr Haus aufzunehmen, was Einschränkungen an Raum und Stille für sie mit sich brachte. Dabei waren sie damals – von den Gegebenheiten her – wenig an unserem innerschwesternschaftlichen Leben beteiligt, was aber meine ganze Kraft und Zeit beanspruchte. Das bedeutete für sie Verzicht. Wohl lernte ich in diesen Jahren die Gelegenheiten ausnützen, die mir blieben, um meinen Eltern Anteil zu geben

an dem, was unser junges Werk betraf. Aber da es mir nicht möglich war, Gottes Aufträge vor dem Anspruch des Elternhauses auf mich zurückzustellen, war es unvermeidlich, ihnen Enttäuschungen und Kummer zu bereiten. In ihrem hohen Alter sorgten sich meine Eltern auch, sie könnten gerade dann heimgehen, wenn ich wieder auf einer meiner Reisen war. Das legte sich als große Last auf sie, und um ihretwillen brachte es dann auch mir Schmerzen. Aber Jesu Wort sagt: „Wer Vater oder Mutter mehr liebt als mich, der ist mein nicht wert" (Matth. 10,37).
Auch waren manche Wege, die mich nun der Herr gehen ließ, anfangs meiner Familie unverständlich und brachten Schwierigkeiten. Die „Glaubenswege" zum Beispiel, die Gott mich führte, waren nur für „himmlische Mathematik" geeignet – und nicht für die, welche mein Vater als Mathematik-Professor gewöhnt war. Bei ihm mußte alles aufgehen, im voraus gesichert sein; es mußten klare Kostenvoranschläge und Finanzierungsnachweise vorliegen – was auch meiner Veranlagung gemäß war. Nun aber wurden meine Eltern überrascht von einem „Glaubensabenteuer" nach dem andern, wodurch für sie jedesmal die Familienehre auf dem Spiel stand. Nie werde ich vergessen, welch ein Erschrecken mein Vater mir gegenüber zum Ausdruck brachte, als ich ihm Gottes Auftrag für Kanaan unterbreitete.

Eine besondere Güte Gottes war es mir darum im Blick auf meine Eltern, wie treu sich der Herr in den Jahren der Entstehung Kanaans erwies. So wurden sie selber Zeugen, wie Gottes Aufträge als solche beglaubigt wurden, indem sie sich verwirklichten. Mein Vater staunte von Jahr zu Jahr mehr über die Wunder, die Gott bei uns auf Kanaan tat. Wenn wir zusammen beteten, strömte tiefer Dank aus seinen Gebeten zum himmlischen Vater. Nun – nachdem Gott sich jahrelang auf den Glaubenswegen als der Gebete Erhörende erwiesen hatte – pries mein Vater die „himmlische Mathematik", die ein ganzes Kanaan hatte erstehen lassen. Jedesmal begann mein Vater zu strahlen, wenn ich ihm von einer neuen Gebetserhörung, einem neuen Wunder Gottes erzählte. Welch eine Erfüllung bedeutete mir dies nach manchem Schweren in den Jahren vorher!

Die Liebeseinheit mit meinen Eltern in unserem Herrn Jesus, die im letzten Jahrzehnt so innig und warm geworden war, gehört darum zu diesem Ja-Amen-Kapitel. Sie war nach manchen Kämpfen, Leiden und Reuetränen als Sieg vom Herrn geschenkt worden und ließ auch in diesem Verhältnis Kanaan als Anbruch des Reiches Gottes, als Reich der Liebe aufleuchten.

„LETZTE STUNDE" UM DIE SENDUNG NOCH HINAUSZUFÜHREN

Gott hatte gewollt, daß ich mit meinem Leben durch viele Zeiten der Stille und Abgeschlossenheit ein Zeichen aufrichten sollte für Seinen Ganzheitsanspruch an uns – Sein erstes Gebot, Ihn über alles zu lieben – und auszuleben, „vor allen Dingen und zuerst Gebet". 17 Jahre, nachdem ich in jenen Herbsttagen 1952 diesem Ruf nachgekommen war, liefen eine Reihe von Luftpostbriefen bei uns ein von den verschiedensten Rundfunkstationen aus fernen Ländern, selbst von Afrika und Asien. Die Briefe enthielten Bitten um Radiobotschaften, die aus meinem Schrifttum zusammengestellt worden waren. Einen weltweiten Auftrag hatte der Herr aus diesem Weg in die Stille wachsen lassen – darüber konnte ich nur staunen.

Er ließ uns dafür unser Kanaan-Studio erbauen in einer Zeit, als schon ringsum am Horizont die Wetter des Verfolgungs- und Katastrophenzeitalters heraufzogen, da jeder nach menschlichem Denken sagen mußte: Jetzt kann man nicht mehr mit solch einer Rundfunkarbeit beginnen – ohne Gelder, ohne Erfahrung, ohne Fachkräfte, ohne alles Notwendige und ohne Aussicht auf die dafür noch erforderliche Zeit des Friedens. Aber

Gott gab mir die Gewißheit, es wagen zu sollen, und in kürzester Zeit war das Studio fertig. Unsere Brüder und Schwestern auf Kanaan bekamen neue Gaben für dies Fachgebiet, und einige begabte Mitarbeiter führte uns der Herr zu. Auf überwältigende Weise kamen Spenden herbei für die hohen Ausgaben.
So begannen wir Rundfunkbotschaften herzustellen, von denen ich die deutschen und zum Teil die englischen im eigenen Studio sprach; Lieder und Instrumentalmusik unterstrichen das jeweilige Anliegen. Was für Fachleute unfaßlich ist, tat Gott: Innerhalb von zwei Jahren wurden unsere Rundfunkbotschaften, die eine Dauer von 1, 2, 5, 15 und 30 Minuten haben, in die verschiedensten Sprachen übersetzt und von einer ganzen Reihe von Sendern täglich oder wöchentlich in alle fünf Erdteile ausgestrahlt. Millionen von Menschen bis an die Enden der Erde werden dadurch erreicht, selbst unsere um Jesu willen verfolgten Brüder. Seine Gedanken sind wahrlich höher als die unseren.
Echos liefen nun ein aus dem indonesischen Dschungel, aus vietnamesischen Kriegsgebieten, aus indischen Colleges und amerikanischen Großstädten, von ausgewanderten Juden, aus dem Urwald von Birma und von einsamen Missionsstationen aus Neu-Guinea und Malaysia. Das ließ mich oft die Ratschlüsse Gottes anbeten, die so unbegreiflich und wunderbar sind. Aber

die Eile, mit der Er uns die Türen noch öffnete und alle Wege ebnete, bestätigte mir, daß wir nur noch sehr wenig Zeit haben.
So galt es auch, einen Film über Kanaan in Angriff zu nehmen, um Alt und Jung im In- und Ausland auf diese zeitgemäße Weise glaubhaft nahezubringen, wer unser Gott ist. Schon Jahre vorher hatten wir für dies Vorhaben das biblische Losungswort bekommen: „Darum, meine lieben Brüder, seid fest, unbeweglich und nehmet immer zu in dem Werk des Herrn, sintemal ihr wisset, daß eure Arbeit nicht vergeblich ist in dem Herrn" (1.Kor.15,58). Wir hatten in diesen Jahren die Erfahrung gemacht, daß die Herstellung eines solchen Filmes keine Kleinigkeit ist und daß uns jede Voraussetzung dafür fehlt. Aber nun, 1972, war ganz deutlich Gottes Stunde für den Kanaanfilm da.
Spontan häuften sich Geschehnisse als Bestätigung Gottes dafür, daß er jetzt in Angriff zu nehmen sei. Man nannte uns eine Filmgesellschaft, die technisch fähig und geistig sensibel war für diese Aufgabe. Die Termine klärten sich unter himmlischer Regie. Gottes Geist half uns, in kürzester Zeit das Drehbuch zu schreiben ohne jegliche Erfahrung darin. Der Vater schenkte uns für die zwei Wochen Drehzeit strahlendes Wetter und fügte es, daß eine Fülle von filmenswerten Begebenheiten „gerade jetzt" zusammentrafen. Er sorgte für Spenden, die alle laufenden Rech-

nungen wieder beglichen. Es schien zwar, als habe der Teufel eine große Wut auf den Film, denn er versuchte, ihn beim Entwickeln und auch bei späteren Arbeitsgängen streckenweise zu vernichten. Doch vergeblich. Der Herr stritt für den Film. So konnte die englische Fassung schon in Angriff genommen werden, während die deutsche noch in Arbeit war.

An der Wirkung des Filmes zeigte Gott, wie es Ihm selber am Herzen gelegen haben muß, dies Massenmedium zu benutzen, um ungezählte Suchende, Sich-Sehnende, Resignierte, Laugewordene und in der Sünde Ertrinkende zu sich als dem Quell alles Lebens zu ziehen, Ihn-Liebende neu und mehr zu entzünden. Wie lange hatte mir dieser Film am Herzen gebrannt; denn die Erde besteht bald nur noch aus aufgerichteten Zeichen der Finsternis, sie ist von der Sünde überflutet, und Schmutz und Perversitäten kennen keine Grenzen mehr. Ich hatte den Herrn durch Jahre hindurch wieder und wieder angefleht, daß Er doch diesen Film noch einmal wie zu einem ausgeworfenen Netz machen möchte für Sein Reich, daß Er ihn gelingen lassen und noch Gnadenzeit schenken möchte, um dadurch noch zu retten. Denn wir dürfen den allmächtigen und alliebenden Gott, unseren Vater, kennen und täglich erfahren, wer Jesus, unser Erlöser, ist und was Sein Geist vermag – doch ohne Film und Sender hatten uns die Mittel und Mög-

lichkeiten gefehlt, Ihn den Menschen noch genugsam und weltweit nahezubringen.
Wohl arbeiteten seit Jahren unsere „Kanaan-Feuerteams" in treuer Kleinarbeit. Sie verteilten Kernworte, verbreiteten unser Kleinschrifttum, stellten Ruferkästen zu Hunderten auf, eroberten Verkehrs- und Touristenpunkte für Rufertafeln und Telefonnummern für Kurzbotschaften. Sie machten Plakataktionen, sammelten Hauskreise, um Tonbandansprachen zu hören, reisten mit den Kanaan-Diaserien durchs Land und taten vieles mehr. Aber mir war es immer wie eine Klage gewesen: Was ist das im Anblick der Millionen? Wir müßten ihnen „verleiblicht" zeigen können, wie und wer Gott ist, daß Er der Lebendige ist, für den es nichts – auch keine Sünde – gibt, womit Er nicht fertig wird. Es müßte den Menschen sichtbar vor Augen gemalt werden, welche Freude aus Buße und Vergebung unserer Sünde kommt, wie glücklich es macht, mit Gott und untereinander versöhnt zu leben, wie Er Probleme löst und unsere Angst überwindet – wie über alle und alles liebenswert unser Gott ist!
Nun war der Kanaanfilm da und nahm seinen Lauf nicht nur durch viele Städte unseres Landes. Das noch in der Entwicklung befindliche „Kabelfernsehen" in Kanada interessierte sich für unseren Film, als die erste Nachricht darüber dorthin drang. Und auch in den USA wurden für

große Tagungen und Fernsehstationen sogleich Termine festgemacht. Verleihstationen übernahmen, den englischen Film durch die Staaten zu bringen. Gäste aus Australien und Neuseeland, die auf Kanaan davon hörten, bestellten Filmkopien, noch ehe sie fertig waren. Fernsehunternehmen anderer Länder bewarben sich darum. Filmfassungen in weiteren Sprachen entstanden in Kürze – bis hin nach Indien, Taiwan und den Philippinen wurden Wege gesucht, den Film in den Landessprachen verständlich zu machen.

Mit dieser so spontanen und weltweiten Ausbreitung unseres Sendungsauftrages hatte der Herr mir aber auch Antwort gegeben, warum Er mir für die Völkerreisen, die doch seit dem Sinai-Aufenthalt bis 1970 mein Leben mit geprägt hatten, Einhalt geboten hatte. Noch 1970 war ich gebeten worden, in Indonesien auf Timor bei den neuerweckten Gläubigen sowie bei einer Glaubenskonferenz in Batu und bei der Aussendung von Missionaren dort zu sprechen. Ich hatte zugesagt, die Reise war bis ins Letzte vorbereitet, als Gott eingriff. Die Fahrtrichtung meines Lebensschiffes wurde um 180 Grad gedreht Ich wurde so krank, daß der Arzt die Indonesienreise nicht erlaubte. Damit wurden auch alle weiteren Völkerreisen unmöglich, die meist in tropische Länder führen sollten. Nach Gottes Ratschluß sollte ich nun durch die Rundfunksendungen, später durch den Film und durch mein sich so unerwartet schnell in anderen Ländern und Sprachen ausbreitendes Schrifttum die Botschaft ausrichten dürfen. Damit hatte der Herr nicht nur im Sinn, mich von der Last der Völkerreisen, die über meine Kraft gingen, zu befreien, sondern Er wartete auf mich mit einem neuen Auftrag in der Stille.

JAHRE IM ZEICHEN HEREINBRECHENDER NACHT AB 1970

BESTELLE DEIN HAUS

In denselben Wochen, in denen ich die Reise nach Indonesien abgesagt hatte, wurde mir unabhängig von meiner Krankheit von jemand nahegelegt, daß ihm der Herr deutlich gemacht habe, ich solle mich mehr in die Stille zurückziehen. Dort solle ich mich auf meinen Heimgang rüsten, mein Haus bestellen, unsere Töchter für die späteren Zeiten bereiten und Mutter Martyrias und meine Nachfolger einüben in ihren Auftrag. Seltsamerweise äußerte sich der Arzt, dem diese Gedanken eigentlich nicht nahelagen, in ähnlicher Richtung.

Kaum war ich in der Stille, da kam plötzlich – obgleich ich noch viel anderes zu erledigen hatte – Gottes Geist über mich und trieb mich, vieles für die Zeit nach meinem Heimgang niederzuschreiben. Es war wie ein Gnadenregen, der auf mich herabströmte. Der Herr gab mir Vermächtnisworte in reicher Fülle für unsere Marienschwesternschaft: für die bevorstehende Katastrophenzeit, für die verschiedenen Zweige unserer Arbeit, für die später führenden Schwestern. Wohl brachte mir dies Schreiben für meine Töchter angesichts der späteren Zeit viel Schmerzen und Ängste.

„Ich leide Qual, die Lüfte sind schwanger
vom Verderben – und all das erwartet sie!"

schrieb ich damals. Doch in mir war ein starker Drang, nicht nur mich selbst zu bereiten für den Tag meiner Heimkehr, sondern für meine Töchter bis zu meinem Heimgang alles vorzubereiten und fertig zu machen.
Als Unterton war in diesen Wochen eine leise Freudenmelodie in meinem Herzen: „Heimat, in deinem Strahl leuchtest du mir ...", war doch eine heimliche Seligkeit in mir aufgebrochen bei allem Schmerz, daß die Völkerreisen abgebrochen waren: Heim, heim! – Bald geht es heim zu meinem Herrn Jesus Christus. Eine verzehrende Sehnsucht, für immer zu meinem Herrn zu gehen, war in mir.
So lag eine besondere Weihe auf diesen Wochen, die ich ganz in der Stille auswärts durchlebte: die Weihe von Weh und Abschied, die Weihe von der Seligkeit baldigen Heimgehen-Dürfens, gepaart mit dem Schmerz über all das, was meine Töchter erwartet, die zurückbleiben müssen.
Die Ewigkeit war nahegerückt, das lichtumflossene Wanderziel, die Gottesstadt. Von nun an sang ich noch ganz anders als früher:

„Ich weiß von einer goldnen Stadt,
weitab von Leid und Tränen.
Und wer die Stadt gesehen hat,
der wird hier unten nicht mehr satt,
er trägt ein heimlich Sehnen."

Doch die Tatsache, daß die Ewigkeit nahegerückt

war, ließ mich auch in neuer Weise die Realität des Todes konfrontieren. Bisher war der Tod mir vordringlich ein Heimkehren - Dürfen zu meinem Herrn gewesen. Schon bei dem Gedanken: Bald bin ich daheim!, hatte eine unbeschreibliche Seligkeit mein Herz durchströmt. „Christus ist mein Leben, und Sterben ist mein Gewinn" (Phil. 1,21) war eines meiner Lieblingsworte der Heiligen Schrift. Ich hatte durch Jahrzehnte etwas von dem Pauluswort geschmeckt: „Ich sterbe täglich" (1.Kor. 15,31). Darum war meine Vorfreude, heimkehren zu dürfen, groß; und immer wird die Himmelssehnsucht dem Leiden und geistlichen Sterben zuvor entsprechend sein.

Nun aber kam mir ganz anders die Furchtbarkeit des Todes nahe, von dem die Heilige Schrift schreibt, daß er der letzte und damit wohl größte Feind ist, der am Ende vernichtet wird (1.Kor. 15,26). Es wurde mir zur Wirklichkeit, daß der Tod, der nach verschiedenen Aussagen der Schrift persönlich, d. h. als Person erfaßt werden muß, eine Gestalt des Schreckens und des Grauens ist, zum Fürchten. Jesus ergrimmte am Grab des Lazarus über des Todes Macht, der so unendlich viel Herzeleid mit sich bringt, der lebendige Menschen in einem Augenblick in eine Leiche verwandelt, blühendes Leben im Tod erstarren läßt – und Er weinte darüber. Darum sangen unsere Glaubensväter und Liederdichter aus tiefstem Durchleiden dieser Realität so viel vom Tod, seinen Schrecken und Grauen und beteten, was wohl jeder, der in der Wahrheit über sich selbst lebt, nur von ganzem Herzen nachbeten kann:

„Wenn ich nun komm in Sterbensnot
und ringen werde mit dem Tod...
so komm, Herr Christe, mir behend
zu Hilf an meinem letzten End...
verkürz mir auch des Todes Qual!" *

Der Tod stand vor mir in seiner Unerbittlichkeit, der mit unserer Todesstunde einen Schlußstrich unter unser ganzes Leben zieht. Denn mit dem Tod sind alle Möglichkeiten vorbei, noch umzukehren. Jede Chance ist verspielt. Nichts mehr kann man gutmachen. Es gibt dann nur noch ein Schauen und Ernten dessen, was wir gesät haben. So kommt der Tod zu uns als der große Entlarver unseres Lebens.

Darum war es nicht zu verwundern, daß im Angesicht des nahenden Todes auch mir alles vor Augen stand, was ich in den Jahrzehnten getan oder versäumt hatte, wo ich die, die mir Not gemacht hatten, nicht in Geduld und Liebe getragen habe. Es stand mir besonders vor Augen meine Schuld an Jesus, unserem Herrn, die mangelnde Liebe, die fehlenden Opfer aus Liebe und Dank für Sein Opfer, Sein Vergeben und Lieben. Geschehnisse aus meinem Leben, Verhaltensweisen, Tun und Reden in Einzelsi-

* Paul Eber, 1511 - 1569

tuationen, bei einzelnen Menschen standen anklagend vor mir. Der Herr schenkte in den folgenden Monaten und Jahren Zeiten tiefen Reueschmerzes, aber auch zugleich eine unendliche Dankbarkeit dafür, daß Jesus aus Gnaden Sündern, die voll Reueschmerz sind, dennoch das Himmelstor öffnen wird, weil Sein Blut für unsere Sünde vergossen ist. Das Wort „Gnade" wurde mir das kostbarste Wort, weil ich rückblickend in meinem Leben nichts Gutes mehr finden konnte.

Doch aus diesem Reueschmerz, der mir in den letzten Jahren im Blick auf mein Leben so stark und bleibend gegeben wurde, erwuchs ein leidenschaftliches Flehen: Hilf mir, noch zu lieben, wo ich nicht geliebt habe! Gib mir eine Leidenschaft zu opfern, wo ich zu wenig geopfert habe, laß mich noch in Leiden und Züchtigungen Dir meine Hingabe beweisen! Schenke mir Gnade, mich in meinen letzten Jahren, wenn auch in aller Schwachheit, für Dein Reich, die Sendung, die Du uns aufgetragen hast, einzusetzen wie nie zuvor!

Jetzt, da es dem Ende meines Lebens zuging, stand das Wort Jesu wieder vor mir, das mich schon 1958, als ich todkrank war, stark beeindruckt hatte: „Ich habe dich hier auf Erden verherrlicht und habe das Werk vollendet, dessen Vollführung du mir aufgetragen hast" (Joh. 17,4). Das war meine Bitte: Vollenden, vollenden dürfen!

Laß mich den Auftrag an meinen Töchtern recht zu Ende führen. Hilf mir, den Völkerauftrag nun auf andere Weise zu vollenden. Gib, daß ich in meinen letzten Jahren nicht ablasse, sondern weiter das Amt des Warnens und Rufens ausführe, das mir so schwer ist, koste es, was es wolle. Laß mich die Aufträge aus der Stille heraus erfüllen, aus dem Anteilnehmen an den Leiden Deines Herzens über den Abfall der Menschheit von Dir und über ihre Sünden, die sich gen Himmel türmen. Stärke mich zu tun, was ich kann, für meinen Hauptauftrag seit 1952, die Gemeinde der Jesusliebenden von überall her mit sammeln zu helfen, aufzuerbauen für den Tag Deines Kommens. Laß mich jetzt gegen Ende meines Lebens nicht müde werden, wenn das Vorgehen der Gegner mit ihren Schmähschriften die Liebeseinheit immer mehr zerstört und dieses Glaubensziel schier zunichte gemacht wird.

Im Angesicht des Todes, im Angesicht der Ewigkeit verhält man sich anders als zuvor. Gott legt dies wohl in Menschenherzen hinein, daß man die kurze Zeit noch auskauft und nachholen, wieder gutmachen will, was noch möglich, solange man noch auf Erden lebt. So wurden für mich diese Jahre eine Zeit, die alle Gegensätze in sich vereinigte: Ich war älter, in größerer Schwachheit und schaffte doch so viel wie nie, meine Tage waren so lang wie kaum je zuvor. In größter Erschöpfung wurde ich immer wieder gestärkt mit Kraft von oben und lebte allein durch die Wunder Gottes. Es wurde eine Zeit, in der ich viel in der Stille bei Jesus war und dennoch so viel an Aufträgen bewältigte für unsere Schwesternschaft, für die „Wiegen", unsere Dornenschwesternschaft, die Rüstzeitgäste, Schrifttum und Rundfunksendungen wie nie zuvor.

So kann ich dem Herrn nie genug danken für den Einschnitt in mein Leben im Frühjahr 1970, für diese Krankheitszeit mit dem Einbruch vom Himmel: Bereite dich! Laß die Völkerreisen fahren! Bestelle dein Haus! Wenn ich es auch nicht verstehen konnte, daß der Völkerauftrag plötzlich abgebrochen schien, so galt doch auch gerade dafür: Seine Gedanken und Ratschlüsse sind immer viel weitreichender und umfassender, wunderbarer, als wir es uns ausdenken könnten. Ohne daß ich unterwegs sein mußte, lief der Völkerauftrag nun wirklich über die ganze Erde. Das auf dem Sinai mir aufgetragene Werk wurde in unvergleichlich größerem Ausmaß als durch Reisen hinausgeführt. Ich konnte gleichzeitig mein Haus bestellen und meine Töchter zurüsten; in den stillen Zeiten mit dem Herrn wurden die Aufträge durch innere Leiden fundiert und dadurch vielseitiger und weitreichender. Durch die Tränen über mein Versagen konnte ich ganz anders als vorher die Botschaft ausrichten von

der Heiligkeit Gottes, von Seinen bevorstehenden Gerichten über die Sünde, von der Buße als dem einzigen Weg zur Rettung, von Seiner werbenden Liebe um uns in letzter Zeit und der seligen Erwartung des kommenden Königs.
So wurden die letzten Schriften in der Reihe „Wort zur Stunde" im Angesicht der Ewigkeit und des Todes geschrieben. Auch „So wird man anders", das Buch des Glaubenskampfes wider die Sünde, von dem ich schon schrieb, ist ein Ertrag dieser Jahre. Und aus diesem Erleben entstand weiter „Reiche der Engel und Dämonen" und eine Schrift über Tod und Ewigkeit.

25 JÄHRIGES JUBILÄUM - VORBEREITUNGSZEIT UND JESU-LIEBE-FEST

Wer „sein Haus bestellt", wird vor allem überprüfen, ob es der Reinigung bedarf, ob es Risse und Schäden hat, die noch rechtzeitig in Angriff genommen werden müssen, damit das Haus seinen Halt und seinen Wert behält. Das legte der Herr auch mir aufs Herz im Blick auf unsere Marienschwesternschaft.
Wir standen einige Monate vor unserem 25jäh-

rigen Jubiläum. Ich spürte, daß wir nicht ohne weiteres in das Fest und in die kommende Zeit hineingehen konnten. Wohl hatten wir all die Jahre regelmäßig Lichtgemeinschaften gehalten, Seelsorge geübt und Beichtgespräche geführt – wodurch der Herr viel an jedem einzelnen von uns hatte wirken können. Und doch spürte ich – zum Teil ohne es recht greifen zu können –, daß sich trotzdem viel an Geschäftigkeit, an Gleichgültigkeit, Lieblosigkeit und anderen Gewohnheitssünden eingestellt hatte. Die „erste Liebe" war bei manchen verlorengegangen. So bedurfte auch unser Haus, das doch ein „Tempel" für Ihn sein sollte, dringend einer Reinigung. Das stand mir schwer bevor, denn wie gern hätte ich alle meine Töchter aus den „Wiegen" heimgerufen zu einem „Familientreffen" mit Feiern und Anbeten, mit stärkenden Glaubensabenden im Blick auf die Zukunftsbewältigung und inspirierenden Sendungsstunden. Aber ich wußte: Zuvor mußte die Reinigung sein. Und ich gab mich dem Herrn dazu hin, auch wenn es tagelang dauern würde – doch hatte ich die Hoffnung, daß wir dann bald zur Freude und zum Feiern übergehen könnten.

Aber es kam anders. Gott heiligte diese zehn Tage Ende 1971 durch Seine Gegenwart in besonderer Weise. Jesus als der Herr und Richter war spürbar unter uns. Ich selbst war, nachdem ich nichts mehr festhielt, was mir für meine Töchter an Freuden so am Herzen gelegen hatte, von einer festen Entschlossenheit durchdrungen: Jesus muß Raum und Recht haben, alles, was Ihm mißfällt, auszutreiben, selbst wenn es alle Zeit in Anspruch nehmen würde. Er muß Seinen Tempel reinigen können; hatte Er uns doch verheißen: „Hier will ich wohnen, denn es gefällt mir wohl."

Ich spürte, wie sehr es dem Herrn in Seinem Wirken unter uns darum ging, daß jeder von uns in der Zukunft standhalten und darum jetzt rechtzeitig durchs Feuer der Reinigung gehen möchte. Er eiferte dabei um den Fortbestand unseres Werkes, wenn wir Gründer einmal nicht mehr leben – und um das Ziel der Ewigkeit, uns bis zur Hochzeit des Lammes zu bringen.

So schenkte der Herr in diesen Tagen die Gnade, daß unsere Töchter sich Seinem Licht öffneten. Über unserem Zionssaal war der Geist der Wahrhaftigkeit ausgebreitet. Keiner hielt zurück mit dem, was er dem anderen im Lichte Gottes zu sagen hatte. Furcht oder falsche Mitmenschlichkeit fand zumeist keinen Raum, es herrschte vielmehr die wahre Liebe, die den anderen nicht der Sünde überläßt, sondern ihn freikämpfen hilft im Namen Jesu. Ich spürte selbst, daß Gott mir Stunde um Stunde beistand, während dieser Tage die Lichtgemeinschaften all der Schwestern-Gruppen durchzuführen – Mutter Martyria war gerade in dieser Zeit krank. Als wir dann am letzten Tag miteinander anbeteten und feierten, waren wir neu beschenkt von Seiner Gnade, und ein tiefer Dank und Lobgesang erfüllte unsere Herzen, wie wir es in solcher Gemeinsamkeit vorher noch nicht erlebt hatten. Einzelne meiner Töchter waren fast nicht wiederzuerkennen, und aus den „Wiegen" kamen danach warme Dankbriefe für das, was sie durch diese „Tempelreinigung" an neuem Leben gewonnen hatten. Der Herr aber hatte damit schon für das bevorstehende Jubiläumsfest vorgearbeitet.

Und dann nahte unser Jubiläumsfest. Mir war dafür eines im Herzen: Dies Fest muß Jesus gewidmet sein, wie 1966 die Einweihung Kanaans ein Dankfest für den Vater war. Es muß ein Jesu-Liebe-Fest werden, und Jesus muß überströmende Liebe bekommen. Er soll in diesen Tagen gepriesen werden als Herr und Bräutigam, der hier auf Kanaan Seine große Liebe gezeigt hatte. In allen Weisen muß ausgerufen und verkündigt werden, wer Jesus ist, der Eine, dem keiner gleicht. Durch die Sphären muß es klingen, nachdem Jesus heute so vielfach der Verachtete und Verhöhnte ist. Nun sollte Ihm von einer großen Schar Liebe gebracht werden, Liebe, wenn möglich, so viel wie noch nie.

Als ich mich wieder zu einigen stillen Tagen zurückgezogen hatte, um auch über das Jesu-Liebe-Fest zu beten, schenkte mir der Geist Gottes die Gestaltung der verschiedenen Feiern,

die Texte dafür und dann auch die Lieder. Und auf Anregung einer Schwester wurde als bleibendes Zeichen für dieses Fest ein „Jesusweg" auf Kanaan angelegt, an dem entlang auf großen Tafeln eingegraben steht, wer Jesus ist.
Am Vorabend des Festes sollte Jesus als unser Bräutigam in einer Anbetungsfeier mit abschließendem Abendmahl mit den zartesten und schönsten Liedern und Melodien gepriesen werden. Am Sonntag sollte dann vormittags und nachmittags das Preisen und Lobsingen kein Ende nehmen: wer Jesus ist, wie Er uns geführt hat, wodurch Er uns durch 25 Jahre geistlich lebendig erhalten hat, welch ein Schatz in der Reue verborgen liegt, welche Glückseligkeit Er zu geben hat denen, die Ihn lieben.
Aber gerade ein solches Fest, das Jesus verherrlichen soll bei Anbruch der Weltennacht und angesichts der vielen Lästerungen, die Er zu erleiden hat, bedarf einer besonderen Heiligung und Reinigung der Beteiligten. Denn Satan ist sehr geschäftig, wenn Christen Feste feiern wollen. So verbanden Mutter Martyria und ich die Einladung an unseren Freundeskreis zu diesem Tag mit der herzlichen Bitte, daß auch alle Geladenen sich dem Herrn in den Monaten vorher zu einer neuen und tieferen Reinigung hingeben möchten.

„In ein solches Fest kann man nicht gehen ohne rechte Bereitung, ohne daß – im Bilde gesprochen – Kleider frisch gewaschen und gebügelt werden und das Haus schön sauber gemacht wird ... So gilt es auch für unsere lieben Freunde, die zum Fest zum Teil über den Ozean oder über den Kanal oder vom Norden zu uns kommen, sich in diesen Wochen vor dem Fest Gott ganz besonders zu Züchtigungen hinzugeben... Zeige mir vorher noch alle Flecken in meinem Kleid, damit ich sie noch bekennen und unter Jesu Blut bringen kann. Bereite mich um jeden Preis für dieses Jesu-Liebe-Fest auf Kanaan ... Es kommt darauf an, daß ich die Entschlossenheit habe und dem Herrn sage: Anders will ich nicht zu diesem Fest kommen, es sei denn dies geschehen. Auf ein ernstliches Gebet wird der Herr hören. So wird es eine Festversammlung sein, die unserem Herrn Jesus große Freude und Trost gibt. Sie soll den Himmel jauchzen lassen, daß Engel durch die Sphären den Ruf weitertragen, wer Jesus ist: der Schönste, der Reinste, der Herrlichste und Liebenswerteste, das Lamm Gottes, der Bräutigam ..."

Doch vor allem schickte der Herr durch Sein ernstes Reden eine erneute innere Vorbereitung für uns Marienschwestern. Er wollte sich bei diesem Fest offenbaren als der, der durch Reue erste, bräutliche Liebe wirkt und der von Sündern geliebt werden möchte, die über ihre Sünde weinen können. Und weil Gott oft so redet, daß es jeder verstehen kann, also Seine Worte verleiblicht darstellt, so ließ Er uns vor diesem Jesu-Liebe-Fest auf unserem Kanaan spürbar und sichtbar erleben: Durch Züchtigung zur Reue – durch Reue zur Gnade – durch Gnade zur ersten Liebe.

Um zu zeigen, daß Er noch auf tiefere Reue unter uns wartete, gab Er einen regen- und schneelosen Winter und ein fast niederschlagsloses Frühjahr. Die katastrophale Dürre im ganzen Land ließ auf eine ungeheure Ungezieferplage in den kommenden Monaten schließen. Dies bedeutete, weil wir nicht mit Giftmitteln spritzten, für Kanaans Anlagen, Felder und Gärten größte Gefahr. Bäume und Sträucher zeigten bereits Dürreschäden, die Wiesen waren grau und vertrocknet. Der Himmel blieb ehern verschlossen, auch dann, als es an anderen Stellen des Landes bereits regnete. Ende April brach solch starker Frost herein, daß zuerst unsere Rosen erfroren, die doch das Symbol der Liebe sind, und später die Obstbaumblüte. Als im Juni dann die Sonne nötig gewesen wäre, um die Heuernte einzubringen, goß es tagelang in Strömen; Gott mußte zürnen und sich gegen uns stellen. Und das währte bis drei Tage vor dem Jesu-Liebe-Fest.

Für diese Monate hatte ich vom Herrn das biblische Losungswort bekommen: „Ich habe mein

Angesicht im Augenblick des Zorns ein wenig vor dir verborgen, aber mit ewiger Gnade will ich mich dein erbarmen, spricht der Herr, dein Erlöser" (Jes. 54,8). Dann aber erfüllte sich der zweite Teil dieses Wortes. Seine Gnade brach wie ein Strom über uns herein. Die Rosen hatten sich vom Frost wieder erholt und standen in großer Pracht und Fülle beim Jesu-Liebe-Fest da. Die Erdbeeren hatten wieder Blüten bekommen und brachten mehr Früchte als zuvor, manche Obstbäume trugen doch. Das Gras war durch den zuletzt einsetzenden Regen dicht und hoch geworden, und das Heu konnte im letzten Augenblick noch trocken eingebracht werden. Alle Vorbereitungsarbeiten geschahen so „geräuschlos" unter Seinem Segen, weil alle unsere Herzen überwältigt waren von der Gnade Gottes.

Es kamen über 1500 Gäste aus etwa 17 Ländern, und alles ging wie von selbst. Da war kein Bett zuviel und keines zu wenig. Alles war wie vom Himmel dirigiert. Die Handwerker waren mit allem rechtzeitig fertig geworden, die Übertragungsanlagen funktionierten, überall herrschte Liebeseinheit. Über den anreisenden Gästen war der Geist der Freude, der Stille, der Liebe zu Jesus ausgebreitet. Das Wetter an den beiden Festtagen empfanden wir als ein besonderes Geschenk Seiner Gnade, und bei den Feiern war der Herr mitten unter uns, wie es auch unsere

Gäste bezeugten. Sie schrieben später, welch ein Erlebnis für sie das Fest gewesen sei, bei dem Jesus immer neu in Liebe besungen und angebetet wurde und selbst gegenwärtig war, ein Fest von so nachhaltiger Wirkung! Das Abendmahl war, wie ein anglikanischer Pfarrer mit vielen anderen sagte, ein Vorgeschmack des himmlischen Abendmahles. Während wir stundenlang in der Jesu-Ruf-Kapelle miteinander feierten und anbeteten, war die ganze Gemeinde wie ein Herz und eine Seele untereinander verbunden und von dem einen Anliegen beseelt: „Liebe, Liebe soll Dir werden!" Alle Mahlzeiten im Festzelt waren begleitet von Liedern und Ansprachen der Freunde aus aller Welt, und wir waren eine große, einheitliche Tischgemeinschaft. Es sang und klang über das Land Kanaan an dem Tag immer wieder das Lied:

„Nichts ist so zu lieben wie Jesus,
denn keiner, nicht einer Ihm gleicht;
Er ist meine Liebe, mein Leben,
nicht einer auf Erd Ihn erreicht." *

Mußte mein Herz an diesem Tag nicht überglücklich sein, weil mein großes Anliegen erfüllt war: Jesus hatte an diesem Tag von vielen aus innerstem Herzen Liebe und Anbetung bekommen!

* „Dich will ich besingen" Nr. 32

EMMAUSZEIT 1973

Das Jahr 1972 mit allen politischen Ereignissen war gekennzeichnet durch die so spürbar schnell hereinbrechende Nacht über dieser Welt. Darum ließ es mich nicht mehr los, einen Weg zu suchen, um alle unsere Töchter im folgenden Jahr noch einmal für längere Wochen heimzurufen nach Kanaan zu einer Zeit innerer Ausrüstung auf die kommende Notzeit. Ich sah die Wetter am politischen Horizont von allen Seiten heraufziehen, und zugleich ballte sich der in aller Welt aufflackernde Haß gegen Jesus massiv zusammen. Das kündete die Zeit an, in der er sich auch gegen Jesu Glieder richten würde. Es zeichnete sich also ab: Eine weltweite Christenverfolgung steht bevor, in die wir hineinzugehen haben.

Weil zugleich die Freveltaten auf Erden mehr und mehr zum Himmel schrien, war auch das Anzeichen gegeben, daß Gottes Antwort nahe bevorstand – nämlich die Zorngerichte Gottes, um „die zu verderben, die die Erde verdorben haben" (Offb. 11,18). Ich begann zu beten und zu flehen, daß bis dahin jeder unter uns ein Gedemütigter und Gerichteter sein möchte, in dem sich nichts mehr erhebt, wenn Gott in heiligem Zorn straft. Bis dahin muß jeder unter seiner Sünde gebeugt sein und unter dem Frevel unserer Welt so leiden, daß er sprechen kann: „Deine Gerichte, Herr, sind wahrhaftig und gerecht!" Solchen Menschen würde Gott, sofern Er sie nicht auserwählt, für Ihn zu leiden, Bewahrung gewähren in der Zeit Seines Zornes und sie an jenem Tage als Sein „Sondereigentum" ansehen, sie darum „schonen wie ein Mann seines Sohnes schont, der ihm dient" (Mal. 3,17).

So sehr bat ich den Herrn, daß Er Mutter Martyria und mir mit allen unseren Töchtern eine Zeit der inneren Vorbereitung dafür schenken möchte, die wir „Emmauszeit" nannten, im Gedanken an das Emmaus-Gespräch des Herrn mit Seinen Jüngern, da Er ihnen die Schrift auslegte. Ich bat Ihn, der Macht und Mittel hat, daß Er für alle unsere Stationen im Ausland Freunde zur Vertretung geben möchte. In langen Dienstbesprechungen bereitete ich mit Mutter Martyria und verantwortlichen Schwestern vor, wie Arbeiten für die ersten Wochen 1973 vorausgearbeitet oder verschoben werden könnten. Und der Herr erhörte mein Gebet in wunderbarer Weise.

Er ließ mich zwar vorher noch einmal durch eine schwere Krankheit gehen, von der ich zu Beginn der Emmauszeit noch nicht genesen war, so daß ich in diesen Wochen die Stunden mit meinen Töchtern nur in großer Schwachheit halten konnte. Aber der Herr gab mir Abend für Abend eine durchschlagende Botschaft, so daß meine Töchter für die kommende Zeit eine große Fülle von geistlichem Proviant bekamen, innere Ausrichtung, biblische Schulung anhand Seines prophetischen Wortes im Blick auf unsere dunkle Zeit, Gebetsparolen für den Alltag, Stärkung, um im Leiden durchzuhalten, Lieder und Gebete.

Wohl war es immer wieder ein Kampf, die Flut der täglich anfallenden Arbeit zurückzudämmen, aber es gelang, so daß die meisten Schwestern während der Emmauszeit genügend Stille hatten, um das Gehörte auch innerlich zu verarbeiten. Es war erschütternd, in all diesen Wochen, während ich mit ihnen über die bevorstehende Katastrophenzeit sprach, zu erleben, wie sich Gottes Vorgerichte Tag für Tag in aufsehenerregender Weise häuften. Es ereigneten sich in diesem Frühjahr so viel Katastrophen wie kaum je, sowohl im Blick auf Naturkatastrophen als auch im Blick auf Revolten, Streiks und Terrorakte. So konnte sich niemand der Erkenntnis entziehen, daß die Emmauszeit gerade in diesen Wochen von Gott geplant war, weil eine Welt-Katastrophe mit einer vorhergehenden Christenverfolgung nahe vor der Tür steht.

Als wir am Ende der Emmauszeit, am letzten Abend vor der Ausreise unserer „Wiegenschwestern", in unserer Mutterhauskapelle zusammen waren, schenkte Gott uns eine Stunde Seiner heiligen Gegenwart, wie wir sie gemeinsam so noch nie erlebt hatten. Im Gebet war ich geführt worden, unseren Töchtern davon zu sagen, daß heute gleichsam eine Welt-Gethsemanestunde für unseren Herrn Jesus angebrochen ist und wir als die Seinen in diesen Kampf nun mit hineingenommen würden. So könnte sie durch die kommende Zeit nichts anderes hindurchretten, als was Jesus in Gethsemane gerettet hat, nämlich Sein Gebetskampf und Sein „Ja-Vater".

Ich hatte für uns alle noch ein Gebet geschrieben als eine Weihe zum Leiden, die jede einzelne an diesem Abend dann vollziehen konnte. Es war uns so, als ob dies das letzte Mal sei vor den kommenden Leiden, daß Gott uns in dieser Weise zusammen sein ließ, und entsprechend herzbewegend war das Abschiednehmen von jeder „Wiegenschwester", aber besonders von denen, die nach Jerusalem ausreisten. Kurz darauf bekamen sie auch nach allerlei anonymen Anrufen den ersten Drohbrief, der von ihnen forderte, binnen vier Wochen Haus und Land zu verlassen. Das war ein Angriff auf sie als Christen, hinter dem eine geheime Terroraktion stand.

Wer unter uns das Vaterherz Gottes bis dahin noch nicht gekannt haben sollte, der hat es durch die Emmauszeit kennengelernt. Welch eine Güte und Liebe, welch eine Vorsorge und Herabneigung war es, uns diese Zeit zu schenken! In den gemeinsamen Stunden leuchtete – wie ein Licht uns hell in der Nacht erstrahlen kann – auf dem Hintergrund der auf uns zukommenden Leiden wie wohl nie zuvor auf, wer der Vater und unser Herr Jesus ist: die ewige Liebe, die in der Notzeit den Seinen helfen muß, die Allmacht, die immer helfen kann, stärker ist als alles Grauen, alle satanischen, gegnerischen Mächte. Und tatsächlich überwältigte diese Liebe so unsere Herzen, daß die ängstlichen unter unseren Töchtern strahlend sagten, die Angst könne sie nun nicht mehr beherrschen; sie hätten glauben gelernt, daß Sein Herz Liebe, nichts als Liebe ist, auch angesichts kommender Leiden.

Andere Gläubige waren, als sie von unserer Emmauszeit hörten, sehr begierig, etwas Anteil daran haben zu dürfen. Ich selbst war wie verzehrt von einer inneren Glut, um Menschen unserer Tage, um Christen noch bereiten zu helfen für die kommende schwere Zeit, der doch keiner entrinnen kann und die Millionen den Tod bringen wird. So ließ ich dem Herrn keine Ruhe mit der Bitte, mir ein neues „Wort zur Stunde" zu geben, das noch einmal weiteste Verbreitung fände – auch in Form einer Zeitung – und dann vielen noch zum Aufwachen diene, zur Umkehr, zur Hilfe und Bereitung. Gott erhörte mein Gebet

und gab mir zu gleicher Zeit zwei Schriften als „Wort zur Stunde", nämlich eines für die Christenheit * und eines für alle Welt **.
Weil aber nicht nur das Vordringen der atheistischen Linken und die Kriegsbedrohung mit jedem Tag zunahmen, sondern auch die Verleumdungs- und Verfolgungskampagne gegen unser Werk bereits in vollem Gang war, war es wirklich wie ein Wettlauf, diese Botschaft noch auszurichten um jeden Preis.

* „Kurz vor der Christenverfolgung – Liebe will leiden"
** „Kurz vor der Weltkatastrophe - Bedrohung und Bewahrung"

MACHE DEINEM TOD MICH ÄHNLICH!

AN DER SEITE MEINES ERNIEDRIGTEN HERRN

Jesus zu lieben ist unsere Berufung – dies brannte mir als Wichtigstes für meine Töchter im Herzen. Die Liebe zu Jesus war die kostbare Perle, die ich in meinem Leben nach langem Suchen fand. Und weil ich nach ihr so lange suchen mußte, war sie mir besonders kostbar. Alles Glück habe ich in dieser ersten, bräutlichen Liebe zu Jesus gefunden, alle Lösungen meiner Fragen und Probleme, alle Erfüllung meines Lebens. Seitdem Seine Liebe um mich geworben und die Liebe in meinem Herzen zu Ihm entzündet hatte, kreisten meine Gedanken, meine Empfindungen, mein ganzes Leben um Jesus als den einen Mittelpunkt. Jesus, Jesus! – so sang es in meinem Herzen. Jesus entlockte mir Anbetungen und Lieder, Jesus vermochte, was kein Mensch mit seiner Liebe je bei mir hätte erreichen können, daß ich einen Weg erwählte, der völlig gegen meine Natur war: einmal in die Stille zu gehen und zum anderen meinen umkämpften Warn- und Ruferauftrag im Brennpunkt der Meinungen auszuführen.

In dieser Liebe zu Jesus war ich ganz an Ihn gebunden – Sein Weg war mein Weg, und Seine Leiden waren auch die meinen. Was Ihn betrübte, betrübte mich. Wo Er nicht geliebt, ja, wo Er abgelehnt, gehaßt wurde, da konnte es nicht anders sein, als daß mein Herz in größerer Liebe und Hingabe entbrannte, Ihm irgendwie Erquikkung und Trost zu bringen.

Im letzten Abschnitt meines Lebens nahm nun das Leiden um Jesus ein Ausmaß an wie nie vorher. Nach der von unten her ausgelösten Amoral, der Enthemmung aller Triebe, der Glorifizierung der Sünde, die sich wie ein Sturzbach entlud und bald die Erde bedeckte, brach eine neue Flut von unten auf: die Schmähungen und Lästerungen Gottes, Verhöhnungen und Erniedrigungen Jesu Christi. Satan selbst begann aufzutreten. Zum ersten Mal in der Geschichte der Christenheit gibt es eine offiziell anerkannte Satanskirche und einen Satanspapst in den USA, dazu Tausende von Satanspriestern, nicht zu zählende Satansanbeter, grauenhafte Satansmessen, Satanskulte, die Menschenopfer fordern, und eine Satansbibel. Alle Satansanhänger leben aus dem Haß gegen Jesus Christus.

Doch dies alles, obwohl es sich sintflutartig ausbreitet, war Satan noch zu wenig. Er wollte mit seinen Gotteslästerungen eindringen in alle Schichten der Völker, auch in die Kirchen – und es ist gelungen. Musicals und Shows, wie „Hair", „Superstar" und „Godspell", von einer nie gekannten Scheußlichkeit schossen aus der Unterwelt auf, erfüllten Bühnen und Kirchenräume von den USA über Europa bis nach Australien. Sie wurden jahrelang und oft täglich ein paarmal in der gleichen Stadt gebracht und waren Wochen im voraus ausverkauft. Die daraus entstandenen Filme liefen erst recht durch die Welt. In diesen Darbietungen wird Jesus schmählich verunehrt. Das Publikum – vielfach Kirchenvolk, Gruppen von Kindern, Jugendlichen aus gläubigen Kreisen, Studenten von christlichen Colleges – applaudiert, wenn Jesus, der Gottessohn, als ein Clown und Simpel gezeigt wird. Noch furchtbarer: ein Filmregisseur stritt mit größter Zähigkeit für einen Film über die „Liebesaffären Jesu Christi" – annonciert als „blasphemisch, pornographisch und sadistisch"!

Diese grauenhaften Lästerungen zu lesen und zu hören, war mir das Schmerzlichste. Wen man liebt, den kann man nicht so erniedrigt sehen. Es wollte mich fast zerreißen, wenn ich an Jesus, meinen Herrn, dachte, wie ich Ihn in meinem Herzen trug: Jesus, den Reinsten und Schönsten, Jesus, voll Erhabenheit und Glorie, voll königlicher Majestät, Jesus, durch den alle Welten und Menschen geschaffen sind, voll göttlichem Adel und Liebe – nun zu einem lächerlichen Schauspiel für die ganze Welt gemacht, als ein Spektakel dargeboten für Millionen von Menschen aus allen Völkern, um verhöhnt und verspottet zu werden.

So klagte es in mir: Damals wurde Jesus unter

der Dornenkrone nur in einem Land von Römern und Juden verhöhnt und gelästert, heute beteiligen sich an der Lästerung und Verhöhnung Jesu fast alle Völker, und zwar vor allem die sogenannten christlichen. Ja, heute sind Christen, die von Jesus, dem Herrn und Gottessohn, wissen, selbst Gläubige, die Jesus bezeugen als persönlichen Erlöser und Heiland, mit unter denen, die dieser Verhöhnung Beifall geben.
Vor mir stand das Bild, wie Jesus von Pilatus der gröhlenden Volksmenge vorgestellt wurde, schamlos erniedrigt, unkenntlich gemacht durch Schläge und Geißelung, gekleidet in Lumpen, menschenunwürdig entstellt und verhöhnt: Das soll Gottes Sohn sein! Stunde der tiefsten Erniedrigung für unseren Herrn Jesus, den Sohn Gottes. Wenn Jesus heute aber von Narren umtanzt, von halbnackten Frauen umgeben dargestellt wird, wenn Er als Weltenrichter karikiert und Seine Passion verhöhnt wird, wenn Seine Abschiedsreden zu Späßen gemacht werden, schien es mir manchmal, als könnte mein Herz das nicht mehr ertragen. Ich konnte mich im Geist nur weinend zu Füßen meines so erniedrigten Herrn legen, der doch König aller Welten ist, und Seine Demut anbeten, die sich dies bieten läßt und das nur, um noch etliche zu retten. Darum fährt Er noch nicht mit Seinem Zorn darein. So unermeßlich groß ist Seine Liebe, daß sie sich aufs grauenhafteste verlästern läßt, um da-

durch noch einigen den Weg zur Seligkeit zu eröffnen. Denn die Stunde Seiner tiefsten Schmach ist eine Chance für die Seinen, nicht nur an Ihn zu glauben, sondern aus Dank und Liebe willig zu sein, für Ihn ins Leiden zu gehen.

In mir war nur noch ein Verlangen: jetzt dicht an der Seite meines erniedrigten Herrn und Heilandes zu stehen! Voller Schmerz über „Godspell" und „Superstar" schrieb ich gegen diese Musicals zwei Aufrufe *, die zu Hunderttausenden in verschiedenen Ländern verteilt wurden. Ich durfte erfahren, wie dadurch eine Anzahl von Menschen und Gruppen, die dieser Verführung verfallen wollten, umkehrten und sich dann sogar einsetzten, um andere vor diesem Gift zu bewahren. Sie machten Gebets- und Verteileinsätze und verhinderten sogar weitere Aufführungen.

Doch war mir das zu wenig, besonders da die Lästerungen immer mehr anschwollen, neue Musicals, neue Filme und Theaterstücke entstanden, die in Verbindung mit Jesus oder Gott-Vater noch Grauenhafteres an Perversionen und Schmutz brachten. Wie oft hatten wir den Vers gesungen:

„Liebe, Liebe soll Dir werden,
wie noch nie ein Mensch auf Erden
Trost und Lieb um Lieb empfing."

* „Jesus heute gelästert" – „Jesus aufs neue verhöhnt"

Heute aber ging es in tieferer Weise um das liebende Mitleiden mit Ihm – ist doch sonst niemand so vor der ganzen Welt, allen Völkern und Menschen erniedrigt und verlästert worden wie Jesus Christus, der wie keiner zu lieben wäre. Wie konnte ich Ihm jetzt „Trost und Lieb um Lieb" bringen? Er wußte, wie.
1970 war ich wieder einmal auswärts in der Stille. Da kam eine Schwester eigens vom Mutterhaus zu mir gefahren und überbrachte mir einen schwerwiegenden Brief. Der Leiter eines Werkes für Schriftenmission sandte mir ein Rundschreiben zu, das er bekommen hatte. Darin wurde er aufgerufen, die Verbindung mit uns abzubrechen, meine Schriften nicht mehr anzuzeigen und erst recht nicht mehr auszuliefern, andernfalls sähe man sich gezwungen, auch gegen sein Werk vorzugehen. Denn wenn er meine Schriften weiterhin verbreitete, würde er sich zu meiner Botschaft stellen, der Botschaft einer gefährlichen Irrlehrerin, gespeist von dämonischem Geist, und selber unter diesen Geist kommen.
Blitzartig begriff ich, daß es sich hier nicht um einen Einzelangriff handelte, sondern daß damit ein strategischer Plan des Feindes an die Oberfläche kam, ein systematisch vorbereiteter Angriff auf meine Person und unser Werk, um es zu zerstören. Wie sehr aber die Schmach, die das mit sich brachte, Gottes Antwort auf meine Bitten war, jetzt ganz an der Seite meines ernied-

rigten Herrn stehen zu dürfen, erfaßte ich damals noch nicht im ganzen Umfang. Doch da der Brief unmittelbar nach meinem Geburtstag zu mir kam, war mir dies ein Zeichen, daß Jesus mich für mein neues Lebensjahr neu und viel tiefer auf den Schmachweg rufen wollte.

Mit jenem Rundschreiben war ein Feldzug eröffnet worden, bei dem mich bald von allen Seiten Angriffspfeile trafen. In den nächsten Wochen liefen weitere Briefe von christlichen Werken ein, die solche Rundbriefe bekommen hatten. Es waren bekannte und einflußreiche Werke in unserem Land, auf die man in gläubigen Kreisen hörte. Auch sie waren bedroht worden und baten zum Teil um Klärung. Der Plan war geschmiedet von einem Mann, der das 1965 erschienene Buch des Evangelisten mit seinen starken Angriffen und unwahren Behauptungen gegen uns wieder aufgriff. Als geistlicher Sohn des Autors hatte er nach dessen Tod gewissermaßen als dessen Vermächtnis übernommen, unser Werk zu zerstören, und sich dies zur Lebensaufgabe gemacht.

Von dieser Aufgabe, die er meinte, um Gottes Willen tun zu müssen, wurde er wie verzehrt, so daß er selbst in einem Brief äußerte, es sei kraft- und zeitmäßig kaum ein Durchkommen. Er forderte viele Persönlichkeiten der gläubigen Welt, die er zum Teil persönlich besuchte, auf, ihm das fehlende belastende Material gegen uns zu liefern zur Unterstützung seines Kampfes gegen mich und unser Werk. Auch trat er an führende Männer bekenntnistreuer Bewegungen heran, ließ Sitzungen anberaumen, um seine unwahren Anklagen und Verdrehungen vorzubringen, damit man gegen uns vorgehe. Er reiste durchs Land, um Vorträge gegen uns zu halten, und sammelte Verbündete, um in engster Zusammenarbeit mit ihnen sein Ziel zu verfolgen: Vernichtung unseres Werkes. So fand er auch einige Bundesgenossen, zum Teil solche, die uns die weltweite Ausstrahlung unserer Botschaft neideten.

Eigentlich war in den entsprechenden Kreisen allgemein von diesem Mann bekannt, daß er mit Lügen umging und auch das, was er gegen uns vorbrachte, unwahr war. Dennoch gaben sogar neutral stehende gläubige Persönlichkeiten die Verleumdungen weiter oder wehrten ihnen nicht, obwohl sie wußten, welch ein Unrecht und welche Vergiftung der Gemeinde Jesu hier geschah. Der Giftsame ging auf – diesmal in noch weit größerem Ausmaß als in den ersten Jahrzehnten unseres Bestehens.

In diesen zwei Jahren überstürzten sich die Nachrichten förmlich. Ein leitender Pfarrer warnte auf einer großen Tagung erweckter Jugend vor uns. Für die Arbeitstagung einer bekennenden Bewegung wurde schon in der Einladung die Parole vom „Zweifrontenkrieg" ausgegeben;

man habe also nun nicht nur gegen die moderne Theologie, sondern gegen enthusiastisches Christentum, gegen den „Schwarmgeist" zu kämpfen, womit vor allem wir gemeint waren.
Das Hauptkampfzentrum gegen uns lag in Nordwestdeutschland, doch gab es auch im südlichen Teil unseres Landes Stützpunkte dafür. Der oben erwähnte Mann hatte zum Beispiel Kontakt aufgenommen mit einem großen gläubigen Werk, das zu einem weiteren Kampfzentrum gegen uns wurde, da sein Einfluß sich auf weite Kreise des Pietismus erstreckt.
So wurden gläubige Werke, Gemeinden und Gemeinschaften planmäßig mit dem Giftsamen: „Die Marienschwesternschaft ist dämonisch und okkult" vergiftet, und als Kronzeuge wurde wieder das schon erwähnte Buch von 1965 zitiert: katholische Beziehungen, Geistesgaben, Ruferspiele, Weg der Reue und Buße ... Dabei wurden als Beweise scheinbare Tatsachen aus unserem Leben angeführt, die sich nie bei uns ereignet hatten: Eine Schwester sei durch Fasten in Israel zu Tode gekommen, eine andere Schwester sei an Blinddarmentzündung gestorben, weil wir aus Unnüchternheit sie nicht hätten operieren lassen, und anderes mehr. Und wenn manche Gläubige eigentlich nicht recht wußten, warum wir so gefährlich seien, so sagte man ihnen: „Wissen Sie nicht, daß bei der Marienschwesternschaft der Teufel eingebrochen ist?"

Jedesmal ging es neu wie ein Schwert durch meine Seele, wenn die nächste Nachricht eintraf. Der Zweifrontenkrieg war entbrannt – doch in meinem Herzen war auch ein Feuer entbrannt: ein Feuer des Glaubens und der Liebe. Seit über 20 Jahren hatte ich mein Leben Jesus dafür geweiht und mich eingesetzt, daß der zerrissene Leib Jesu geheilt würde, daß Neiden und Streiten unter Seinen Kindern beigelegt werden möchten. Und nun entspann sich gerade an mir und unserem Werk solch ein Krieg. Wohl hatten wir schon immer im Brennpunkt solchen Kampfes gestanden, doch nun war dieser Krieg in einem Maße öffentlich ausgebrochen wie noch nie und griff immer weiter um sich.
Angesichts dieser Tatsachen konnte der Herr – so dachte ich – Satan nur so viel Raum gegeben haben, weil Er diesen Streit durch einen größeren Glauben und größeres Lieben zum Sieg Seiner Liebe hinausführen wollte. Ich glaubte ganz fest, daß Er der Welt danach noch das Zeugnis der wahren Gemeinde Jesu geben würde, die gerade in unserer Zeit des Abfalls vom Glauben in Liebeseinheit zusammensteht.
Der Herr schenkte mir damals eine besondere Stunde. Unter dem Aufschrei meines Herzens: „Die Lüge kann doch bei Gott nicht das Letzte sein, der Feind kann hier doch nicht siegen und die Gemeinde Jesu zerstören!" überkam mich in den Apriltagen 1971 ein Geist des Glaubens

gegen jede Vernunft, der nicht aus meinem Herzen stammte, sondern von Gott. Mutter Martyria, die all dies Leid um Jesu willen insbesondere mittrug, und meine ganze Töchterschar wurden mit in diese Glaubensära hineingenommen. Wir hielten gemeinsame Glaubensabende, setzten besondere Gebetszeiten dafür an. In mir war eine triumphierende Gewißheit, daß Gott nicht anders kann als zu Seinem Worte stehen. Ich sagte mir: Es ist jetzt nur noch eine Frage des durchhaltenden Glaubens und der Geduld, um den Endsieg zu erleben, nämlich eine geeinte Gemeinde Jesu, eine Schar von Gläubigen, die in dieser satansgeprägten Welt noch ein Bollwerk bildet gegen den Feind, eine Oase für Jesus. Biblische Verheißungsworte stärkten meinen Glauben, daß der Herr es hinausführen werde, wie: „Sollte Gott etwas unmöglich sein?" „Bei Gott ist kein Ding unmöglich."

Rückblickend kann ich dem Herrn nicht genug dafür danken, daß Er mir bei all dem Liebe zu meinen Gegnern gab, so daß ich sehr viel für sie beten mußte. Stundenlang sang ich Glaubenslieder für sie und ihre Werke und erbat den Segen Gottes für ihre Werke und Kreise. Immer, wenn ich das tat und das Blut des Lammes darüber rühmte, harrte ich im Glauben auf den Tag, an dem Jesus sich als der Stärkere erweisen und ihnen den Haß aus dem Herzen nehmen würde.

Es folgte damals bald eine Reihe von Geschehnissen, die unseren Glauben stärkten. Der Sieg schien nahe zu sein. Einzelne gläubige Brüder setzten sich ein, die um Jesu willen diese Verheerung und Zerstörung nicht mehr untätig mitansehen konnten. Ein Kaufmann aus dem Kreis der Kanaanfreunde wurde von Gottes Geist getrieben, einen „Rundbrief zur notvollen Lage christusgläubiger und bekenntnistreuer Gruppen untereinander" mit Unterschriften namhafter Brüder herauszubringen, der zu Tausenden verteilt wurde.

Ein Amtsgerichtsdirektor, 1. Vorsitzender der Stadtmission unserer Stadt, der also ortsansässig und damit zuständig war, gab, erschüttert über die verleumderischen Angriffe auf unser Werk, eine uns stützende Erklärung heraus. Er bezeugte darin, da er von der Stadtmission her mit uns in über zehnjähriger gemeinsamer Arbeit im Stadtrandviertel von Darmstadt gestanden hatte, „ein vom Herrn geschenktes Einssein in gegenseitiger Liebe und Achtung an der Bewältigung dieser Aufgabe". Und er stellte klar, daß der für unser Gebiet zuständige Starkenburger Gemeinschaftsverband, die Gemeinschaftskreise unseres Bezirkes, keinen Grund hätten, vor uns zu warnen. Als Jurist wies er darauf hin, daß die gegen uns erschienenen Schmähschriften

> „längst vom Gericht eingezogen und die Aufstellung von Behauptungen dieser

Art untersagt worden wären, wenn von der Marienschwesternschaft eine entsprechende Klage anhängig gemacht worden wäre. In der Welt ist man in dieser Hinsicht viel vorsichtiger als in christusgläubigen Gruppen, in denen man bedenkenlos andere Gruppen schmäht. In der Welt würde man aus finanziellen Gründen der Haftung für unwahre und nicht beweisbare Behauptungen viel vorsichtiger zu Werke gehen ..."

Auch andere gläubige Persönlichkeiten, die uns zum Teil bisher kaum nahestanden, aber aus Liebe zur Wahrheit sich gerufen wußten, versuchten in klärenden Gesprächen in die verschiedenen Gremien gläubiger Gruppen hineinzuwirken.

Gott schien zu antworten: Man distanzierte sich auf einer Tagung einer bekennenden Bewegung sogar öffentlich von jenem Mann, der „schon so viel Unheil angerichtet" habe, und beschloß, ihn aus der Bewegung auszuschließen. Das von ihm so vielfach versandte Buch des Evangelisten sollte nicht mehr empfohlen, vielmehr davor gewarnt werden. Die meisten Teilnehmer – unter ihnen sehr viele Pfarrer – nahmen Stellung für die Marienschwesternschaft. Ein christlicher Sender für unser Land zeigte Bereitschaft, uns in sein Sendeprogramm aufzunehmen, nachdem er viele Zuschriften mit dieser Bitte erhalten hatte.

Die Freude über diese Nachrichten entsprach den vorausgegangenen Leiden. Ein Abend ist mir aus jener Zeit unvergeßlich: Eine dieser Freudenbotschaften war eingetroffen; wir alle, Mutter Martyria und unsere Töchter, waren so glücklich, daß wir auch nach dem Schluß unseres Zusammenseins nicht zur Ruhe kamen, sondern mit Dank- und Lobgesängen durchs Haus zogen. Jesu Liebe hatte zu diesem Zeitpunkt über Streit, Verleumdung und Haß gesiegt – so schien es –, ein Anbruch der „Liebesgemeinde", der wahren Gemeinde Jesu, deren Kennzeichen die Liebeseinheit untereinander ist, war damit geschenkt, worum wir so heiß gefleht hatten.
Doch jäh schlug dann alles ins Gegenteil um. Der Initiator der Verfolgungswelle wurde nicht aus jener Bewegung ausgeschlossen. Man fand nicht den Mut, gegen ihn vorzugehen. Damit veränderte sich das Bild wieder völlig. Die Rundschreiben, die der Wahrheit Bahn machen sollten, blieben, aufs Ganze gesehen, ohne Widerhall. Der christliche Sender zog bald seine Bereitschaft wieder zurück, weil er so viele Zuschriften von Seiten unserer Gegner bekam, die ihn beschworen, uns keinesfalls aufzunehmen, sonst würde man Mitarbeit und Unterstützung zurückziehen.
Ja, selbst die Veröffentlichung einer „Seelsorgerlichen Orientierung" von gläubiger Seite über unsere Schwesternschaft veränderte das Klima

nicht. Es hatte sich nämlich ein kleiner Kreis von Brüdern zusammengefunden, die – bekümmert über die Auswirkungen der Verleumdungskampagne in den gläubigen Kreisen – sich aus innerer Verantwortung einschalteten. Sie beschlossen, diese „Seelsorgerliche Orientierung über die Evangelische Marienschwesternschaft in Darmstadt-Eberstadt" herauszugeben als Ergebnis ihrer persönlichen Prüfung, um den vielen durch den ausgestreuten Giftsamen verwirrten Gewissen zu helfen. Darin hieß es etwa:

> „... Aus eigenen Beobachtungen und Erfahrungen können wir sagen, daß unter einer nüchternen biblischen Verkündigung viele Menschen befreite, erlöste und fröhliche Gotteskinder geworden sind. Viele sind durch den Dienst der Marienschwestern, besonders durch das Schrifttum, zum lebendigen Glauben an Jesus Christus gekommen und wurden aktive Glieder ihrer Gemeinden. Andere sind dadurch geistlich gefördert worden und gewachsen und haben diese Erfahrung in ihren Gemeinden weitergegeben.
>
> Wir haben erkannt, daß die ganze Botschaft der Heiligen Schrift die alleinige Grundlage und Richtschnur des Glaubens, des Lebens und der Verkündigung der Marienschwesternschaft ist ..."

Diese Erklärung, die zu Tausenden in unserem

Land durch jene Brüder verbreitet wurde, war von über hundert Geistlichen und Laien unterzeichnet, darunter viele namhafte Persönlichkeiten. Doch war keine wesentliche Wirkung wahrzunehmen, weil die „Seelsorgerliche Orientierung" durch eine eiserne Blockade unserer Gegner kaum Eingang in den Kreisen finden konnte, in denen die Verleumdungen über uns hauptsächlich ausgestreut worden waren. Selbstverständlich wurden einzelne Christen durch die „Seelsorgerliche Orientierung" von ihren Anfechtungen befreit und gegen die Giftwirkungen unempfindlich. Doch im Blick auf die Gesamtlage war gerade die Tatsache, daß diese Orientierung von einer Reihe namhafter Brüder aus ihren eigenen Bewegungen unterschrieben war, der Anlaß, daß unsere Gegner noch erbitterter gegen uns kämpften und sie neue Wege suchen ließ, um unser Werk zu vernichten.
Freunde und freundlich gesinnte Kreise rückten schließlich von uns ab und wurden zu Gegnern. Da und dort wurden Sitzungen von christlichen Brüdern anberaumt, die unsere Marienschwesternschaft als Gesprächsthema hatten – selbst während wir unser 25jähriges Jubiläum, das Jesu-Liebe-Fest, hielten. Es gab jedesmal erregtes Für und Wider; dabei war die fanatische Haltung der Gegner so groß, daß weder Neutrale noch uns freundlich Gesonnene dagegen ankamen.

Vom nahen Ausland kamen eines Tages Kanaanfreunde voll großem Schmerz zu mir. Sie hatten jahrelang in ihrem Land unser Schrifttum verbreitet, erhielten viele Anfragen für Veranstaltungen mit unseren Tondiaserien; Scharen von ihren Landsleuten kamen zu Rüsten nach Kanaan. Ihr „Ruhestandsleben" war zu einem sich verzehrenden Ruferdienst geworden, weil so viel Hunger in ihrem Land war nach der Botschaft, die sie von Kanaan überbrachten, der Botschaft von der Reue, die zur Liebe zu Jesus und in die Freude führt. Nun aber war alles aus. Durch Verleumdungswellen, die – vom gleichen Geist inspiriert – auch jenseits der Grenzen um sich griffen, hatte sich wie ein Mehltau auf viele Christen ihres Landes gelegt. Man wollte doch nichts mehr mit solchen Schwestern zu tun haben, die – wie unsere Gegner verbreiteten – „okkult, spiritistisch und dämonisch" seien.
Mit am schwersten traf mich jedoch die Nachricht, daß ein großer evangelischer Missionssender, der unsere Rundfunkbotschaften eine ganze Zeitlang ausgestrahlt hatte, plötzlich absagte, was auf die gleiche Quelle zurückzuführen war. Ich wußte, wie groß der Hunger nach geistlicher Speise war. Nun war dem Feind auch noch diese Zerstörung gelungen, durch die Millionen betroffen waren, selbst unsere Brüder hinter dem Eisernen Vorhang, für die gerade Sendungen eingeleitet worden waren.

Das alles war mir ein „Morija-Erleben" von großem Ausmaß und brachte mir Schmerzen um Schmerzen. So hatte also der Feind, der unser Werk zerstören, die Gemeinde Jesu Christi zerreißen wollte, doch gesiegt? Die Verheißungsworte Gottes hatten sich nicht erfüllt, alles heiße Flehen war unerhört geblieben, alles Glauben umsonst gewesen? Lange Zeit mußte ich – bei aller Hingabe an den unverständlichen Gotteswillen – dieses quälende „Warum" in meinem Herzen immer neu erleiden.
Der Feldzug hatte ja auch gerade in dem Jahr begonnen, in dem mir der Herr gezeigt hatte, daß es auf das Ende meines Lebens zuginge. So war also ein Auftrag nicht zur Vollendung gekommen, der doch d e r Auftrag war, welcher am längsten mein Leben bestimmt hatte: der Auftrag, mitzuhelfen am Bau der Liebesgemeinde Jesu. Nun sollte ich, von meinen Feinden als „dämonisch inspirierte Irrlehrerin" bezeichnet, enden? Welcher Plan Gottes mochte hinter Seinem Tun stehen, mir und unserem Werk diese fanatischen und haßerfüllten Gegner zu erwecken? Warum schickte der Herr diesen Generalangriff des Feindes, der in einer Macht wie nie zuvor die Einheit der Gemeinde zerriß, gerade in den letzten Jahren meines Lebens?

DEM LAMME NACH

In diese Nacht hinein fiel ein Lichtstrahl von oben. Der Herr ließ mir ein Bild aufleuchten, wie es Meister Grünewald auf dem Isenheimer Altar gemalt hat: das Bild des Lämmleins. Damit stand Jesus vor mir, der wie ein Lamm unter Haß und Schlägen, unter Lügen und Verleumdungen Seinen Weg zum Kreuz hin ging. Immer stand vor meinem inneren Auge dies Lamm, das Sein Kreuz so fest umfängt und Seinen Weg damit Schritt um Schritt zurücklegt, der Kreuzigung entgegen. Und dabei rinnt Blut aus den Wunden, die Ihm Haß, Hohn und Spott auf Seinem Weg hin zum Kreuz schon geschlagen haben. Das Bild Grünewalds zeigt, wie sich das Blut in dem Kelch sammelt, aus dem andere dann das Heil trinken und so die wahre Gemeinde Gottes auferbaut wird. Mir war das wie ein Anruf Jesu: Das Lamm Gottes schritt voran, damit Seine kleinen Lämmer, die Seinen, nun hinter Ihm hergehen Schritt für Schritt, ihr Kreuz auch fest umfassend – ihr Kreuz, das vielfach auch aus Schmach und Verleumdungen, aus Unrechtleiden und Verachtung besteht. Nichts wurde mir so lieb wie dieses Lamm Gottes, von dem Paul Gerhardt singt:

„Ein Lämmlein geht und trägt die Schuld
der Welt und ihrer Kinder ...
Es geht dahin, wird matt und krank
ergibt sich auf die Würgebank ..."

Nun brauchte ich nicht mehr zu fragen nach Recht und Sieg der Wahrheit, brauchte nicht mehr zu fragen: Wann wird die Gemeinde Jesu, von der Wahrheit überwunden, sich zusammenfinden? Wo bleibt die Erhörung der Gebete? Ich wußte: Dieser Weg ist der rechte, denn Sein Weg ist unser Weg. Nun durchströmte mich bei allem Schmerzlichen dieses Weges die Seligkeit: Ich darf auf Seinem Wege sein – verachtet, verleumdet, verhöhnt! Nichts auf der Welt hätte mich wieder davon abbringen können, Seiner Spur folgen zu dürfen, Sein Leben wirklich zu teilen.
Durch dieses Bild wurde mir auch die Antwort auf meine Fragen gegeben, warum trotz meines Flehens und Glaubens die Wahrheit nicht siegen konnte: Die Wahrheit siegte auch nicht auf Jesu Weg, es siegten Seine Feinde. Aller von Jesus ausgestreute Same wurde durch die Pharisäer vergiftet. Sein Volk stand schließlich gegen Ihn, und selbst Seine Jünger waren geflohen. Die Lüge hatte gesiegt, denn Jesus stand vor der damaligen gläubigen Welt als ein Irrlehrer, Verführer und Verbrecher da, als einer, „der den Teufel hat" und „der das Volk aufwiegelt".

Ich wußte, Jesus verlangt danach, daß Er Sein Bild, das Bild des Lammes, in Seinen Nachfolgern findet: daß sie nicht klagen und seufzen, wenn sie unter Schmach, Unrecht und Verleumdung stehen. Er sucht Sein Bild in uns, daß wir in Liebe Ihm Schritt für Schritt nachgehen, dankbar, daß wir überhaupt Seinen Weg gehen dürfen, auf dem das Größte erreicht wird: nach Sterben ein Auferstehen – nicht nur für uns, sondern auch für Seine Gemeinde. Ich war voll Dank, daß der Herr mich auf vielen Wegen des Verleumdetwerdens durch Jahre geübt hatte, so daß meine Seele still geworden war und ich meine Gegner nun lieben und segnen konnte. Dieses Lieben wollte der Herr noch mehr herausgestalten im Gedanken an Sein Wort: „Sie wissen nicht, was sie tun."
So war bei allem Schmerz ein starker Trost in meinem Herzen: Gemeinschaft Seiner Leiden – größtes Vorrecht! Denn gibt es etwas Größeres, als mit dem und für den zu leiden und geschmäht sein zu dürfen, der uns so geliebt hat, daß Er Sein Leben für uns in den Tod gegeben hat, der unsere ganze Liebe, unser Bräutigam ist, der als König aller Könige voll Glorie zur Rechten der Majestät sitzt und wiederkommen wird in Herrlichkeit? Sollte es nicht Auserwählung sein, im Rahmen meines kleinen Lebens zu erfahren: „Der Jünger ist nicht über seinen Meister," sondern „wie sein Meister" (Matth, 10,24 u.25a)?

So ging es für mich um dies eine: den Weg meines Herrn Jesus Christus zu erwählen, damit ja Ihn selber vor allem anderen, den Mann der Schmerzen! Dazu hatte ich mich vor Jahrzehnten hingegeben, und Jesus hatte mich in den Zeiten der Stille, wo ich nur für Ihn da war, im Verborgenen an Seinem Leiden teilnehmen lassen, aber auch an der Realität dieses Weges im Alltag.
Der Herr hatte mir nach all den Schlägen und Enttäuschungen, den „Morija - Erlebnissen" im Glaubens- und Gebetskampf um den Sieg der Liebe in Seiner Gemeinde den Trostblick auf das Lamm Gottes gegeben. Nun ging es aber darum, ob ich wirklich bereit wäre, Jesus als den schmachgekrönten Herrn in letzter Konsequenz zu wählen – ob ich Ihm meine Liebe darin beweisen würde, daß ich mich samt meinem ganzen Lebenswerk zu einem schwersten Schlag von umfassendem Ausmaß hingäbe, wie er uns bisher noch nicht getroffen hatte.
Dabei stand vor meinen Augen, daß trotz aller Angriffe des Feindes Kanaan bis jetzt eine „vielbesuchte Stadt" geblieben war: Rüstzeiten mit Gästen aus vielen Ländern und überfüllte Ruferspiele, Gottesdienste, bei denen viele Hunderte zum Abendmahl strömten, Kanaan bevölkert mit Jugend aus aller Welt, im Verlag riß der Bestellungsstrom nicht ab; das Tonstudio hatte Sommer und Winter Hochsaison; die Druckerei

kam bei weitem nicht mehr nach und gab Druckaufträge nach auswärts ... Mein Herz krampfte sich bei dem Gedanken zusammen, daß dies alles noch der Zerstörung anheimfallen könnte.
Sollte dies das Ende meines Weges sein, nachdem ich mein ganzes Leben dafür gelebt hatte, daß die Liebesgemeinde Jesu Gestalt gewinnen könnte, der Anbruch des Reiches Gottes auch darin spürbar wäre? Die Hingabe dazu schloß in sich, mit jedem Tag mehr der Möglichkeit ins Auge zu sehen, daß unser Werk zerbrochen vor mir liegen könnte. Das würde bedeuten: Abfall der Freunde, die wir haben – Zerstörung der Kreise, die lebendige Zentren hin und her in den Ländern geworden sind – Unglaubwürdigmachen der Botschaft, die durch meine Schriften und durch Rundfunksendungen weltweit ausgebreitet worden ist.
In diesem inneren Kampf erbat ich mir ein Wort vom Herrn und bekam 1. Korinther 4,9, das ich in einer besonders bewegenden englischen Übersetzung las:

> „Es erscheint mir, daß Gott von uns Aposteln ein Ausstellungsstück gemacht hat, bloßgestellt, daß man uns ansieht als die Geringsten von allen, die als zum Tode Verurteilte in einem Triumphzug geführt werden und zur Schau gestellt als die Letzten und Verachtetsten! Denn wir sind ein Schauspiel geworden für die Welt, eine

Vorstellung im Amphitheater der Welt mit Menschen und Engeln als Zuschauer."

Deutlicher und barmherziger hätte der Herr nicht reden können. Sogleich ging es mir ins Herz: Unser Herr Jesus ist es ja, der heute so zum Ausstellungsstück für alle Welt gemacht wird. Vor meinem inneren Auge stand, wie Er angeprangert wird vor allen Menschen, verlästert und geschmäht als der zutiefst Erniedrigte in den Shows, Musicals, im Fernsehen, in Filmen und auf Schallplatten, gleichsam in einem Triumphzug als Besiegter vorgeführt, ein Schauspiel vor der ganzen Welt. Wie oft hatte ich angesichts solcher Verhöhnung gesagt: Was kann ich nur tun, was Jesus in Seinem Leiden heute Erquickung und Freude bedeuten würde? Nun war mir mit diesem Wort die klare Wegweisung gegeben: Gehe mit Jesus Seinen Weg der Schmach – teile ihn, stelle dich an die Seite deines geschmähten und erniedrigten Herrn und Heilandes. Damit tröstest du Ihn, denn auf diesem Weg der Leiden wird deine Bitte erfüllt, mitzuhelfen, Seine Gemeinde zu bauen, Ihm Frucht zu bringen.

Daß es um diese letzte Hingabe zum Schmachweg mit Jesus ging, wurde bald darauf am Himmelfahrtstag 1973 durch eine Realität unterstrichen: Bekennende Bewegungen hatten eine große Tagung. Etwa 20000 Menschen von überallher waren versammelt. Plötzlich während der Pause ertönte durchs Mikrophon eine Stimme: „Das Verteilen von Schriften der Marienschwestern ist verboten und sofort einzustellen." Es waren auch andere Blätter verteilt worden, doch hier ging es ganz speziell gegen uns. Die Durchsage wurde mehrmals wiederholt, ergänzt durch die Bemerkung, man habe nichts mit uns zu tun. Eine Erregung entstand in der Halle, unwilliges Gemurmel von vielen. Was war geschehen? Eine Pfarrfrau aus Westfalen hatte den Leiter der Tagung vorher gefragt, ob sie mein neues „Wort zur Stunde" verteilen dürfte mit ihrer Frauengruppe – wie es bei solchen Tagungen oft geschehen war. Bereitwillig hatte er zugesagt, und die Schrift wurde den Verteilern zumeist dankbar abgenommen. Als aber unsere Gegner dies merkten, ließen sie durchs Mikrophon eingreifen und nicht nur das Verteilen verbieten, sondern verbreiteten von da an: Die Marienschwestern hielten sich nicht einmal an Verbote. Das sollte ihre Warnungen vor uns bestätigen.

Doch wußte ich, daß dies nur eine weitere Station auf dem Weg mit Jesus war. Es konnte vielleicht noch so weit kommen, daß ich vor vielen Tausenden in aller Welt, die unsere Botschaft gehört hatten und meinen Namen kannten, gebrandmarkt dastehen würde. Von solchen verfolgt zu werden, die als gottlos bekannt sind und nichts anderes sein wollen, bedeutet Ehre, darin liegt Genugtuung; denn man wird offensichtlich gehaßt um Jesu willen. Doch gehaßt und verfolgt zu werden von denen, die Jesus ihren Erlöser nennen, das trifft ins Mark, weil es von den eigenen Brüdern kommt. Es ist eine Verfolgung, die keine Ehre einbringt, sondern die vor der gläubigen Welt tiefste Schmach bedeutet – außerhalb des Lagers sein zu müssen, ausgestoßen aus der Gemeinschaft der Gläubigen.

Der Herr zeigte mir jedoch immer eindrücklicher: Gerade dies ist Jesu Weg. Und Sein Weg, der zum Sieg, zur Auferstehung führt, geht über die Kreuzigung und Grablegung, über die Zerstörung des eigenen Lebenswerkes. So baut Er Seine Liebesgemeinde nicht in erster Linie durch den Glauben, obwohl dieser da sein muß, sondern auf dem Weg der Schmach, des nicht erfüllten Glaubens, der Zerstörung, des Leidens, auf dem Weg Seiner Kreuzigung. Dadurch erst bekommt der Glaube seinen eigentlichen Tiefgang, denn dann muß geglaubt werden trotz Enttäuschung, Zerstörung und Tod. Es muß durchlitten werden, daß Gott sich gewissermaßen gegen sich selbst und Seine eigenen Verheißungen stellt.

Vor mir stand der wunderbare Heilsratschluß Gottes: Nicht Zerstörung Seiner Aufträge, Seiner Liebesgemeinde ist das Letzte, sondern das Gegenteil. Dort, wo gelitten wird, wo Wunden bluten, wächst aus diesem Erdreich der Leiden ein Reis auf, die wahre Gemeinde. Nur dort, wo Jünger Jesu mit Ihm ins Sterben gehen, kann Gemeinde Jesu wachsen und auferstehen. Nun mußte ich mich nicht mehr wundern, daß auch in diesem Kampf die Gegner, obwohl ihre Unwahrheiten und Verleumdungen alle als solche nachweisbar waren, dennoch siegten. Es war der richtige Weg, und er würde zur Auferstehung führen, zu einem Aufblühen der Liebesgemeinde zu Seiner Zeit – auch wenn ich es nicht mehr erleben sollte.

Gott beschenkte mich dafür mit der Gnade eines Glaubens, hinausreichend über den Abgrund von Zerstörung, der als nächstes vor mir lag. Er gab mir den Blick bis in weit vor uns liegende Zeiten hinein. Nicht um kleine vorläufige Teilsiege ging es Ihm, um ein wenig mehr Zusammenhalt da und dort in der Gemeinde eines Landes – sondern Er hat die Siebung, Reinigung und Bereitung Seiner ganzen Gemeinde, die Vollendung der Braut des Lammes im Auge.

Vor mir stand der große Bogen der Heilsratschlüsse Gottes, die Er durch Sterbenswege zum Ziel führt: „Siehe, Ich mache alles neu!" Jesu Freude, auf die Er zulebt, ist die Hochzeit des Lammes, wenn Seine Erstlingsschar nach Zahl und Wesen vollendet heimkehrt. Das wird Ihn erquicken, wenn Er als größten Lohn Seiner Schmerzen die Braut des Lammes für Ewigkeiten bei sich haben kann, Seelen, die durch Seinen Opfertod Ihm gleichförmig geworden sind, das Wesen des Lammes tragend. Tiefste Sinnerfüllung unseres Lebens ist, dafür zu leben und zu leiden.

Konnte mir darum Jesus eine größere Gnade zuteil werden lassen, als daß Er mich dazu hinnahm, auch meine Schmachleiden in die Waagschale zu werfen für die Vollendung Seiner Brautgemeinde, wie Paulus sagt: „Darum erdulde ich alles um der Auserwählten willen ... Ich erstatte an meinem Fleische, was noch mangelt an Trübsal," (2. Tim. 2,10; Kol. 1,24)? Sollte mir mein kleines Leben noch wichtig sein können, wenn es um Gottes weitreichende Heilspläne geht? Seine Gedanken sind immer viel höher und herrlicher, als wir nur denken können. Und je sinnloser unsere Wege scheinen, je mehr wir umsonst gebetet, gewartet und gelitten haben, ein um so herrlicheres Auferstehen werden wir erleben.

So war es seit 1973 ein anderes Lied, das ich manchmal mitten am Tag und an vielen Abenden am Harmonium anstimmte. Es war der vertonte Text eines Bibelwortes, das mir in dunkelster Stunde vom Herrn gegeben wurde und das in mir triumphierenden Glauben ausgelöst hatte:

„Sein Rat ist wunderbar, und er führt es herrlich hinaus" (Jes. 28,29).

Damals – nach dem Jahr meiner schweren Krankheit, die mich an den Todesrand geführt hatte – hatte ich als größte Bitte dem Herrn gebracht: „Schenke mir die Gnade, den Auftrag zu vollenden, den Du mir gegeben hast; erst dann rufe mich heim!" Er hatte diese Bitte erfüllt, anders als ich dachte, aber viel herrlicher. Er hatte mich – wie Paulus sagt – in etwa hineingenommen in die Gemeinschaft Seines Leidens: „daß ich seinem Tode ähnlich werde!" (Phil. 3,10).

So schließt mein Leben mit dem Dank, daß Er mich würdigte, Seinen Weg zu teilen, gerade den Weg der Schmachleiden. In dieser Gemeinschaft mit Ihm durfte ich zutiefst das „Ja und Amen" Gottes in meinem Leben erfahren.

INHALT

I. Teil: Er zeigt der Wege Sinn

Ergänzend zum Thema dieses Buches erschienen im gleichen Verlag von M. Basilea Schlink:

REALITÄTEN – GOTTES WIRKEN HEUTE ERLEBT

„Hier haben junge Menschen einfach einmal das getan, wovon wir immer reden. Sie haben Gottes Verheißungen ernst genommen. Und nun erleben sie Tag für Tag , daß Gott da ist und sich zu ihnen bekennt. Ein einziger Lobpreis der Vatergüte Gottes, der angefochtenen und zweifelnden Menschen Mut machen möchte, ganz Seine Kinder zu werden, damit sie schon hier auf Erden ein Stück Himmelreich schmecken."

Evang. Sonntagsbote, Kurhessen-Waldeck

136. Tsd. 216 Seiten Kt

BUSSE – GLÜCKSELIGES LEBEN

Die tägliche Umkehr als befreiende Lösung und Quelle beständiger Freude

„Das Buch hat einen tiefen, unauslöschlichen Eindruck auf mich gemacht. Einmal offenbart es das kleine Wort ‚Buße' auf ganz neue, beschenkende Weise. Zum anderen erschütterte es mich, weil ich die Wahrheit seiner Aussage spürte."

Zur dänischen Ausgabe

58. Tsd. 104 Seiten Kt

ZUM GEWINN WARD MIR DAS LEID

„Mit Zartgefühl wird hier der Finger auf wunde Punkte in unserem Leben gelegt, doch zugleich eine einfache und klare Lösung gezeigt. Welche Erleichterung durchströmt uns, Frieden und stille Freude. Mutter Basilea läßt uns nicht allein die Leiden konfrontieren – sie ermutigt uns in jedem Kapitel, uns Jesus zuzuwenden."

22. Tsd. 110 Seiten Kt

ALLES FÜR EINEN
Der Weg der „ersten Liebe" zu Jesus

Ein Buch von ungemeiner Tiefe, voll Zartheit und Stärke, voll Nüchternheit und Innigkeit – ein Kleinod für den Alltag jetzt und für den heraufziehenden Endkampf, den die „Braut Christi" zu bestehen hat in kommender Zeit.

33. Tsd. 232 Seiten Kt

ICH WILL HIER BEI DIR STEHEN
Jesu Lieben und Leiden damals und heute

„Es ist ein einziges Werben um Liebe für unseren leidenden, verlassenen und so gedemütigten Herrn." – „Niemals las ich solch ein Buch, das in gleicher Weise einen das Leiden Jesu verstehen läßt und in den Geist Seiner Leiden mit hineinnimmt." Leserstimmen

9. Tsd. 196 Seiten Kt

DER NIEMAND TRAURIG SEHEN KANN
Ein Wort des Zuspruchs für jeden Tag des Jahres

„Tag um Tag deckt die Verfasserin die unerschöpflichen Reichtümer der göttlichen Güte auf und enthüllt so die Gabe eines grenzenlosen Glaubens, einer totalen Hingabe, einer zärtlichen Liebe und echten ‚geistlichen Kindseins'." Leserstimme

183. Tsd. 240 Seiten Kt

PATMOS – DA DER HIMMEL OFFEN WAR
Die Offenbarung des Johannes wird lebendig in den Geschehnissen unserer Zeit

„Es ist ein gewaltiges Buch, das eine ungeheure Freude und Hoffnung hervorruft." – „... eine Offenbarung des Offenbarungsbuches..."
„Zukunftsperspektiven fand ich, wofür sich jeder Preis lohnt." Leserstimmen

35. Tsd. 136 Seiten Kt